中国传统村落调查

湖南保靖卷

丛书主编 段超 田敏

本卷主编 潘红祥
本卷副主编 曾礼

湖北省公益学术著作出版专项资金
Hubei Special Funds for Academic and Public-interest Publications

长江出版传媒
湖北人民出版社

图书在版编目（CIP）数据

中国传统村落调查. 湖南保靖卷 / 潘红祥主编. —武汉：湖北人民出版社, 2023.8

ISBN 978-7-216-10356-5

Ⅰ. ①中…　Ⅱ. ①潘…　Ⅲ. ①村落－调查研究－保靖县　Ⅳ. ①K928.5

中国版本图书馆CIP数据核字（2021）第264385号

总 策 划：马　骏
　　　　　徐　艳
责任编辑：余兆伟
　　　　　李月寒
　　　　　许智元
封面设计：刘舒扬
责任校对：范承勇
责任印制：杨　锁

中国传统村落调查. 湖南保靖卷
ZHONGGUO CHUANTONG CUNLUO DIAOCHA HUNAN BAOJINGJUAN

出版发行：湖北人民出版社	**地址**：武汉市雄楚大道268号
印刷：湖北新华印务有限公司	**邮编**：430070
开本：787毫米×1092毫米　1/16	**印张**：24.75
字数：378千字	**插页**：7
版次：2023年8月第1版	**印次**：2023年8月第1次印刷
书号：ISBN 978-7-216-10356-5	**定价**：98.00元

本社网址：http://www.hbpp.com.cn
本社旗舰店：http://hbrmcbs.tmall.com
读者服务部电话：027-87679656
投诉举报电话：027-87679757

白云山村落风景图(吴楠　摄)

山间的民居(何静宜　摄)

丰宏村庄稼与房屋(何静宜　摄)

云雾缭绕的吕洞山(何静宜　摄)

丰宏村吊脚楼(何静宜　摄)

米溪村传统民居屋檐(何静宜　摄)

▲吕洞村石板路(何静宜　摄)

吕洞村一角(何静宜　摄)▶

八部大王雕像
（吴楠　摄）

魏家寨村蜀汉古井
（吴楠　摄）

波溪村在建的新房(李帅通　摄)

魏家寨手摇古风车(吴楠　摄)

小水车(何静宜　摄)

用牛粪糊的民居墙壁(何静宜　摄)

米溪村窗户雕花纹样(何静宜　摄)

米溪村村民表演酉戏(保靖县住房和城乡建设局　供图)

穿着传统服饰的苗族妇女(何静宜　摄)

总　序

传统村落，又称古村落，是指村落形成较早，拥有丰富的传统资源，具有一定历史、文化、科技、艺术、社会、经济价值，应予以保护的村落。2012年4月，住房和城乡建设部、文化部、国家文物局、财政部联合发出开展传统村落调查的通知。经各省（区、市）相关部门组织专家调研与评审，全国汇总的数字显示，我国现存具有传统性质的村落近1.2万个。2012年9月，由建筑学、民俗学、规划学、艺术学、遗产学、人类学等领域专家组成的专家委员会，评审出中国传统村落名录。2012年12月17日，住房和城乡建设部、文化部、财政部等部门发通知公示第一批中国传统村落名录，全国共有28个省（区、市）646个传统村落入选。此后，又分别在2013年、2014年、2016年、2019年、2022年进行了中国传统村落的评选。截至2023年3月19日，一共公布了六批中国传统村落名录，共有8155个村落入选，并实施挂牌保护制度。2022年、2023年，住房和城乡建设部、财政部连续两年公示了传统村落集中连片保护利用示范县名单，我国在探索传统村落长效保护利用机制上迈出了新的步伐。

传统村落是现存村落中历史文化价值和农耕文明遗存最丰厚，村庄格局形态和民居传统特色风貌保存最真实和良好的典型代表。传统村落被誉为农耕文明的“活化石”，拥有丰富的历史信息和文化景观，也是传承中华优秀传统文化的宝贵“基因库”，维系着中华民族最浓郁的“乡愁”。保护好、传承好、利用好传统村落，对弘扬中华优秀传统文化有着重要意义。

住房和城乡建设部、文化和旅游部等六部门在2012—2023年公布的8155个传统村落，已经成为世界上规模最大、内容和价值最丰富、保护最完整的农耕文明遗产保护群。2017年乡村振兴战略提出后，传统村落保护成为促进脱贫攻坚的重要措施，是乡村振兴战略的重要组成部分。

党的十八大以来，以习近平同志为核心的党中央高度重视传统村落的保护工作。习近平总书记指出："农村是我国传统文明的发源地，乡土文化的根不能断，农村不能成为荒芜的农村、留守的农村、记忆中的故园。""乡村文明是中华民族文明史的主体，村庄是这种文明的载体，耕读文明是我们的软实力。"在如何发挥好传统村落在乡村振兴中的作用方面，习近平总书记指出："搞乡村振兴，不是说都大拆大建，而是要把这些别具风格的传统村落改造好。"可见，传统村落的传承保护对于弘扬中华优秀传统文化、建设生态文明、发展乡村旅游、实现乡村振兴，都具有重要意义。

湘西土家族苗族自治州（以下简称湘西州）位于湖南西北部，以其悠久的历史、深厚的人文底蕴和独具特色的民族文化著称于世，也是中国传统村落最集中的地区之一。该州的传统村落申报与保护工作一直走在全国前列，截至目前，六批次共有178个村被列入中国传统村落名录，2020年被评为全国传统村落集中连片保护利用示范州。

中南民族大学作为国家民委直属综合性民族大学，一直以来把服务民族地区作为学校的使命，特别是学校的民族学学科更是成为直接服务民族地区经济社会发展的排头兵。学校民族学学科自20世纪50年代开始建设，经过数代人的努力，已经发展为我国民族学学科的重镇，学科建设水平处于全国前列，在最近两次的教育部学科评估中均位列A类。长期以来，学校与湘西土家族苗族自治州保持着紧密的联系，开展了多方面的合作，成为校地合作的典范。

2019年，经与湘西土家族苗族自治州有关方面协商，中南民族大学民族学学科启动该州中国传统村落调查项目，计划对湘西州8县（市）的中国传统村落进行一次全方位、深入的民族学、人类学调查，旨在通过专业的田野调查，进行系统的记录，形成一套完整的湘西州中国传统村落民族志丛书，为中国民族学积累来自田野的第一手材料。以湘西州8县(市)为单位，总项目下设8个子课题，各子课题根据对应县市列入中国传统村落名录的情况，遴选出118个重点传统村落开展调查，占湘西州中国传统村落总数的66.3%。

本次调查，遵循民族学、人类学学科的田野调查规范进行。在调查开始前，即对田野调查总提纲进行了反复研究讨论，确定调查总提纲后，又对参与调查的人员做了集中培训。按照统一的调查提纲，各子课题调查组(主要以中南民族大学本科生、硕士研究生为主)，在指导教师的带领下于2019年暑假开始第一次田野调查。2020年暑假再次组织以硕士、博士研究生为主的调查。参与调查的师生来自中南民族大学绝大部分学院，包括民族学与社会学学院、经济学院、公共管理学院、教育学院、法学院、文传学院等，以及参与了第一次调查的管理学院、马克思主义学院、外语学院、美术学院、体育学院、资源与环境学院、生命科学学院、药学院、化学与材料科学学院。两次调查耗时两个月以上，参与人员达100多人，访谈对象上千人，获取的第一手材料上千万字。此次对湘西州中国传统村落的调查，堪称中南民族大学学科史上调查规模最大、参与人员最多、持续时间最长、调查对象最广泛的一次民族学、人类学大调查。

以第二次调查成果为主要依据，课题组编写了“中国传统村落调查”丛书第一辑八卷，分别为：《中国传统村落调查·湖南吉首卷》《中国传统村落调查·湖南凤凰卷》《中国传统村落调查·湖南龙山卷》《中国传统村落调查·湖南永顺卷》《中国传统村落调查·湖南花垣卷》《中国传统村落调查·湖南保靖卷》《中国传统村落调查·湖南古丈卷》《中国传统村落调查·湖南泸溪卷》。丛书各卷原则上以村分章，按照村落概况、文化遗产、自然资源、历史事件、村规民约等分类梳理，内容涵盖传统村落的地理生态环境、村落来源与历史、村落人口、物产与特色产业、经济社会发展状况、物质文化遗产、非物质文化遗产、自然资源与景观、重要历史事件与人物、村规民约等。丛书的编写，力求在铸牢中华民族共同体意识理论的指导下，将中华文化及各民族交往交流交融的视角融入写作过程中，系统、完整、全面、客观地呈现各传统村落的全貌，既重点梳理其历史人文脉络，又注重关照其当代发展与变迁。在写作方式上，按照民族学、人类学民族志的撰写方法进行，除文字外，各卷均配有大量田野实景图片，使文本更加生动直观，且更富有保存价值。

丛书由中南民族大学段超教授、田敏教授担任总主编，各卷分别由中南民族大学民族学学科多位博士生导师担任分主编，他们是：经济学院陈祖海教授（吉首卷）、中华民族共同体学院李吉和教授（凤凰卷）、民族学与社会学学院田敏教授（龙山卷）、教育学院康翠萍教授（永顺卷）、民族学与社会学学院柏贵喜教授（花垣卷）、法学院潘红祥教授（保靖卷）、中南民族大学副校长段超教授（古丈卷）、公共管理学院吴开松教授（泸溪卷）。各卷还根据工作情况另设有副主编。

本课题的调查工作自2019年暑假启动至今，历时4年多，其中一段时间受疫情影响，遇到许多现实的困难，历经反复，今天终于基本完成，丛书即将正式出版，可喜可贺。要感谢湘西土家族苗族自治州各有关方面的大力支持，是他们的帮助，使得本课题调研工作得以顺利开展。特别要感谢湘西州8县（市）和乡镇相关领导干部，他们对课题具体的调查工作给予了大力协助，使调查人员能够顺利进入村寨开展调查，收集资料。更要感谢各传统村落的干部群众，他们的热情好客、纯朴善良，给调查人员留下了深刻印象，大家心存感激。值此丛书出版之际，向以上所有领导、干部、群众对本课题的支持与帮助表示衷心的感谢！

丛书的出版，得到了湖北人民出版社马骏副社长、综合编辑部徐艳主任和编辑们的大力支持与帮助，出版社为丛书申请到湖北省公益学术著作出版专项资金的资助，为丛书的出版锦上添花。编辑团队来到中南民族大学，与各位主编和作者进行面对面的研讨交流，指导书稿的修改完善，确保了书稿的质量，感谢你们。

新时代新征程，以铸牢中华民族共同体意识为民族工作的主线，民族地区乡村振兴正如火如荼地开展。我们希望丛书的出版能为进一步传承和保护中国传统村落历史文化遗产,赓续地域特色鲜明的人文底蕴,为进一步铸牢中华民族共同体意识,加快推进乡村振兴发挥积极的作用,做出应有的贡献。

编　者

2023年6月19日

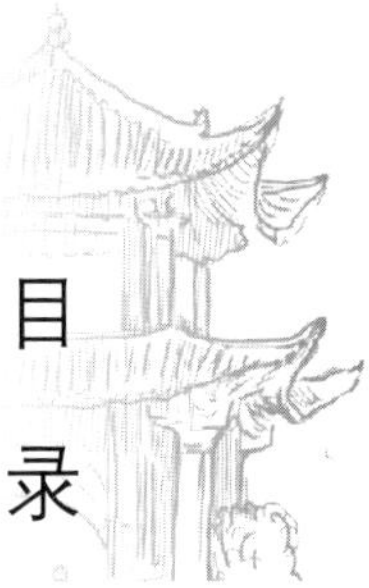

目录

第一章　首八峒村

首八峒村位于保靖县西北部的碗米坡镇境内，白云山西侧的酉水河北岸黔山下。该村三面环水，东与普戎镇交界，北与龙山县坡脚镇直连，西与比耳、马王、白云山畜牧场相邻，南与簸箕、大妥连接。酉水河是保靖县内最大的河流，首八峒就位于“酉水百里画廊”的中心位置。村内现存清朝时期所建的八部大王庙遗址，为湘西土家族苗族自治州唯一的八部大王庙遗址。2012年12月，首八峒村被列入第一批中国传统村落名录。

一、村落概况

（一）地理生态环境

首八峒村原是一座水村，人们耕种捕鱼、栽秧打谷，出入都依赖过往船只。村后有一条峡谷，两岸悬崖峭壁，怪石嶙峋，名贵药材、珍奇异兽……无奇不有。首八峒村属亚热带季风性湿润气候，境内山势独特险峻，有着宜人的环境，别致的风貌。首八峒村海拔高度在200米以上，两面环山，灵角山于东侧和北侧环绕村落，补足河、酉水河两条河流汇聚于此，是典型的山水环绕的古民居村落。

首八峒村所处的“酉水百里画廊”（吴楠　摄）

（二）村落人口

首八峒村是整体搬迁的移民大村之一。这里山奇水秀，自然景观与人文景观交相辉映，周围青山逶迤，两河交汇，特色民居依山沿水，青瓦木楼依次相连，民族风情浓郁迷人，是省级特色景观旅游名村、少数民族特色村寨示范点。

根据该村村委会数据，全村共有7个自然小组，12个自然寨，336户1194人，其中移民搬迁29户129人，常住人口300人，劳动力367人，外出务工234人，留守儿童5人，留守老人160人。全村共有义务教育阶段的适龄儿童192人，其中学前教育在读学生10人，义务教育阶段在读学生173人，高中教育在读学生31人，中职教育在读学生16人，大专以上在读学生8人。本村人口以土家族为主，其次是苗族、汉族、回族。田姓为该村的主要姓氏，其次是晏、易、向、曾等姓氏。

（三）物产与特色产业

首八峒村生产的粮食作物以水稻、玉米、紫薯为主，杂以小米、红薯和土豆。主要物产包括烟叶、金银花、油菜、桐油、西瓜、山羊、黄牛、生猪等。

该村以种植水稻、油菜、烟叶，养殖山羊、黄牛为主导产业。首八峒村的气候地理等条件十分适宜油茶树生长，油茶树曾是村寨的“黄金树”和“摇钱树”，但如今大部分油茶树已老化，需更新换代。村民原来大多种植油桐树、油茶树等，现在主要种植油茶树和黄金橙等，全村现有油茶树400亩，黄金橙500亩。该村的经营实体养殖岩上山羊专业合作社、光明油菜2家机构先后注册成立并运行。同时发展养牛大户3户，山羊养殖户5户，烤烟种植户10户。

（四）经济社会发展状况

首八峒村生态环境资源丰富，村内有硅灰石、金矿、芒硝、钛矿等矿产资源。全村总面积为10.12平方千米，退耕还林1680亩，生态林11827亩，全村有旱地1234亩、稻田41亩。

首八峒村供水主要来源为地下水。全村由“洞吉35kV”变电站供电，并已进行电网改造。该村所在的碗米坡镇建有全州最大水电站——碗米坡水电站,已接入国家电网。

村内有纵横交错的多条青石板路,多采用大小规格相近的卵石板铺成、延伸。一条长29千米的高标准水泥硬化路曲径通向集镇中心,土家族的母亲河——酉水河一路蜿蜒,穿村而过。境内群山环绕,层峦叠嶂,资源丰富,植被茂盛,交通便利,信息畅通。

二、文化遗产

(一)物质文化遗产

1. 八部大王庙遗址

保靖县酉水河北岸黔山下,现存清乾隆二年(1737年)所建的八部大王庙遗址,亦即首八峒遗址,这是湘西州唯一一处八部大王庙遗址。该庙依山筑就,呈阶梯状分布,坐东朝西,酉水河环绕庙宇由北向南而流,庙的西边为八峒溪,北边是巍峨壮观的黔山。

古时当地水运发达,村民为祈求行船顺利,逐渐兴起了一种祭祀活动,并在酉水的西岸建造了祠堂(现位于沙湾村①)。如今此地仅剩台地遗址,以及一对造型古朴的朝天犼和石鼓、残碑、八卦图等物。残碑上的文字依稀可见:首八峒,历汉、晋、六朝、唐、五代、宋、元、明,为楚南上游……故讳八部者,盖以威镇八峒,一峒为一部落。②土家族祖先八个儿子,各为一峒首领,首八峒者乃峒中第一峒,后人因此修建八部大王庙以示纪念。据《酉水考略》记载,八部首领曾带领土著先民捍卫八蛮峒口,带领他们从茹毛饮血的蛮荒

---

① 沙湾村与首八峒村隔酉水相望,一来首八峒村之村名与八部大王有关,二来政府将传统村落名号授予首八峒村,考虑建设成本,故而在此处也将相关文化遗产写入书中,下同。

② 湘西土家族苗族自治州地方志编纂委员会编:《湘西土家族苗族自治州丛书·民族志》,湖南人民出版社1999年版,第18页。

▲八部大王庙遗址（吴楠　摄）

八部大王雕像（吴楠　摄）▶

时代进入定居的农业时代。而首八峒正是八部大王涅壳赖的故乡。传说中涅壳赖能够钻山入海、呼风唤雨、撒豆成兵，他带领部族战胜河妖，守卫山寨，与王朝对抗，被奉为土家族的首领。涅壳赖死后被首八峒父老葬在沙湾庙包之上，并建神庙，将其全身泥塑并供奉于庙中，成为当地人代代祭祀膜拜的半人半神的偶像。后来其他部族也纷纷效仿，相继在酉水流域建起庙宇，供奉八部大王。

为了挖掘酉水流域土家族文化，保靖县碗米坡镇人民政府做了前期开发工作。艺术家在首八峒村树起八部大王雕像，此雕像站立、裸身、手持武器、目视前方。杉树皮做成的长号和牛角号经当地的汉子吹响，对每位前来访古探源的人表示欢迎。

2. 其他遗址

（1）竹科堡遗址

竹科堡遗址位于碗米坡镇沙湾村北①，地处酉水河东岸，高出河床60米，属商代、西周文化遗存。遗址面积约1600平方米，文化堆积层厚度

---

① 沙湾村与首八峒村隔酉水相望，均属首八峒地区，后村落建制调整。

约0.2米。在遗址中采集的有泥质灰陶残片，纹饰有绳纹、刻划纹、附加堆纹等，器形有罐、大口缸、鬲、豆等。

（2）庙堡遗址

庙堡遗址位于碗米坡镇沙湾村北，遗址面积为300平方米，文化堆积层厚度约0.3米，属商代、西周时期文化遗存，目前保存较好。在遗址中采集的有夹砂红陶、褐陶残片，纹饰有绳纹、方格纹，器形有陶罐。

（3）河坝遗址

河坝遗址位于碗米坡镇沙湾村南，遗址面积为600平方米，文化堆积层厚度0.4～0.6米，属商代、西周、战国时期文化遗存，遗址遭受严重破坏。在遗址中采集的有夹砂褐陶、泥质灰陶残片，纹饰有绳纹、刻划纹、压印纹、水波纹、云雷纹，器形有罐、大口缸、豆、鬲等。

（4）庄屋遗址

庄屋遗址位于碗米坡镇沙湾村南，遗址面积为1800平方米，文化堆积层厚度约0.6米，属商代、西周、战国时期文化遗存，遗址遭受轻微破坏。在遗址中采集的有泥质灰陶残片，纹饰有绳纹、附加堆纹、弦纹，器形有罐、大口缸、豆、钵等。

（5）麻土遗址

麻土遗址位于碗米坡镇沙湾村北，遗址面积为150平方米，文化堆积层厚度约0.3米，属战国时期文化遗存，遗址遭受严重破坏。在遗址中采集的有泥质灰陶残片，纹饰有绳纹，器形有罐。

（6）黄土包遗址

黄土包遗址位于碗米坡镇沙湾村北，遗址面积为300平方米，文化堆积层厚度约0.4米，属战国时期文化遗存，遗址遭受严重破坏。在遗址中采集的有泥质褐陶、灰陶残片，纹饰有绳纹、方格纹，器形有罐、豆、鬲等。

（7）魏家屋场遗址

魏家屋场遗址位于碗米坡镇沙湾村南，遗址面积为450平方米，文化堆积层厚度约0.2米，属战国时期文化遗存，遗址保存较好。在遗址中采集的有泥质灰陶残片，纹饰有绳纹，器形有罐、豆等。

3. 传统建筑

首八峒村建筑营建时间跨度较长，当地留存有从清末一直到现代的建筑。根据建筑风格的演变和年代的变化，可以把建筑划分为清代建筑、民国建筑、20世纪50—70年代建筑、20世纪80年代以后的建筑四个类型。清代建筑的基地面积共有739平方米，占全村建筑面积的16.8%；民国建筑有2406平方米，占54.8%；20世纪50—70年代建筑有471平方米，占10.7%；20世纪80年代以后的建筑有773平方米，占17.6%。按建筑结构不同，又可将全村建筑分为木结构建筑、砖结构建筑和砖混结构建筑三种。木结构建筑的基地面积有3533平方米，占80.5%；砖结构建筑的基地面积有492平方米，占11.2%；砖混结构建筑的基地面积有364平方米，占8.3%。建筑产权为私房的基地面积有4174平方米，占95.1%；建筑产权为公房的有215平方米，占4.9%。

村落内古建筑皆为硬山式，青砖青瓦，以青灰色为主调，色彩清淡而朴素，形制方方正正，由块面与线条构成，中间突出，规划严整，布局严谨。建筑布局格调、装饰手法都有其独到之处，具有传统的南方宅院式的建筑特点。具有代表性的古建筑有何义国住宅、向金华住宅、李志菊住宅等。

首八峒村村民李志菊住宅（保靖县住房和城乡建设局　供图）

村落普通木房多为一层建筑。由石质基础通过木柱支撑起整栋建筑，采用五柱八挂的穿斗式木结构，飞檐悬出正屋，造型舒展向上，房屋上的挑梁呈弯曲状。古民居平面构成以单座房屋为基本单元，采用“三明两暗”五开间的平面形式。中间一间为堂屋，是住宅中最主要的房间，一般位于住宅的中轴线上，是会客、就餐、祭祀的地方。堂屋开间一般为4～5米，进深7米，楼面稍高，后隔出一截作为后堂（俗称“接堂背”），装上楼梯，上设阁楼。接堂背与堂屋之间一般以木板相隔，也有用砖墙相隔的。堂屋两侧为侧屋，侧屋各隔成两部分，后半部分作卧室（俗称“屋间”），前半部分为厨房（俗称“灶下”）。屋面一般是双坡木屋架，加盖小青瓦。屋顶大多是悬山式，高低错落、造型生动，一般不设木架，而把砖墙一直砌到檐口，在檐口上铺瓦，并做砖封檐。屋顶脊尾一般用砖或瓦叠成高高翘起的样子。首八峒古民居大门门仪上方有讲究的门罩，用青砖叠起，外挑几层线脚做成门罩，加以垂柱，雕刻梁枋，饰以鳌鱼花脊；书香门第则会在门梁上的墙面嵌上镶边或书写字牌，衬以彩画、砖雕花板，显得非常雅致精美。大门的门簪一般浮雕八卦及各种吉祥图案，并饰以彩绘，其雕工高超，特别吸引人的眼球。

古民居的窗大多是直棂窗。窗檐常用砖做成折叠状或半圆形，后期建筑的窗檐则受西洋建筑的影响，多饰以圆形的曲线山花，曲线两端分别挂着一个柱头灯笼。大门上的窗户则一般是花窗，花窗外形美观，构造复杂，窗格充分利用棂条相互榫接拼联，组成各种精美的图案，这些图案取材广泛，除常见的平纹、斜纹或“井”字形等图案之外，还有动物纹样、吉祥文字和年轮图案，点缀一些木雕的花蕊、结子等小饰件，棂阁与棂阁之间有花草、飞禽等精巧的镂空花饰。在墙的转角处一般有石勒角，勒角上多刻花纹、人物图案，既加固了房子，又装饰了建筑。整个房屋木板与柱子刷上桐油防腐防虫，经风吹日晒之后房子整体呈现出一种深褐色。

（二）非物质文化遗产

1. 民间传说

（1）首八峒传说

关于首八峒来源的传说，主要有以下两个版本。

第一种与西水河神有关。据说在八部大王还未出现之前,西水河怒浪滔滔,水势湍急,在陆路交通工具还未在当地使用时,首八峒村村民的日常出入以及采买均须渡过西水河。村民们横渡西水河可谓惊险万分,这种河水与村民们的较量一直持续到八部大王出现。传说八部大王各自统领八峒,而土酋涅壳赖更是八峒的总酋首,所以他所在的村落也被称为首八峒,这就是首八峒村名称的由来。涅壳赖统一八峒之后,西水河神也似乎臣服于他,水流开始逐渐变得平缓,村民渡江也很少再有风险。后来,村民们为了表达对涅壳赖的感恩与崇敬,开始举办八部大王祭,这个传统也一直流传至今,成为首八峒地区一直为人津津乐道的地方文化。而村民也逐渐形成了行船出行前祭祀西水河神,祈求风调雨顺以保证出行安全的特色乡土风俗。

第二种也跟涅壳赖有关。据说历史上有一位叫涅壳赖的人,他身高八尺,力大无穷,因为家里很贫穷,看不惯欺民的贪官,总是劫富济贫、惩恶扬善、乐于助人,大家都拥戴他,于是他便坐地为王。从沅陵一带沿河数,他居住的地方是第八个峒。他以此峒为据点,统一了西至重庆的涪陵、东临湖南的沅陵、南联贵州的东北部、北接湖北的共八个原始部族,建立了八峒区,一峒为一部落的建制区域,部族人民在各自领地安居乐业。涅壳赖被族人拥戴为总首领,故自称八部大王,首八峒即八峒之首,他所在的村落也因此得名。

(2) 八部大王传说

八部大王没有载入史册,但在民间碑文中却有记载。传说中,八部大王是长途跋涉迁徙而来的,摆手歌中的八部大王,就属于八兄弟传说。还有一种是涅壳赖传说。有关这两个版本,下面分别作介绍。

①八兄弟传说[①]

仙鹤传种 很久很久以前,七仙女常偷偷去泽碧[②]一带洗澡洗衣,

---

① 参见保靖县民间文学集成办公室编《中国民间故事集成·湖南卷·保靖县资料本》(内部资料),第32~44页。

② 泽碧:土家族语,即河边,此指西水河首八峒一带。

弹琴歌舞。一天,来这里游玩的白虎娘娘发现了她们,认为这样下去不成体统,此地必须要有人管理,于是派仙鹤含着两颗宝石去这里播种。仙鹤把宝石埋在疏松的泥土里,翅膀一拍,泥土里就长起两株绿茵茵的阔叶楠,“嘣”的一声,树皮就炸开了,出来两个年轻人,一男一女,后生叫阿把,姑娘名阿捏。阿把阿捏接到白虎娘娘的旨意后,便撵走了这块土地的牛鬼,搭起了茅棚,采来野果,开沟疏河,开垦荒地。

婆婆送子 一天深夜,阿捏梦见一位白头婆婆送给她一包茶叶,对她说:“这是白虎娘娘叫我送来的喜药,吃了会生伢家①的。”阿捏醒后果然发现茶叶,她将其分成八口吃下去,喝了一瓢水,没过多久,阿捏真的怀孕了,直到三年六个月后,在一个月光皎洁的夜里,伴随着一连串的哭声,阿捏一连生了八个伢家,后来又生了个女伢子。

但一天清早,阿把到后山老林里给孩子们摘野梨子吃。相传后山牛鬼多,能摄人的魂,被摄魂以后,人就动弹不得了,只能任由牛鬼摆布。阿把这一走就再没有回来了,阿捏早盼晚盼,日哭夜哭,直到眼睛望穿,眼泪哭干,一病不起,奶汁干枯,也没能再看见阿把的身影。

龙凤抚养 有一天,阿捏在昏迷中隐隐约约见到白头婆婆给她吃了一颗仙丸,说:“你不要哭了。阿把已经得救,正在白虎娘娘的宫里治疗,不久就会回来的。伢子多了养不起,你可以把他们送到卡科套巴②去,自有龙凤抚养。”阿捏病好后把孩子们带到卡科套巴,将他们一个个从筐里抱出来放在草地上,望了望睡熟了的伢家们,流着眼泪回家去了。

龙母见八个伢家卧蚕眉,大眼睛,方脸高鼻,身子结实十分欣喜,见他们都非常饿了,就赶紧给他们喂奶,喂了一回又一回,喂来喂去,有了感情,便天天来喂。凤姐见这些伢家长得乖,聪明伶俐,打心里喜欢,也每天来给他们挡风雨,遮太阳,洗澡换衣。伢家随风长,不久就能走路讲话了,龙母开始教他们游水,还给他们每人送一顶银帽,说银帽可以辟邪护身。

---

① 伢家:当地方言,指比较小的儿子。

② 卡科套巴:地名。

凤姐也给伢家们每人送一件凤毛衣，说：“穿上这凤毛衣就能飞了。”在龙母、凤姐的养育教导下，伢家们的本事越来越大。

修路架桥 一天，白头婆婆对八兄弟说：“白河上长满芭茅刺蓬，无路可走，我要你们拔掉茅草刺蓬，铺两条岩板路，以便今后有路可走。”兄弟们不怕疼痛，用手拔刺，拔完刺后就开始铺路架桥。他们开始背小石头，之后背大石头，越背力气越大。如果碰到溪溪沟沟，白头婆婆就要兄弟们拔树架桥。一开始拉不动，八个人便一起拔一棵，这才拔出来了。日拔晚拔，拔了一段日子，个个都能拔出大青杠、大红绸、大樟木、大楠木树了，渐渐地，一座座小桥架起来了。

惩治牛鬼 山里的牛鬼见八兄弟在他们的地盘铺路架桥，就出来搞破坏，把桥摧毁。兄弟们开始以为是大水冲走了木头，于是自己修复了桥梁，但后来桥又多次被毁，兄弟们便起了疑心，派八弟躲在桥后面观察动静，其他几个在不远处等八弟的消息。没过多久，牛鬼又来毁桥了，八弟这才知道原来一直是牛鬼们在搞破坏，便跑去叫其他兄弟们戴上银帽，穿起凤毛衣，一起飞来桥边收拾他们。兄弟们将树桩穿在牛鬼的鼻子上，系上葛藤，牵了回去。打这时候起，牛鬼就变成了笨牛。白头婆婆见兄弟们战胜了牛鬼，欢欢喜喜地来到他们身前，说：“你们成人了，该回家了。”

种植五谷 后来阿把阿捏一家人终于团圆了，为了报答仙鹤和龙凤的恩情，他们在门前竖一根桅杆，顶端扎一只大仙鹤，中间悬挂一面龙旗、一面凤旗，以便天天纪念他们。

春天时，兄弟们拿出白头婆婆送给他们的五谷种子，在河边开田种地。五哥制造出木犁，叫八弟在前面拉，自己在后面掌犁。拉了一段日子后，兄弟们便开始训练家里关着的牛鬼拉犁。牛鬼自从经历了兄弟们的惩治以后，便开始老老实实地拉犁。白河两岸的田土上，种上了小米、糁子、稻粱，一眼望去，碧绿无边。

边关杀敌 后来八兄弟的幺妹长大成人了，心灵手巧，她扯来山里的百草编成百样花环，抓来黄泥捏成活灵活现的人物和鸟兽虫鱼。后来，她被选进皇宫，当上了皇后娘娘。有一年，外敌入侵，边关吃紧，皇上派出三路兵马抗敌但都被敌人击败丢弃了城池，皇上的胞弟也被敌人擒走了。于是，皇上宣旨派八兄弟飞往边关杀敌。八兄弟接旨后，辞别阿把阿捏，戴上银帽，穿上凤毛衣前往边关。只用了几个来回，八兄弟就把敌人打得落花流水，敌人最后被八兄弟全部撵下了河。

皇上封王 兄弟们回到皇宫，皇上非常高兴，大摆三天宴席，要给他们封官晋爵，可皇后娘娘只是请皇上以宫娥相赐，让他们带回去传宗接代。于是皇上封八兄弟为八部大王，每人赐宫娥两名，配成夫妻。八兄弟辞别皇上、皇后回到泽碧安家立业，传宗接代，后来家族子孙繁衍，人丁兴旺。八兄弟分别兴建了一个峒，八峒连成一片。土家族人民为了世世代代牢记八部大王的事迹，村村寨寨都修建八部大王庙，供奉八部大王神像，并在每年正月举行盛大祭祀，唱梯玛歌，跳摆手舞，在摆手堂前立了一根高高的桅杆，顶端扎一只大仙鹤，中间悬挂龙、凤旗帜，表示不忘仙鹤和龙凤的恩情。

②涅壳赖传说[①]

威武不屈、龙宫学艺 涅壳赖是北宋时期湖南保靖水坝人，他家里很穷，因缴不起皇粮，开始以打猎为生。他聚众练武、抗缴皇粮、铲除恶霸、劫富济贫，成了一方百姓的靠山。官府定他抗粮造反的罪名，派大军围剿，涅壳赖寡不敌众，躲入了水坝洞。他在水坝洞时，龙王向他传授了钻山入海、呼风唤雨、撒豆成兵的本领。出洞后，他还得了一匹日行千里、夜行八百，通人性的宝马。

撒豆成兵、东征辽王 北宋年间，辽兵屡犯边境，朝廷年年都要征兵打仗。官府剿灭不了涅壳赖，便招安他和他的部下，并派他带领兵马征辽。涅壳赖以大义为重，欣然同意。他出征时，带了三升黄豆、三升铁砂、三箱纸马。到了战场上，涅壳赖面向辽王中军帐所在方位，撒出三升黄豆，一颗黄豆一个兵；又撒出三升铁砂，一颗铁砂一件兵器；再抛出一箱纸

① 参见保靖县民族事务局、政协保靖县委员会文史学习委员会编《土家族发祥地首八峒》，湖南人民出版社2007年版，第102～103页。

马，一张纸一匹战马。刹那间，辽王见宋兵营中突然出现无数兵马，以为中了埋伏，连忙指挥部下撤退。辽兵四散奔逃，涅壳赖大获全胜。

安守贫穷、富贵不淫 涅壳赖得胜回朝，皇帝大摆宴席为其庆功。但皇帝给涅壳赖封官他不受，赐金银财宝他也不受，赏美女他更不要，只要回家。皇帝很奇怪，便向他了解家里的情况，他说自家住的是“屋有千根柱头落地，九箭牌楼好乾坤，雪大人过路，成了十箭牌楼。一层银瓦，豪光闪闪”。实际上他家住的是茅草棚，四周墙壁是用千百根竹片夹成的竹篱笆；屋顶上每年加铺一层芭茅草，已加了九次之多了；“一层银瓦”则说的是今年冬天下雪，屋顶一片白。涅壳赖跟皇上介绍他家睡的吃的是“日吃江边水，夜睡金牙床，吃的银裹金，用的金裹银”。实际上，他家住山上，山上缺水，喝水还必须到山下江边去挑；吃的苞谷粉掺大米蒸的饭，啃的是黄了边的老白菜帮子。皇上问他家有多少奴仆，涅壳赖说，“七十人挑水，八十人捡柴”。实际上，他家里并无什么奴仆，七十人指的是他七十岁的母亲，八十人指的是他八十岁的父亲。还没等皇上问，他继续讲道：“葛将军守门，蕨将军把仓。七只盐船拖盐，打翻了一只，家里断了三天盐。”实际上，他家里靠的是葛根、蕨根度日，养七只鸭子下蛋换盐，七只鸭子还被岩鹰抓走了一只。

听他这么一说，皇帝都被他家里的气势吓倒了，更坚定了除掉涅壳赖的决心。于是皇帝赐御酒一坛，让他回家团圆时喝。涅壳赖不知皇帝心怀鬼胎，接过御酒，骑着宝马回家。一路上，满心欢喜的他开了御酒预备先尝几口，谁知毒酒一下肚，涅壳赖惨叫一声，便摔下马死了。

遗迹白马渡、饮恨血水塘 涅壳赖被毒死后，白马驮着主人的遗体迅速往家赶去，为赶近路，白马跳入河中渡水而过（此地后称“白渡地区”）。到家后，涅壳赖的父母把他葬在猛虎山。皇帝听地方官报告就觉得涅壳赖的墓地风水好，便下旨挖开他的坟墓，谁知涅壳赖的坟墓越挖越高，屹立不动。皇帝只好请了天师指点，天师说：“不怕千把锄头万把刀，只怕铜钉铁钉钉断腰。”官兵按天师指点，用大铁桩、铜桩往涅壳赖的墓中敲打，只见从坟墓里流出一股血水，一直流到下面一个塘中（后称“血水塘”）。

据说这是天师为了不让涅壳赖复活报仇所施的法。

2. 传统舞蹈

（1）毛古斯舞

相传，毛古斯原是茹毛饮血时代的土家族先民，后来他们所创造的舞蹈也被称作毛古斯舞。毛古斯舞是土家族最为原始的古典舞蹈，是土家族为了纪念祖先开拓荒野、捕鱼狩猎等事迹而创的一种原始戏剧。毛古斯舞虽然还不是成熟的戏剧形式，但其中有模拟远古先民劳动和生活的故事情节，并通过舞蹈、道白来表达内容，因此被称为中国戏剧的“活化石”。

2006年，湘西土家族毛古斯舞被列入第一批国家级非物质文化遗产名录。

毛古斯舞的基本动作要点有：第一，出山；第二，示雄；第三，打露水；第四，砍草；第五，烧山；第六，挖土；第七，播种；第八，围猎；第九，收割；第十，打粑；第十一，喝水；第十二，扫堂；第十三，造型退场。

（2）摆手舞

摆手舞是流行于保靖县酉水流域的一种群体歌舞，是土家族的传统舞蹈之一。摆手舞用当地土家话可称为“舍巴”，不同地区也有不同的叫法，有的地方称之为“舍巴罗托”（意为跳摆手），也有叫“跳年”“调年”的，名称虽异，但其表演形式基本相同。在使用汉语以前，摆手舞被称为“跳摆手”，直到1953年挖掘民间文艺时，才广泛兴起了“摆手舞”的叫法。

当地关于摆手舞起源的传说有很多，流行最广的有两个。其一，明朝时，土家族青年被征去平倭，胜利以后，回乡和亲人团聚，全寨杀猪宰羊庆贺团圆，大家跳舞狂欢。战死者的家属也唱着哀歌加入人群，跳舞以悼念死者。从此，就有了摆手舞。其二，方志记载，当初土王、向老官人、田好汉攻打吴王，将吴王困在龙山，鸡刚叫的时候，吴王兵马全部战死。土王为庆祝胜利，邀大家摆手。客王见土王杀了吴王，怕他势力大了要造反，请土王去喝酒，用药毒死了他。后来土王的彭姓子孙立土王庙，每年都跳摆手舞纪念土王。这两个传说当然不能科学地说明摆手的起源，它只是说明了在很久以前，跳摆手舞就成为土家族人民生活中普遍的现象。

摆手舞按其活动规模可以分为大摆手、小摆手两种。大摆手活动规模庞大,以祭祀八部大王为主,表演展现人类起源、民族迁徙、抵御外患和农事活动等;小摆手活动规模较小,以祭祀彭公爵主、向老官人、田好汉和各地土王为主,表演部分农事活动。

摆手舞的舞蹈动作多是土家族先民生产、生活、征战场面的再现,有表现打猎生活的赶野猪、拖野鸡尾巴、岩鹰展翅等;有表现农活的挖土、撒种、种苞谷等;有表现日常生活的打蚊子、打粑粑、擦背等;有表现出征打仗的开弓射箭、骑马挥刀等。摆手舞的舞姿粗犷大方,刚劲有力,节奏鲜明。土家族用牛头、猪头、粑粑、米酒、腊肉等供品祭祀过祖宗之后就开始起舞,从天黑一直跳到天亮,有时甚至一连跳几个通宵。还有一种在野外举行的大摆手舞,它是一种军功战舞,也是对军事战争场面的重演,其规模宏大,气势不凡。表演者多时可达上万人,历时七八天不息。大摆手舞每三年举行一次,现如今,跳大摆手舞集会也是该村的一次盛况空前的商贸交易会。

摆手舞的男演员一般身穿青布对胸衣、白布腰大裤裆,脚穿布鞋,头戴丝帕;女演员一般身穿蓝布满裙衣、蓝布裤,脚穿布袋鞋;击鼓员一般都要个头大、雄壮有力,头戴丝帕,腰系一条红布带,身穿大裆裤。

摆手舞的动作步骤主要分为以下几步。第一,出场进山,主要由领队舞鞭出场,大喊着吆喝大家去干活,这里每个动作都要在舞台上走三圈。第二,安排农活,这里需要更换动作跳三圈,击鼓两声。第三、四、五分别是砍草、耕地、播种。喊完对应口号后相应的舞蹈动作为转三圈。第六,除草,演员们需一起喊"嗟也"并在喊完后转三圈。第七,插秧,演员们需一起喊"喔嗬嗬"并在喊完后转三圈。第八,打谷,演员们需一起喊"嗨、嗨、嗨"并在喊完后转三圈。第九,背苞谷,演员们需一起喊"日多"。第十,庆丰收,演员们需一起喊"喔、喔、喔喔"。第十一,退场,退场时领队大喊"龙白嗟啦太!"(语气词),其他演员需一起大喊"龙白嗟、龙白嗟、龙白嗟!"连续喊三声"龙白嗟",且一声比一声音调高,边喊边退场。①

① 摆手舞相关信息由魏品付提供。

（3）梯玛舞

“梯玛”是土家语音译词，“梯”有敬神的意思，“玛”是卡的转折音，代表“人”的意思。所谓“梯玛”，在汉语中被理解为土老司，也有的被称为“端工”。

在首八峒村，张勇是梯玛歌的县级传承人，他十几岁就跟着外公田齐润学习，25岁出师，拥有一个自己的工作室。要是有谁家里出了事，就会请他去跳梯玛舞。跳梯玛舞的人数为4～7人，时长一般为3天，有时会延长到一个星期。

（4）铜铃舞

铜铃舞是土老司还愿“解钱”时，舞动道具罡剑（铜铃），边唱神歌边跳的一种舞。“解钱”起源于宋初，著名民族学家、历史学家潘光旦教授认为土家族先民在唐末五代时从江西入五溪。传说因为战乱，他们在后有追兵、前有大河的情况下逃难上了渡船。因没有钱，他们就开始唱歌，艄公听迷了便忘记了收渡钱，先民得以平安来到湘鄂西安家落户。为了对渡船艄公表示歉意和感谢，土家族先民在每年四月初八日，都要请土老司“解钱”，“解钱”时要唱“嗬嗬耶，耶嗬嗬”。在当地，据州级非物质文化遗产项目铜铃舞代表性传承人魏品付讲述，铜铃舞原名八宝铜铃舞，据说最早来源于一个叫“大那师村”的地方，大那师村被洪水淹没后，村民就搬迁至保靖和龙山等地。“铜”被当地人认为有解除邪恶、赶走牛鬼蛇神、给人治病的功效。铜铃舞原来是梯玛的一部分，梯玛的12个步骤完成之后便跳铜铃舞，如果是家里请人治病就会去掉铜铃舞的部分，如果是举行祭祀，后者就会和梯玛一起进行。

跳铜铃舞时，土老司头裹红丝帕并佩戴法帽凤冠，身穿八幅罗裙，腰系短刀，脚穿马蹄云鞋，左手持八宝铜铃，右手拿圆形司刀，边摇铃边抖刀边按“人”字形线路走动，用铜铃敲击膝盖。土老司翩翩起舞时，八幅罗裙撒开，只见他时而坐凳，时而立步，间隙时还吹牛角号，烘托气氛。铜铃舞主要分为立式铜铃舞和坐式铜铃舞。基本步伐有踩三角、走十字步、交叉撒步、屈膝辗转等；基本动作有扫堂摇铃、八字步摇铃、十字步摇铃、跳莲花摇铃、马步摇铃、跳马摇铃、勒马摇铃等。铜铃舞边跳边模仿表演喂马、逗马、上马、过天桥等动作，还有动作技巧较高的如跳火坑等，周而复始，不停地行走舞蹈，动作较多。

魏品付是铜铃舞的第九代传承人。他从小跟着爷爷学习铜铃舞。爷爷去世前，留下了很多口传材料，他便整理起来，自己学习，还拥有了自己的工作室。铜铃舞被纳入当地体育课程后，魏品付便被聘请为吉首职业技术学院的老师，负责每周一次的铜铃舞兴趣班的教学和指导。

魏品付从小就对铜铃舞有着极大的兴趣。后来，他师从张义仁、魏长云、张顺友、向光权等，并随师到周边龙山坡脚、靛房、龙头、苗师、里耶、马王以及永顺泽家、保靖昂洞、普戎等地表演八宝铜铃舞。从1994年开始，每年农历三月的社日和“六月六”，在首八峒的八部大王庙祭祖活动上，他都会随着师父和师兄弟们一同参加活动，表演铜铃舞以娱祖，祈求祖先保佑。其舞蹈也受到当地群众的好评。魏品付为了传承土家族文化，还自掏腰包在家里修建了一个陈列室①，专门用来摆放着各种旧物，供前来首八峒村调查研究的人参观。

魏品付表演八宝铜铃舞
（吴楠　摄）

① 陈列室建成后县政府奖励了他2万元，参与修建的师傅有首八峒村晏师傅。

3. 传统音乐

西水船工号子是首八峒地区比较有代表性的传统音乐形式。20世纪50年代以前,西水河是首八峒与外地主要的资源交流渠道。一艘艘依靠人力划桨、撑篙、拉纤的木船,将湘西的烟草、桐油、兽皮、药材等特色物产源源不断地运至外地,再将外地的食盐、布匹、日杂百货运回来。西水河水流湍急,行船时通常危机四伏,而从保靖到外地路途又遥远,如去常德,往返通常需要一个多月的时间,村民们需要在水上度过一段极其漫长的日子。为了齐心合力战胜自然的考验,排解心中对家人的思念,表达对美好未来的期盼,调节自己的情绪,丰富自己的生活,船工们逐渐创作出了与水上劳作紧密关联、带有浓郁乡土风情与地方特色、夹杂着村民们心中热情的西水船工号子。

西水船工号子,是千百年来航行在西水河流域的船工们在与险滩恶浪的搏斗中、在吆喝与呐喊中形成的劳动号了。随着社会的发展及生产、生活方式的演变,西水船工号子如今已濒于失传,渐成遥远的绝响。西水船工号子分为橹号子、桨号子、纤号子、滩号子、卸货号子五大类。由于它是逆流而上时传唱的劳动号子,在气韵与格调上显得尤为雄浑、粗犷。

船工号子(节选)①

耶嗬嗬……喔嗬……嗬呢!
土墙闻花,王花溜,嗨着。
鲨鱼性子,接淮头,嗨着。
公阳竿啦,顺港淮啰,嗨着,嗨哟。
嗨着,哟哟嗬,嗨着。
观音坐在,普陀山啦,

① 该内容由首八峒村村民魏品付提供。

要等唐僧,取经来哟,嗨着。

…………

4. 传统技艺

（1）土家族竹雕

土家族竹雕是雕刻艺术中一种将传统雕刻与土家族特色建筑物相结合的艺术表现形式。土家族竹雕作品均以湘西优质南竹为材料,用竹刀、手锯、斧子、锤子、凿子及1毫米宽的自制斜凿等30多种工具精心雕刻而成,其造型古朴典雅,表现技巧精湛独到。土家族竹雕作品不但外观精致,而且结构坚固,不易损坏,利于保存;不仅自身具有较高的雕刻艺术价值,其内含的建造技艺更是不可多得的文化遗产。

（2）土家族织锦

土家族织锦属于原始的手工操作,通过采用“通经断纬、断尾挖花”的方式,凭着口传心授的“摹仿记忆”,在原始的斜织机上反面挑织而成,有“数纱花”“对斜”平纹素色和“上下斜”斜纹彩色两大流派系列。其中“数纱花”“对斜”平纹素色织锦是在普通平纹布面上,喂线挖花而成;“上下斜”斜纹织锦,是在“对斜”平纹素色的基础上发展而来。织锦色彩以黑色等重色为主,大胆使用补色,层层逐渐推移,具有强烈的节奏变化和鲜明的对比效果,又因恰到好处地运用了色彩秩序化的退晕手法使对比色实现了和谐统一。

5. 传统节日

（1）过年

土家族有过小年和过大年的习俗,当地土家族小年过的是腊月二十四,大年要比汉族提前一天,即大月是腊月二十九,小月是腊月二十八。其来历说法甚多,均与古代战争有关。围绕过年这一习俗,土家族人进入腊月之后就会采买年货、打粑粑、做团馓、杀年猪。二十四过小年,他们打扫扬尘,敬灶神。过大年这天,全村屋里屋外插松柏、梅花,贴压岁钱。吃年饭最重一家团聚,土家族一般不串门。他们从中午开始吃年饭,席间喜食粉蒸肉、“合菜”。饭前，每人会夹一坨肉放在饭上，并插上筷子先祭祖。饭后，他们还需给家禽家畜、果树喂米饭“过年”。三十晚上，则要烧旺火守年，鸡叫头遍放爆竹“抢年”。

正月初一这天，全村老少晨起时需保持衣冠整洁，燃香点烛，摆上猪头三牲以拜祭家神祖先，接着响炮燃竹，启户求吉，当地人谓之开财门、迎财神。初一出门拜年，逢人拱手相揖，谓之拜年，又叫出行。当地人认为这一天不可待在家里，否则周年晦气。

在正月初三至正月十三，首八峒居民及周围邻县的居民均会前往八部大王庙祭祖，男女齐集鼓舞，祓除不祥，谓之摆手，又叫调年或跳年。这种祭祀八部大王的活动，在立秋和春秋两季的社日也要举行。

正月十三晚上，土家族无论老少都会进城在各个寺庙观灯，乡俗名为“走百病”。传说土司时期参将衙门前有石狮一对，乃明代宣慰司制作，乡俗元宵节当天，当地人会准备香纸蜡烛，成群结队地前往这里祝祷，有头痛病的摸狮头，腹痛的摸腹，耳、目亦然，这叫摸狮子，故在当地也有正月十三祈狮治痛的传统民俗。今狮远去，衙门不存。

正月十五是上元佳节，当地人在长街上纷赛花灯，舞狮玩龙，但见赤膊舞龙，观者以烟花灼向其背，时有炙伤，亦属陋习。姑娘相伴闺中迎紫姑、扫把姑、瓢儿娘等以占卜吉祥。

（2）“四月八”

“四月八”是当地仅次于过年的一个大节，当地过“四月八”，有的是过四月初八，有的则是过四月十八。不论哪天，当地人都过得很隆重，要杀猪宰羊、打粑粑、请亲戚朋友相聚过节。关于“四月八”来历的说法并不一致，主要有三：一说“四月八”是牛王节，土家族先民曾因拖着牛尾巴过河而脱离险境，故这天要让牛息耕，并喂以精饲料；二说土家族先民由常德沿沅水、酉水而上来此定居时，有的是四月初八到达，有的是四月十八日到达，为纪念到达的这一天，以后就分别过节；三说四月八日是祭婆婆神嫁毛虫的日子，人们要祈求莫起病虫害，保佑五谷丰登。

（3）“六月六”

“六月六”这一天，人们要杀猪、打粑粑、做豆腐、吃新鲜瓜果和苞谷，举行以祭祀祖先为主的摆手舞活动。“六月六”来历传说不一，主要有三种：一说“六月六”是为了把出了嫁的姑娘接回来“歇伏”；二说是纪念土家族祖先来此定居的日子；三说较为普遍，传说这一天是茅岗土司、土家族英雄覃垕的蒙难日，为了纪念覃垕，土家族家家户户会在“六月六”这一天晒龙袍。土家族聚居区各地过“六月六”的形式大同小异，但是“六月六”纪念覃垕遇害的说法却是一致的。

6. 民间信仰

（1）八部大王祭

八部大王祭在土家族聚居区世代流传，由来已久。八部大王祭有其独特的祭祀程序，一般先由寨老放话，择时而行；继之有掌坛师与邻近梯玛协调配合举行祭仪。八部大王祭中的民俗表演是多样性的整合，调年时的毛古斯舞、梯玛神歌、摆手舞、杂耍、戏曲（花灯）的综合展示将祭祀活动推向高潮。“红灯万盏人千叠，一片缠绵摆手歌”是其真实写照。

2006年，保靖县举行了首八峒中华土家族先祖八部大王故里祭祀大典，湘鄂渝黔四省市万余名土家族群众共赴祭祖盛会。大典之初，祭品供上来，鞭炮点起来，声音响彻云霄。随后，众人安静下来，场面一派庄严肃穆。主祭讲着土家语，与高山流云及河谷微风相和。然后，土家族艺人跳起毛古斯舞。他们上穿茅草扎成的衣，下围稻草扎成的裙，手持一根木棒，赤脚舞起来：舞男性的强壮，舞狩猎的剽悍，舞播种的辛劳，舞收割的喜悦。轰轰烈烈的祭祀结束后，人们满意而归。

（2）晒龙王

传说中的龙王是一种善变化、兴云雨、利万物的神灵，能吞云吐雾，推波助澜。当地传说如遇久旱不雨，庄稼歉收，便视为鬼怪作孽所致。因此每逢大旱，村民即烧香拜佛，祈求龙王显灵，降伏鬼魔，普降甘露。若还不下雨，村民便会聚众把龙王菩萨从龙王庙里搬出来，在烈日下暴晒三天，让龙王感应天旱。若再无雨，便择日请巫师做道场，村民头戴柳条，抬龙王菩萨游走过峒，直至见雨方休。

（3）栽米树

首八峒将插秧称为栽米树。农户在插秧前，均会先选定日子，请好帮工，等到开插那天的清晨，众人先齐集于秧田边饮开塘酒，以示祝贺。下酒以油炸果品为主，但必有盐蛋。酒毕，由长者（或户主）下田开秧塘，齐祝当年产量“莼莼三瓢勺”，而后才全体下田插秧。插秧时农民们喜欢互比技能：大家横排成行，逐行退插，互接搭口，稍慢者，以“抽鲤肚”表示惩罚。插秧结束后，剩余的秧苗不得放入田内，只能堆放于田塍之上，并将少量抛上屋顶、贴于墙壁，以示秧好禾丰。

7. 传统习俗

（1）生育习俗

首八峒的土家族十分重视生儿育女，把生儿育女当成家庭生活的一件大事，并形成了许多习俗。

报喜 婴儿降生后的第二天，其父赶紧给“嘎公嘎婆”（外公外婆）报喜。在土家族，生男孩抱一只公鸡，生女孩抱一只母鸡，“嘎公嘎婆”一看，就知道婴儿的性别了。

洗三朝 婴儿出生的第三天，母婴都要洗澡。对婴儿来说，这是其出世后的第一个澡。这天“嘎公嘎婆”带着事先准备好的猪蹄子、猪油和婴儿用品来洗三朝。在当地，洗三朝的水是用三角枫、伸筋草、九里光、蜂窝草、艾叶等草药煎成，有舒筋活血、消炎、祛湿等功效，同时水里需煮鸡蛋一个。先由“嘎婆”给婴儿洗“三把水”，再由其他家人洗遍全身，然后将所煮鸡蛋去壳，在婴儿身上滚数遍，谓之去胎毒，当地人认为这样可免婴儿生疮疖。婴儿身上洗毕穿戴好后，由其祖父或父亲拜家神，以求保佑婴儿健康成长。

打十朝 俗称“整祝米酒”，一般是婴儿出生后第十天，由“嘎婆”家定具体日期，“嘎婆”家邀请好亲朋好友，“嘎公嘎婆”背着摇床、铺盖、蚊帐走在前，亲朋好友挑（或背）着米、面、甜酒、蛋、鱼、肉、衣、帽、鞋、袜等礼物在后，结队到女婿家打十朝。女婿家请的帮忙人将“嘎婆”家打十朝送来的担子接过来一一摆在堂屋并燃放鞭炮，一直等打十朝的人全部进屋后才停止放鞭炮。打十朝的人越多越热闹，越能说明“嘎婆”的家族大、亲戚多。这时，婴儿由其长辈抱出先给祖神行礼，再给“嘎婆”家来的客人行礼表示感谢。然后将婴儿交给“嘎公”抱，“嘎公”接过婴儿后首先在其额头上亲吻三下，然后说一些天长地久、荣华富贵、长命百岁之类的吉利话，随后婴儿被抱入房中休息，打十朝的客人便可入席就餐了。

（2）婚姻习俗

土司制时期，首八峒境内土家族的婚姻比较自由。在劳动生产和唱歌跳舞中，青年男女如果彼此倾心，只要得到土老司允许，前往土司祠拜敬后，便可成亲。改土归流后，婚姻多受“门当户对”和“父母之命，媒妁之言”的影响，订婚必须以牛、羊、猪、酒、银钱为聘礼，结婚有求亲、定亲、打节、上头、过礼、迎亲、送亲等仪程，婚后有拜茶、三朝饭、回门、陪郎膳、插带等步骤，烦琐而讲究。如今，自由恋爱日渐成风、父母包办基本消除，但经媒人牵线相识逐步培养感情者为数不少。但即使自由恋爱，仍需请人说媒，以示对女方的尊重。一般也需经过说媒、讨八字、送彩礼、订婚、娶亲、回门等仪程。

（3）丧葬习俗

土葬是土家族传统丧葬的主要形式。就丧俗而言，“土人信鬼巫”，“死者环尸哭泣且歌，终日即葬，无丧服”，这是当地旧习。当地土家族人死后，其长子或长女仍会到水井边敬神，取回一竹筒水为死者清洗遗体，然后为其穿寿衣，在其腰上捆一支白线（一岁一根），把棺材放在堂屋正中，棺内撒火灰、铺皮纸，方才入殓。停柩一般是三、五、七、九等单日，其间，要请土老司开路念经做道场，亲戚送猪头和纸钱，叫“烧猪头香”，一般亲友要吃“烧香酒”，孝男孝女则需“披麻戴孝”，吊唁亡人。葬前一天为“大葬日”，杀猪宰羊作祭奠，晚上唱“孝歌”，通宵达旦。送葬时土老司沿路丢“买路钱”。安葬时土老司在井内用水画八卦，洒雄黄酒；棺材入坑后，孝子先挖三锄，然后众人堆土、撒岩、砌墓、放鞭炮。安葬完毕，死者亲属还要向新坟连续送三夜火把，满三朝后堆坟，摆设酒肉“招魂”。丧葬仪式的重要步骤包括以下五步。第一，下榻。人断气时，由儿子跪在地上烧落气纸钱。第二，入殓。棺底垫一层火灰，死者有多少岁就在灰上用茶杯印多少圆圈，然后铺上垫单，将遗体放其上，四周用死者生前旧衣填塞，盖上寿被，取下盖面纸，让死者亲属瞻仰遗容，然后闭棺。第三，伴灵。又叫“伴亡”，指死者的亲族乡邻都来吊丧，至夜不去。土老司做道场，于柩旁击鼓，又叫“做好事”。此时，土老司配合舞蹈，领唱神话传说，其曲调多变，又伴之以鼓、锣、钹等，气氛似悲怆而热烈，承袭了古代“绕尸而歌”的传统。第四，跳丧。系一种礼丧仪式。第五，打丧歌。又名“唱丧堂歌”，或叫“坐丧”，即由一人击鼓、领唱。

（4）起屋文化

首八峒境内土家族人建造房屋，有很多习俗。如未动土木前往往会请风水先生架罗盘看龙脉，测山势吉凶，定利在何方，以此选好屋场。又如砍屋柱和梁木时，提前一天请木匠师傅带祭品上山祭山神，砍倒的第一棵树倒向东方，求得太阳神赐以吉祥。再如房屋梁木的制作很讲究，木质一般要求是椿树、梓木或杉树，而且要偷砍别人的，树主即使知道，也会不阻拦。梁木砍倒，需立即放鞭炮，并按需要取材，中间扎红绸，由两人抬回，中途不能停息。到家后，梁木不得踩、踏、坐、卧，由主事木匠师傅制作画梁，梁正中间画太极图，两边分别写“乾”和“坤”两个大字，接着画八卦图，写福如东海、寿比南山等吉利话。最后，在边框上钉满亲戚朋友赠送的银制品。

屋架立好后，要择良辰举行上梁仪式。仪式比较隆重，木匠师傅先要烧香奠酒，祭天地神灵，请鲁班师祖。接着让鸡血四溅驱散煞气，然后下令上梁。梁安好后，木架师傅端着红漆盘，盛米酒、糍粑、豆腐、猪肝，边攀登边念上梯赞词。坐上屋梁后，奠酒赞主东屋场，词曰：“坐在梁头打一望，主东坐个好屋场，后有青山重重岭，前有玉带水汪汪……”赞完屋场，接着赞梁，甩梁粑粑，屋下众人皆抢，嬉闹异常。之后宴请亲友，宣告新屋落成。

（5）传统禁忌

节日禁忌 腊月二十九后，妇女忌做针线活、缝补浆洗、推磨舂碓；腊月三十，忌汲水；大年初一，忌说不吉利话、吵架、骂人、打架，忌吃糍粑、汤泡饭。

习惯禁忌 土家族人最忌背锄头，挑空箩筐、空水桶，戴笠披蓑衣进屋；烤火忌脚踏火坑中的三脚架；进屋忌吹口哨；板壁上钉钉子要先吹口气，不然眼中落翳子（医书名“角膜炎”）；扫帚等物什忌两把重放；煮狗肉忌上灶，煮蛇肉忌进屋；在外地死亡和猝死者的遗体忌抬入屋内；祭神忌用狗肉、母猪肉。

忌神鬼 一忌白虎神，当地谚语云“白虎当堂坐，无灾必有祸”。在过去，小儿患疾，有口吐白沫者，传云为白虎罩，必请梯玛行法，杀鸡画符送白虎。新生儿去外婆家，会在额头用锅烟画十字象征虎叉，用以避白虎，使白虎难犯。更有甚者，一些当地人有不饲养白色禽畜的固执之忌，他们认为白虎是灾星，谁碰到它，谁就背时。二忌火殃神，火殃神被当地人认为是火灾之源，故鸡鸣于夜，是为不祥，便要往鸡笼浇水，以免火灾。并且，当地人家中嗜养竹鸡，因为竹鸡打鸣，可乱火殃神作祟。此外，城中狮子庵即为镇火神而建。三忌麻阳鬼，麻阳被当地人认为是可使人患病的鬼，当遇麻阳鬼，只要梯玛作法，即可祛病驱鬼，让鬼遁逃而去。①

8. 传统服饰

首八峒境内土家族穿戴习俗，随时代发展而不断变化。土司制时期，服饰不分男女，皆为一式，头裹刺花巾帕，衣裙尽绣花边。男女“喜垂耳圈，两耳累然，又有项圈、手圈”。布料多为“家儿布”，绣以五彩斑斓之色，史称溪布、峒巾、土锦，现称土家族织锦。土家族服饰主要包括以下几类。

土家族男性多用青丝帕或青布帕包头，包成“人”字形。老年人穿满襟衣，短领、向右开襟，捆布腰带，带上常插棒棒烟袋。青壮年穿对胸衣，其衣领高，袖小而长，袖口滚边，缀五或七个布扣，俗称“蜈蚣扣”。不论老年青年，裤子均是青、蓝布裤管，上白布裤腰，裤脚较大且短，也均着高粱面白底鞋，缠蓝布裹脚。20世纪50年代后，除部分老年人穿满襟衣外，其

---

① 参见保靖县民族事务局、政协保靖县委员会文史学习委员会编《土家族发祥地首八峒》，湖南人民出版社2007年版，第180页。

余男子逐步改穿对胸衣或中山装。

女性穿戴则比较讲究，有老、壮、青年之分。老年妇女，戴头饰，戴耳环，包青丝帕，手上戴戒指和手圈。身穿青、蓝色短领，袖大、滚花边、向右开襟的满襟衣，下着白裤腰的青、蓝布裤，裤脚多用对称色加边，着青布立式鞋。中年妇女，穿左开襟、矮衣领、外托肩、袖短、衣襟和袖口缀宽青边、青边后面缀三条五色梅花条的满襟衣。夏天，喜穿白汗衣套青夹衣，俗称“喜鹊套梅”。青年妇女，特别是未婚女性的衣着更加讲究，喜穿青、蓝、绿、红色托肩上衣，内着白色开衣，裤子的膝部和脚口一般绣五色花或贴五色梅花边，脚穿绣花鞋和红色袜子或缠裹脚。佩戴首饰方面，她们一般头上戴有头巾，用红、蓝、青色绒线扎头绳，佩戴金花、银花，耳挂金银耳环，颈戴项圈，手戴银手圈和一两枚金戒指，胸前挂银质牙签扣花，扣花有银链、银铃、银牌、银牙签、银珠子等，走起路来叮当作响，惹人喜爱。

土家族小孩的衣服和裤子不太讲究，一般用花布做成，素布则绣花点缀，但其所戴的帽子却很讲究。春季戴“紫金冠”，夏季戴“蛤蟆帽”“圈圈帽”，秋季戴“冬瓜帽”“八角帽”，冬季戴“虎头帽”，帽子上多绣花鸟、文字，钉银饰，帽头和帽后用银链吊银牌、银铃。他们还会在胸前围花兜儿，颈挂“长命锁”；手脚戴银圈，圈上挂响铃；脚穿“猫头鞋”，绣五色花。小孩四岁后服饰打扮方有男孩女孩之别，男孩头顶从天门心留方块头发，俗称“塔点儿”；女孩蓄盖盖头发，俗称“马桶盖”，女孩还要穿耳洞，七岁开始戴爪子耳环。①

9. 传统饮食

土家族人的饮食比较丰富，喜食酸辣。传统饮食主要包括以下几种。

粑粑　土家族人常吃的粑粑品种有糍粑、苞谷粑、麦粑、荞粑、粉粑、碱粑和油粑粑。粑粑的做法大体一致，都是先将糯米洗净浸泡一晚，捞出沥干水，上甑蒸熟，趁热装进石臼，二人飞快地用糍粑木棰打稠，捞出在沾

① 苗族的爪子耳环因长得像爪子，可以前后包住耳垂而得名。

满茶油和蜂蜡的木板上稍揉，捏成拳头大小的团，放在木板上用另一块木板压平。制成的粑粑形如薄饼，小似碗口者，留以自吃；大似盆者，用以拜年送人。糍粑稍微干后浸泡于水中，到农历三四月间也不会变味，若用油泡，可保存到第二年。糍粑食用方法有油煎、油炸、水煮、火烤。

团馓　团馓是土家族宴客送礼的佳品。深秋时节，把糯米蒸熟压成薄饼，点以品红、品绿，晒干即可做成生团馓。团馓用油炸酥，既脆又香，以糖开水冲泡，解馋去渴；生团馓煮鸡蛋，是妇女坐月子时的上等补品。

辣椒　辣椒是土家族人常食之物。土家族人“五味喜辛，每食，不离辣子。盖丛岩邃谷，水泉冷冽，岚雾熏蒸，非辛不足以温胃和脾，故群然资之”①。辣椒加工，最具特色的是酸辣子和糟辣子。酸辣子是将红辣椒剁细，装于覆水坛中，半月后可食，食法有干炒、水煮；糟辣子是将红鲜椒切碎，加生姜、花椒和盐，密封坛中，发酵后既可直接食用，又可作佐料。

酸菜　酸菜是土家族常用的大宗菜，几乎各种蔬菜都可以制成酸菜，如青菜酸、萝卜洋姜酸、豇豆酸、大蔸菜酸、苞谷酸等，肉、鱼之类可加点糯米粉或小米粉，放入坛中密封，制成酸鱼、酸肉、酸肠子，用油煎炒，十分可口。酸菜开胃助消化，深受土家族人民的喜爱，当地几乎家家户户都有几个或十多个的酸菜坛子，一年到头，餐餐不离酸。

腊肉　腊肉更是土家族人最喜爱的菜食之一。进入腊月，家家户户杀年猪，一般一家杀一头或几家合杀一头，富有之家杀两头，鲜肉抹食盐、花椒、五香粉，在缸内腌十天左右，挂在火塘上慢慢熏干，夏季将腊肉藏于谷堆或浸泡在茶油之中储存。其肉色红，味香，十分可口，是逢年过节款待贵宾的佳肴。食用时切成手掌大小，以示待客热情。

铜壶茶　首八峒一带生活的土家族人，特别爱喝铜壶茶，铜壶茶又叫八

---

① 湘西土家族苗族自治州民族事务委员会编：《湘西土家族苗族自治州丛书·民族志》，湖南人民出版社1999年版，第151页。

峒茶或百姓茶。它味浓清香，价廉易制，所以深受当地农户喜爱。铜壶茶的制作过程一般如下：火塘上烧起一笼熊熊的疙瘩火，在黝黑发亮的铜茶壶里注满山泉水，一边煮水，一边用柴火把一个嘴小腰圆的陶罐加热。然后把自己制作的林角山炒青茶放到小茶罐中，边烤边摇动，直到茶叶焦黄。再把茶叶放到铜茶壶里的开水中，顿时"吡叭"几声，茶水溅起，茶沫涌出壶口，一股扑鼻的茶香便充盈满屋，香味久久不散。土家族人常说"早茶一盅，一天威风"，俗语生动地诠释了土家族人对这种铜壶茶的喜爱。其实，土家族人爱喝铜壶茶，大多喝的是一种韵味、一种礼节、一种氛围。家里来了客人，沏一壶茶，围着火炉，把天气、年成一类的话题拉起，说说笑笑地侃人间是非、谈人生曲折，以茶代酒，以茶传情，一壶茶喝干，再加入水；茶味淡了，再烤一壶；你一盅，我一盅，越喝越神清气爽。喝来喝去，最终喝出"茶能养性"的土家族格言。可以说，土家族人喝铜壶茶喝出了瘾，土家族人喝铜壶茶也喝出了情。①

团年饭 首八峒土家族人的团年饭是其一年间最丰盛的一餐饭，一般倾家中所有，能上席的尽可能上席，当然可能一样只做一点，但要全，所谓"有头有尾，有蹄有腿"。团年饭桌上年肉是不可少的，将几两重的腊肉块从中划几刀，夹上糯米蒸熟即成，这是来年有肉有饭的兆头。席间还必须有白菜、芹菜等蔬菜，老人给小辈夹菜时会说："吃了青菜，待人亲亲热热；吃了白菜，做人清清白白；吃了芹菜，做人勤快。"团年饭最后一道菜一般上鱼，取"鱼""余"谐音，寓意年年有余。吃团年饭前要举行叫饭仪式，即请已故的长辈入席团年，一般要请几位就放几副碗筷酒杯，先酌酒，将各种菜肴往碗里拣一点，等一会儿将酒泼到地上，再盛饭，再等一会儿，将碗里的饭菜倒走，再倒上茶，稍等一会儿倒在地上，即表示叫饭仪式结束。仪式结束开始放鞭炮，这不仅是为了吉庆，也是"打响洞"，宣布我家团年了，当地以谁家的鞭炮先响和炸得多为荣。吃团年饭有关门与开门两种

① 参见保靖县民族事务局、政协保靖县委员会文史学习委员会编《土家族发祥地首八峒》，湖南人民出版社2007年版，第342～343页。

习俗，关门的人家认为团年是一家人一年中最神圣的事情，不得受外界任何打扰；开门的人家则认为自己的祖先生存困难，吃团年饭时常遇到讨要租谷的人上门或土匪打劫（一说有外族人入侵），开着门好观察动静，便于采取应对措施。有的人家团年前要用锅烟抹黑面孔，玩土匪打劫的游戏，即与此有关。平时小孩剩饭会受到大人的指责，吃团年饭时小孩剩饭大人则高兴，因此举是不仅有吃的还有剩的好兆头。①

三、历史事件

整体移民搬迁是首八峒村历史上的重大事件。村民原来居住的村子属溶洞地质，极易发生山体滑坡，且由于碗米坡镇兴建水库，故而在2013年，村子发生了一次整体性的人口迁移。原村处在酉水河岸古黔山上，村民与外界沟通需横渡酉水河。古黔山的小道多为村民出入时自行砍伐清理出来的，每到阴雨寒冬天气，山路上便布满泥泞或坚冰，难以行走。由于古黔山上自然灾害的频繁发生与极端天气的影响，大部分村民都积极响应政策号召，集体搬迁至公路沿线，也就是酉水河的另一岸。如今的原始村寨中还有些老人居住，他们不愿离开那片熟悉的土地。由于年代久远、村民搬离以及原村庄的大部分古建筑在20世纪六七十年代便遭到了极大的毁坏，只有些许遗址尚存，顽强地向后世述说着当年的繁盛美好。

（本章由吴楠、方勖平撰写）

① 参见保靖县民族事务局、政协保靖县委员会文史学习委员会编《土家族发祥地首八峒》，湖南人民出版社2007年版，第343页。

第二章　夯沙村

夯沙村隶属保靖县吕洞山镇，是吕洞山镇人民政府所在地，是全镇的政治、经济和文化中心。2009年初，保靖县吕洞山镇被列入乾州古城核心景点圈。2009年10月，夯沙村作为"酉水·吕洞"风景区的一部分，被列为湖南省省级风景名胜区。2011年，夯沙村被评定为湖南省特色旅游名村。2012年12月，夯沙村被列入第一批中国传统村落名录和湖南省首批特色旅游名村。2013年，夯沙村被评定为湖南省第四批历史文化名村。2016年，被授予全省"脱贫攻坚示范村"荣誉称号。

一、村落概况

（一）地理生态环境

吕洞山镇位于保靖县南部边陲，与吉首市、花垣县毗邻相连，距保靖县城88千米，距吉首市21千米。现在吕洞山镇行政区划为2015年调整后形成，保靖县于2015年将葫芦镇的傍海村、夯沙村、排吉村和黄皮村的三个组（黄皮组、下贝土组、上贝土组），水田河镇的夯相村、龙潭村、排拔村、翁科村、排吾当村与原来的吕洞山镇合并组建成吕洞山镇。① 调整后吕洞山镇人民政府所在地为夯沙村。

夯沙村三面环山，夯沙后山、龙九冠、过蒙山环绕村落，吕洞河、大峰河、夯沙河三条河流汇聚于此，夯沙村使村落在总体上呈“一村横卧、三溪汇聚、群山环抱”的格局。夯沙村属中低谷地，地势西高东低，区内平均海拔713.4米，最高处1128.8米，最低处298米。境内山势独特险峻，群峰连绵，几条峡谷纵横其间，深谷山峰两面耸立，奇峰异石，流泉飞瀑，溪河沿山环绕而流，形成了高山深谷、悬崖峭壁的奇特地势。夯沙村作为典型的山水环绕的古民居村落，村落古建筑与村内部分石阶梯相连，林地郁郁葱葱、石板栈道与村落相映，极富特色。

夯沙村属亚热带季风气候，气候温和湿润，雨量充沛空气清新，四季分明。年平均气温13.4℃，春季平均气温变化范围在15.6℃～16.7℃，夏季为26.7℃～28.2℃，秋季为16.7℃~18℃，冬季为4.6℃～5.3℃。年最高气温多出现在7月下旬到8月上旬，一般在38℃左右；年最低气温多在1月或2月上旬出现，一般在零下6℃左右。年日照达1426小时，平均降雨量在1290毫米至1325毫米之间。

---

① 资料来源于保靖县城乡规划管理局《保靖县吕洞山镇夯沙村历史文化名村保护规划》。

（二）村落历史

苗语“夯”即溪沟，夯沙村村内有一条溪沟，且沙石很多，故而得名。①本地的苗族居民并不是原生居民，而是在一次次的大迁徙和融合后才形成聚居的。相传其初次迁徙的原因是分家失利，当时其他族群的先祖分得了好山好水，而吕洞山地区的苗族先祖们失去了安身之地，于是带着五谷杂粮的种子进行了大迁徙。他们钻壁开路，疏水行船，五宗七族终于到达了“占楚”“占菩”。在这里，他们有了安身之地，开始了幸福的生活。但他们的幸福却惊动了皇帝，后者派“及尬”“及谊”赶来打杀。苗族首领“巴贵当戎”与官军抗衡，打败了“及尬”“及谊”，但是“占楚”“占菩”再也无法居住下去，于是他们又远行迁徙。族群的先祖们跋山涉水来到了“泸溪峒”，在这里住了下来，再次商议成立鼓会、鼓社。然而，鼓会却又触犯了龙王和鬼神。龙王和鬼神放出妖魔鬼怪去吃人，十分之九的族人被妖魔鬼怪吃掉，他们不得不继续迁徙。苗族先祖们最终到达吕洞山住了下来。在这里，人们有了自己生活的场地，生活也越来越美满。

夯沙村中的梯子村落始建于明代晚期，夯沙组、排拔组、大峰组形成于清代晚期。2005年原夯沙乡夯沙村和排拔村、大峰村合并成立新的夯沙村，2016年再次进行村制合并，原夯沙村、梯子村合并成为现在的夯沙村。

（三）村落人口

夯沙村下辖9个自然寨，4个村民小组，498户2089人。劳动力1012人，外出务工480人。夯沙村居住有苗族、汉族、回族、土家族等多个民族，苗族人口约占95%以上。

① 参见保靖县人民政府编《湖南省保靖县地名录》(非正式出版物)，第220页。

（四）物产与特色产业

茶产业和旅游产业为夯沙村主要经济产业。黄金茶产业一直是吕洞山镇及保靖县的重要产业，截至2016年，夯沙村已种植茶苗2000余亩，同时还大力发展大棚蔬菜。作为保靖黄金茶的原产地，吕洞山地区的黄金茶品种独特，是湖南省古老、特异、珍稀的地方茶树品种资源，具有色泽翠绿、水色黄绿明亮、生津润喉、香韵悠长、回味甘醇等特点，富含茶多酚、氨基酸等多种营养成分，其中氨基酸含量是一般名优绿茶的2倍以上，水浸出物近50%，为茶中极品，被中国绿色食品发展中心认证为“绿色食品”，获得原农业部颁发的“农产品地理标志登记证书”，在“中国绿茶高峰论坛”名优茶评比上，黄金茶在300多个精品茶样中脱颖而出，被誉为“中国最好的绿茶之一”。保靖黄金茶无性繁殖扦插成功后在黄金、大岩、夯沙等村推广，产量已达百吨。

此外，夯沙村旅游资源丰富，自然景观和人文景观较多，夯沙村素有苗鼓之村、苗歌之村的美名，有“吉首后花园”之称，截至2019年底累计接待游客10万多人次。近些年，夯沙村共整合资金300万余元启动实施了旅游风景绿化工程，投入150万元对夯沙村排拔组、夯沙组和大峰组民居进行整体改造，拍摄了《吕洞山神话》《吕洞山之恋》等歌曲MV。目前，夯沙乡已被纳入乾州古城核心景点圈，吕洞山区已被评为国家AAA级风景名胜区，年接待游客30万人次以上，2019年底夯沙村建设游客接待中心，村集体带领村民创办10余家农家乐，推出一日游等旅游项目，60%夯沙村民“吃旅游饭”，夯沙村还被评为全省首批特色旅游名村和湘西州十八处美景之一。

（五）经济社会发展状况

夯沙村总面积9329亩，现有耕地1029亩(水田671亩，旱地358亩)，林地5000亩，境内物产资源丰富，野生（原生）植物遍布山中，藏有钒矿、磷矿、铅矿、锌矿、铁矿等多种矿产资源。传统作物包括水稻、玉米、油茶树、茶叶等。经济收入主要依靠种植业、养殖业和旅游业。

公共服务和基础设施建设方面，夯沙村于2010年完成了吉首市至夯沙村的公路硬化工程，解决了吕洞山镇主干道路可出入性差的难题。2011年完成大峰冲风景区内道路硬化工程，完成大峰、夯沙和排拔各组村间道路硬化工程。完成电网高低压改造，实现同网同价。夯沙村目前有一所九年制学校、一所小学和一所公立幼儿园，均位于夯沙组。其中，中学用地面积为9800平方米，小学用地面积为3800平方米。吕洞山镇九年制学校和幼儿园均服务全镇。村内建有图书室1处（面积100平方米，藏书约5000本），乡敬老院1个（约2700平方米），村卫生室1个，派出所1处（建筑面积约为730平方米）。

夯沙村环境卫生良好，垃圾进行集中处理，并雇请保洁员每日清理。夯沙村已完成600米的夯沙老街旅游产品一条街建设，包括农贸市场、银行服务点、百货销售点等；建有农家乐10余家；新建旅游服务中心，建筑面积为600平方米，综合住宿、医疗服务、旅游宣传等功能。

二、文化遗产

（一）物质文化遗产

1. 传统建筑

从时间跨度看，夯沙村古建筑营建时间较长，跨度大，涵盖明代建筑、清代建筑、民国建筑和新中国成立以后的建筑。从建筑风格上看，夯沙传统民居既有南方宅院建筑特点，又有独特浓厚的苗族建筑风格。从传统风貌看，夯沙村传统建筑保存较好的有排拔苗寨、大峰火寨、梯子木寨和夯沙四个片区，因保护力度大，很少受到现代建筑风格冲击，基本保留了完整的历史风貌，是不可多得的苗寨“活化石”。

夯沙传统建筑最明显的特征是黑瓦房和吊脚楼，黑瓦房分为五柱四挂、五柱六挂、五柱八挂几种。板壁用桐油反复涂抹，风吹日晒、乌黑发亮。正屋大体上是三开间一幢，较富裕者则为五开间一幢。大门开在中间一间的二柱之间，呈“凹”字形（俗称“虎口”）。大门之内为堂屋，左右两开间又各隔成两间。右边里边的小间是主人夫妇卧室，外间安火塘，左边一间的为儿女住房。①

夯沙村排拔古寨民居局部（金星　摄）

夯沙村村民石国应民居（金星　摄）

民国建筑一条街上的王家平民居（金星　摄）

2012年，西南四省苗学会在吕洞山召开了吕洞山太阳历学术研讨会，专家们一致认为，吕洞山及周边苗寨是苗族远古太阳历的推演和传承圣地，在当地苗族人的心中具有神圣地位。苗族先民迁徙至此后，男耕女织，观察吕洞山阴影变化而计时劳作，苗族先民们发明了成熟的苗族太阳历学体系，围绕吕洞山，精心布局了金木水火土五行苗寨②，把太阳历与五行苗寨和

① 该信息来源于《保靖县吕洞山镇夯沙村历史文化名村保护规划》。

② 夯吉村为金寨，梯子村为木寨，吕洞村为水寨，夯沙村（大峰）为火寨，排拔村为土寨。

世居于此的吴龙廖石麻苗族五大族姓完美地进行了对应，这种对应还被熟练地应用到了苗寨内部的构建。在夯沙村中大峰上寨和大峰下寨以溪谷相连，特别是众多的奇峰与瀑流使得其越发秀丽多姿，幽静异常。而在排拔苗寨中，木楼瓦房与吊脚楼建在溪河边，一排排、一层层的吊脚木楼飞檐翘角，鳞次栉比，精致美丽，蔚为壮观。

2. 风雨桥

夯沙村桥梁多为拱桥形式，采用青砖灰石堆砌而成，是古村落内重要的景观节点和历史环境要素。

夯沙村风雨桥建造于2015年，位于吕洞河与夯沙河交叉的位置，连接排拔组、夯沙组、果尖寨。风雨桥又称“花桥”或“福桥”，流行于南方部分地区，整体由桥、塔、亭组成。风雨桥一般全用木料筑成，桥面铺板，两旁设栏杆、长凳，桥顶盖瓦，形成长廊式走道。多层的塔、亭建在石桥墩上，檐角飞翘，顶有宝葫芦等装饰。该村风雨桥全长24米，呈“丫”字形三向构造，由一塔三亭组成，造型古朴美观。桥上长凳边雕刻有一幅幅栩栩如生的农耕图，夜间桥檐上的灯光会亮起，成为当地一道独特的风景线。

夯沙村风雨桥（金星　摄）

夯沙村风雨桥农耕图（金星　摄）

3. 其他代表性历史遗物

（1）榨油坊

夯沙村现存有一台榨油坊。榨油坊全由木材制成，主体部分由直径约一米、长四五米的树干经过挖凿、对劈等工序完成。使用时将油桐籽放进凹槽中挤压,油桐籽中的油便会被挤出。挤出来的油可用于涂刷木质家具,起到增亮防潮、保护家具等作用。该榨油坊现已荒废不用。

夯沙村榨油坊（金星　摄）

（2）水车

村域河流内有水车,是古村落内又一重要景观,为古村落增添古香古色之感。关于水车的设置,应先在流水岸边挖掘一道深窄的沟渠,将水车设置其中。将翻车的踏轴延伸,造一个竖轮（直立转轮）。竖轮旁再另外搭木设轴,轴上造上下两个卧轮（横躺转轮）。上卧轮和竖轮是车头轮（辐支凸出于轮周）,且二者辐支相间咬合,卧轮便在流水的冲击下转动。水车的最大好处是省力,因为它利用的是自然界的力量,一则可将人力、畜力解放出来用作其他生产活动;二则此法输水灌溉可日夜不息,方便之处又在人踏翻车之上。

（二）非物质文化遗产

夯沙村坐落于风光秀丽的吕洞山风景区之中,是一个山清水秀、民风淳朴、生活宁静的村落。夯沙村可以说是吕洞山地区传统文化的典型代表①,有排拔等古老苗寨,有苗歌、苗族武术、苗族舞蹈、苗族节庆（赶秋节、苗年）、苗族绝技（踩铧口、上刀梯、摸油锅）、苗族习俗（打粑粑、杀年猪、长龙宴）、手工技艺（苗画、织锦、刺绣、印染、凿花）等。

1. 民间文学

这里的民间传说流传最广的当属黄金茶传说。关于黄金茶的起源,地方文献记载,明朝嘉靖十八年（1539年）四月,湖广贵都御史陆杰巡

① 吕洞山地区是典型的苗族聚居地。吕洞山区100多个自然苗寨星罗棋布,原始古朴,尤其是吕洞、夯吉、梯子、大峰、排拔五行苗寨原始古老,《人民日报》曾发文美誉"张家界的山、九寨沟的水,吕洞山的苗寨天下美"。

视兵防。途经保靖辖区鲁旗（今保靖县吕洞山镇）的深山沟壑密林中时，一行百余人多染瘴气，至冷寨河苗寨已不能行走。当地苗族老阿婆摘下自家门前百年茶树的茶叶沏汤赠予文武官员服用，饮后半个时辰，瘴气立愈。陆杰欣喜万分，当即赐予阿婆黄金一锭，并将此茶进贡朝廷。因此，该茶就有“一两黄金一两茶”之美誉，被命名为“黄金茶”，这个古老的苗寨也被誉称为“黄金寨”。保靖黄金茶是湖南省古老、特异、珍稀的地方茶树品种资源，所制绿茶翠绿有毫，汤色黄绿明亮，香气高长，滋味鲜爽，氨基酸、水浸出物、叶绿素含量适中，据说成品茶氨基酸含量是一般名优绿茶的两倍以上，具有香、绿、爽、醇的品质特点，是板栗香型或绿豆香型的名特优绿茶，被誉为“可以喝的文物”。目前，黄金寨最古老的茶树有400多年历史，其种子于2005年进入国家种子名录库，受到国家保护。

2. 苗歌

苗歌是苗族的一种原生态民歌，是苗族人民在长期的劳动与生活中创造出的独具特色的民族文化艺术，通过口授心传代代衍生。学者陆群在研究考察湘西苗歌时有这样的论述：苗歌是苗族人对自然的感性描绘，这些歌都是以湘西山川大地为背景、为舞台，故可视为对大自然的最好表达。

夯沙的苗族人爱唱歌，会唱歌，不管是祭祀祈福、节日庆典，还是男女求爱、婚丧嫁娶、竖柱上梁、赶场集会等，苗族人都会唱出风味独特的苗歌，以此来营造氛围，传情达意。苗歌在吕洞山无时不在无处不在，山是歌，水是歌，茶是歌，酒是歌，花鸟鱼虫、历史人文都是歌。以歌代言，以歌抒情，以歌明理，以歌传法，以歌祭祀，苗族人将自己的喜怒哀乐都融入歌声里，苗歌就是苗族人民生存、生产、生活状态最好的表达方式，是他们的精神文化中不可缺少的组成部分。

吕洞山苗歌按其腔调分为大众调、宣传调、喜堂调和情歌调四种。按其发声特点又可分为高腔和平腔两大类。高腔类苗歌曲调的抒咏性很强，节奏自由，旋律优美。这类形式的苗歌音阶跳动大，高亢激越，很适合在野外劳作时唱。平腔类苗歌曲调的叙事性很强，近于朗诵。演唱时要随着情绪和内容转换节奏，一般快慢相宜，抑扬适中，这种腔调或圆润流畅，或含蓄优雅，或原始粗犷，适于各种场合。

3. 苗族鼓舞

保靖县吕洞山区是全国著名的苗鼓之乡。苗族鼓舞与湘西巫傩的关系十分密切，过去由于科学不发达，社会生产力低，人们对很多自然灾害无法抵抗，又解说不清，于是把希望都寄托于鬼神。又如苗族的跳年鼓舞，据苗历算，苗年在十月，正是五谷收尽之时。五谷乃天赐之物，收获之季当然要谢天谢地。于是苗族人就会在此时举行舞天活动，跳年鼓舞就是活动形式之一。随着社会的发展和进步，苗族鼓舞也在发展和进步。它逐渐从祭祀活动中解脱出来，广泛应用于各种节日、婚娶喜庆和男女交往中，成为广大苗族人民表达欢乐、交流感情、自娱自乐的群众性舞蹈。

鼓，为“八音之领袖”，击鼓时，将鼓放在木架上，鼓者持双槌，双手交替击打，全身闪转腾挪，节奏常见的有3/4拍、2/4拍、4/4拍三种。因为鼓面较大，从鼓心到鼓边可发出不同的音高，击奏时，音量能随力度和位置而变化，从很弱到很强，也可敲击出复杂的花点，大气雄浑的鼓声，让人精神振奋、情绪激昂。

2006年，湘西苗族鼓舞就被列入第一批国家级非物质文化遗产名录。所谓“无鼓不成苗”，吕洞山人尤其爱鼓，山区近5万人，有3万多人会打鼓，苗鼓有1200多面。走进吕洞山，寨前草坪、学校操场、农家院落、溪河沿岸，只要地势稍稍平坦，就可以看到鼓的影子，听到鼓的声音。近几年，吕洞山人在原有的猴儿鼓及花鼓的基础上，创编出气势恢宏的八合鼓、撼山鼓、尤裔鼓、苗拳鼓，以及诗韵隽永的采茶鼓等多种现代苗鼓。大气的编排，高超的鼓技，更是让吕洞山苗鼓成为叫得响的民族文化品牌。在湘西土家族苗族自治州建州50周年庆典活动上，一曲由吕洞山600人、500面大鼓打出的威风八面的撼山鼓，场面宏大，气势磅礴，令观者为之心潮澎湃。

夯沙村苗族鼓舞(吕洞山镇人民政府　供图)

鼓是苗族人助威的器物,是苗族精神的表达方式。相传,苗族先民从黄河到西南群山大迁徙的路上,丢了无数东西,可始终保留着一面鼓。从苗鼓上,我们可以读出太多的历史信息:战争、迁徙、繁衍、生产劳作、民俗风情……可谓包罗万象。在远古时代,苗鼓作为响器,在战争中起到发布信号的作用,击鼓为号,以鼓传令。据《隋书·地理志》记载:苗族“欲相攻,则鸣此鼓,到者如云”。每遇到生死存亡的大事要决策,苗族人必举行盛大的“吃牛合鼓”仪典。部落联盟,宗支扩大或分离,不管分群分鼓或合祭合鼓都用鼓为标志,以此增强内聚力和协调性,一面鼓代表苗族的一个系或部落,百面鼓齐响,则象征万众一心,同仇敌忾。惊蛰时节,若天不响雷,苗族人还有擂鼓三通以代惊雷的习俗,吕洞山至今流传着“惊蛰不响雷,擂鼓三通助天威”的说法。苗族鼓舞,就是在这样的背景下发展起来的,从最初的驱赶野兽,到后来在战争中联络族群、激励士气,再后来不断增加表演娱乐元素,慢慢从军事鼓演变成为文化鼓,用以调节劳逸,丰富生活,愉悦精神,促进健康。苗族鼓舞作为苗族文化的一种行为叙事,表现了苗族人民对战争、生活、爱情等的真实态度,也表现出苗族鲜明的民族性格和粗犷坚毅的内在精神。

吕洞山苗族鼓舞融舞蹈和武术于一体,在鼓舞中艺术地再现耕播劳作、沙场拼杀、迁徙侨居、生活百态,文化底蕴极其深厚,加上节奏明快,动作刚柔兼济,舒展豪放,非常富有观赏性。如今,吕洞山苗鼓已逐渐发展成独树一帜的鼓舞艺术,成为吕洞山镇和夯沙村走向全国的一张文化名片。

4. 传统美术

(1)苗绣

苗族妇女爱花,更爱绣花、戴花和穿花。苗族刺绣,主要以绣花为主。该技艺就是用各种彩色布料(丝、绒、绸、缎)作为面料,在上面画好自己喜爱的图案,如桃花、牡丹花、樱桃花、映山红、迎春花、睡莲、金银花、丹桂、月月红、梅花等,然后用彩色丝线一针针刺绣到料面上。同时还常配绣一些龙、凤、鸟、兽、鱼等吉祥物。

苗绣色彩鲜艳,动静相间,栩栩如生。当你走进苗族村寨时,你就会被花衣、花裙、花被、花枕、花鞋、花带、花巾、花边等装饰品弄得眼花缭乱,目不暇接。这些都是心灵手巧的苗族妇女千针万线绣出来的。湘西苗绣在夯沙村传承发展有着五百多年历史。苗绣的艺术美感与苗族习俗传承、民族图腾、苗族村落艺术在这里协调一致,而古村落所能体现的苗族文化传统基因,也成为苗绣赖以生存、发展的土壤,成为苗绣生存发展的文化空间。

(2)竹编

湘西的劳动人民因地制宜,利用当地自产的作物制作器具,竹编也是其中的代表。湘西的气候适宜竹子的生长,当地农民用竹子制作背篓、撮箕、鱼篓等用具,其造型精美而独特。在夯沙村,多是有竹编经验、年纪较长(50岁以上)、行动不便无法干农活的老人从事竹编方面的工作。

夯沙村竹编(金星　摄)

（3）苗画

苗画是吕洞山区苗族文化艺术中的一朵奇葩。这里的苗画构图饱满,笔法细腻,其丰富艳丽的色彩具有强烈的视觉冲击力。苗画的题材多为民间传说、神话故事以及隐喻喜庆、吉祥的象征物。常见图案有麒麟送子、鲤鱼跳龙门、双凤朝阳、凤穿牡丹、鸳鸯戏河、蝴蝶伴寿、喜鹊闹梅等。苗画反映了苗族人民的审美情趣和对幸福生活的向往。

5. 传统习俗

（1）挑葱会

挑葱会是吕洞山人独有的节日。一般是女性“挑葱”,男性“讨葱”,情歌互答,互表爱慕之情,被外界誉为“东方情人节”。相传很久以前,老鼻子苗寨土官的女儿阿达惹爱上了夯沙的苗族放牛郎岩诺。土官很生气,说:“凤凰鸟哪能与钉钉雀共窝?”并把阿达惹锁在吊脚楼里,不让她出去。岩诺家的老人也劝岩诺:“金银花与地巴菜同不了一个心。”但岩诺每天黄昏赶牛回家,都会从夯沙跑到老鼻子寨看心爱的姑娘。失去自由的阿达惹用歌声唱道:“翠鸟关在竹笼笼里,挂牵山上花蓬蓬哩。鸟盼花,花盼鸟,清明采青才相逢哩。”① 岩诺明白了姑娘的意思,忙唱道:“扯下树的藤子卷在地哩,藤也枯叶也枯好孤凄哩。盼清明,发春雨哩,缠上村儿再

① “清明采青”是指苗族姑娘在清明这天,上山挑胡葱,求山神保佑。

莫离哩。"清明这天,两人各自早早出了家门,正好在胡葱茂密的翁排坡上相遇。他俩忠贞的爱情感动了胡葱仙姑,胡葱仙姑后来促成了他们的美好姻缘。于是每年清明这天,苗族人都要举行挑葱会。

（2）赶边边场

在吕洞山苗族聚居区,苗族青年婚前恋爱十分自由。每逢乡场赶集,各寨的男女青年就会结伴前来进行交友活动,寻觅意中人,俗称赶边边场。在熙熙攘攘的赶集人群中,小伙子只要看上某个姑娘,就会悄悄拉一下她的衣袖,偷偷踩一下她的脚,或者轻轻撞她一下,以试探对方的心意。要是姑娘看上了某个小伙子,也会一样行事。互生好感的双方会在散场回家的路上结伴而行,以歌传情,相互问答,作进一步的沟通交流,以期缔结良缘。

（3）椎牛祭

关于苗族椎牛祭的由来,苗族《椎牛古根》讲道:三皇五帝时期,苗族的祖先蚩尤与黄帝（轩辕）打仗,轩辕兵马多,蚩尤战败。轩辕一路紧紧追击蚩尤。好在蚩尤随时随地都有苗族人掩护,加上他又能散布弥天大雾,所以轩辕总是找不到蚩尤的踪迹。后来,轩辕发明了指南针,辨清方向,才把蚩尤捉住,在四月八日将蚩尤杀了。但是,蚩尤的冤魂不散,时常含着眼泪给苗族人托梦说:"我为你们受尽苦难,含冤而死,你们要永世敬奉我啊!"于是,苗族先辈就找仙娘"扛仙"。蚩尤的魂灵依附于仙娘身上,借仙娘的口说道:"按照我打仗时的祭典,杀猪椎牛,布置坛头,用芭蕉叶架阴桥,敲响竹筒,我（指蚩尤）就来了,为你们消灾消难。"从此以后,每年农历四月初八,苗族人就举办盛大的椎牛祭祖仪式,隆重祭祀他们的祖先蚩尤。世代承袭下来,也就成了苗族最古老的祭典。①

苗族人一般是在"吃牛"之前先许愿,或为解除重病,或为求子,到冬季才举行"椎牛"。椎牛祭典,不但家族邻里参祭,也要请朋友来,加之祭仪烦琐、冗长,所以耗资甚巨。苗谚云:"吃牛难,大户动本钱（把积存的

① 参见武吉海《湘西苗族椎牛祭》,《民族论坛（时政版）》2014年第12期。

钱花光），小户卖庄田。”祀典一般历时四天三夜，大致祭祀过程如下：第一天，送黄牯和敬祖先；第二天，活动最多，白天是接舅辈、迎亲朋，晚饭后，请神降临，由“觋师”（当地的巫师，俗称苗老司）讲述《椎牛古根》，其内容包括述说天地产生、山川形成、人类繁衍、苗族迁徙、“吃牛”原因等；第三天，主要为舅辈椎牛；第四天，收牛柱，敬牛头，欢送舅辈亲朋，最后由觋师默敬祖师，祝贺主家吉利兴旺。

椎牛祭场景
（吕洞山镇人民政府　供图）

（4）“九月九”祭祀习俗

农历九月初九是吕洞山苗族重阳节。这天吕洞山家家必吃鸭子，以纪念民族五次大迁徙途中过河过水的艰难。这天，出嫁女子要给舅家送水鸭子一对，系以红色丝线。水鸭的鸭血倒入有糯米的碗里，凝结成块，待鸭子炒好煮透，放入糯米血块，就成了著名美食——苗家血粑鸭，这也是吕洞山苗族重阳节的重要菜式。

重阳节这天，吕洞山苗族还要祭祖祭山，吕洞山被这里的人民奉为圣山和精神家园，因此，祭山就是祭祖，祭祖也是祭山。“云里头，天边边，两座高高的祖宗山。阿公山，阿婆山，他是苗家敬奉的神，他是苗家祈福的仙。千年说，万年传，美丽故事在人间流传。”① 历代以来，祭祀圣山成了保靖苗族人民的传统习俗。发展到今天，吕洞山祭祀习俗已发展成集苗

① 吕洞山是阿公山、阿婆山的合称，而阿公山与阿婆山是一对夫妻山，相传苗族先祖英雄吉峒和神女年姑的魂灵安放山顶，脉脉相望，相守千年。

族歌舞说唱、巫傩绝技表演、民族体育竞技、赶边边场等各种文化活动于一体的苗族传统艺术盛会。

夯沙村大祭台（吕洞山镇人民政府　供图）

相传，湘西苗族发源于黄河流域，经过五次大的迁徙，最后来到了保靖县吕洞山的“占求占帕”安家建园，五宗七族十二支在这儿举行了椎牛合鼓仪式，分宗分族、分支分系、分名分姓，分散到湘西各地去建立家园。从此，祭祀祖山成了苗族人民的一种传统习俗，寄托着苗族人的思念与祈求。

祭山大典分请神、敬神、娱神、送神四部分，祭祀吕洞山的活动一开始，巴代雄方阵、绺巾舞方阵先后入场。锣鼓、牛角、唢呐、芦笙一同响起，司仪人员开始献祭文。读毕祭文，法师登场，祭祀人员上三牲五谷、苗酒供果。绺巾舞、渡戎舞、接龙舞、献芦笙、盾牌舞等流传于吕洞山区的苗族古老传统舞蹈表演轮番登场，先后展示了先祖的迁徙历程、苗族姓氏文化、苗鼓文化、祭祀文化和民俗风情。

（5）赶秋节

赶秋节是当地村民们的大型喜庆节日。每年立秋，经上半年的辛勤耕耘，人们丰收在望、欣喜异常，相邀集会开展名为“交秋”的民间文娱活动。旧时有“秋男”“秋女”端坐滑竿游秋场的活动，现此娱乐项目已消失。现在的主要标志是“八人秋”，另外有唱苗歌、打苗鼓等其他节目上演。到那时，各村各寨的苗族老少，身着节日盛装，邀友结伴，兴高采烈地从四面八方来赶秋。这一天，秋场上人群摩肩接踵，四面山坡人头攒动，花团锦簇，歌声袅袅，笑语盈盈，十分热闹。

关于赶秋的由来有一个美丽的传说。相传很久以前的一天，苗族青年巴贵达惹外出打猎，见一只山鹰从空中掠过，便垂手拉弓，一箭射下那只山鹰，同时坠下一只花鞋。这只花鞋绣工极为精美，一看便知是出自聪明美丽的苗族姑娘之手。巴贵达惹决定要找到这花鞋的主人。在乡亲们的帮助下，他设计、制造了一种可以同时坐八人的风车形秋千，取名“八人秋”。立秋这天，他邀约远近村寨的男女来打秋千取乐。打秋千本是苗族姑娘最喜爱的活动，巴贵达惹心想，那个做花鞋的姑娘一定会来。果然不出所料。在秋场上，巴贵达惹找到了花鞋的主人——七姑娘。他俩通过对歌而建立感情，最后结成夫妻，生活十分美满。从此之后，人们沿袭此例，一年一度地举行活动，择配佳偶，形成了赶秋盛会，当地赶秋活动一般轮流在水田、中心、葫芦、夯沙等四个圩场举行。①

6. 特色饮食

苗族独特的民族饮食风俗是喜食酸味。酸味食品主要有酸汤、酸菜、腌酸鱼、牛肉酸、猪肉酸、酸辣子、酸萝卜、青菜酸、豆类酸等。苗族人吃酸菜的历史悠久，他们深居高山，缺少食盐，平时很难买到蔬菜和肉类，所以每家都备有酸坛，用以腌制各种酸味食品，而且苗族人有整套制作和食用酸味食品的工艺和步骤。

吕洞山苗族喜食野菜，如蕨菜、鱼腥草、马蹄菜、刺花菜、铁道木花、刺五加、水香菜、青苔等，多洗净凉拌吃。这些野菜有的既是菜又是药，食之苦涩，但却清凉、爽口、甘甜，具有清热、解毒、消炎、消暑、化食等作用。

---

① 吕洞（夯略枷）、矮坡两寨20世纪二三十年代亦设有秋场。以上内容由笔者根据镇政府提供资料《夯沙村历史文化名村保护规划》整理而来。

苗族百虫宴不能从字面理解为吃一百种虫子,而是虚指、泛指。因苗族人生活的地区大多山清水秀,溪沟、田间的昆虫、小鱼儿不仅种类、数量多,而且一年四季都有。比如春季有桃花虫、桃花鱼、瓢瓜虫等,夏季有螃蟹、虾、草鞋虫等,秋季有打屁虫、白漂虫等,冬季有水蜈蚣、巴岩鱼等,百虫宴以时令虫菜为主菜,辅以苗家酸鱼、腊肉、酸汤等配菜,十分鲜美。吕洞山苗族最为奇特的风味食品,莫过于竹蛆、蜂蛹、黄蚂蚁蛋、花蜘蛛、打屁虫、桃花虫等。桃花虫是一种黑足小水虫,形似蜈蚣,有六条细腿,体态肥厚,乌光油亮,栖息在浅滩岩底。桃花盛开的三月,正是桃花虫成熟的季节,此虫因之得名。捞上来的桃花虫,先用油炸脆,再放上大蒜、辣子与适量的食盐、酱油翻炒几下,便可食用。桃花虫蛋白质含量高,营养又美味,是吕洞山区特有的佳肴。①

三、自然资源

夯沙村森林植被覆盖率高,名木古树数量较多,同时境内旅游资源丰富,自然风光迷人。夯沙村位于吕洞山AAA景区内,距湘西土家族苗族自治州州府吉首市区仅24千米,是州、县两级旅游部门精心打造的“吉首市后花园”核心景点,是湖南省特色旅游名村之一。这里植被茂盛、生态环境良好,村内有排拔、大峰等古苗寨,有大峰冲、大九冲峡谷,苗族文化氛围浓厚。远观夯沙村,气势磅礴,一条洁净的小河穿寨而过,大九冲峡谷、嶂谷和台地地貌发育,悬崖绝壁数量多。大峰冲瀑布成群,大小瀑布有十多道,颇具观赏价值。

① 以上内容由笔者根据镇政府提供的资料《夯沙村历史文化名村保护规划》整理而来。

（一）名木古树

夯沙村四周青山环绕、草木葱茏、林木茂盛、环境优美。村寨内至今仍保存着国家二级保护植物毛红椿、金弹子、枫香树、油香树等179棵几百年的古树名木。其中位于五坡冲的枫香树年代最久远，树龄约为300年，其树冠达35米，冠幅15米。

（二）吕洞山

吕洞山山势雄峻，主要由阿公山、阿婆山组成。阿公山海拔1227.3米，峰顶巨岩壁立，突兀摩天，有双洞如“吕”字形横贯山体，故得是名。阿婆山海拔近1300米。登临两山之上站立送目，层峦叠嶂，迤逦峥嵘，荡胸夺目，蔚为壮观。清代严如熤《苗防备览》的描述最为翔实生动，吕洞山在乾州“城西北五十里。绵亘数十里，复山叠嶂，其北麓为保靖之夯沙、夯略各寨，南联永绥之谷坡，东接永顺之青山，南与天门诸山嶍嵂争胜，山阿中生苗寨落甚多，高数千仞，晻暧蓊郁，四时云瑞现，岁旱，土人捕蛇祈祷，风雨立至，苗民称为神山云”①。作为地名，“吕洞山”历经演变，先是“格剖格娘”，后是“里冬”，最后成为“吕洞山”，阿公山、阿婆山由传说意译而来。吕洞山苗族老人仍习惯叫它“格剖格娘”，意为阿公山、阿婆山。

（三）吕洞云雾

“云来山更佳，云去山如画。”吕洞山区地质年代久远，溶洞多，峡谷多，溪流多，温水多，瀑流多，河流切割密度大，深度大，众多溪谷河流呈放射状分布，众多奇峰峻岭层层叠叠，形成云海仙山。据当地人说，这里一

---

① 严如熤：《严如熤集》（二），黄守红标点、朱树人校订，岳麓书社2013年版，第479页。

年三百六十五天，至少有两百多天有雾。

吕洞山的云雾，堪称天下奇观。浓雾升起时会将万峰沟壑浸泡起来，云雾淡开时散淡的云则会在峰峦树木间悠游。这里的云雾瞬息万变，时而似风平浪静的深潭，时而似波涛汹涌的汪洋，时而似奔泻千里的激流，时而似亲吻山谷的飞瀑，时而似紫光幻影的海市蜃楼，时而似隐约可见的仙山蓬莱……静态的雾海引人想象，动态的云海给人震撼，而当所有的云雾散尽时，整个吕洞山就如歌中所唱，呈现一幅“山重重，山青青，万峰腾龙气雄浑。水弯弯，水灵灵，千转百回流清纯”的美景。

（四）指环瀑布

在夯沙峡谷左侧的深沟大峰冲，多条瀑布景观堪称最奇绝最经典，“九层峭壁划春空，三级鸣泉飞暮雨”，用来形容这里的峡谷瀑布最恰当不过。大峰冲呈三级阶梯状，冲内山势嵚崎，危石高悬，青树葱蔓，瀑布密集，大小瀑布竟有十多个，最令人叹为观止的是指环瀑布。只见一处水流从峰峦叠翠中涌出，倏尔化作一道银光，水滴石穿，溶穿成环，直泻碧绿的深潭，即刻水花溅玉，琉璃翻腾，令人赞叹。

指环瀑布在苗语中意为“戒指一样的圆弧瀑布”，传说是由苗族青年吉峒当年送给心上人年姑的指环变幻而成。瀑布上游，驼峰瀑布飞泻而下，冲击一块厚约2米的石灰岩，石灰岩被流水长期冲击溶蚀成直径3米多的圆弧空洞，水流洞穿圆弧而下，形成瀑布深潭，潭中泉水碧绿透亮，宛如翡翠。

四、村规民约

夯沙村张贴有当地的村规民约，大致内容如下：

为了推进我村民主法治建设，维护社会稳定，树立良好的民风、村风，创建安居乐业的社会环境，促进经济发展，建设生态文明村，经全体村民讨论通过，制定本村规民约。

一、每个村民都要学法、知法、守法，自觉维护法律尊严，积极同一切违法犯罪行为做斗争。

二、村民之间应团结友爱，和睦相处，不打架斗殴，不酗酒滋事，严禁侮辱、引诱他人，严禁造谣惑众、搬弄是非。

三、自觉维护社会秩序和公共安全，不扰乱公共秩序，不阻碍国家机关工作人员执行公务。

四、严禁偷盗、敲诈或哄抢国家、集体、个人财物，严禁吸毒、贩毒，严禁赌博，严禁替罪犯藏匿赃物。

五、严禁非法生产、运输、储存和买卖爆炸物品；经销烟花、爆竹等易燃易爆物品须经公安机关等有关部门批准。不得私藏枪支弹药，拾得枪支弹药、爆炸物品，要及时上缴公安机关。

六、爱护公共财产，不得损坏水利、道路交通、供电、通信、生产等公共设施。

七、严禁非法限制他人人身自由或非法侵犯他人住宅，不准隐匿、毁弃、私拆他人邮件。

八、严禁私自砍伐国家、集体或他人的林木，严禁损害他人庄稼及其他农作物，加强牲畜看管，严禁放养。

九、加强护林防火，不准随意带火种上山或乱扔烟头等其他火种，扫墓者不准携带各种烟花爆竹或燃烧祭奠品，如不慎引起火灾，追究当事人责任。

十、家庭用火做到人离火灭，严禁将易燃易爆物品堆放于户内、寨内，定期检查、排除各种火灾隐患。

十一、加强村寨防火设施建设，定期检查消防池、消防水管和消防栓，保证消防用水正常。

十二、对村内、户内电线要定期检查，损坏的要请电工及时修理、更新，严禁乱拉乱接电线。

十三、加强村民尤其是少年儿童安全用火用电知识宣传教育，提高全体村民消防安全知识和意识。

十四、提倡社会主义精神文明，移风易俗，反对封建迷信及其他不文明行为，树立良好的民风、村风。

十五、提倡喜事新办，不铺张浪费；厚养薄葬，丧事从俭，破除陈规旧俗，反对铺张浪费，反对大操大办。

十六、为破除婚丧嫁娶中不良风气，倡导文明、健康、科学的婚丧新风，文明节俭操办婚丧事宜，提升全村精神文明建设水平，经村委会、村班子研究，决定在全村成立红白理事会，切实推进移风易俗工作。

十七、不请神弄鬼或装神弄鬼，不搞封建迷信活动，不听、不看、不传淫秽书刊、音像，不参加邪教组织。

十八、建立正常的人际关系，不搞宗派活动，反对家族主义。

十九、积极开展生态文明村寨建设，搞好公共卫生，加强村容村貌整治，做到村容环境卫生整洁，任何家庭不得向公路乱倒垃圾、不得向河道内乱排污水。村民落实“门前三包”，房前屋后无垃圾及污物，严禁随地乱倒乱堆垃圾、秽物，修房盖屋余下的垃圾碎片应及时清理，柴草、粪土应定点堆放。

二十、建房应服从村寨建设规划，统一安排，并按照规定程序申报，在领取建房许可证后，按批准的地点和面积施工建房。不得擅自动工，不得违反规划或损害四邻利益。

二十一、严禁非法炸鱼、毒鱼、电鱼以及使用禁用渔具捕捞，每个村民应树立保护本村渔业资源和渔业水域生态环境的意识，对于违法捕捞者，除责令其立即停止作业外，情节严重者，报送国家机关处理。

二十二、本村规民约自公布之日起施行。

（本章由金星撰写）

第三章　吕洞村

在吕洞山的山脚下，坐落着美丽的吕洞村。该村位于保靖县南部的吕洞镇境内，东临黄金村、夯吉村，西靠西游村、排拔村，北与茶岭村搭界，南连夯沙村。沿着山路缓慢而入，映入眼帘的是缭绕的雾气、湍急的水流和高耸的大树以及一排排传统建筑，使人仿佛置身于另一个世界。苍绿的群山环抱下，古朴的苗寨错落有致，与周围的腾腾水烟、垂垂树枝融为一体，愈发显得古老而神秘。2016年12月，吕洞村被列入第四批中国传统村落名录。

一、村落概况

(一)地理生态环境

吕洞村，距离镇政府6千米，距离吉首市区约27千米，距德夯景区15千米，距离保靖县城约120千米。

吕洞村“中国传统村落”标识
（何静宜　摄）

吕洞村所在的吕洞山位于云贵高原第二级隆起台阶地带，构造上属新华夏系隆起带武陵山脉构造体系，地处花垣—腊尔山高原台地的峭壁东缘。区域地貌属于中山—中低山峡谷地貌类型，有高原台地与深切峡谷地貌组合。吕洞山山脉沟壑深幽，虽然阿公山最高处有1227.3米，但其山脚的海拔仅320余米。在不足10平方千米的范围内，海拔落差达800多米，如此落差巨大的地质现象并不多见。在此区域内，大面积为山高谷深的地貌，可供用作建设用地和农田用地的土地面积比重小，因此耕地资源紧缺。

以吕洞山主峰为中心，“矮坡—吕洞山—资比蒙—泼拉改”一线是峒河水系与酉水河水系的分水岭脉。顺着地势，吕洞河水系向南流去，在吉首市域内注入峒河。

吕洞村属于亚热带季风性湿润气候区，全年温暖湿润，四季分明，水资源丰富。北面因有三峡地区的山地和武陵山脉的重重阻拦，强寒潮势力难以长驱直入，和同纬度的东部洞庭湖区比较，夏季不甚酷热，冬季不甚严寒。

吕洞山山势雄伟，南北坡气候存在差异，高耸的山体将南来北往的暖湿气流抬升凝结成云雾，故吕洞山山顶经常云遮雾罩，云雾和雨水偏多，增添了吕洞山区民间传说的神秘感。吕洞山云雾也是吕洞河、排沙河等河流旱季不断流的重要原因之一。

（二）村落历史

当地传说，很久以前，苗族先祖蚩尤与黄帝、炎帝相互交战。蚩尤战败后，族人经历五次大迁徙，最终来到了吕洞山区。当时这里没有人类居住，地处深山，沟壑纵横，水源充足，土地肥沃，猎物繁多。苗族先人仔细观察这里的地形地貌，认真研判风水，发现了现在被称为吕洞山的阿公山和阿婆山。吕洞山擎天挺拔、壁立千仞、险峻雄奇。仰观山顶，山山相连，形似并坐的夫妻；俯视则方圆百里尽收眼底，群峰环绕似千山朝拜。在其周围，还有牛形山、马形山、羊形山、狗形山、猪形山、鸡形山等六畜山。苗族先民认定这里是风水宝地，龙脉旺盛，有利于繁衍生息，于是在此安居，开辟家园。

由于没有战争的侵扰，吕洞山地区一派祥和宁静，历经几代人的努力，生产得到了迅速发展，牛羊成群猪满圈；阡陌之间，鸡犬之声相闻；周围九十九道坡、九十九道岭、九十九条沟都布满了村落，房屋毗邻，人丁兴旺，到处欢歌笑语。只是随着人口的增加，这里已经显得有些拥挤，苗族先民探查得知远处还有不少地方适宜居住，在协商合议之后，决定选定吉日，合鼓祭祖，告慰祖先，安放神位，分家分姓，分头创业，离祖发家。

后来，在一个黄道吉日，他们于吕洞山下举行了盛大的合鼓祭祖大会，将历代祖先的神位安放到了吕洞山，然后分家分姓。分出了五宗七族十二支，即吴、龙、廖、石、麻、施、隆、梁、田、杨、张、符，这些姓氏各住一方，均有自己的标志。其中，吴、龙、廖、石、麻五姓就在吕洞山区分山而居，世代守护着吕洞山，是为五行苗寨。五行苗寨分别为夯吉金寨、梯子木寨、吕洞水寨、大峰火寨和排拔土寨，位于吕洞山山腰的吕洞水寨为五寨的中心点。人们觉得吕洞山是一条望天欲飞的龙，其身旋于吕洞山，是地脉的显现点。吕洞水寨，也就是现在的吕洞村。吕洞村所在地为典型的溪河谷地，清澈的吕洞河穿寨而过，苗寨位于河流两侧的河谷坡地上。古寨树木参天、梯田层叠，相得益彰，一派优美的田园风光。

又据村中老人说，苗族祖先来到吕洞山时，放生了一头牛，再跟着牛四处游走，牛停下不再走的地方就是他们选择的建村之所。吕洞村先民选择于山丘环绕的河流盆地内兴建村落，其原因是雄伟险峻的吕洞山为其提供了一道坚固屏障，肥沃开阔的土地为其生存提供了可靠的食物，既便于生活，又隐于山林，防御功能较好。

（三）村落人口

吕洞村是一个苗族聚居的村落，有格重、雀儿、新田以及排各冲4个自然村寨，也即由此4个村民小组组成。吕洞村目前共有340户，1380人，其中常住人口为1100人，劳动力850人。吕洞村多数姓氏为龙姓，另外还有少量石姓和杨姓人口。

据村中老人说，吕洞龙氏一族的祖先来自江西南昌，迁徙至吕洞山安居，后因人口增多而渐渐向周边地区分散。如今，保靖县境内龙姓宗族分“大龙”和“小龙”。“大龙”为苗族支系“仡芈”，谦称为“代芈”，是吕洞山区龙姓的强大宗族，因人数较多而被称为“大龙”。“小龙”为苗族支系“仡贬”，谦称为“代贬”，是从“仡芈”宗支里分出的一支，因人数较少而被称为“小龙”。“大龙”“小龙”旁人难辨，二者通婚，往往被误以为是近亲结婚，实则不然。① 据《苗族史诗》记载，龙姓苗族支系还有“窝溜”和“窝僚”。②

---

① 参见保靖县民族事务局编《保靖县民族志》，民族出版社2015年版，第36页。

② 参见保靖县政协文史学习委员会编《苗族史诗》，湖南人民出版社2016年版，第102页、106页。

（四）物产与特色产业

地理环境对吕洞村的生产类型几乎具有决定性的作用。吕洞村位于中国西南部，属于典型的亚热带季风性湿润气候，夏季高温多雨，冬季温和少雨，非常适合亚热带作物的生长。因此，吕洞村自然植被种类非常丰富，农作物的种类也极其多样。在历史上，定居于吕洞村的苗族先民们都以务农为生，他们辛勤开垦耕地，既开垦了旱地又开垦了水田。旱地种植黄豆、玉米、土豆等农作物，水田就种植水稻。现在吕洞村全村总占地面积大概为2250亩，其中耕地面积1500亩，包括水田650亩，耕地占比极大。由此可见，农业生产从古至今对吕洞村的村民都至关重要，尤其是在以前，耕地上种植出来的农作物可以为勤劳的苗族先民提供衣食的原料，还能被当作商品交换或者买卖，以取得人们需要的生产生活物资。

除了常见农作物以外，苗族人民的勤劳、吕洞山优越的地理位置、肥沃的土壤、雨热同期的有利气候等主客观因素共同造就了吕洞山的丰饶物产，亚热带的很多植物如榉树、茶树、油菜、油桐树、芭蕉树、竹子等都能在吕洞村看到。

当地有一种不得不提的植物，那就是油桐树。木质结构的房屋为当地的传统住宅，然而在湘西湿润的气候下，木质房屋容易被腐蚀，所以保存时间不长。聪明的苗族先民见油桐的种子里面富含油脂，就用专门的木质榨油工具将油脂从油桐内榨出。在木材的表层涂上的桐油，能够减轻雨水和虫蚁对房屋的侵蚀，以此来延长木质房屋的使用年限。

黄金茶产业目前是吕洞村的支柱产业。据《保靖县吕洞山镇吕洞村住宅村落保护发展规划(2016—2030)》，吕洞村黄金茶的种植面积已发展到2130亩，黄金茶精品园建设项目也在启动之中。

吕洞村黄金茶田(保靖县住房和城乡建设局 供图)

吕洞村还拥有得天独厚的草山坡资源,曾经拥有约500个牛羊养殖单位。为做到资源合理利用、不造成生态环境的破坏,吕洞村正慢慢控制养殖单位的数量,目前已将其减少到200个以内。按照现代畜牧业标准,吕洞村科学设计和培育了5个家庭牧场,蜜蜂养殖100余桶。

目前,保靖县人民政府和吕洞山镇人民政府正大力发展和推广以吕洞村为中心的苗族文化旅游产业。据村干部介绍,未来几年内,吕洞村及其周围地区将陆续建成茶旅结合的苗族特色文化景区。包括在吕洞村附近建成蘑菇小房等特色民居,环吕洞山建成骑行和观光绿道等。相信在不久的将来,旅游产业将成为吕洞村的另一个支柱产业。

(五)经济社会发展状况

在道路设施方面,吕洞村对外交通主要依靠一条南北向村道——环村路,通过该村道接至水夯公路,北与保靖县城联系,南至吉首市。村落内部道路均为步行道,主要为建筑群落之间的街巷和登山石阶,以石板路

吕洞村环村路（何静宜　摄）

面为主，宽度1米至2米不等；步行道蜿蜒曲折，四通八达，是村落内部重要的交通通道，也是村落内的重要景观要素。环村路边有3处小型停车场。

吕洞村在各寨都修建了高位蓄水池，通过管道实现集中供水，但水源主要仍为山泉水。吕洞村无变电站，其电源为吉首马颈坳35千伏变电站，村落内10千伏电力架均为架空敷设。村落现已经完成农网改造，有3台变压器，容量分别为30千伏安、80千伏安及100千伏安。另外，吕洞村现已接通有线电视、宽带网络、移动信号；有线电视普及率约为98%。吕洞村村民日常以柴薪为主要能源，少数村民使用瓶装液化气为辅助能源。村内无垃圾焚烧池，垃圾一般集中收集后送往夯沙焚烧厂进行处理。

吕洞村村室位于吕洞山脚下的环村路旁，为两层纯木建筑。接待中心、卫生室、图书室、村民活动室与村室共用。

吕洞村村内的石板路（何静宜　摄）

二、文化遗产

（一）物质文化遗产

1. 圣山祭台

吕洞山是当地苗族人民共同的精神家园，而位于吕洞村的圣山祭台是寄托当地人民对祖先的尊崇和敬畏之情的地方。相传远古时期，苗族

吕洞山圣山祭台（何静宜 摄）

先民迁徙至此，繁衍生息。有一对德高望重的夫妇，教化一方，为人们所敬仰，被视为吕洞山神，护佑一方。凡祈雨求福，心诚而意恭者，他们有求必应，故当地的苗族人视吕洞山为“圣山”，并在吕洞山对面的山上设有祭台，世代祭拜。

从吕洞村传统村落中心地带沿着盘山公路行至山上，有一块较为宽阔的台地，这便是吕洞山圣山祭台。祭台面积约1000平方米，全部用青石块铺成，其三面是围栏，用石条框边和石板组合而成。石板上雕刻有巴代雄施法用的各式手诀。祭台共有三个平台。第一平台是举行仪式时供人们朝拜的地方。第二平台是举行祭祀仪式时巴代雄行祭礼的地方，如果平日里有人来朝拜，也可在第二平台进行。拾级而上至第三平台，那里摆放着三个巴代雄祭祀用的木桥，每个木桥上有一牛头并系有红布，木桥之后有一面大旗。整个祭台正对着云雾缭绕的吕洞山，威武而神秘。

与祭台相连的是一个较为宽广的场地，这个场地是近年来为了容纳更多回来祭拜祖先的苗族后代才扩建的，面积较大，可以容纳几千人。每年的九九重阳节，祭台都会举行盛大的祭祖活动，

吕洞山圣山祭台木桥（何静宜 摄）

这时，会有世界各地的群众相聚于此，亲眼见证、亲身参与这个神圣的过程。

2. 传统建筑

（1）村落分布格局

吕洞村村落建设用地面积为15.42公顷，其中村民住宅用地面积为12.95公顷，占总用地的比例为83.98%，其他建设用地包括少量的村庄公共服务设施（村室、小学、卫生室等）以及村落基础设施用地（如停车场）。农用地以林地、耕地和水域为主，其中农林用地面积为98.79公顷，水域面积1.28公顷。

吕洞村的村落布局充分体现了山地村落与自然山水的密切关系。一方面，山水环境为村落形态形成与发展提供了物质保障和有利条件的同时，增强了其景观特色，村落的空间组织上充分体现着其与山水的依存关系。正所谓“圣人之处国者，必于不倾之地，而择地形之肥饶者。乡山，左右经水若泽。内为落渠之写，因大川而注焉。乃以其天材、地之所生，利养其人，以育六畜”(《管子·度地》)，吕洞村的村落布局充分利用了当地山水环境为其提供的充足水源和丰富物产。另一方面，山水环境同时也对吕洞村的村落布局形成一定的限制，村落整体布局上顺应山水环境，空间组织上只能为顺应山水而采用自由式布局的形式。

吕洞村村落布局
（保靖县住房和城乡建设局　供图）

吕洞村村落布局特征主要有两点。一是线性布局，即吕洞村传统村落选址适应了山势水势，与自然环境形成良好呼应，形成了与等高线和水流线平行的线型聚落形态，平面无固定轮廓，形式自由。二是建筑在不同高程的等高线上层层展开，形成一条条波动起伏的屋顶天际线，使得乡村聚落的里面层次极为丰富。建筑在山坡自下而上层层叠叠，形成丰富的视觉轮廓层次。青石板、台阶巷道是村落内主要交通通道，村民宅前路多为平缓的石板路，屋侧则由坡状石板路或台阶石板路相连，巷道蜿蜒曲折，纵横交错，蜿蜒的巷道形成了村落的骨架。

（2）传统民居

总体来看，吕洞村传统民居的保存状况良好。民居分布格局为屋连屋、户连户，恰似《桃花源记》中“屋舍俨然”“鸡犬相闻”的样子。传统民居的建造时间大多集中在20世纪50年代以后，更早一些的清代建筑、民国建筑则主要分布在格重寨。雀儿寨曾在1984年遭遇火灾，之后原地重建，所以该村寨大多为20世纪80年代后建筑。

吕洞村落地式平房（何静宜　摄）

吕洞村格重组一户百年民居（何静宜　摄）

吕洞村传统建筑多以一层建筑为主，二层建筑大多为公共建筑。建筑原材料均为木头，采用的多是“一梁二柱”“柱孔连方”的结构。当地人建造房屋时，讲究坐南朝北、坐东朝西，坐南朝北是指房屋的北面开门开窗，坐东朝西是指房屋要坐东朝西开门开窗。建筑的柱子和窗户上的雕花精细，有良好寓意。建筑均为青瓦屋面，板壁刷上桐油进行防潮处理，泛出乌褐油亮的颜色。

在建筑形式上，吕洞村传统民居建筑形式主要可分为落地式平房和吊脚楼。

落地式平房房顶为“人”字形。房屋通常是三间正房（个别富裕人家修五间正房），每间宽约四米。中间的正房隔成一大间和一小间，前面的一大间为堂屋，后壁上安有神龛，正中开大门，门的两侧各开一窗。堂屋是祭祀祖先、接待客人进餐和家人休息的场所。后面的一小间用来架楼梯，可堆放杂物。

堂屋左右两间，其中一间房中有四方火塘，上架一个三脚架，供煮饭菜和冬天取暖之用。据村民描述，火塘寓意着万事万物都离不开一个框的约束。火塘一侧为卧室，铺有地板；另一间也铺有地板，隔成两小间作卧室。

堂屋楼上的阁楼非常宽敞，不住人，前壁中间上方开一窗，两侧设有两个正方形大柜用来储藏粮食。两旁正房楼上跟楼下布局一样，也隔成两间，存放粮食或为卧室。厨房一般设在正房以外的偏房里。平房一般用青瓦盖顶，木板作壁。

吊脚楼一般柱大枋粗，与正屋成“一”字形。其构架是加长各层穿枋，托起往外伸出的部分，柱子吊脚下去，楼面铺上木板即成。这样的“楼阳台”，屋檐处理采用单檐悬挑、屋面反翘的结构，飞檐悬出正屋，造型舒展向上；基础采用木柱吊脚，建造简易，省工省料。整个吊脚楼悬空而建，离地较高，通风向阳，空气清新，干爽宜居。吊脚楼楼内格局，上层多为卧室，抑或为苗族姑娘们织锦、绩麻、织花带的场所，或作晾晒衣被的阳台。底层一般不设正式房间，或为谷仓，或为柴房，或养牲畜。据吕洞村村民介绍，两百年前，吕洞村有三个大地主，龙顺海、龙丙甫和龙兴畅，吕洞村中现存最古老的百年吊脚楼就曾是大地主龙丙甫的居所。

3. 其他建筑

(1) 风雨桥

除此以外，吕洞村还有风雨桥三座。在村室附近的吕洞溪上就架有一座风雨古桥，这座桥大概有十米长，三四米宽，八根粗大的柱子撑起一个遮风避雨的顶，这里是当地村民乘凉的好去处。

（2） 古井、古碑

在古树湾附近，有一口百年古井。井水清澈明亮、清凉甘甜。这口古井由来已久，据说建于明朝，常喝井中之水可以使人身体健康。因此古井也有了保护村民的神圣意义。村民们为了表达对古井的感谢，在井周围修建了十块石碑，石碑上的文字都表达着对古井的尊崇和敬畏之情。

吕洞村古井（何静宜　摄）

吕洞村古碑（何静宜　摄）

（二） 非物质文化遗产

1. 民间文学

（1） 苗族史诗

吕洞村流传着一部苗语称为“休八休马”的苗族史诗，它流传久远，内容丰富。这部史诗已由苗族老人口述，经保靖县苗文干部译成汉语，整理成文。苗族史诗分为四个部分：第一部分为“出不出灯”，即开天辟地，讲述的是远古时期从天地混沌到世间万物产生的过程；第二部分是“求不求灯”，即大迁徙，讲述的是苗族祖先分家失利，失去了安身之地，于是带着五谷杂粮进行了迁徙的故事;第三部分为“出初出来”,即婚嫁,讲述的是吕洞山苗族在到达吕洞山以后从群婚制时代过渡到正式婚配制度时代的神话故事;第四部分为“江巴江玛”,即分支分系,讲述的是苗族在吕洞山休养生息之后,人口不断壮大,于是,苗族子孙在吕洞山合鼓分家,自此以后,吕洞山苗族各个支系开始产生,五宗七族十二支的分居从这里开始。史诗部分内容如下:①

苗语

阿忙窝溜能,阿铺尼不旗不茂。

不旗立排当,不茂立大本。

蚕思赖子各老,忙立根耐斗讲腊兄。

不三立通帮库加,姑麻小涂立成让图若,不收不其斗讲斤扎。

大根如立辽喜,大努如立让伦;

老寸立不揭,老说立半家;

姑老网立排桃花,不梭不刀立得让;

不披立窝样,不沙立拔拔;

不要立排大狗,不佳立不麦;

大究立乍绞,告岭立溜豆斗讲广齐。

阿马窝溜能,同涂花白坐白任,同陋花白读白党;

今忙机不,彭忙机灯。

汉译

这支“窝溜”,祖公是“不旗”和“不茂”。

“不旗”立寨“排当”,“不茂”立寨“大本”。

才生“赖子各老”,立寨“根耐”,住在“腊兄”。

“不三”立村“通帮”和“库加”,“姑麻小涂”立寨“成让图若”,“不

① 保靖县政协文史学习委员会:《苗族史诗》,湖南人民出版社2016年版,第102～105页。

收”和“不其”住在“斤扎”。

“大根如”立村“辽喜”,“大努如”立寨“让伦”;

“老寸”立村“不揭”,“老说”立寨“半家”;

“姑老网”立村“排桃花”,“不梭”和“不刀”立寨“得让”;

“不披”立寨“窝样”,“不沙”立寨“拔拔”;

“不要”立村“排大狗”,“不佳”立村“不麦”;

“大究”立村“乍绞”,“告岭”立寨“溜豆”,住在“广齐”。

这支“窝溜”,像树发得满山满岭,像竹发得满沟满冲;

名誉广传,名声远扬。

（2）吕洞山传说

巍峨雄奇的吕洞山,最令人叫绝的就是其主峰为一块巨大的方形绝壁,壁上被大自然的神工凿出了两个大小并列的山洞,其形状形似半倒的“吕”字,因而得名“吕洞山”。

吕洞山山峰中的“吕”字形山洞（何静宜　摄）

关于吕洞山的由来,当地流传着一个动人的传说:相传阿公山名叫里冬,阿婆山名叫里翠。相传在古丈有座山叫里色,初时,里色见里翠生得美貌，姿态动人，由媒人八刀山（山在泸溪）说合，娶得里翠为妻。是时里冬见里翠生得好，强将里翠娶为妻室。里色看里冬这样蛮横无理，内心实在不甘，便与里冬理论。结果便起了争端，双方逞凶斗殴。里冬不备，竟被里色刺中了两矛，正中胸部，所以该山现在才有一座大穿石。彼时苟尧能（亦是山名）见里冬被里色用矛击伤，当即出来帮助。里色兄弟三人中，二弟被砍中一刀，头被砍落河中，故至今河中仍有一小山丘存在。里色及三弟见势不妙，不敢恋战，分窜潜逃。八刀山原是里色之媒人，亦被里冬斫伤八刀，故今有八刀山之名称也。里翠看见里色被里冬驱逐，慌忙逃走，恐里冬追及，加以伤害，又因念里色是原夫，意图搭救，即将腰裙脱下，拦住里冬，阻止其前进，以息争端，所以如今里翠山形同裙样。里冬、里翠就此正式结成夫妇，今日苗族聚居区中，才有阿剖里冬、阿娘里翠之名称。阿剖里冬即是里冬阿公山、阿娘里翠即为里翠阿婆山的意思。

据说，苗族先民们目睹了这场残酷的斗争，便商定不准用武力来决斗的规矩。如果再有类似的事情发生，那么就用山歌比赛来决定。从那时起，苗族便再也没有人为情动武，而苗歌也成为苗族男女表达爱慕之情的方式并流传至今。

（3）新田寨的传说

远古的时候，现在的水田河镇龙潭村的祖先龙姓一族从泸溪某地迁徙至今古丈县默戎镇盘草村落户，靠打猎为生，兼种田地。村里有一对孪生子，名叫龙地高、龙地月，他们天生聪明伶俐，长大能歌善舞，擅长玩枪弄箭，经常和大人们一起打猎，是远近闻名的神箭手。古时，人烟稀少，野兽成群，危害百姓，大家喜欢这两兄弟，都请他们帮忙除害。兄弟俩大显身手，得到乡亲们的热情拥戴，游走于保靖县葫芦、尖岩、棉花旗、绿绿河、半白、米塔等地，每到一个地方便住上十天半月。棉花旗寨寨主梁文王、梁武王羡慕两兄弟的本事，便和兄弟俩交上了朋友，并把两个亲妹妹许配给了兄弟俩。

某年秋天，翁科寨寨主举行吃牛盛会，特邀梁文王、梁武王参加。二人将龙地高、龙地月兄弟带去赴宴。翁科吃牛宴会场面盛大、隆重，主人询问兄弟俩来自何地，干什么活，有何特长和技艺。龙氏兄弟回答："我们以打猎打鸟为生。"翁科寨寨主说你们兄弟俩既然有这种本领，我想请你们帮个忙。兄弟俩满口答应。过了三天三夜，客散了，主人告诉兄弟俩说："我们寨子附近的山崖有一只大岩鹰，每年都要来寨子猎杀猪狗鸡鸭，还经常出来危害百姓，最可怕的是每年有两至三个小孩被啄去，当地人叫它岩神鹰，我想请你们帮忙捕杀这只害人鹰。"兄弟俩答应后便将吃牛宴时余下的牛肠子挂在院子中央的椎牛柱上，并用绳子捆牢，然后回到屋内等待岩鹰来啄食。中午时分，那只巨大的岩鹰从排沙河的万丈悬崖处飞来，绕村盘旋，两只翅膀遮住了半边天，不断发出"令呼呼，令呼呼"的骇人鸣叫声。主人急忙告诉龙氏兄弟："岩鹰来了。"那只岩鹰看见椎牛柱上的牛肠子，一个俯冲，抓住牛肠子，但扯了几下没有扯动。兄弟俩齐齐射箭，中箭的岩鹰马上没命般地飞往吕洞山上去了。龙氏兄弟直奔吕洞山，看山前山后都是深山老林，杳无人烟，花了三天时间也没有找到那只岩鹰的落脚之处。兄弟俩决定放火烧山，便从吕洞山顶往下走，从山下放了一把火，一时间火光冲天，整个森林成了火海，岩鹰最终被烧死。岩鹰又大又重，兄弟俩用木棒将岩鹰抬下山来，准备回翁科报喜。但走到半山腰，两人气喘吁吁抬不动了，正好那里有一丘水汪汪的水田，于是二人将鹰剖开，将肠、肝、肺、板油、水油全部去掉，放在田里，一丘田流满了鹰油。因此，烧鹰之地被称为"给奴"，剖鹰的这丘田叫作"油田"，油在苗语里为"新"的发音，后人也将这里叫作"新田"。①

2. 传统音乐

苗歌是苗族人民表达思想感情的重要工具。苗歌腔调分为高腔和平腔两大类。高腔抒发性强，结构主要由上下组成，加上引子、插句和尾声。高腔的音程跳动也很大，常以八度音程上下前进，一般是一段曲、多段词的分节歌，节奏非常自由，近于散板。高腔通常用假声唱，高亢激越，优美

---

① 参见保靖县政协文史学习委员会编《吕洞山苗族风情》，湖南人民出版社2015年版，第77页。

抒情，一般适合野外作歌。而平腔叙事性强，近于朗诵，音程跳动不大，经常在四至五度内进行。唱时快慢适中，由上下两句组成歌曲乐段。一段体、两段体、三段体、起承转合的四段体都有。演唱时，随着词的变换，常作曲调旋律上小的变动装饰。

虽然苗歌的腔调是既定的，但苗歌歌词则既有代代流传下来的，也有歌唱者根据现实情况现编的。按照歌词所涉及的内容，苗歌主要可分为习俗歌、苦情歌、历史故事歌、理根歌、时政歌、劝孝歌、丧歌、解放翻身歌和情歌等。歌词结构有四句体和多句体，多句体常见于叙事歌，歌词很讲究韵脚，一般要押两个韵，且加上“咳噢”“鲁几处蒙”“咳咳”之类的衬词。①

在吕洞村，广为传唱的是情歌。情歌按歌词内容大体可分为试探歌、问姓歌、爱慕歌、讨物歌；按感情发展又分为相会歌、初恋歌、迷恋歌、立誓歌、失恋歌等。

在对歌时，苗族男子还会用吹木叶的方式吹出曲调。木叶是苗族的一种天然乐器，把木叶从树上摘下后，用两个手指将其塞进嘴里含紧，然后用气轻轻地吹，就可以吹奏出各种不同的音调来。吹奏木叶已成为苗族的一种祖传本领，苗族青年几乎人人都会吹奏木叶。据村民介绍，吕洞山一带和花垣一带吹木叶的曲调稍有不同。

村民给我们演示了一首对歌，其歌词大意为：“你在山那边，我在山这边。我看到你了，我们来对歌吧。……你坐那边，我坐这边，我喜欢你，就像风儿一样。”

3. 传统舞蹈

吕洞村以苗族鼓舞而远近闻名。苗族鼓舞节奏明快，动作舒展大方，鼓者双手交替击鼓，全身闪转腾挪，击鼓与舞蹈结合在一起，极富观赏性。

苗鼓是苗族人民喜爱的一种打击乐器，也是苗族人民创造历史和延传文化的例证。传说苗鼓为蚩尤所创，最初的用途是驱赶野兽，后来逐

① 参见保靖县民族事务局编《保靖县民族志》，民族出版社2015年版，第207页。

渐用在军事上,人们通过击鼓来指挥、布阵和振奋精神。后来,苗鼓的职能逐渐发生了变化,由军事鼓演变为表演所用。可以说,苗鼓是苗族人民的精神寄托,它不仅是振奋精神和凝聚力量的乐器,也是怀念蚩尤、寄托哀思的载体。据说苗族人有四样东西一定不会遗弃:谷种、苗鼓、武器和银饰。在这四样中,苗鼓排第二,其在苗族人民心中的地位可见一斑。

苗族鼓舞源于生活,又高于生活。通过舞蹈艺术,苗族人再现了他们的斗争生活和民族发展史,反映了他们的喜怒哀乐。吕洞村苗族鼓舞种类繁多,以其表演动作分类,可分为花鼓舞、猴儿鼓舞和武术鼓舞三类。

花鼓舞展现的是苗族人民日常的生产生活,反映的是其喜乐欢快的心情。花鼓舞又分男子花鼓舞和女子花鼓舞,男子花鼓舞常见动作有公鸡啄米、鹭鸶伸腿、收割打谷、种棉种麻、大鹏展翅、急水翻波等,其动作粗犷有力;女子花鼓舞常见动作有美女梳头、穿衣整容、烧茶煮饭、巧妇织锦、挑花绣朵、绩麻纺纱等,动作优美柔和。

吕洞村苗鼓表演(保靖县住房和城乡建设局　供图)

猴儿鼓舞是苗族鼓舞中较为原始的一种舞蹈形式。顾名思义,猴儿鼓舞是人扮作猴儿表演鼓舞,主要动作有戏鼓、听鼓、倒爬树、狮子滚球、双加官、抢鼓等。此种鼓舞鼓点动作活泼不乱，双拍打鼓，单拍表演，情绪连贯，双脚跳跃，双手伸缩不停，四肢活跃，疾徐应节，忽快忽慢，若断若续，栩栩如生。表演人数不拘，单人、双人、多人均可，多为男子表演，女子较少。

武术鼓舞全为武术动作，威武雄壮、刚健有力，主要有撼山鼓、湘拳鼓、尤裔鼓、八合鼓等。

4. 苗族武术

历史上，苗族人民为了保护自己，男女老少都学过几手过硬的武功。清乾嘉年间开始，苗族武师不再立堂教武，只能教子家传。清朝末年，武术再次从外地传入湘西，一度形成了区域性的练武活动，男女老幼，习武成风。

苗族武术具有气势刚烈、步法稳健、招法多变、劲力突出、发招狠绝的特点。而且，不管是拳术还是器械套路都是打“四门”，形成“四门拳”“四门棍”“四门刀”“四门镗”等“四门”套路。搏斗时脚踩“品”字桩，能攻能防，以变求胜；进退中脚走“之”字，宛若游蛇行走，确保进退灵活。

苗族武术有徒手和器械两大类。徒手俗称“苗拳”，包含礼示、基本功、花架子、策手、点穴等五种程序招式。礼示用在以武会友；基本功是武术训练基础；花架子多用于表演场合；策手、点穴是绝招，殊死格杀时突然出手，置人于死地，因此，一般场合下也很少使用。器械分硬器械、软器械和暗器三种。硬器械主要是棍、刀、叉等；软器械主要有鞭、包头帕等；暗器主要有飞刀、戒指针等。

苗族兵器（何静宜　摄）

在吕洞村，蚩尤拳是一个比较特别的拳种。据传蚩尤拳诞生于蚩尤时代，虽然称之为拳，但也包括一些兵器的运用。蚩尤拳所使用的器械都很朴实，大都来自乡间的劳动工具，包括实用的棍、棒、叉、竹竿、木刻楞等。相传远古时期，蚩尤部落善于使用兵器，蚩尤拳源于角力，用牛角制作兵器，可攻可守，是后来的叉、戟等兵器的始祖。

苗族武术非常注重武德教育。点穴一类武功出则取人性命，不到生死关头绝不能用以对人，路见不平也只能用一般招式助人。因此，苗族人习武者众，但滋事者却少，习武之人一般都脾气好，知礼节，重义气，肯忍让，诚实本分。

5. 苗族服饰

（1）苗服

苗族服饰式样繁多，色彩艳丽。《后汉书·南蛮西南夷列传》中就有五溪（五溪：今湘西及贵州、四川、湖北交界处，因此地有雄、樠、酉、沅、辰五条溪流而得名）苗族“衣裳斑斓”的记载；唐代大诗人杜甫也有“五溪衣服共云山”的著名诗句。苗族妇女的服装有上百种样式，堪称民族服装之最。苗族服饰是苗族人民的符号和象征，是一种规则和历史的存根，一种无字的历书，一种无声的语言和标志。

古时候，苗族服饰男女差别不大。改土归流之后，官府明令“服饰宜分男女”，因而变化较大。但苗族服饰仍有自己的民族特色：男子服饰较为简单，头缠长一丈至三丈（3.3～10米）的青棉布帕，缠成斜十字形，上身着青、白、蓝色或花格的棉布料对襟衣，下身着青、蓝色棉布料大筒裤。一般青年男子穿衣可多达七件，以显其富有和豪爽。苗族女子服饰十分精美，上身着无领花衣，下身着花裤或花裙，衣裤均有花边。苗族女子心灵手巧，吕洞村的村民历来就有自己纺纱织布刺绣的传统。他们会在衣领和袖口、裤腿以及围裙上绣上牡丹花、梅花、杜鹃、凤凰等图案，惟妙惟肖，生动形象，寓意良好。

随着时代的发展，苗族的服饰变化较大。受外来文化的影响，现代流行服饰已被吕洞村村民所接受，但也有年长的女性仍愿意在日常生活中穿着苗服。

（2）苗族银饰

苗族银饰是苗族世代沿袭成俗的必需用品，每逢佳节和重大庆典，传统苗族女子会盛装打扮参加，在头、颈、胸、手等处佩戴银饰。“置办田产留儿子，置办银饰送女子”是苗族人中为人父母者恪守的信条。苗族银饰的种类有银冠、银枷、项圈、披肩、项链、手镯、戒指、耳环、牙签及童帽配用的八仙、八宝、银锁等。其中项圈四棱凸起，绕如青藤缠树，是男女相爱的象征，因此是苗族青年男女结婚的必备之物，手镯、戒指则常作聘礼。

吕洞村苗族银饰（何静宜　摄）

6. 传统技艺

（1）苗绣

苗绣是苗族民间传承的刺绣技艺，是苗族历史文化中特有的表现形式之一，是苗族妇女勤劳与智慧的结晶。苗族刺绣主要用于苗族服装中头巾、衣领、衽襟、袖腰、袖口、衣肩、衣背、衣摆、腰带、围腰、裙子、裹腿布巾、鞋子等部位的装饰。苗族服饰的刺绣工艺如双针锁绣、绉绣、辫绣、破纱绣、丝絮贴绣、锡绣等，均有其独特征。

苗族服饰的图案，可谓是穿在身上的一部“民族史书”。褶裙上的彩色线条，代表一条条河流、一条条山路；背牌上的回环式方形纹，象征街道、城墙、角楼；披肩上的云纹、水纹、菱形纹，好似故土的天地和一块块肥沃的田土；花带上的“马”字纹和水波纹，继承了苗族祖先迁徙时万马奔腾过江河的壮观气势。刺绣的图案在形制和造型方面，大量运用各种变形和夸张手法，表现苗族创世神话和传说，从而形成苗绣独有的艺术风格特色。

（2）蜡染

蜡染是苗族传统纺织印染手工艺，古称蜡缬。蜡染是用蜡刀蘸熔蜡绘花于布后以蓝靛浸染，既染去蜡，布面就呈现出蓝底白花或白底蓝花的多种图案。同时，在浸染中，作为防染剂的蜡自然龟裂，使得布面呈现特殊的“冰纹”，尤具魅力。由于蜡染图案丰富，色调素雅，风格独特，其被用于制作服装服饰和各种生活实用品，风格朴实大方、清新悦目，富有民族特色。

（3）木雕

湘西苗族木雕属工艺木雕类，它的形成与湘西独特的自然地理环境、当地的民俗风情及文化氛围紧密相连。吕洞村的木雕艺术保留了苗族文化讲究象形、对称的传统审美，融入汉族的文化元素，并始终与建筑艺术相生相伴。它与其他地区木雕的显著区别在于，苗族木雕布局上十分讲究对称，造型上略显粗犷、豪放，功效上讲求实用。

经工匠们的长期实践、探索、传承和总结，圆雕、浮雕、通雕、阴雕、透空双面雕、镶嵌雕等雕刻手法在苗族木雕里已经相当成熟，并广泛运用于房屋构件、家具、神像、民俗摆件等，与民众生产密不可分。

吕洞村清代窗格木雕（何静宜　摄）

（4）苗画

苗画最初是以苗族姑娘刺绣图样稿的形式出现的，后来发展成为一种独立的画种，在湘西苗居的门帘、窗幔、服饰、被面和房中装饰有各种样式的苗画，吕洞村尤为典型。

7. 传统医药

苗族医药源远流长，发展至今已经有三四千年的历史，常常与神秘、神奇这样的词语联系在一起。苗族医药自成体系，尤以其内病外治的疗法闻名中外，成为民族医药的一枝奇葩。苗族民间还有“千年苗医，万年苗药”之说。苗医以草药为本，一草一木皆可入药，会根据每种草药的不同药性搭配制药。苗医把医德医心放在首位。师父考验徒弟是否可以出师最重要的要求便在于医德医心是否端正。在出师之前，师父认为徒弟已经学到家了，便会问其徒弟：“仇家仇人去不去？”徒弟若是答“去”，即可以出师。在吕洞村，苗医都是无偿医治，苗药也是现采现用，寓意在家里不存药、不存病。当地人认为，如果采药晒干存放在家中，就是希望别人生病，没有医德医心。现在，随着科技发展，医疗水平进步以及人口大量外流，苗医的传承和延续受到影响。

在吕洞村，笔者拜访了一位苗医。据其介绍，苗族医术代代相传，其可医治的疾病从跌打损伤到断骨接骨，从医疗预防到养生调理，各式各样，种类繁多。村里的人也都相信他们，愿意找他们看病。吕洞村的苗医看病也并不收取任何费用，苗医用药多是草药、动物药及少量矿物药。因此他们一般会在为病人看诊之后上山采集草药，但为了防止突发情况，也会在自家院子里种植一些常见的草药以备不时之需。苗医介绍了几种吕洞山常见的草药，如可治疗骨质增生、腰椎间盘突出的寿南竹和扁竹，可治疗骨伤的水蜈蚣，可治疗近视眼、沙眼的三颗针。当然，针对具体的症状还需具体的配方。苗医的配方不外传且不用文字记录。

8. 民间信仰

吕洞山苗族祭祀文化较为丰富。祭祀活动按类型可分为节气祭祀、宗族祭祀、拜神祭祀和娱乐祭祀。巫师分苗汉两种，苗巫师叫“巴代雄”，即苗老司，用苗语祭祀；汉巫师用汉语祭祀，被称为“巴代扎”。[①]

（1）吕洞山祭山大典

祭山是吕洞山区苗族人民重要的民俗活动。历史上，当地群众曾多次举行规模空前的祭山活动，发展到今天，祭山已经成为集苗族歌舞说唱、巫傩绝技表演、民族体育竞技、赶边边场等各种文化活动于一体的苗族传统艺术盛会。由于吕洞山圣山祭台在吕洞村，因此祭山大典也成为吕洞村每年的大事。

祭山大典在九九重阳节这天举行，整个祭祀过程分为请神、敬神、娱神、送神四个部分，每个部分都体现出了苗族原生态文化的精髓。祭祀活动从巴代雄方阵、绺巾舞方阵先后入场开始。巴代共39位，他们吹牛角、舞绺巾，唱古歌，上香上祭，追溯远古记忆，请师请祖。苗祖圣山的儿女子孙感恩于天地的养育，开始敬神。在敬神仪式中，锣鼓、牛角、唢呐、芦笙一同响起，司仪人员献祭文，巴代雄做法事，上三牲五谷，上苗酒供果。娱神活动中，绺巾舞、渡戊舞、接龙舞、献芦笙、盾牌舞等流传于吕洞山区的苗族古老传统舞蹈相继表演，展示了先祖迁徙历程、姓氏文化、苗鼓文化、祭祀文化和民俗风情。最后，祭山大典在气势磅礴的撼山鼓声中落下帷幕。四方来客纷纷走上祭台，上香祭神，以表尊崇和敬畏之情。祭祀大典祭文部分内容如下：

苗语

巴拜囊如能，着告囊如走。

切能尼窝昂几梭，窝虐几年。

乃维打昔，楼己剖囊阿铺。

堵舍打昔，楼己剖囊阿黏。

各铺各黏，尼剖窝兄主铺主黏囊丁。

---

① 参见保靖县政协文史学习委员会编《吕洞山苗族风情》，湖南人民出版社2015年版，第196页。

各铺各黏,尼剖窝兄出花出求囊让。

各尼剖囊铺,仁尼剖囊黏。

炅能尼炅嘎腊尼腊狗,乃尼虐能亚尼重阳。

剖勾打尼楼己打别楼刚,剖供圭糯楼刚圭弄楼送。

…………

查乌奈铺,查弄奈黏。

阿铺列交夫打昔,阿黏列交夫得阶。

打昔几俩,打昔楼己。

迷上休忙,刚剖到塔。

汉译

各位乡亲,各位父老。

今天是欢乐的日子,是喜庆的时候。

感谢大家,来参加今天的祭祖。

感谢大家,来参与我们的祭祀。

吕洞山,是苗族的祖籍地。

吕洞山,是苗族文明的发源地。

是我们的祖公山,是我们的祖婆山。

岁次丁酉菊月,时循子日重阳。

我们用三牲祭祀,我们用五谷祭奠。

…………

现在我们祭拜祖公,我们祭拜祖婆,

请你们保佑大家,保佑子孙。

缅怀祖先,众人共祭。

祖先享用供品,我们得以安乐。

（2）其他祭祀文化

除吕洞山圣山祭祖大典以外,吕洞村还有椎牛祭、祈雨和拿龙。

椎牛祭也是一种祭祖仪式。一般在坪地之中,五彩神柱之下举行。仪式中会有一头被选中的水牯环绕神柱奔突，一群握着梭镖的村民将梭镖刺向水牯。祭牛倒地，属于同舅辈叔伯便来瓜分牛肉，数百乡民跳鼓对歌通宵达旦。椎牛的过程包括：敬雷神，祭蚩尤，祭主家祖先；敬大舅爷、二舅爷茶酒；杀鸡祭天；献九杯酒九碗肉给玛媾；跳鼓；敬神农；敬盘瓠。① 还有求财等节目。椎牛祭以群体“独乐”（跳鼓）为娱神手段。

祈雨即在干旱季节祭祀求雨。相传，阿婆山下的雷公洞，也叫求雨洞，有龙王和雷公住在其内，吕洞山的雷雨皆出于此。每遇干旱时节，吕洞村的村民就会邀请苗老司到吕洞山下筑坛祈雨，祭坛为一块大石，上面摆放祭品祭祀，苗老司穿上道袍开始举行祈雨仪式，这个仪式叫作“起马”，为期一天。从第二天开始，祭祀的一行人要带上祭品、香纸、文书用纸和一些生活用品到雷公洞摆设祭坛，因洞内有雷公和龙王，所以祭祀的菜肴不能放盐，这是因为雷公怕盐，如果菜肴放盐，雷公就会大发雷霆，不会来雨，同理，祈雨期间苗老司也不能吃盐。雷公洞内的法事一直做到吕洞村下雨为止。

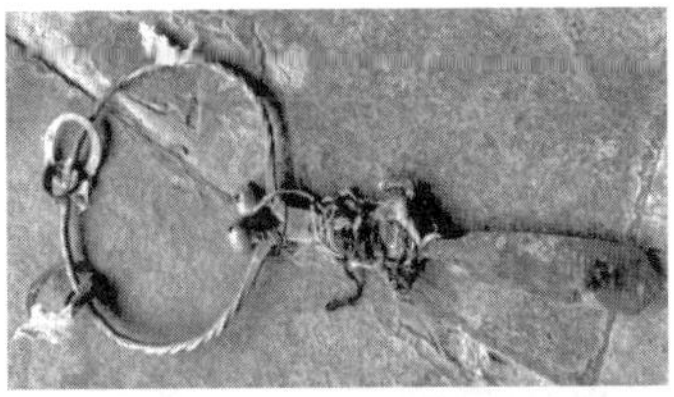

吕洞村苗老司所用法器（何静宜　摄）

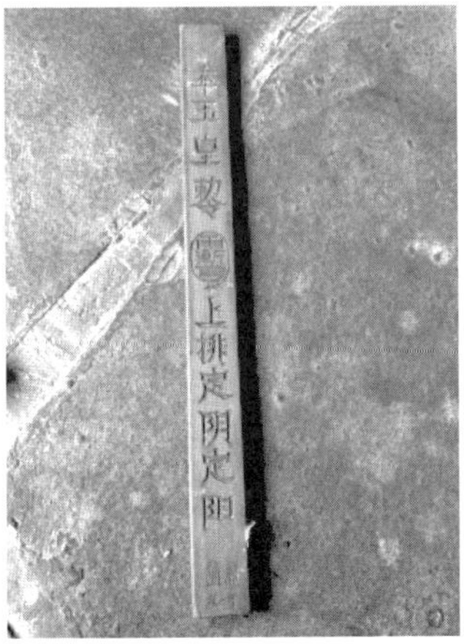

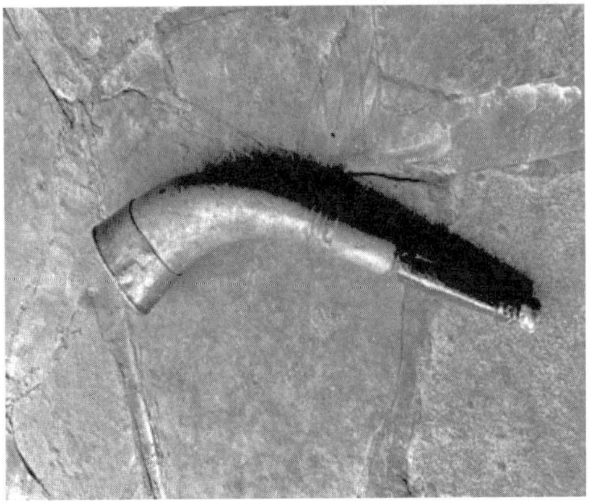

① 人物源自湘西苗族地区“古老话”中《奶夔玛媾》的传说故事。

吕洞村苗老司家中的神龛（何静宜　摄）

吕洞村古树旁的土地庙
（何静宜　摄）

吕洞村古树旁常常能见到土地庙的存在。土地庙看起来很普通，常常只是几块石头所垒砌的，但村民对其非常尊敬。据说，土地神是主管地方上各种大小事务的小神，与村民的生产生活密切相关，因此得到了村民们的喜爱和尊敬。在古代，村民们相信，任何事情在没有得到土地神允许之前是办不成的。

9.传统习俗

（1）婚恋习俗

苗族的婚恋习俗开放、自由，大部分健康向上、催人奋进。苗族青年的婚恋过程包括择偶、定亲、娶亲三大部分，每一部分又包含了许多民俗。如择偶中包含讨糖、讨话、讨彩、逗情、幽会、失恋和奔婚，定亲包括请媒人、试亲、讨口风、讨话、过礼等，娶亲又包括接亲、拦门礼、欢折被、修眉、发嫁、辞爹娘、上轿、送亲、迎客、摆席、配亲、开席、回门等。

苗族青年婚前恋爱十分自由，每逢乡场赶集，各寨的男女青年就会结伴前来进行交友活动，寻觅意中人，俗称“赶边边场”。在熙熙攘攘的人群中，只要小伙子看上某个姑娘，就会悄悄拉一下她的衣袖，偷偷踩一下她的脚，或者轻轻撞她一下，以试探对方的心意；要是姑娘看上了某个小伙子，也会一样行事。互生好感的双方会在散场回家的路上结伴而行，以歌传情，相互问答，沟通交流，以期缔结良缘。

（2）饮食习俗

苗族的长龙宴起初为苗族人民接亲嫁女、外寨来访贵客时招待客人的一种方式，后来逐渐发展为苗族过年的一种喜庆方式。真正盛大的苗族长桌宴，会布置百余米长桌，沿着苗寨的街道一直蜿蜒下去，场面蔚为壮观。

吕洞山苗族最为奇特的民族饮食莫过于苗族百虫宴。百虫宴曾经帮助苗族先民们在深山峡谷河流溪畔生存繁衍，如今这道宴席的功用不再是果腹谋生，而是成了苗族人民欢庆佳节和宴请四方宾客的可口盛宴。

（3）立谱

自古而来，苗族人民即以姓氏和宗教不同分别修谱。谱面用红缎子或苗族自织赤色斑斓布做成，且布必须是一匹整布中间的一段。

苗族立谱分生谱和死谱两种。生谱完成时由苗老司唱古歌，念咒语，用苗语念已故历代祖先及在世人口名字，苗老司唱完祝颂歌词后，就把谱卷成筒形装进一节紫竹筒内藏好。吃牛、吃猪等祭祀活动时必须拿谱唱祝颂词禳灾求福。新添人口，要把名字列在谱上，入了谱就成为本族的人。死谱就是已去世之人的姓名集成的名谱，谱上之人皆为祖先。若有人作奸犯科或严重触犯族规，则凭谱于小溪或深涧之内将他除名，永不归宗（苗语叫“独谱”）。①

---

① 参见保靖县征史修志领导小组编《保靖县志》，中国文史出版社1990年版，第373页。

10. 传统节庆

苗年　这是苗族依照苗历而设定的民族传统年节。苗历年月日时按照十二生肖周而复始地循环，根据苗族历法，从冬至到立春期间的任意一天可为苗年。

“二月二”　“二月二”为苗族的土地菩萨生日，苗族人虔诚以敬，常用该日晴雨卜兆丰歉。苗歌中有唱道：土地公公晒出汗，一碗荞麦打一石；土地公公打了伞，一石荞麦收一碗。即指此日卜告的作用。

“四月八”　这一天是苗族传统中牛王的生日，是日耕牛不用干活，村民会煮稀饭、喝白酒、吃熟鸡蛋，同时也给牛喂食这些食物。因此，“四月八”又叫“伙计节”，寓意着牛是人的朋友和伙伴。

“六月六”　该节日有两种说法，一说是苗族先祖这天来此安居，二说是嬷嬷节。当天会邀请出嫁的姑妈回屋歇伏，全家团聚，共叙天伦。

赶秋节　又称为秋社节、交秋节。相传古时苗族青年巴贵达惹在山中打猎，射中一只山鹰的同时落下一只花鞋，他为了寻找花鞋的主人设计了各种秋千，在立秋的这一天，吸引男女青年来游玩、对歌，终于找到了花鞋的主人朗姑娘，两人结为夫妻，从此苗族每逢立秋便有了赶秋盛会。在立秋这一天，吕洞村以及其他苗族村民会着盛装，成群结伴欢聚在传统的秋坡上，一起打秋千、吹笙、对歌、舞蹈。在赶秋结束时，会由众人选出两位有声望的人装扮成“秋老人”，向大家预祝丰收和幸福。

挑葱会　该节日在每年“四月五”举行，是苗族青年男女的集会。每年的这一天，苗族青年身着盛装，手拿沙刀，女子会带上蒸好的清明粑粑，手拿挑葱刀，聚集在山坡上，对歌择偶。

三、自然资源

（一）自然景观

提到吕洞村，则不得不提吕洞山。自然地理概念上的吕洞山，是指横亘于湘西州中南部的保靖、花垣、吉首、古丈四（市）县交界处，主峰位于保靖县夯沙乡境内的一座山脉。其主峰被当地苗族人称为“格剖格娘”或“苟剖苟娘”，即祖公山祖婆山，也叫阿公山阿婆山。

阿公山，海拔1227.3米，突兀神奇，高峻逼天，登临近日。山顶是一条巨大突出的长方体石柱，挺拔竖立，直插云霄，如石砚、笔架，呈托天之势。仿佛是上天借取日月的光柱为笔，描绘出了阿公山拔地擎天、雄奇险峻的骨架和傲立、奇诡玲珑的风貌，显现出一种特有的山水脉气。阿公山岩壁间洞穿双孔，上大下小，如横写的“吕”字，人们说这是灵山睁开的一双慧眼。据说，有了这双慧眼，可问鼎天庭，参凶神、驱恶鬼，保留自我的骨气、胆气和正气；有了这双慧眼，可识地理、懂天文，将自然物化为生活的美好，使这里六畜兴旺、五谷丰登；有了这双慧眼，这里的人民聪明、美丽、大方，能歌善舞，这里的生活五彩斑斓。阿公山的下端，嶙峋的山石盘亘而上，在淡淡的雾霭中犹如巨龙展鳞现爪，蓦然腾飞。当地人认为这寓意着壑底的潜龙已脱困而出，想腾跃而上，攀倚吕洞天柱，向苍天和世界证实这里的沧桑变故。①

阿婆山主峰海拔高程近1300米，是保靖县境内的第二高山。以东、西、南、北顺序走向排列，阿婆山有1038米高程的仡麻龙山、904米的燕子坳、906米的巴扎扪等数十座山峰，仅仅在保靖县境内就有250多平方千米的广大区域。加上毗邻的吉首市己略乡、矮寨镇和花垣县的民乐镇以及古丈县默戎镇的部分区域，阿婆山面积有近800平方千米。阿婆山山体如磐，坡势缓升，以一种沉稳和慈爱的姿态，欲揽阿公山入怀。晴日登顶放眼，群峦腾飞于浓雾中，是一幅万马奔腾的中国画，也是一幅波涛汹涌的山海图。伴随着徐徐而至的微风，令人如梦如幻，如醉如痴。清人有诗为赞：“岿然高岭扫蛮烟，万仞山寻吕洞前。壁下炎凉人罕见，岫间云雾袅频穿。苍松盖满常遮日，

① 参见保靖县政协文史学习委员会编《吕洞山苗族风情》，湖南人民出版社2015年版，第3~4页。

石乳钟悬不计年。指点夜郎何处是？应以绝顶问飞仙。”①

我国著名的民族学家石启贵先生在《湘西苗族实地调查报告》一书中对吕洞山的自然环境有如下记载：保靖县之雷洞山，又名吕洞山，苗谓之苟剖苟娘，即祖公祖婆山，是苗区内之胜山也。大而且高，为群山冠，登峰纵览，一望莫及（原书作极），周见数百里，四面之高坡，尚不到该山之半腰中，无异湘省之小南岳。由上俯视，万山低微；由下仰观，峰顶际天。四季清风徐徐。酷暑至之，初觉凉爽，久必透寒，非穿夹衣或棉衣，不能耐坐两小时。冬季积雪，月余不消，风冻结冰，倒悬崖壁洞口，如同银条玉柱，数月不融，寒气逼人。山高谷深，鸟雀难飞。大吼一声，震山应谷。举目四顾，奇景万千。并有穿石一座，云烟长横，恰似玉带缠腰。阴雨晦月，一日之中，变幻无常。山涧溪水，蚂蟥（原书作蝗）毒蛇，亦不知凡几。闻该山邪气太重，日有长鬼，夜有妖魔，生人往观，不得任意多言多笑，舆论非议，倘不自慎，必遭危险之虞，身命莫保，不是毒蛇蟥（原书作蝗）虫咬人，便是肚痛剧烈也。关于草木奇药妙方，生产尤多，各地找不出者此山俱皆有之。最怪者，莫如一大干洞，高而且阔，容人数千，大雨滂沱，霾烟密布，雷声隆隆，电光闪闪，似有活神活鬼在焉。若观者身藏身失言（原书作食盐），故意嘲笑言欢，即黑雾沉沉，风声骤起，令人惊恐，且毒蛇蚂蟥，蜂拥而出，近身而来，待欲咬人，游人骇异。相传洞中有雷神，此是雷神使蛇虫出现，以示灵威。所谓雷洞山者，即因是而得名也。②

吕洞山的云雾，千变万化，有万种风情，堪称天下奇观。雾成涛，云成海，云嬉雾戏，缥缈变幻。雨后初霁时分，山壑间白雾蒸腾，云缭雾绕。迷离的云雾，游弋于壑间谷中，光照中云雾的弧光变幻无穷，宛如汪洋，缈缈无际，又像激流，奔泻千里，还似仙山琼阁、海市蜃楼，时隐时现。这些云霓，为吕洞山创造出了特有的生动的美丽景象。

---

① 参见保靖县政协文史学习委员会编《吕洞山苗族风情》，湖南人民出版社2015年版，第4页。

② 石启贵：《湘西苗族实地调查报告》，湖南人民出版社2002年版，第26页。

（二）名木古树

古时，村有社树，为祀神处，故曰“社林”。吕洞村民信奉土地庙，因此将土地庙周边的树木保护得很好，不让人随意破坏砍伐，所以这里形成了罕见的连片古树群，被称为“古树湾”。古树湾里古树繁多，品种各异，并且个个都有三四个成年人合抱那么粗。古树湾古树的树龄从两百年到一千多年不等。参天大树直冲云霄，走在古树下，仿佛走在仙境里。

吕洞村古树湾（何静宜　摄）

吕洞村百年古树（何静宜　摄）

吕洞山的榉树也值得一提。榉树别名榉木、岩榔、沙榔，这里的数量尤多，大多数树干粗大，有的甚至需要好几个成年人环抱才能够抱住，其树干笔直，直冲云天，犹如一个个严肃认真的士兵在守卫着这一方土地。在榉树的顶端，树枝才一一分散开来，形成了一把把绿色的巨伞。尤其是在夏天，榉树的枝叶能够为行人挡去炎热，营造一个幽静、清凉的秘境，行走在一棵棵榉树之下，阳光透过缝隙，落在肩上，打在脸颊，好不惬意。

（本章由何静宜、金星撰写）

第四章　金落河村

金落河村隶属保靖县水田河镇，2005年，原有的金落河村和胡桥村、白岩村3个自然村合并形成现在的金落河村。金落河村依山傍水，环境优美，村内传统建筑保护完好，古色古香。村寨山清水秀、土地肥沃、物产富饶，是湘西地区不可多得的乡村旅游胜地。2014年，金落河村被列入第一批乡村旅游扶贫重点村名单。2016年12月，金落河村被列入第四批中国传统村落名录。

一、村落概况

（一）地理生态环境

金落河村位于保靖县水田河镇东南部，东邻排塘村，西接排家村，南至龙潭村，北连五牙村，距离水田河镇人民政府约18千米，距保靖县人民政府约48千米。金落河村地处亚热带地区，加上四周群山环绕，其气候特征为亚热带季风性湿润气候，四季分明，温暖湿润。村寨周边山势险峭、峡谷深幽、溶洞较多，自然风光灵秀神奇，森林覆盖率超过75%，山体景观条件较好；境内有大量珍稀动、植物物种，最有特色的是野生猕猴，这里的猕猴常年生活在野猴崖，现大约有60只。周边山体与村落呈嵌入式。村子总面积118.19公顷，建设用地11.63公顷，农林用地面积为106.56公顷，水域面积为9.16公顷。

村内金落河和白岩河蜿蜒曲折，连接金落、胡桥、白岩三个团寨，宛如玉带环腰，河畔则有成片农田，整体形成了“山—林—寨—水—田”的空间格局，是典型的处于峡谷之中的依山靠水型村落。村室、学校、游客接待中心等设施均位于金落团寨，金落团寨是整个村落的中心，对另外两个村寨起到辐射作用。整个村落沿水流方向布局，居民建筑依山傍水，依山就势，景观层次丰富，建筑则是以分户群居式形式建造。户与户之间屋檐相连，建筑间距较小。街巷纵横交错，因村寨内建筑高度密集，古巷道时而开敞宜人，时而隐僻幽静，巷道蜿蜒曲折，联通四方。街巷大多以青石板铺装，既便于行走，又古朴秀美。

（二）村落历史

关于金落河村历史渊源，一直流传着美丽的神话传说。相传在远古的时候，一支苗族人经过艰苦卓绝的长途跋涉，从黄河岸边，经洞庭湖畔迁徙到吕洞山下。看到此处山清水秀，土地肥沃，宜于生产生计，于是就决定在这里安居下来。他们开荒种地，伐木养禽打猎，男耕女织。不出数年，这里便从荒山野岭变成了热闹村寨，虽说所在地偏僻，倒也生机勃勃，生活安定。由于他们刚来不久，这个地方连地名也没有来得及取。

相传本寨有一位金落姑娘，年方16岁，生得亭亭玉立，贤惠聪明。她白天在田里做农活，晚上就缝衣服并绣花。由于她在后山打柴时常逗猴子玩乐，对猴子动作习性模仿得惟妙惟肖。所以，月高风清的夜晚，她有时也到坪坝里同伙伴们一起打猴儿鼓。话说迁到本地来的第二年冬季的一天，男人们都到吕洞山打猎去了，只有老弱妇孺在家。中午时分，金落姑娘正在搬柴火煮猪食，忽见隔壁大婶气喘吁吁地奔进屋来，上气不接下气地说："不好了，我在河边看见一伙强盗从半坡上往我们寨子里走来！"金落姑娘马上想到阿爸讲的话：强盗们不讲人性，见到我们姓吴、龙、廖、石、麻的都要斩尽杀绝。于是，她立即拖上大婶跑出家门。两人分别通知各家各户赶快去龙宫洞里躲藏起来。金落姑娘又猛然想到万一强盗们找到龙宫洞，全村老弱妇孺岂不是要被一锅端？她决定自己出去把强盗引向与龙宫洞相反的方向，以保大家安全。于是，她嘱咐大家不要出洞、不要作声后，只身一人健步如飞地跑向河对面山头。强盗遇到金落姑娘，问她寨上人都到哪里去了。她说自己看见人都往前面的山上跑了。于是，一个轮睛鼓眼、满脸络腮胡子的头人要金落姑娘给他们带路。金落姑娘带着强盗爬坡翻岭，离龙宫洞方向越走越远。强盗们气喘吁吁地不耐烦了，头人一手抓住金落姑娘的辫子，一手扬起马刀似要将其砍下。金落姑娘火冒三丈，跳起来狠命一脚踢中头人，把头人踢得仰面朝天。众强盗立即围了上来，金落姑娘身上连中数刀，血如泉涌。但强盗们架着金落姑娘继续爬山。金落姑娘想，要是被带到强盗窝里去那就完了。于是她深情地向寨子回头一望，纵身跳下岩坎。这时，村里打猎的男人们赶来，强盗们见势不妙，望风而逃。阿爸抱起金落姑娘连声呼喊，她微睁双眼，断断续续讲出"龙宫洞"三字。寨上老弱妇孺和财产保住了，勇敢的金落姑娘却献出了年轻的生命。全寨男女老少呼天抢地，痛声呼唤，但是可爱的金落姑娘却再也听不到亲人朋友们的声音了。为了纪念这位可敬的英雄，全寨人决定把金落姑娘跳岩的山取名金落山，把寨子取名金落寨，把寨前的河取名金落河。金落姑娘的故事就这样广泛地传扬开来。[①]

数百年来，金落河人在这里躬耕细读，繁衍生息，不仅创造了令人叹为观止的居住、工艺、饮食等物质民俗，也创造了丰富多彩的节日、礼仪、信仰等精神文化。形式多样、内涵丰富的民俗风情久沿成习，成为村落历史文脉的现实载体。

（三）村落人口

根据该村村民委员会2016年数据，金落河村辖4个村民小组，共有191户926人，其中常住人口780人，苗族904人，石姓723人，占比78.07%。金落河村人民敦厚淳朴、勤劳勇敢、能歌善舞。

（四）物产与特色产业

金落河村居民经济收入来源比较单一，目前主要依靠种植业、养殖业、旅游业以及外出务工的收入。传统种植以水稻、玉米为主，养殖以鸭、羊为主。近年来，主要发展稻花鱼和保靖黄金茶产业。2019年，村里成立了金落河稻花鱼养殖合作社，投放鱼苗约1.3万尾，养殖规模120余亩，共有43户建档立卡户与合作社建立了利益联结模式，有力地促进了当地村民增收。另外，结合当地秀丽的自然景观和独特的苗族文化，该村大力发展旅游产业，外地游客逐年增多，年均旅游经济收入可达50余万元。

（五）经济社会发展状况

金落河村原有二年级以下村小学1所，在校学生不到10人，随着进城务工人员增多，很多小孩到吉首市、保靖县城或水田河镇去上学，村小学

① 参见保靖县政协文史学习委员会编《吕洞山苗族风情》，民族出版社2015年版，第64～67页。

已不再开办。

金落河村现有卫生室1所，位于村室中心，医生1名，床位2张，药品配备不多，平时来卫生室看病的人主要以感冒发烧、肚子胀痛等小病为主。在出现重大疾病的时候，村民一般会选择去镇上的医院看病。

近年来，金落河村在全村范围内实施了道路硬化、庭院硬化、厕所革命、安全饮水、亮化建设等工程项目，进一步完善了村公共基础设施，改善了村民居住环境条件。村室占地面积1000余平方米，内设办公室、会议室、图书室、娱乐室、活动室、学习室、卫生室等，村室中心前有一宽阔广场，广场内设有篮球场、乒乓球台等健身器材以及表演舞台等，可用于村民开展各种文体活动。

二、文化遗产

（一）物质文化遗产

1. 传统建筑

金落河村共有木质结构房屋201栋，其中百年以上房屋8栋，80年以上31栋，大多修建于20世纪二三十年代，在金落、胡桥、白岩三个团寨均有分布，也有少部分清代建筑，分布在金落团寨。金落河村有代表性的建筑类型为黑瓦房和吊脚楼，均会在板壁刷上桐油进行防潮处理，泛出乌褐油亮的颜色。村落民居依山傍水，就地势而建，与山水、田野融为一体。

当地建造的主流木质瓦房架构是：三开间的五柱四挂、五柱六挂、五柱八挂穿斗拱梁式；兼有三、五开间的五柱七挂、五柱九挂、九柱十二挂穿斗拱梁式；还有少量三开间的三柱四挂、三柱六挂样式。大多苗族人，依照地势朝向，在正屋的或左或右，建有供女儿、外姓异族亲朋居住的厢房，俗称“转角楼”或“吊脚楼”。全村屋连屋，户连户，恰似《桃花源记》中“屋舍俨然”“鸡犬相闻”的风景。

金落河村的建筑色彩倾向平和淡雅，无论是灰色的瓦、乌褐色的木格栅、黑色的木柱，还是建筑内部，都反映和、淡、清、古、恬、逸、雅的审美取向，用建筑色彩述说着和谐之意。当然，整体之中也有醒目的色彩，如对联、年画等装饰。

总体来看，村内大部分传统建筑基本保留了原有建筑风貌，但部分门窗有破损，墙体也有老化。少部分建筑由于缺乏日常维护，内部结构损坏严重，部分建筑构件有遗失，墙体和屋顶也有不同程度的破坏。2006年后，村里也新建了少许砖混结构房屋。2015年后，村委会逐渐意识到传统村落保护的重要性，不准再修砖混结构房屋，而是要求修建具有苗族风格的木质结构房屋，加之当地旅游业的发展，村民对传统苗族风格木质结构房屋的认同意识也逐渐增强，传统特色民居总体保护较好。

▶金落河村吊脚楼（方勖平　摄）

◀金落河村黑瓦房（方勖平　摄）

2. 其他代表性历史遗物

（1）古街巷

金落河村传统村落古时依山临水而建，在金落团寨古建筑群内，3条古街巷构成了村寨的主要交通格局。如今，古街巷格局依旧保存较好，全长约800米,仅有局部路面石板损坏。

（2）古桥

村内现存两座古青石板桥,均始建于清朝,桥墩以青石砌成,桥面由麻石组成,到如今依旧发挥着供人通行的功能。两座古桥一座位于金落团寨,一座位于白岩团寨,笔者踩在古石板桥上时,仿佛有一种历史倒流的感觉。

金落河村古桥（方勖平　摄）

（3）风雨桥

屹立在金落河上的风雨桥是该村特色建筑,建于20世纪七八十年代,是村落内通过溪流的人行通道。该桥宽2.5米,长约10米,桥上设有纯木结构塔楼,屋面覆以小青瓦,塔楼内部横梁上绘有众多彩绘,如双龙戏珠、孔雀戏春等,横梁上绘有八卦图。该桥传统风貌保存较好,是苗族文化的一大特色。风雨桥的结构分上、中、下三部分,层次分明、排列有序、自成体系,又浑然一体。最下面是桥墩,全部用石头砌成,非常厚实,桥面则十分简约、质朴,廊亭风格典雅、飘逸,与周围的山林田地融为一体,在满足人员通行、挡风避雨、供人休息的社会功能基础之上,又融入了苗族喜好团聚、讲求天人合一等民族文化内涵,呈现出一种人与自然和谐共生的美感。夏天,很多人喜欢在桥上乘凉、聊天、唱歌,有的甚至在这里美美地睡上一个午觉。现在,金落河村又在原风雨桥下游,新建了一座风雨桥,供当地村民和外地游客休憩。

老风雨桥（方勖平　摄）

新风雨桥（方勖平　摄）

（二）非物质文化遗产

1. 民间文学

沙读鼓·调年歌①

苗语	汉译
九筛送孟尖阿气，	鬼神已送上天界，
巴得几耐降鼓尖。	巫师叫人快调年。
土拔老宗读鼓会，	女前男后绕圈走，
鄙会鄙勾沙学外。	边走又边对歌言。
愿唱算能会告最，	爱唱快跟后边来，
几后剖屋南赶灾。	相帮我家来赶灾。
赔情不倒把情记，	赔情不倒把情记，
勾埋情如岁几尖。	记在书本不忘怀。

① 参见保靖县民族事务局编《保靖县民族志》，民族出版社2015年版，第211页。

苏得降文擂锐爬（童谣）①

苗语	汉译
苏得降文擂锐爬，	小时叫我找猪草，
勾最大得尼让柴。	今后长大砍柴烧。
阿得茅纤阿矿腊，	一根纤担一捆索，
排日那求麻帅各。	天天砍柴上高坡。
学堂九没到代挂，	学堂没有得到过，
九没代挂学堂头。	没去学堂把书学。
九没龙人九比然，	不和别人比聪明，
人闪人茶尼人呆。	务农才智如纸薄。

2. 传统音乐

（1）苗歌

在苗族聚居区，苗歌极富有感染力，故有“唱首苦歌，可令听众声泪俱下；唱首喜庆歌，可使听众笑语喧哗；唱首情歌，能教乖女配丑男”之说。歌词结构有四句体和多句体。四句体一般为七言四句，二、四句讲究押韵，通常采用比喻、拟人、夸张等修辞手法。多句体常见于叙事歌，歌词很讲究韵脚，一般要押两个韵，且加上如“咳噢”“鲁几处蒙”“咳咳”之类的衬词。“咳噢”“鲁几处蒙”多用于庄重场合，“咳咳”多在唱情歌时使用。

苗族群众能歌善舞，他们喜欢用歌声来记录生产生活，闲暇时会聚在一起哼唱苗歌。以前苗族青年男女都有在野外对歌的传统习俗，现在男女青年外出务工的越来越多，很多年轻人已经不会唱苗歌，只是中老年人会不时哼唱，或者有外地游客在该村旅游时请老人们哼唱苗歌，他们会即兴演唱一段。村民可根据自己喜好随意确定苗歌的内容，具体包含对国家精准扶贫政策的感谢、美好生活的向往、欢庆丰收、欢迎宾客等，听起来给人一种健康向上、积极乐观的感觉。

---

① 参见保靖县民族事务局编《保靖县民族志》，民族出版社2015年版，第221页。

（2）吹木叶

当地的乐器种类很多。打击乐器有大鼓、小鼓、大锣、小锣、包包锣、大钹、小钹、竹标、铜铃等；吹管乐器有唢呐、双管竹唢呐、牛角、长号、竹笛、木叶、木皮号等。[①] 木叶是我国民间流传的一种吹奏“乐器”，广泛流行于西南一带的农村中。吹木叶也称“吹叶”，即吹树叶发声之意。吹木叶的传统由来已久，可以吹奏的叶子有十多种，如龙眼叶、竹叶、柳叶、橘树叶、冬青叶、桐叶等，吹木叶要选择新鲜、柔软、厚薄均匀的叶子。吹奏时，将叶子横放于唇下，用手指扯住叶子的两端，打开上唇吹奏。这样吹奏能发出清脆悦耳、优美动听的音调来，用以伴奏山歌或独奏各种乐曲。在金落河村，村内会用木叶吹出曲子的人也不在少数。调研时，我们调研组巧遇一位老人，他主动说起要给我们表演吹木叶，使得我们有幸得见这一传统技艺。

3. 传统舞蹈

（1）苗族鼓舞

当地人的舞蹈源于生活，又高于生活。苗族人民通过舞蹈艺术再现他们的生活场景和民族发展史实，反映他们的喜、怒、哀、乐之情。苗族舞蹈以鼓舞为代表，兼有其他。苗族鼓舞种类繁多，以其表演动作分类，可分为花鼓舞、武术鼓舞、猴儿鼓舞三类；以其表演人数分类，可分为单人鼓舞、双人鼓舞、多人鼓舞三类；以其鼓面数分类，可分为单面鼓舞、多面鼓舞两类。近年来，苗族人民开创了规模宏大的群鼓舞，数十面鼓以至百面鼓同台表演，气势非凡。2005年，在吉首德夯举行的中国文化艺术节开幕式上，葫芦镇龙子霖创编的《百鼓八卦阵》得以出演，震惊了中外记者和嘉宾，他们纷纷竖起大拇指，异口同声叫绝。[②]

传统的猴儿鼓舞风趣诙谐，表演者边敲鼓边模仿猴子的动作，挑逗戏

---

① 参见保靖县民族事务局编《保靖县民族志》，民族出版社2015年版，第230页。

② 参见保靖县民族事务局编《保靖县民族志》，民族出版社2015年版，第232页。

耍；花鼓舞鼓点节奏欢快，表演者动作轻盈，姿势曼妙；武术鼓舞全部是武术动作，威武雄壮、刚健有力。金落河村现在的苗鼓表演基本以花鼓舞为主，主要在迎接宾客时表演，也称迎宾鼓。

（2）苗族狮舞

苗族狮舞是湘西流传最广的民间舞蹈之一。狮为百兽之首，在中国传统中，狮子被视为带来好运的吉祥物。据记载，狮舞已拥有2000多年的历史。在唐代，狮舞就已经被引入皇室。古人将狮子视作勇敢和力量的化身，能驱除邪恶，保护人类。因此，舞狮成为苗族人民生活节庆活动中必不可少的表演方式，寓意能给人们带来好运、平安和幸福。在金落河村，苗族狮舞一直流传至今，村里的老人很多都会表演。一般在狮舞表演时，配有锣鼓乐器，由3~4人敲锣打鼓，狮舞表演者跟着锣鼓的节奏进行表演，以保证动作的流畅。

金落河村民表演苗族狮舞（方勖平　摄）

4. 传统戏剧

（1）傩愿戏

傩愿戏流传于苗族民间，是有着浓厚宗教色彩的较大型戏剧种类，保靖县境苗族多称其为“还傩愿”或“傩堂戏”。演员均为苗老司，多用苗语，也有半苗语半汉语演唱的。傩愿戏有一套完整的祭仪，最流行的是二十四出，其中又分上、中、下各八出。上八出是先锋、白旗、开山、扎寨、造殿、发工曹、桃源洞、传茶；中八出是始皇登殿、美女下池、观花、晒衣、绣花、八郎出生、求嗣、团圆；下八出是土地、寻失、差金兵、父女别、美女登仙、龙宫三姐、打判官、开宫锁。傩愿戏的主要戏目有三部连台本，即《孟姜女》《庞氏女》《龙王女》（俗称“三女戏”），此外，还有开路郎君、算命、师娘、传书等内容。傩愿戏的主要伴奏乐器有大鼓、大锣、钹。服装道具根据人物性格和剧情需要决定，有戴面具表演的，也有不戴面具表演的。一般演出两天一夜，也有几天几夜的，根据剧本和要求来决定时间的长短。①

（2）苗戏

苗戏是苗族所特有的戏曲剧种。苗戏有其独特的风格、舞台唱腔和道白，表演的动作大多是从苗族人民生产生活中加工提炼而来。唱腔多用高腔和平腔，并选用巫师唱腔。苗戏化妆没有程式脸谱，传统剧目穿苗族古装，现代剧为时装。之前每逢春节、喜事庆典及民间集会，当地都会由富家出资或集资，请苗戏班子在农村圩场或村寨演出。中华人民共和国成立后，人民政府组织的文艺宣传队经常下乡演出苗戏和现代戏。②在如今的金落河村，已经没有人会唱傩愿戏和苗戏，只有年长者看到过类似表演，但对其唱腔以及程序都不了解。

5. 苗拳

苗拳是古老的拳种，据苗拳“请师诀”的一般咒语所言，该拳始于蚩尤。苗拳练桩要诀是“练拳先练桩，打拳不晃荡”，并有“马步马步，一马两步；箭桩箭桩，进击有方；前弓后箭，发劲顺强”的说法。其练眼要诀是“眼似铜铃视行，风吹雨打不瞬”；身法要点是“身正颈直，沉肩垂肘，含胸拔背，俯仰吞吐，靠崩回转，灵活多变，手脚齐进身相随，上下一致劲力顺”；临阵要诀是“一打心沉，二打胆量”。苗拳具有拳型古老、拳架紧凑、动作幅度小的风格特点、有“拳打卧牛之地”的说法，其技击性强，攻防手法较多，善劈、挑、拨、推、插、勾、拦。其徒手套路有八合拳、六合拳、大四门拳、小四门拳、猴儿拳、猫儿拳、

---

①② 参见保靖县民族事务局编《保靖县民族志》，民族出版社2015年版，第234页。

犟子拳、蚩尤拳等。①现在，金落河村会打苗拳的人已不多见，全村也就两三个人。在访谈中，我们有幸得见一位会打苗拳的人，他给我们表演了“七十连”“四门棍”两套拳法。据他所述，他叫石兴昌，今年已56岁，从15岁开始跟随舅舅学习苗拳，一共会打十几套拳法。他学习苗拳主要是用于防身，年轻时一人可以打三四人，现在年纪大了基本不练了，偶尔锻炼身体会施展一下。

金落河村村民表演“四门棍”拳法
（方勖平 摄）

6. 苗族绝技

苗族绝技有咬铧口、上刀梯、摸油锅、吃瓷碗等。在保靖，相关绝技流传于苗族聚居的水田河镇、葫芦镇等地。②

（1）咬铧口

巫师请在场人将铧口烧得通红，然后燃烛请神，用牙将铧口紧紧咬在口中，轻松自如地在场内转三圈。这一绝技原是供巫师在屋内驱疫辟邪用的，即巫师在咬铧口后，将铧口端在手上，朝着房屋的四角走去，每到一角便朝着铧口喷一口油，顿时油火喷发，飘向屋角，这叫“发油火”，意在用油火将作祟野鬼和病魔扫地出门。

---

① 以上信息根据保靖县城乡规划管理局提供的《保靖县水田河镇金落河村传统村落保护发展规划基础资料汇编》整理而来。

② 参见邹利佳主编《保靖揽珍》，湖南人民出版社2013年版，第159~161页。

（2） 上刀梯

上刀梯一般在巫师为人驱疫辟邪的活动中展示。首先在主人门前的坪中竖起两丈多高的木柱一根,上插钢刀36把,刀口朝上,顶插钢叉。巫师在烧香、鸣钟、击鼓后手持牛角,赤脚踩着钢刀,一步步向上攀登。至顶端腹卧钢叉,凌空旋转,鸣角示众,再一步步沿梯踩刀而下。

（3） 摸油锅

一般会先将锅中的茶油烧开,然后将米粑、油条、虾片等食物放进锅中。巫师赤手深入锅中上下翻动,将食物炸熟后捞而食之。只见其手略略泛红,但看起来毫无损伤。过去江湖上曾有人玩过摸油锅,其法是预先在锅里掺入白蜡,烧至五六十度时即呈沸腾状。这种油温度低,伸手入内无任何危险,但不能将食物炸熟。

（4） 咬瓷碗

咬瓷碗需先在桌上放置竹筷1双、空碗1个、凉水1碗。巫师临场后,念口诀,掐手诀,化"神水",并用竹筷击碗,发出铮铮的响声。这是向观众示意,用的是真碗。然后巫师像嚼香豆一般将碗嚼碎吞咽。据巫师说,这一绝技为蚩尤所传。

此外,还有空中定蛋、背笼背水、隔山止血、隔河治病、上刀山下油海、吞铁钉等许多绝技项目,但大多已经失传。

7. 传统技艺

金落河村苗族的民间工艺种类多,主要有纺织、绘画、刺绣、数纱、挑花、剪纸、蜡染等,其中以苗画最为著名。

苗画是清朝时期在单色传统绣花样稿的基础上发展起来的一种独立画种。在湘西苗居,于门帘、窗幔、服饰、被面和房中装饰上,可见龙凤呈祥、喜鹊闹梅、五谷丰登等图案。开始,苗画是画师用白色粉浆把绣花图案绘于布料上,然后供妇女们直接按画刺绣。后来一些技艺高超的苗画师,舍弃刺绣环节,直接在布料上绘画,由此发展成现在的苗画。苗画作品题材广泛,构图大胆,线条错落有致,色彩丰富协调,具有强烈的民族特色。

笔者调研了解到,在金落河村,很多60岁以上的老人还会纺织、刺绣等技艺。随着生活条件的逐渐转好,村中外出务工人员的逐渐增多,从事这些传统技艺的手工匠人越来越少。但一些与此工艺有关的相关企业开始运营,也许会对传统技艺的保护和传承起一定作用,国家必须进一步注重对非遗传承的保护,让传统技艺与现代社会更好地结合,焕发出新的生命。

8. **传统医药**

当地的民间医药,以治疗跌打损伤、烫伤及骨折为主。小儿科与妇科有家传秘方,疗效可靠。治疗脑炎、蛇伤也有秘方。一般外伤药物,几乎户户皆知。所有医用药物,以采集本地草药为主,以动物、矿物为辅。刀伤、枪伤用药有当地人称大打不死、小打不死、马蹄、当归、红牛膝、土大黄、接骨木、辣子七、散血草、麦三七、篱笆、虎耳草、杜仲、铜钱草、石菖蒲、玉盏花、狗牙齿、百味莲、满天星、田墓黄、大八里麻、一枝蒿、散血莲、夏枯草、千里马、水高粱、川芎等诸多药材;当地跌打损伤用药有竹根七、木通、大血藤、铁马鞭、三两金、三两银、辣草、川足、首乌、小血藤、岩青兰、晒不死、牛夕、茅根、防风、水菖蒲等;止血用药有青板水辣蓼、剥皮树、草烟叶、双红叶、单红叶、蚂蚁窝、岩泽兰、木贼、杜鹃花、野蒙花等;妇科用药有羊奶奶树、牡丹花、子上叶、巴岩香、白水通、干白通、水薄荷、铁马鞭、桑白皮、车前草根、红藿茅根、马草、水灯草、丝瓜仁、杉木树浆、夜关门、一点血等。①

金落河村有两名苗医,一位叫石科龙,接受采访时已84岁高龄。据他所述,他可以治疗麻风、突发性晕倒、骨折等多种疾病,全部用草药治疗,均免费。另一位苗医叫石圆宋,65岁,同时也是村医,他既用西药,偶尔也用草药治病。

---

① 参见保靖县民族事务局编《保靖县民族志》,民族出版社2015年版,第249页。

9. 传统民俗

（1）民间信仰

苗族的信仰崇拜祭祀活动很多，其中规模最大而又最富有民族特色的要数吃猪、椎牛祭、接龙三种。这里主要介绍椎牛祭活动。

椎牛祭也叫吃牛，是病人久病治愈后进行的一种许愿活动。活动十二天前，主家要邀请族内老人和叔伯兄弟商量椎牛祭事宜，然后分头向亲戚报信，请他们按时参加祭祀。前三天先吃猪、吃黄牛。活动当天主要是拦门接客，主客对唱拦门歌，屋檐前男女对唱送太阳歌，夜幕降临，男女主客进入屋内对唱鼓歌。苗老司祭祀九献后（对祖先敬酒肉九次），女前男后绕祭坛周转对唱调年歌，半夜过后再男前女后绕祭坛周转唱调年歌直至天明。第二天早饭后，举行椎牛仪式，倒牛后，待主方女青年唱完倒牛歌，椎牛祭祀活动方告结束。① 苗族椎牛祭大致的祭祀过程如下：一块坪地之中，五彩神柱之下，一头水牯作为祭牛环绕突奔，一群握着梭镖的杀手迅猛地向那头水牯刺去。祭牛倒地，属于同辈的舅叔伯亲便瓜分牛肉，数百乡民跳鼓对歌通宵达旦。椎牛祭发端于父系社会初期，它以崇苗祖祭苗魂为主要目的。请的先师是苗巫，以群体“独乐”（跳鼓）为娱神手段。②

现在椎牛这项活动活动已很少见了，仅仅在重大节庆活动时象征性举行，主要原因是现在喂牛的人越来越少，一头牛的价格越来越贵，经常举行消费不起，不划算。并且，随着经济社会的发展，这些传统习俗逐渐都被淡忘了，特别是年轻人受外界思想文化影响较大，内心深处对这些习俗不再信奉。

金落河村的苗族人民还有祭拜山神庙的习俗，他们会不定时地在土地庙门口供奉祭祀物品、蜡烛等以祈求土地神仙保佑全家平安、风调雨

---

① 参见保靖县民族事务局编《保靖县民族志》，民族出版社2015年版，第149页。

② 上述信息根据保靖县城乡规划管理局提供的《保靖县水田河镇金落河村传统村落保护发展规划基础资料汇编》整理而来。

顺、早生贵子以及财源广进等,这是苗族人民的一种心理寄托。金落河村有一座山神庙,位于风雨亭的半山腰上。

金落河村山神庙
(方勖平　摄)

(2)岁时节令

县境苗族节庆较多,其中最富有代表性的有以下几种。①

过年(春节)　除夕前五至七天先将室内室外打扫干净,腊月二十八日将磨、筛子、簸箕等贴上纸钱封禁,待到正月初六才能解禁。除夕日将大小门窗、房门、堂屋中柱、家具等都贴上纸钱,并备足新年用水。开年后第一次去水井挑水,要将香纸点烧后打水("送买水钱")。正月初一凌晨吃年饭。吃年饭很有讲究,一是阖家老少必须到齐,象征阖家团圆。二是要早,抢在别家前面象征"新年老人"先迎到家,赐福赐贵。三是饭菜要有剩余,象征"有剩有余"。这餐的饭菜十分丰盛,梳子形大肉片和坨坨肉(俗称"年肉")等十多样菜全部上桌后,先敬祖先全家再就餐。新嫁出的女子在新年初二、初四两天偕同女婿,背上猪脚、糯米粑、糖、果、酒等礼物回娘家拜年;已生小孩的女子则于新年初六、初八两天带小孩及礼物回娘家拜年,住上半月、一月不等。女子回婆家时,父母要打发回礼,不能让其空手回家。

清明节　各家必备糯米粑粑及佳肴美酒、香纸、幡旗祭扫祖坟,为坟

① 参见保靖县民族事务局编《保靖县民族志》,民族出版社2015年版,第145~146页。

墓培土。同时清明节又是传统的苗族民间文化艺术节日，原中心乡的翁柏坡挑葱会、葫芦镇的桃花会都相沿成习。届时，吕洞山区各乡镇及友邻吉首、花垣、古丈三县市邻近乡镇群众皆着节庆盛装赶赴会场参加活动及观光，人流如潮，热闹非凡。

端午节　当地人五月五过小端午，五月十五过大端午。后者仪式更加隆重，人们要吃粽子，在门上挂菖蒲，用雄黄酒洗手洗脚，并将雄黄酒洒在屋内屋外以驱除蚊蛇。外嫁儿女回娘家探亲，共度节日。

吃新节　每年农历六月第一个卯日，人们清晨去稻田拔稻穗数枝，去地里打嫩苞谷数棒，并带回家蒸熟尝新。食前要先祭祀先祖（以香纸和新食品祭奉先祖），然后全家分尝，一般新嫁出的女儿都要回娘家拜节尝新。

赶秋　苗族的大型喜庆节日。每年的立秋时节，苗族人相邀集会，开展“八人秋”、唱苗歌、打苗鼓等娱乐活动。当地的赶秋盛会一般轮流在水田、中心、葫芦、夯沙四个圩场举行。

（3）婚姻习俗

在婚恋过程中，金落河村的青年男女互相认识、爱慕后，仍需征得父母认可，并履行订婚、过礼、结婚、回门等手续。①

订婚　当男家看上某家女子，必须准备酒肉，请媒人先到女家去“讨口风”。媒人到女家后，女家如果非常热情，便说明女家有意。媒人便将此情形回告男家。隔几天，媒人又前往女家央求，正式向女家提及婚事。按习俗，媒人央求次数越多越好，俗称“求多为贵”。倘若女家有心将女儿放口许配给求婚的男家，还需征得族人赞同，方算有效。于是男家需再备酒、肉、糖等礼物，由媒人送去，女家则请族人吃了“放口酒”，就算正式订婚。

过礼　正式订婚后，男家择定吉日向女家过礼。在过礼前一个月，要先由媒人通知女家、女家又通知族人，届时前来吃礼酒。到吉期，男家请3～5人或7～8人陪同，挑糯米粑粑、肉、酒等礼品和礼金（多少不限，尽

---

① 参见保靖县民族事务局编《保靖县民族志》，民族出版社2015年版，第142～144页。

力而为）去女家，女家亲族设宴热情接待。主客互致礼词，然后就餐。第二天由女家亲族请吃排家饭，两天三晚方散客。女家要打发回礼，给女婿成套衣服鞋袜，给媒人送一段裤子布料和猪头一个。参加吃礼酒的亲族每家需送一段裤子布料给男家。在过礼的两天三晚中，有的还进行苗歌对唱，供大家娱乐。

讨庚帖　男家拟择吉日迎娶，先必须向女家讨庚帖。女家同意近期出嫁，就将女儿的生辰八字开列在红纸上，由媒人送给男家，男家则根据男女双方的生辰八字择定婚期。若因故不能嫁出，女家可不发庚帖。

婚娶　男家根据男女双方生辰择定吉日婚娶，并将婚娶期通知女家，双方积极做好准备。到迎娶期，男家由族内择定一对夫妻齐全、儿女满堂的男人作为引亲人，女家则请送亲娘及新娘女友伴嫁。晚饭后，按择定的时辰发亲，若无适合时辰，新娘要提前到叔伯家去坐候吉时，再从叔伯家发亲。新娘整妆完毕，由父亲或族内长者为她撑开新伞，由胞兄弟一人背上轿，男家的引亲人手执火把或灯笼走在最前面照明，女方的送亲娘在轿前开路，若干女友和兄弟同时送嫁。女家母亲、嫂子及亲族中的老年妇女和儿童作为正客，于第二天清晨随抬嫁妆的人后来。正客少者30～50人，多者70～80人。新娘坐轿到新郎家门外时，要从燃烧的黄茅火堆上越过，轿到门口男家给送亲娘银镯、戒指、钱财等下轿礼，送亲娘将这些交给新娘后，新娘才下轿，然后到邻居家中坐到吉时，新娘从择定方向的门进屋，媒婆唱合事歌，给新郎新娘各饮一口和气酒，婚礼结束。新郎接待客人，新娘静坐或同女伴外出游玩，观看寨景。晚饭后，在堂屋中开歌场，主客双方的歌师对苗歌祝贺。若主家贤惠且歌师如棋逢对手般连唱三晚堂中歌，则仪式会备受赞扬。第二天吃排家饭，还唱酒饭歌，表示感谢。满三朝后，清早起来，新娘挑水一担倒进水缸，表示此后自己要在夫家辛勤劳作。

回门　婚后第三天，新娘回娘家，新郎家送出谢娘钱、谢媒钱、谢新娘舅家钱等，此示感恩。水田河地区有的村寨，在散客的早晨还专设一席五脏齐全的酒席，请正客入席就餐后才散客。新娘在娘家住满三天，由父亲或叔伯等人送回新郎家，这天晚上新婚夫妇才能同宿。三个月后，男家需要春粑粑陪伴新娘回娘家住三天，回婆家后夫妇从事各项劳动，安家立业，白头偕老。

（4）丧葬习俗

当地人传统的丧葬形式是土葬。老人寿终正寝后，其丧事程序如下。①

睡柳床 先用桃枝和水菖蒲浸水，为死者理发洗澡，再穿寿衣放上柳床。②然后请一异姓老人去溪河边取水，并撮数个虾子，扯朝下河生的水菖蒲数片，同放在盆内，由苗老司“造水”洒于亡人及孝子身上。孝男孝女悲泣但不能出声，待苗老司烧化纸钱送亡魂升天后，才能放声痛哭。

入殡 择定吉日入殡后，柩停中堂，另择吉日安葬。以前，有停柩一年半载之久的，现在一般只停三五天。停柩期间，亲人日夜守灵，并在棺材下面点一盏菜油灯，叫“地府灯”。

绕棺开路 安葬前，在家门口扎孝堂数层，供亲友祭吊。请和尚或道士进行绕棺开路法事，引着孝男孝女绕着灵柩“破五方五位”“传排灯”“追魂解洗”。富有之家还于开吊之日行早、暮奠礼。

出柩 按已择定的安葬吉日，当天早晨出柩上山。届时要安排一人走在灵柩前，沿途放下纸钱，称“买路钱”。一人（亡人舅家中的晚辈）披白戴白，挥动蒿秆火把开路，引导亡人上坟地。孝男孝女护送灵柩，一路炮仗不断。

安坟穴 坟地会请地理先生事先择定。开穴时孝子一人先动土三锄，然后由他人挖好坟穴。挖好穴后，地理先生用小米在穴内画八卦，并用鸡血淋地面，化纸钱，放朱砂安龙神。棺材入穴后，架罗盘拨正山向，唱五谷歌，撒五谷，诸孝子大哭三声呼唤死者回家。随后留一正孝跪在棺材头上哭喊死者三声，挖三锄土盖坟，再由送葬人们把坟堆砌好。凡是踩了坟地新土的人，都要到孝家堂屋“退新土”。安葬后，孝子要去坟上点三夜灯。

招魂 安葬后的卯日③，死者家属会请苗老司来家门槛边，敲打着

---

① 参见保靖县民族事务局编《保靖县民族志》，民族出版社2015年版，第147～148页。

② 水田河镇有的人家还得将死者从神龛前抬过才会放进柳床。

③ 卯是十二地支之一，卯日就是地支为卯的日子，共有五个，轮流当值。

竹柝招亡魂，让亡魂在祖先神位上归位，丧事方告结束。

三、自然资源

金落河村自然景观雄奇灵秀、蔚为壮观，各类自然景观要素聚集于村落丘陵盆地内，并顺山形地势依次展开，形成了溪谷盆地内良好的山水景观格局。村域内有鸡公山、金落山、鸡婆山、灯笼山、孔雀山等耸入云端，有龙宫洞、八仙洞、黄金洞、仙女池等深入峡谷，有岩石溪、撞岩石相撞而生……一幅幅鬼斧神工般的大自然景观图呈现在我们面前，让人叹为观止，令人震撼。

金落河村撞石溪
（方勖平　摄）

古树在金落河村随处可见，据村内老人介绍，分布于村落内的百年古树有60余株。其中，最为抢眼的是一棵树龄为三百余年的古樟树，位于金落河北部，树高约30米，冠幅约5米，目前已挂水田河镇古树名木保护牌。该树属乔木，叶互生，卵形，上面光亮，下面稍灰白色，离基三出脉，脉腋有腺体。初夏开花，花小，黄绿色，圆锥花序。核果小球形，紫黑色，基部有杯状果托。

另外，金落河村白岩团寨还有两棵樟木树，当地称之为“鸳鸯树”。相传很久以前，金落河村有一对年轻男女，男的叫阿牛，女的叫阿妹，从小青梅竹马，阿牛文武双全，阿妹能说会唱。到了十七八岁时，有一天他们俩一起去葫芦镇街上赶集，参加赶秋会，阿妹坐在秋千上和别人对歌，阿牛就和别人比武术去了。当地一个土豪劣绅看见阿妹长得很水灵，就想把她霸占为小妾，于是派属下去抓阿妹。阿妹觉得情况不妙，就从秋千上跳下来，预备去找她的阿牛哥。

阿妹一时间也找不到阿牛哥，就一直跑啊跑，跑到一块空旷的田地里，眼看七八个后生就快抓住她了。正在这危急时刻，太白金星发现了她。太白金星从天上撒了一把芦苇种子，田地里很快长满了芦苇草，深深的芦苇草挡住了这几个后生的视线。阿妹又拼命地跑啊跑，跑到了附近的排塘村。几个后生顺着排塘村紧追过去，就在他们快要抓住阿妹的时候，太白金星又从天上抛下了一大把金子，后生们忙着去捡金子，金子落下的地方后来就叫作金落河。因担心阿妹趁机逃脱了，一个年龄稍大一点的后生提醒众人说："先不要捡金子，等抓住这个女孩后，回头再来捡地下的金子也不迟啊！"就这样，他们一直在阿妹后面紧追不舍，一直追啊追，直到一条小溪挡住了阿妹的去路，太白金星又顺手抛下一块金板子变幻成一座桥，阿妹就从桥上跑过去了，现在这座桥叫金浮桥。桥旁边有个很深的水塘，叫龙塘。到了龙塘边，阿妹已经累得喘不过气也实在跑不动了。但是这些坏蛋还是追了上来，这时候，太白金星也无法术可施了。

阿妹心想，与其被抓住遭受侮辱，还不如死得清白。无奈之下，阿妹大叫一声，"阿牛哥，我先走了"，纵身一跃就跳到水塘里。葫芦镇上一个好心的人看见阿牛还在那儿和别人比武，对阿妹被追赶的事全然不知，实在是不忍心，就对他说："小伙子，你不要再耍棍了，有人在追你的阿妹。"阿牛听到他这样说，拔腿就跑，很快就追到桥边，他大声喊着："阿妹，我回来了，我来救你了。"他对着眼前几个还在捡金子的坏蛋就是一顿暴打。但是一切已经太晚了，阿妹再也回不来了。阿牛也再无生念，纵身跳下了水塘。他们两人死后，一个漂到了水塘的西边，一个漂到了东边，后来就长成了两棵树。当地人为了纪念他们忠贞不渝的爱情故事，就将这两棵树命名为鸳鸯树。①

① 根据金落河村村民石圆宋老人口述整理。

金落河村鸳鸯树
（方勖平　摄）

四、村规民约

（一）金落河村封河封山村规民约

经金落河村党支部、村委会初步商定，为促进社会主义新农村建设，特制定本村规民约：

严禁在本村河流范围内进行电鱼、毒鱼、炸鱼、网鱼等捕鱼活动，违者负责全体村民大会举行时支出的费用（猪、羊）；保护生态环境，在本村管辖的范围内实行全面封山，严禁砍伐所有林木；严禁捕猎一切野生动物，如有违反，报上级有关部门处理。全体村民和进入金落河辖区的游客必须遵守公约，人人为建设和打造美丽金落河，创造人与自然和谐相处，争取早日成为旅游景区，出一份力，发一分光！本村规民约自2016年2月19日开始施行。

（二）护林公约

该公约刻在水泥石板上，放置在公路旁边。具体内容如下。

为了巩固石漠化工程造林成果，搞好封山育林，根据《中华人民共和国森林法》及有关规定，特制定石漠化综合治理项目护林公约：

石漠化综合治理项目内的森林、林地、野生动植物均属保护对象,任何单位和个人不得侵占和损坏;项目范围内,严格做到“七不准”,即不准破土取石,不准开荒种地,不准放牧,不准进山砍柴、割草,不准采竹笋、采脂,不准挖树蔸,不准捕猎野生动物;林区内和林区旁边严禁用火,包括烧田埂、土坎草,烧秸秆,上坟烧香、纸,燃放鞭炮等;教育好自己的家属和雇工,共同维护,严格遵守;违反本公约规定,视情节轻重,按有关规定惩处。

金落河村护林公约(方勖平　摄)

(本章由方勖平撰写)

第五章　木芽村

木芽村地势独特，寨边古树林立，气候凉爽适宜，谷风阵阵，全村几乎没有蚊子，素有“无蚊村”之称，这也使该村多了一份神秘色彩。由于地处深山且交通不便，木芽村仍然保留有一些较为古老的风俗习惯，留存了一些传统民居和传统生产生活工具等珍贵的文化遗存。2016年12月，木芽村被列入第四批中国传统村落名录，并被列入全国乡村旅游扶贫重点村。

一、村落概况

（一）地理生态环境

木芽村位于保靖县南部的葫芦镇，村落隐于清幽僻静的山谷之中，地处武陵山区中心地带云贵高原武陵山脉吕洞山区，与同属于葫芦镇的大岩村、傍海村、青岗村、排扭村相互交界。距县城约78千米。该村位于云贵高原东侧，地形复杂，村落背靠白鹤原始次生林，山高谷深，海拔500～700米，全村大部分耕地均在这个高度以上。全村森林覆盖率在90%以上，是保靖县动、植物资源极为丰富的村落之一。

木芽村属亚热带季风性湿润气候区，四季分明，气候宜人。木芽村年平均气温13.4℃，春季平均气温变化范围在15.6℃～16.7℃，夏季为26.7℃～28.2℃，秋季为16.7℃～18℃，冬季为4.6℃～5.3℃。年极高气温多出现在7月下旬到8月上旬，一般在38℃左右；年极低气温多在1月或2月上旬出现，一般在－6℃左右。年均降水量1608.7毫米，雨水主要集中在春、夏两季；无霜期243天。一年之中，日照实际天数为150～300天。

木芽村全貌（孙其琛　摄）

木芽村水资源丰富，山泉淙淙，村域内溪流潺潺而过。木芽河自西向东穿过整个古村落，多条溪流汇入，呈枝状分布于村落。溪流都由周边山体高处沿山沟和山谷顺势而下，于村寨中间汇集。溪水清澈见底，为村民提供了丰富的生产生活用水。溪流的分布丰富了村域内的水系结构，也完善了村落的山水格局，为木芽村增添了村落特色。帐子岩就坐落在这条小溪上，此外，黄金茶和水稻的种植也依靠着溪水的灌溉。

漫步在村子的石子路上，我们会发现不少地方用围栏将小溪的一部分围了起来，村民们在栏子里养了一些鸭子和鹅，同时在水里也养殖着一些小鱼苗。为了恢复之前的生态水平，村子禁止村民随意捕食鱼类。在河流的两岸，村民会在河上支起木头，架在河道两岸，形成一座座小桥，人们会在上面晒谷子、晾衣服、囤放物件等，构成了木芽村的又一个生活景观。每当傍晚时分，人们纷纷聚集在河谷周围，交流近期的农忙事务。这里环境优美，夏天凉爽，行人一般也会在此地栖息。又因该村资源较为丰富，建筑容易就地取材，所以当地的民居修建规模比较大。村内房屋毗连，高低错落。

（二）村落历史

相传很久以前，吕洞山地区苗族分出的不同支系有不同的迁徙路线，其中就有一支迁往木芽村附近地区，这支龙姓的支系便在此扎根下来，形成了之后的木芽村。① 在木芽村历史演变的前期，居民主要居住在木芽河的下游地区，但之后由于匪患，其他地区的居民逐渐迁徙到了木芽村的上游地区。

据村民介绍，木芽村的先祖是明末清初时从泸溪一个叫“大白岩”的地方迁徙而来，最初居住在一个叫“塝德弄”的地方，那里有一块石头叫

① 《苗族史诗》详细介绍了这支派系的来源，参见马学良主编《苗族史诗》，中国民间文艺出版社1983年版。

“柔德帕”,因一个姑娘在石头旁生了孩子而得名。在古代,当地居民的迁徙主要是通过水道,并且要讲究风水。大家会在风水先生的带领下,赶着水牛沿水而上寻找开阔的土地。木芽村人的祖先在这里住下后,冬天会把水牛放养在野外。他们发现,水牛经过“夯蒙蒽”后总是夜宿不归。风水先生跑过去找牛,发现水牛就在野外休息,牛崽睡在中间的最里层,第二层是母牛,最外一层是公牛。风水先生和其他人都觉得水牛睡觉的地方是最好的地方,所以认为“夯蒙蒽”必是宜居之地,才使得牛夜宿不归,于是从“塝德弄”搬到“夯蒙蒽”居住。古代农耕文化时,当地苗族与水牛结下了不解之缘,所以包括木芽村村民在内的武陵山区许多苗族人都说自己是牛背上的民族。

在苗语中,“夯”即“山谷”;“蒙”即“茂密、箬竹”;“蒽”即银子,指这些银子长成了树,“夯蒙蒽”,意为“树木繁茂的山谷”。木芽村曾经名为“萌芽村”,因为木芽人的祖先初到此地时,山谷中的树都还处于萌芽阶段,后来树木逐渐成长,郁郁葱葱,就改名为现在的“木芽村”。另一种说法也差不多。“木芽”在苗语中完整的发音是“壑木芽”,读“壑木木”,“壑”即山谷、山沟,寓意这个村在山谷里面。“木木”是说这个地方有一棵树,春天时发的树芽(树尖)和其他地方的不一样。

“山上蚊子抬着走,山下无蚊是桃源”,这里的“桃源”,便是木芽村,因为山上树木繁多,草木茂盛,其中不乏数百年的古树,自然气候清爽宜人,通风条件良好,不利于蚊群滋生,所以木芽村中大部分人家里都没有蚊子,故而这里又被称为“无蚊村”。关于“无蚊村”,还有一些相关的传说。曾经人们在这里生活时,村中有一块巨大的岩石,他们称为“帐子岩”,指这里如同蚊帐一般,挡住了山上的蚊子,让其无法下来,这使得居住在山下的居民从来没有受到过蚊子的侵扰。但是好景不长,改土归流时期,一位朝廷官员听说了这个地方,便慕名来到此地想建一处居所。他命人砸碎了帐子岩,从此村中便渐渐开始有了蚊子。如今村子里虽然有蚊子,但也极少,村民家中未见蚊帐和常见的杀虫剂、蚊香之类的物品,孩童身上也少见被蚊虫叮咬的肿块。

（三）村落人口

木芽村中有少数民族聚居，根据2019年数据，全村4个村民小组，共有141户608人，其中多数为苗族。全村以龙姓和石姓居多，其中龙姓占比90%以上。

（四）物产与特色产业

木芽村的土壤以黄土为主，土层深厚，结构疏松，保水保肥性好，有机质含量较高，是各种植物生长的天然基地，适宜种植水稻、红薯、玉米、辣椒、黄豆、生姜、油菜、蔬菜、柑橘、桃子、梨子、猕猴桃等作物。村落植被覆盖率达90%以上，属原始次生林，以灌木为主。曾经村民主要种植水稻和玉米，尤其是水稻，种植得比较广泛。村民对蔬菜等食物的获取方式主要是采集，因为当地的野菜种类和数量都比较多。此外，很多当地的水生动物也是人们的美味佳肴，比如溪水里面的桃花虫就是当地一种可口的食物。

木芽村黄金茶圃（孙其琛　摄）

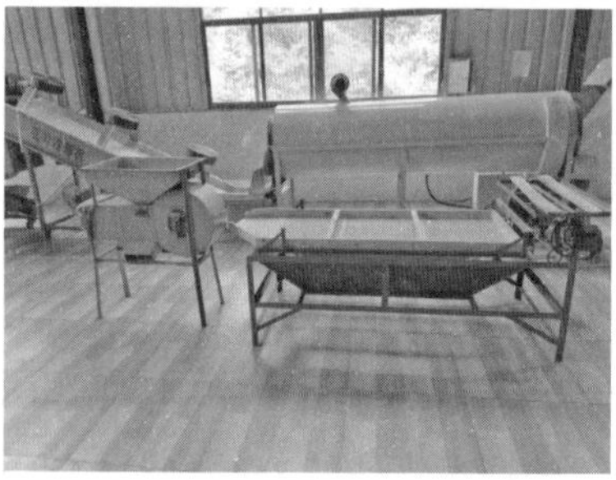

木芽村制茶机器（孙其琛　摄）

木芽村的经济作物主要是黄金茶[①]，村中种植茶叶近7000亩，主要品种为黄金茶1号，少部分为黄金茶2号。目前，茶叶种植收入占当地农民收入的60%左右。

正是因为茶产业的带动，木芽村的青壮年留在村里的较多。他们主要从事茶叶的采摘、加工和销售。现今木芽村有6个合作社，都与茶叶相关。合作社里面的成员分工明确，有在外面开拓销路的，有在推介会上表演苗鼓苗歌的。有的合作社还有注册商标。

（五）经济社会发展状况

木芽村藏在偏僻幽静的山谷中，是个苗族聚居的村落，地处武陵山区中心地带。武陵山片区曾经是全国14个集中连片特困地区之一。2013年，该村人均纯收入仅2000元，为当年全国农民人均纯收入的18.75%。自2015年脱贫攻坚以来，湘西州人社局派驻干部和当地村委会在工作中做到了突出三个抓手：第一，抓党建，提升凝聚力；第二，抓班子，提升战斗力；第三，抓结对，分为党支部结对，以及干部和农户结对。通过突出三个抓手，木芽村和保靖县的脱贫攻坚工作得到稳步推进，2020年底，保靖县摘掉了贫困县的帽子。

木芽村现有的主要对外交通道路为保靖026县道。这条道路经过古村落入口并连接葫芦镇与吉首，对发展木芽村的旅游和农业尤为重要。村落内部道路主要为步行道，步行道又分为石板路面、水泥路面和素土路面三类。石板路面主要为建筑群落间的古街巷和部分登山石阶；其他新建或改建内部步行道多为水泥路面。素土路多为农田山林间的道路，路

① 古时本来是没有黄金村这个叫法的，原来的黄金村被叫作冷寨河。传说明代官员陆杰在巡视过程中骑马路过此地，因为夏天太热就中暑了，并染了瘴气。之后，陆杰一行人到了一个老茶农家里，茶农就给他煮了些很浓的茶，陆杰喝完茶以后，大概过了几个小时，上吐下泻的瘴气就好了。作为感谢，官员就给这位老茶农送了一块黄金，“一两黄金一两茶”的故事便传开了，黄金茶的名字也由此而来，黄金村也由此得名。

面宽度1米至2米不等，四通八达，连续性较好。

木芽村有一个葫芦镇中心完小派出的教学点，只教授小学一、二年级的课程。小孩上三年级以上的小学、初中和高中，必须要到镇上和县城里。木芽村重视教育，自从州人社局工作队进驻以来，会对考上大专的学生每人奖励2000元，对考上本科的学生每人奖励3000元。

木芽村的安全饮水设施基本齐全。村中有木芽河自西向东流过，并存在四口古井，水资源较为丰富。此外，当地还建有蓄水池并通自来水，居民多自取井水或者自建蓄水池接水入户。

在卫生健康服务设施方面，木芽村村委会附近建有一个村卫生室，卫生室有一位医生，他的医术非常好，附近村里的很多村民也都会找他看病。村卫生室的作用，一是进行健康知识的宣传与普及；二是为村民免费体检、配送药品；三是为村民治疗感冒、发烧等常见病，做到“小病不出村”。

在文化娱乐设施方面，目前木芽村只有一个小型的文化活动中心。最近几年，木芽村村委为了丰富村民的文化生活，一直在积极筹建村里的文化娱乐设施。筹建的内容主要包括在村口的河流上面修建供村民休息、娱乐的平台；在村口增加5套健身器材，并在底部铺设草皮，面积约48平方米。①

二、文化遗产

（一）物质文化遗产

1. 传统民居

木芽村四面环山，村落呈半山梯度布局，地势独特。因木芽河贯穿村

① 该信息来源于湖南中规设计院有限公司2018年8月制作的《保靖县葫芦镇木芽传统村落保护整治项目（施工图）》。

落，村中房屋基本都搭建在小溪两旁，呈南北走向。

关于保靖苗族民居建筑，据地方文献记载，贫者居室则结草为庐，富者大厦崇垣，耸以高楼，唯不喜开窗。室内左右设火床，高三尺，长宽不一，中设火炉，炊事坐卧其上。堂屋无神龛，相传火床上之中柱下，即祖先所在地，忌客坐之，室无间壁。村落内有众多清末的苗族民居建筑，这些古建筑成片相接，形成一道道极具观赏价值的宁静古朴的湘西传统民居群风景线。其中最具典型代表性的就是清代建筑施金寿民居和杨秀强民居，以及民国时期建筑施成富民居和龙茂银民居。而现今保存完好的有龙自万古宅、张海志古宅、张献龙古宅、龙云明古宅等。

木芽村的传统民居多为一层建筑，以木房为主，分为穿斗式的和地窝子式的（类似于东北民居）。穿斗式的木屋无论大小都为三柱六挂或五柱八挂，只要是地基够用，都是起三间房子，外加四扇窗（窗子是木质上下推拉式的）。木屋的外面是封闭的，但里面空间较大，人们可以关上门在屋里进行练武、聚会等活动。木房多用石头作为基础并通过木柱支撑，不用打地基，整个房屋架在石基上，离地一尺，通风防潮。飞檐悬出正屋，造型舒展向上，房屋上的挑梁呈弯曲状，营建者会在选择木材时就选择那种乘山势而长的树木，有美学、力学的双重美感。木屋的组织排布是有讲究的，有堂屋、主居间、次居间。中间为正屋，两边为厢房，或左配厢房右配吊脚楼，或厢房旁侧再搭建偏厦。每间房屋以中柱为界，分为前后两室。前室一般作起居、客厅之用，架空离地约一尺高安装木地板，内设火床（俗称“火坑”）。后室为卧室，居左为尊。民居平面构成以单座房屋为基本单元，采用“三明两暗”五开间的平面形式。中间一间为堂屋，是住宅中最主要的房间，一般位于住宅的中轴线上，是会客、就餐、祭祀的地方。堂屋开间一般为4米至5米，进深7米。堂屋楼面稍

木芽村传统民居（孙其琛　摄）

高，后隔出一截作为后堂（俗称"接堂背"），设有楼梯上堂屋阁楼。接堂背与堂屋之间一般以木板相隔，也有用砖墙相隔的。堂屋两侧为侧屋，侧屋各隔成两部分，后半部分作卧室（俗称"屋间"），前半部分为厨房（俗称"灶下"），一为杂物间。前后出檐较大，堂屋门前有意留下一片空地，使堂屋门处两侧、檐柱与金柱之间，形成一个凹形吞口（又称"虎口"），大门退至金柱，左右两侧板壁装齐檐柱，大门地面与阶沿连成一片，呈"凸"字形，苗族人称之为"籽蹬屋"。这类房屋左右次间的前檐柱间装木壁，但很少开窗。其中，吞口为放置农具、脱卸草鞋、堆放桐茶果壳之地。① 堂内左右次间均不装壁，其中只设火床，因此堂间宽敞，作节日祭祀跳舞用。卧室设于左右次间的后金柱与檐柱之间，狭小无窗。卧室楼上作谷仓。

房屋两侧山头，用山竹编成竹笆壁，壁上涂粉草泥。木屋门槛的高低是有讲究的，一是出于力学的考虑；二是门槛高寓意家族兴旺且高贵，越有地位的人家建得越高；三是具有防水、防蛇、防虫等功能。

房屋屋面一般是双坡木屋架，加盖小青瓦。屋顶大多是悬山式，高低错落、造型生动。在山墙内，一般不另设木构架，而是把砖墙一直砌到檐口，在檐口上铺瓦，并做砖封檐。屋顶脊尾一般用砖或瓦叠成高高翘起的样子。书香门第则在门梁上的墙面嵌上镶边的字牌或书写字牌，衬以彩画、砖雕花板，显得非常华丽。大门的门簪一般用浮雕八卦及各种吉祥图案，并饰以彩绘，雕刻工艺一般比较高超。

古民居的窗一般是木质上下推拉式，且大多是直棂窗，简洁明快。窗檐常用砖做成叠涩状或半圆形。同时，后期的窗檐受西洋建筑的影响，窗檐饰以圆形的曲线山花，曲线两端分别挂着一个柱头"灯笼"，美丽秀观，体现中西合璧的建筑风格。调研时，笔者还见到有一栋民居饰有倒"蝠"形（寓意福到）窗檐，别有一番风味。大门上的窗户一般是花窗，花窗外形美观，构造复杂，窗格充分利用棂条相互榫接，拼接组织出各种精美的

① 当地苗族人一般忌带青草入室。

图案，这些图案取材广泛，除常见的平纹、斜纹或“井”字形图案之外，还有动物纹样、吉祥文字和年轮图案等，其间再点缀一些木雕画花心、结子等小饰件，增添了不少趣味。棂格与棂格之间有花草、飞禽等精巧的镂空花饰与之相连，显得精巧、活泼，富有生机和灵动。在墙的转角处一般有石勒角，勒角上多刻花纹、人物图案，既加固了房子，又装饰了建筑。整个房屋的木板与柱子要刷上桐油来防腐防虫，经风吹日晒之后房子整体呈现出一种深褐色。

2. 古井、石桥和古街巷

木芽村现存古井四口，位于村落之中。目前，古井水质清澈，仍然在使用。古井水质清澈，井口三侧及上方均用青石板堆砌围合，形成一个棚状构筑物，以保护古井水质。古井年代久远，有着厚重的历史感，是木芽村重要的历史建筑。在没有自来水之前，古井水和河水便是村中的主要水源，它们哺育着世世代代的木芽村人。古井的井水清澈见底，口感清爽甘甜，小饮一口便能缓解夏季的燥热之感。

木芽村建筑旧时依山而建，三条主要街巷构成了村寨的主要交通格局。如今，村内巷道纵横，顺山势曲折盘旋，因此，村民们修筑时用石板铺成阶梯，也有的用青石垒墙筑坎。古街巷格局保存较好，全长约1000米。局部有路面石板损坏、道路废弃现象。

（二）非物质文化遗产

1. 民间文学

在吕洞山地区，有本《苗族史诗》记载了当地的风俗文化，在木芽村也保留有书中记叙的这些非物质文化遗产。该书以苗文为主体，汉译为辅，展示了苗族人祭祀祖先的场面，记载了吕洞山地区苗族的族源，全面介绍了当地的文化特色与民风民俗，体现了苗族祖先那种勇于战胜困难、百折不挠、团结奋斗的精神。

2. 传统音乐

（1） 苗族歌曲

苗族歌曲大多是即兴演唱，并没有详细的歌词记载，不过还是有一些人会自行记录一些。有的歌词表达的是对新年在即而外出务工子女未归的思念；有的歌词表现出了在茶叶丰收的时节采茶者的喜悦以及对当下政策的感谢之情。

木芽村的苗族歌曲有两类，即苗歌和山歌。木芽村山歌和保靖县城的差不多，讲究对仗，第一、二、四句要押韵，第三句要转韵，一般一句为七个字。唱山歌要分应用的场景，一些场景对用词是非常讲究的，在这些场景中很多词不能使用。比如娶媳妇、修新房子、做喜事等活动不能唱爱情歌，因为参加这些聚会的人有老有小，爱情歌里有很多是老少不宜的。在这些活动中，要唱喜庆的、相互赞美的山歌，其中两个歌师相互对歌的形式最为多见。

木芽村苗歌也分高腔和平腔。高腔不讲究词的押韵和对仗，讲究声音的穿透力，需要肺活量很大的歌师去演唱，形式类似于信天游，其腔调的上划下划很多，且没有伴奏。高腔声音缥缈，平腔对唱时讲究对仗押韵。平腔和《诗经》的表现形式一样，用的都是比拟和暗喻的方式，就像在《诗经》里描述一个人的美丽，不会很直白地去说你长得漂亮。

木芽村苗族歌曲多为七言一句，两句组成一联，两联为一首。有时，根据需要可发展到六句以至数十句。演唱时，声部此起彼伏，多声部特点明显。在多声部苗歌中，高、低声部先后进入，两个声部相互交替流动，有时再加上拉腔和领歌，同时可唱出三至四个声部来。多声部苗歌曲调朴实，旋律发展多平稳，线条流畅。多声部苗歌是木芽村苗族人民非常喜爱的一种民歌演唱形式，它情绪开朗、朗朗上口，有利于人们之间交流感情，在村民之间得以长时间流传。

（2） 苗族传统乐器

当地苗族传统乐器主要是鼓、号、芦笙。原来有唢呐，并且和现在的唢呐不一样，它们上面孔的数量是不一样的，常用来做高腔的伴奏。当地老唢呐的演奏者已经去世二十多年了，现在也没人会演奏。芦笙是苗族的乐器，主要是在祭祀中使用。祭祀是当地最重大的活动，大多数的苗族乐器都与祭祀有关，但在世俗化以后，芦笙也可以用于娱乐时的演奏了。鼓即指苗鼓，湘西州还有专门的鼓舞。树皮号是用五倍子树的树皮制作的一种号，立春以后人们就地取材，把树皮扒开以后做成牛角模样，用于娱乐。当地也有用牛角制作的牛角号。

3. 传统舞蹈

（1）苗族鼓舞

在以前，一面苗鼓代表一个家族或一个村落，苗鼓就放在祭司①家里面，一般放在一进大门的左手边。当地苗族有一个口诀：鼓不乱敲，香不乱烧。这是因为苗鼓是人们唤醒祖先的一个神器，所有的祖先灵魂都在鼓里面，所以这个鼓不能乱敲，只有在许愿时才能敲。如果家里遇到不吉利、不顺的事，就可以把祭司的苗鼓请到家里面，每天晚上敲一鼓，许愿并向祖先诉说。如果心愿达成，一般要做个椎牛仪式，以此来敬神、还愿。随着社会的发展和进步，苗族鼓舞也在发展和进步，它逐渐从单纯应用于宗教祭祀活动中变成广泛应用于各种节日、婚娶喜庆和男女交往中，成为广大苗族人民表达欢乐、交流感情、自娱自乐的群众性舞蹈。

当地人家里面娶媳妇、修房子、做喜事等，都会把苗鼓师傅请过来表演。苗族鼓舞在苗族的重大节日如赶秋节等也都有表演。苗族鼓舞一般在村落的公共宽敞区域进行表演。

（2）接龙

接龙是当地苗族人非常隆重的祭祀盛典之一，是龙崇拜在苗族聚居区的体现。传说古代有一位苗族女子嫁给了一位潇洒英俊的男子，这男

---

① 苗族的祭司，一代人只传给一位。除了传给自己的男性后代，也可以传给外人徒弟。祭司的传承人有一个口诀：“梦传梦教，神传神教，阳传阳教，阴传阴教，前传后教。”

子是洞庭湖中的龙子化身。他们生了小孩之后双双回到娘家，龙子误饮掺有酸汤的酒而现了原形，只能回到湖里。苗族女子非常思念他，便兴起了接龙仪式。苗族人认为，做法事将龙接往家中，可保家人平安和发家致富。

苗族接龙仪式一般选在立春时分，分为以下步骤。一是请龙。村里女人打着伞，随巫师去东方水井，请龙神上接龙宝座，然后一路吹打回主家大门外。二是迎龙，头师二师门内外对答迎龙词，请龙公龙母（由村里一对相貌端庄、作风正派的男女青年扮演）居龙位接受供奉。三是安龙，用诀法将龙安进堂屋中深挖出的龙堂，扣上龙碗，加盖岩板即告结束。祭司等人在村里最大的井水里接龙时，村里打着红伞、穿着艳丽服装的女人们就围着此处跳舞，此舞就是接龙舞。各苗寨皆有这种仪式，目前木芽村仍有祭司可以主持表演。接龙舞是苗族人自己的祭祀舞蹈，是研究苗族民俗不可多得的文化符号。苗族接龙恢宏的场面，隆重的仪式，蕴含着几千年来的民俗与文化。接龙舞古朴而优美，有待系统发掘。

（3）舞狮舞龙

舞狮舞龙虽然是在后来引入苗族人生活之中的，但也是当地苗族比较流行的民俗舞蹈之一。其中狮为百兽之首，在中国传统文化中，狮子被作为能带来好运的吉祥物。古人将狮子视作勇敢和力量的化身，能驱除邪恶，保护人类。据记载，舞狮已有2000多年的历史。现如今舞狮已成为苗族人民生活和节庆活动中必不可少的表演节目，人们舞狮以祈求好运、平安和幸福。

（4）柳旗舞

柳旗舞，又称“绺巾舞”。巴代雄的传承人在跟随师傅学习了很多年之后，准备出师时，会让他家里面所有的女性亲戚织布、绣花，制作一个被称为“柳旗”的五色织布，献给自己的师父，以报师恩。柳旗由12片绣花布巾连缀而成，代表12个月。其作用一是指挥兵马，二是扫掉妖魔鬼怪，是一种法器。很多信众会随着祭司去跳舞，认为这样做可以为他们解除病患和抹去污秽的东西。

4. 武术、杂技与游艺

（1）苗族武术

木芽村的苗族武术有拳术、棍术、枪术、刀术等很多种类，这些棍法拳术等有百余种打法。苗族武术讲究步伐，讲究“归一”，这是说苗族的武术步伐，从这打过去最后还要回到这儿。像舞四门棍时，所有的棍术打完后，步伐还是要回到原点。在当地，曾经习练苗族武术的人很多，他们通过武术强身健体。在节庆日，会武术的人也会被邀请去舞狮子舞龙灯，在大型集会中展示自己的才艺，如果才艺精湛，可以受到更多人的青睐。但随着工业化进程的不断推进，外出打工的苗族人越来越多，习武之人越来越少。

木芽村苗族武师表演苗拳(孙其琛　摄)

（2）上刀梯、下油锅、下火海

上刀梯、下油锅、下火海，是苗族杂技中的表演项目，通常是在重大节日举行祭祖、祭祀活动时表演。行规里讲，法师在敬神驱鬼的过程中为主人家祈求消灾避难。而要超脱苦难，则要经过上刀梯、下油锅等这些灾难才能够实现。

上刀梯是将一根木杆上插36把刀直立在正中间，表演者经过一阵

"运功"后，一步一步爬上刀梯，然后又轻轻爬下来，而他的手脚却安然无恙，这就是上刀梯的表演。下油锅是指在一口烧得翻滚的油锅面前，表演者将手伸向油锅。下火海是指在几块烧得通红的铁板面前，表演者从容不迫地踩过去。如今，这类表演项目的诀窍多失传。

（3）传统游艺

打三棋是在一个大框套个小框的棋盘上下棋，通过中间三个子相连来相互围困。打三棋和围棋的规则差不多，但技术要求较高。

斗蛐蛐是把蛐蛐放在竹筒里让它们打斗。有时候为了增加蛐蛐的战斗力，还会给它们喂食辣椒。大人、小孩皆可参与此项游戏。

捡子是当地小孩玩的一种游戏，就是通过一定的规则玩五个石子，玩的过程中还会念一些和农耕文化有关的顺口溜。

另外木芽村还有和泥巴、打陀螺等游戏。

5. 苗族服饰

（1）挑花

挑花，又称"挑纱"，这是当地苗族妇女喜爱的一种传统工艺。它是在经纬线上用彩色的线挑出许多小十字，组合成各种图案。挑花用料要求不高，一般只需要青、蓝、白粗布作底面，用对比色调强的棉线来挑花。挑花图案简朴大方，花式种类丰富，有双龙抢宝、丹凤朝阳、狮子滚绣球、喜鹊闹梅、凤穿牡丹、福寿康宁以及一些珍禽异兽、花草鸟虫之类。木芽村有很多人会挑花，有的是做发带，有的是做裤带和围裙带子等。

（2）苗服

古代，当地苗族男女服装区别不大，均为"色彩斑斓布"，上穿满襟花衣，下着百褶裙，头包赭色花帕，脚穿船形花鞋，佩以各种银饰。清改土归流时期，政府指令"服饰宜分男女"。到20世纪二三十年代，苗族男子的服饰较为简单，一般头缠布帕（一般为青帕），帕长1丈至3丈，缠戴成多层"人"字形。身穿对襟衣，袖长而小，裤筒短而大，包青色裹脚。衣料多为自织的家机布，有花格、全青全蓝等样式，花格衣颇具特色。

木芽村当地女性苗族服饰
（孙其琛　摄）

（3）银饰

苗族银饰种类繁多，用白银加工的装饰品在当地人日常生活中随处可见，一般妇女有项圈、项链、手圈、戒指、耳环、髻簪、银珈、银锁、小儿风帽上的十八罗汉等银饰品。

在葫芦镇的集市上，笔者看到有角匠铺子或银匠担子。匠人的工艺精巧，用白银制作的装饰品姑娘们最喜欢，特别是那种重达两三斤的像缠树青藤一样的项圈，更显示了姑娘们的气派，银饰也成为苗族青年男女相爱赠礼的必备之物。在木芽村，苗族男女结婚时，生活好一些的家庭会送给女孩银手镯等银饰品，女孩的母亲也会给她陪嫁一部分银饰品。

6. 传统技艺

（1）竹藤编织技艺

如今，木芽村的竹藤编制品原本有很多，甚至之前还有专门的人去集中收购，但是现在已经不多了。当地人常用的竹编制品主要有背篓、箩筐、竹笠等，由于生产生活需要，用来采玉米、打谷子的背篓和箩筐在当地仍然很常用。在山间地头，也经常可见戴着竹笠劳作的苗族男女。但是塑料制品的出现和普及，正在一步步取代当地的传统手工艺。

（2）木雕技艺

木芽村的龙紫武和龙子略兄弟二人会制作木雕。他们凭借自己的爱好一步步做起，现已成为木芽村木雕技艺的佼佼者。因为当地家家户户都喜欢饮茶，所以他们会做一些木雕的茶具。当然，也会做一些寓意美好的木雕。

7. 传统医药

木芽村有一位精通正骨术的苗医龙子庭，他是当地正骨术第五代传人，也是该村唯一一位精通正骨的老人。他对跌打损伤、断腿骨折的治疗比较精通，甚至对牛畜的伤残也有一套自己的治疗方法，是当地典型的苗医。虽然医保制度都是健全的，但是村民对于像跌伤、刀伤、骨伤等外伤，还是会去找当地苗医，用传统的苗族医药进行治疗。相传在四五十年前，木芽村里有一位大药师还有一位大祭司，村落里面有人得了小病小痛都会去找他们。

8. 祭祀文化

（1）椎牛

还傩愿分大愿和小愿两类。小愿就是当家里有小孩病了等一些小问题，就会去找祭司，祭司当天晚上看看日子，然后做法事帮忙解决，这是随时可做的。大愿主要是椎牛，因为仪式盛大，所以现在要花十几万、二十万才能办一场椎牛祭祀，且耗时较长。整个传统的椎牛仪式几乎包含了苗族所有的文化、宗教礼仪，而且现在大多已经商业化了。

椎牛，当地也称吃牛，一般于农历十月至冬月的某个午日或未日进行，是苗族祭祀活动中最盛大、最隆重的一项驱除瘟疫瘴疠的还愿仪式。木芽村之前的祭司远近闻名，名叫龙德华，现已将仪式过程传承给他的孙子龙紫武。如果一户人家老是生病且无法治愈，或者家里有其他不好的大事，这家人就要去找祭司，即通过巴代雄去祭祀。通过祭司就可以请教祖先，家里面是否得罪什么人了，必须要做好哪些事。消灾消难之后，还要请祭司做一场椎牛。做椎牛需要置办很多东西，比如水牛、黄牛、猪、羊、鸭子、鸡、鱼等。其中，对水牛的选择尤为重要，水牛的毛色和角都是重要标准。椎牛之前，祭司要做一个道场仪式，判断方位去选牛，然后找两个人到村寨里去找牛。找到了符合要求的水牛，要牵回来好好饲养，养得漂漂亮亮的，还要每天给水牛念经、讲故事。所念的经是很古老的经文，故事是祖先的故事，其中包含很多场景。因为当地苗族没有文字，所以也就没有经书，都是通过口传心记的。

如今大祭少见，但小祭常有。祭祀是该地区苗族群众民俗节日中盛大的活动。大型椎牛一般要持续七天，每天请的神都不一样。首先请祭司主持祭祀，敲锣击鼓，邀苗族男女跳苗族鼓舞，击猴儿鼓，以娱鬼神，病人痊愈后，即于农历十月底前择午日或未日举行椎牛祭祀还愿，祭品有水牛、黄牛各一头，猪一头，公鸡一对，干野菜百种，另加板栗、炒米，供男女歌师和宾朋享用。椎牛的活动包括：拦门接客，主客对唱拦门歌，青年男女则檐前对唱太阳歌，入夜而入屋内对唱鼓歌，祭司“九献”后，男女绕坛，对唱调年歌，次日举行椎牛（杀牛）仪式，及至主人家女子唱完椎牛歌，吃牛祭祀才算完成。随着社会的发展，椎牛仪式也发生了转变，现在做的大部分都是小型椎牛。小型椎牛仪式是以牛的一部分替代一整头牛。事先要去农贸市场买回牛的五脏[①]、头角、尾、毛、二两肉当作祭品，后面程序大致一样。因为一般的平民百姓也没办法一次买下一头一万多元的牛。小型椎牛的出现也算得上是移风易俗了。一般情况下做椎牛祭祀时如果一个人不够，祭司就会带上自己的徒弟一起去做。

（2）土地堂祭祀

木芽村的土地堂（孙其琛　摄）

从木芽村村口拐弯处进村，前进大概五十米处有两棵百年古树。树的旁边，有一座土地堂，这座土地堂在建村初期就已经建立了，现已有几百年的历史，这也是木芽村内现存的唯一一处土地堂。土地堂至今仍在使用，村民常过来拜祭土地公。逢年过节，人们都会在此处祈福，祈愿来年的风调雨顺和家人的平安

① 牛的五脏也不一定要买完整的，买个一斤、半斤或二两即可。

健康。土地堂靠着两棵高大的古枫香树，这里的人们把古枫香树比喻成将军，把周围另外几棵较小的树木比喻成士兵，视为这片土地的守护神，守护着在这里生活的人们。“千年护村树，百年木芽堂”就是它的真实写照。土地堂里供奉着苗族的祖先、家族的祖先、姓氏的祖先，其中就包括苗族祖先蚩尤。在古时如果村里有人发生了纠纷，比如甲怀疑乙偷了他的东西、做了不该做的事，乙又不承认，那就会去找巴代雄（当地人也称“师傅”，很多为当地寨老）私下交流，巴代雄就会把有纠纷的人叫到土地堂，即到祖先的地方，用法事去做神断。

（3）傩堂戏

傩堂戏又称“傩愿戏”，带有浓厚的宗教色彩，由苗老司还愿时的酬神舞发展而成。傩堂戏的演员多为祭司和民间艺人。其剧目有百余个，木芽村主要表演三部连台本——《孟姜女》《庞氏女》《龙王女》。唱腔上，脱胎于老司唱腔，唱词口语化。唱腔基本结构可分为巫歌式、朗读式、山歌式和民歌式四种，伴奏不用琴和唢呐，只用大鼓、大锣和大钹等乐器，旁人可以帮腔，一般只在还愿过程中演唱。在木芽村，祭司现在所表演的傩堂戏已很少佩戴傩面具，但形式依旧多样。

（4）八人秋

八人秋即八人秋千，是苗族传统的体育器械。苗族喜欢歌舞，每年立秋这天是苗族的赶秋节（当地也叫调秋会），除了玩狮子灯、龙灯、打花鼓，还要玩八人秋。当地传说以前有个苦孩子叫苦八，从小爹娘就去世了。有一天苦八上山打猎时，看见天上飞着一只叼着绣花鞋的岩鹰，他便把岩鹰射了下来。他心想，做得出如此漂亮绣花鞋的姑娘一定是心灵手巧、美丽善良之人。苦八便照着水车的样子做了一个八人秋，准备在赶秋节上找绣花鞋的主人。在赶秋节上，他终于找到了做绣花鞋的姑娘，并向其讲述了自己看见并获得绣花鞋的经过，表达了对她的爱慕之情。男有情女有意，苦八和姑娘后来结成了终身伴侣。从此，玩八人秋就成了赶秋节上不可缺少的活动。

在八人秋的架子上，分别坐着四男四女，架下站着两位老人——秋公和秋婆，先由秋公、秋婆念几句诗，再唱开秋歌，然后由秋公、秋婆转动秋千，这就是开秋。因为玩八人秋有“竖秋千八人坐，谁转上面就唱歌”的规则，当快速旋转的秋千停下来以后，谁停在最上面，谁就要唱歌。在上面的两个人要一直对歌，一直到大家满意为止。赶秋具有很强的竞技性，但只有在有圩场可以赶集的地方才能举办，当地一般会提前一年定下在哪个村举办，然后苗族青年会在这一年里准备歌、舞、武术等，天天在家里练习，希望在赶秋活动中好好表现，能谈上恋爱讨个好对象。不过随着现在外出打工的村民越来越多，赶秋节已没有之前那么高的热度了。

（5）请七姑娘

相传七姑娘是太上老君或玉皇大帝的后人，当地的苗族人相信可以通过请七姑娘，向其打听以后家里可以有几口人，岁月好不好等“天机”，属于当地的一种具有祭祀色彩的民俗活动。

当地人请七姑娘，首先要准备一个纺纱的纱筒，并在纱筒上面扎面具，再用稻草给它做两条辫子，外面套上一件小孩穿的衣服，做成七姑娘的造型。然后就是请七姑娘，要先向其磕三个头。七姑娘的灵魂一到来，纱筒就重了，人就不用带着它跳了，它会带动人跳。如果七姑娘解开了自己的衣服扣子，就说明她离开了，此活动也即宣告结束。

9.传说习俗

（1）饮食习俗

在木芽村苗族群众家里吃饭，要注意两件事情：一是注意敬祖先，二是注意座位问题。吃饭之前，客人要把菜夹一些，然后放在自己下方的地上（一般是左下方，也可以是右下方），这样会使自己的祖先和主家的祖先在一起，敬这户祖先的同时也是在敬自己的祖先。紧接着，在喝酒之前也要用筷子蘸几滴酒洒在地上，寓意与祖先同饮，这也是尊敬祖先的一种方式。有的人家里有一个橱柜，没有橱柜的家里中间会有一个立柱，立柱所在的方位为上，客人是不能坐的，是主人家及其祖先坐的。如果坐错了，即使在开始时敬了祖先，客人的祖先也没得吃。由于得罪了主家祖先，客人在饭后就可能出现醉酒、肠胃不舒服、食物中毒等一些反应。

（2）岁时节令

当地苗族人在清明节时不去祭祖，因为祖先不在山上，当地人认为祖先的灵魂在家里面，和橱柜、食品柜、炊柜等在一起。打开饭锅，祖先便可以和家人一同吃饭。

苗族最大的传统节日是过苗年（冬至节）。在木芽村，春节叫“节”或“日”，苗年才叫“年”。冬至节以后，当地苗族群众开始杀猪宰羊，按照姓氏、村子轮流过节，大碗吃肉大碗喝酒。通常一个家族集体杀猪，一个村寨的亲戚都来吃年饭，席间彼此交流信息，使得此节庆有了很大的社会功能。过完冬至节以后就到春节了，如果之前的肉都吃完了，人们就会再去买新肉，吃得越多越好，吃完才好，吃不完别人就觉得你们家没客人，朋友不多，而当地苗族群众最看重的就是有很多的朋友。

在整个过苗年的过程中，还有个节日叫空王日，即正月的初五、十三、二十三，那几天在当地人心中万事皆空，不能做事。另外还有一个红煞日（为“凶日”），也不做工。苗族原本的历法不是现在通用的公历和农历，他们用的是太阳历。苗族很多老人自己不识字，但是可以看日子，就像口诀一样，根据太阳在大门边、在堂屋间、在大门外、在房梁上等不同情况，来判断日子或吉凶。

（3）出生习俗

以前，孩子出生时要找当地的接生婆，这些接生婆有一种独特的茶叫采火茶。因为苗族在相当长的时间内没有糖（红糖、白糖），人体又需要摄取糖分，正好此茶通过煮沸可以产生一些红糖。所以每年的端午节那一天，接生婆会去古茶树上采四五片很老的茶叶，回家后通过加工将茶叶变成一捆一捆的，晒干保存。

接生婆在接生时会带着这些茶，煮一锅汤，让产妇生产以后喝下去，既可以去胎毒，也可以养胃壮阳气，对产妇的身体有很大的好处。随后，接生婆会用茶水给小孩洗个澡，去掉其身上的羊水，消炎杀菌。同时，小孩的祖母还会用茶汤给小孩洗眼睛，使小孩的眼睛健康又明亮。小孩生下来的当天,父亲会拿一对母鸡和一对公鸡共两对鸡,去孩子外婆家里报喜,现在则大多是打电话报喜。满三早(“三早”即三天的意思)以后,婴儿一般就不会夭折了,父母会请本家族里的男性亲戚喝酒,即请三早酒,也叫吃三早。吃三早的过程中,大家就会排孩子的八字,考虑起名字。吃三早时,来的客人会带一些礼物,要么是家里喂的土鸡,要么是集市里面买的鸡,或者在市场买的一斤红糖。到了孩子满月的时候,家里人要请全部的女性亲戚(包括外婆、姨妈、姑妈、姑奶奶、表姐、表妹等)来做客,这时候男性亲戚就不过来了。这些被请来的女性亲戚会带着家里面原本有的土布,还有鸡、鸡蛋等前来吃满月酒。满月酒一般会有三天,在这过程中还会请人来唱歌跳舞,一片欢天喜地的场景。

(4)恋爱习俗

当地苗族男女恋爱过程中,唱歌跳舞是必不可少的。在农历的双日,年轻人会去野外搞边边场,即利用赶集的时候相互约会、唱歌。唱完歌后,年轻人就会到村里的十字路口、山坳、河边或比较空旷的田地里、大路边上休息的场所、古树参天的地方等处谈情说爱。一些人家会为了许愿求子去修个桥屋,让人们方便讲话,或者到河边上去架个木桥,方便别人恋爱,通过做好事来积德。没有河流的地方人们就会在十字路口修个凉台让路人乘凉。如果两个人结婚多年无法怀孕,就会再做个仪式,然后在房子外面用竹片编一个小桥,一直连到两口子的婚床上面,这就是求子桥。富裕的人家则会去村寨溪沟上修个石拱桥,通过付出来表诚心。这些地方,也都是青年男女谈情说爱的好地方。

通过对歌谈恋爱,是不分穷富的,最贫穷的小伙如果唱歌唱得很好的,也可能找到一个最富有的妻子。在木芽村,如果男子没钱送彩礼,女子就会随男子一起私奔,他们的兄长如果不吭声,则表示默认。私奔之后,如果生了孩子,男子会带着一对雄鸡去女方娘家报喜。女方家里所有的嫁妆,包括24床或48床被子以及小孩的摇篮都给带过来,整个家族会重新再补她的嫁妆。这时,女方家里需要花费很多。在当地,女家重视嫁妆中被子的数量,这是因为如果房子大了、亲戚多了,被子多一些,聚会时就不用再去借被子了。所以当地苗族人在旱地里大多种植棉花，女儿一生下来，就要把棉花都存起来，留着以后给女儿做嫁妆之用。

（5）结婚习俗

现在当地也还有办传统婚礼的苗族人。在当地，除非是非常时期，闰月是不能结婚的。婚期一般在秋收以后，一是因为秋收后黄道吉日多；二是因为秋天为丰收的季节，气温相对偏低，菜不容易腐烂。当地苗族人结婚，也会先看日子，男方会请个先生，带上一定的礼物[①]，找来女方的生辰八字。结婚当天，新娘的母亲会陪送帽子、镯子等银饰，由新娘的哥哥（没有亲哥哥就找堂哥等亲戚家里的哥哥）把她背出门。新婚之夜，两口子是不能同房的（结婚之前可以同房）。因为结婚时要请来亲戚朋友在男方家里住上两天三夜，除了一个哥哥或弟弟或侄儿（称为“送亲郎”），所有送亲的全部都要是家里的女性，有的会有五六十位女性，新郎新娘同房会不方便。男方家要拿礼品给送亲的人，如果女方舅舅家里有哥哥弟弟且单独成家了，每家要送给一个火腿。[②]在这几天里，母亲和嫂子就会给女孩单独“授课”，内容包括新婚教育、性教育，也包括苗族自己的一些传女不传男的避孕方法。

女方陪嫁的东西有很多，包括一头母猪、齐全的炊具、锅碗瓢盆。所有嫁妆里面只要是能够盛放东西的，必须放一些粮食进去，不能是空的，这寓意着对新婚夫妇美好生活的一种向往、一种期盼。当然，粮食也不需要盛放太多，一般三五百克即可。苗族女性在做女孩子时会大胆追求幸福，但结完婚后就不能像未婚时那样去唱歌、跳舞、找异性男朋友了，而是要相夫教子和劳作。在当地，田间地头经常可以看到母亲背着小孩去犁田劳作。古时候战乱频繁，男性都要出去征战，即使男性在家里也是以练武为主。现在男性出去务工的较多，所以在家的女性要做的农活就多

① 家庭好的会送银镯子等银器，家庭差一点的也要带大米、猪肉等食物。苗族人以前送礼是不送钱的，主要是送食物等物资，不过随着时代发展，现在结婚可能得准备礼金。

② 火腿要带尾巴的，没有尾巴不行。当地人认为没有尾巴就代表没后代。

一些。

（6）葬礼习俗

当地苗族人的葬礼仪式有两大类:一类是类似汉族的,另一类是苗族自己的。苗族自己的葬礼又可以分为两类:一类是有专业人士参与的葬礼,另一类是普通的葬礼。有专业人士参与的葬礼,即苗族的巫师等主持的葬礼,有很多仪式化的程序。普通的葬礼,程序相对简化,但也分为正常死亡情况下的葬礼和非正常死亡情况下的葬礼。非正常死亡情况下的葬礼,要请祭司用麻绳、七个铜钱等物品做一场法事,帮亡者去掉污秽,即抹去生前做错的事情,名曰"解罪"。正常死亡情况下的葬礼,要按照亡者孝家（即他的儿女）的意愿去做,一般是按照佛教的方式进行。为亡者念经的过程中要封斋,此过程可以持续三天或七天,其间只能吃素菜而不能吃荤菜。当地人也需要为亡者守孝。

10. 家谱族谱

因为当地苗族人没有自己的文字,所以他们都没有文字呈现的家谱族谱。但是,木芽村祭司家里会有苗族的神布（俗称"灵魂布",分为阴布和阳布）,就像《封神演义》中姜子牙用来封神的封神榜,也会起到相当于家谱族谱的作用。祭司家没有神龛,没有祖先牌位,只有一个香堂。在香堂里放置两个竹水桶,一段青布（此布都是出自当地女性之手,有三丈六尺长,然后从中间一步步对折撕下来,每一块三寸多长,布上没有字）。如果哪家有人去世,家族里的人会在晚上把逝者埋在山上,然后会请祭司做道场,把逝者的灵魂"收回来"（意即人变成神了）,请回到祖先位置来,即是"收入"阴布之中。如果哪家娶了个新媳妇,生了个男孩或女孩,也会请祭司做道场,念念"我家里添人添口了",并摆上鸡、肉、香火等物品,把新人"收入"阳布之中。

三、自然资源

在木芽村村寨的入口，生长有两棵雪松古树，像两名高大威武的将军，带领着周围由各种树木组成的士兵，共同护卫着村寨，构成了独具特色的自然景观。

村落内古树成群，绿树成荫，植被覆盖率在90%以上。村内现存180余株百年古树，位于村中及村落周边，古树经过岁月的沉淀，依旧枝繁叶茂。这些古树中，有100多年的板栗树，200多年的枫香、黄杉、松树，700多年的马尾松，还有红豆杉、红绸树[①]等名贵树种。村内的古树名木有着复杂的年轮结构，蕴含着古水文、古地理、古植被的变迁史，是研究自然史的重要资料，也是村落内重要的景观。当地人认为枫树是苗族祖先的化身，因为枫树砍下来以后枝叶是红色的，像血一样，与此相关，传说中也说苗族人去世以后会化身枫树。枫树是当地苗族人的母亲树，苗族人会在枫树上系一些红布条。古时苗族人修房子，必须找枫树做一个框或梁，但村民们也说，现在不太讲究这些了，因为已经没有那么多枫树了。虽然枫树不是建房的好材料，但因其容易长大，所以使用得还比较多。

（本章由孙其琛撰写）

① 当地村民亦将红绸树称为“红青冈”。

第六章　魏家寨村

魏家寨村位于保靖县西北部60千米的清水坪镇，东与镇政府所在地清水坪村相连，西与大桥村及重庆市秀山县石堤镇相邻，南与本镇的里外村相邻，北邻酉水河，与龙山县里耶镇隔河相望。与酉水河对岸楼房林立、车水马龙的“里耶后街”相比，魏家寨村更像一块淳朴宁静的世外桃源。这里环境优美、自然资源丰富。2016年12月，魏家寨村被列入第四批中国传统村落名录。

一、村落概况

（一）地理生态环境

魏家寨村位于保靖县清水坪镇。该村地处武陵山之余脉，属于典型的山区地带，地形地貌以丘陵、山地为主，地势南高北低，海拔高度在240～1055米之间。山高坡陡落差大，境内有湘渝公路穿村而过。从气候上看，魏家寨村属亚热带季风性湿润气候，境内丛林密布、满目苍翠。村里现存古树三棵，分散在村落各处，其中一棵古槐树树龄约200年。山区冬季高寒，夏季时常云雾缭绕。魏家寨村拥有自然遗产七堡、三湾和山地，七堡分别是和尚堡、乌龟堡、金秀堡、银秀堡、王家堡、张家堡、凉风堡；三湾分别为老东湾、漩湾、泥湾；山地有野猫坡、望仙台、羊牯老、桐木堡、大桐壳、大小二沟、澜渊连、牛草坪、王土田、北二山。从里耶大桥望去，村落周边的野猫坡、望仙台、桐木堡、桐堡山、沙几湖坡等五座青山像五匹骏马，呈“五马归巢，不二地”之态。

魏家寨村整体风貌图（保靖县住房和城乡建设局　供图）

（二）村落历史

“惊鸿初现媚千年，铁马秋风横抚剑。醉卧沙场秉烽火，西汉过陵镇雄边。大板里外工事坚，七堡三湾守二线。北门码头千帆影，北斗兵阵伴月亮。历史烟云半掩面，郡邑古貌重见天。汉宫城池依旧在，护城河渠变祭田。”这首诗描写的就是西汉时期的迁陵县址，也就是如今保靖县清水坪镇的魏家寨村。①魏家寨村与龙山县里耶古镇隔河相望，古时两地分别被称为里耶前街与里耶后街。21世纪初，清水坪里耶前街发掘出了旧石器时代文化遗址、商代文化遗址、魏家寨西汉古城遗址及古墓葬群，里耶后街也发掘出了新石器文化遗址、商周文化遗址、战国古城遗址、东汉古城遗址及古墓葬群。上述发现震惊世界，填补了考古学的许多历史空白，魏家寨村也被列入第四批中国传统村落名录。

魏家寨村主要为土家族聚居地，据《湖南省保靖县地名录》记载：该村最早为魏姓人家定居，故名“魏家寨村”。但令人惊讶的是，如今全村并无一家人姓魏。据当地老人回忆，当年石达开自江西起兵入湘，途经保靖县时，巡检司官员命民众拼死抵抗，而魏姓响应最为积极，石达开一怒之下，便下令见姓魏者，一律诛杀。村里魏姓人家大量被杀，其余或隐姓埋名，或远走他乡，魏家寨村从此“虚有其名”。②

如今魏家寨村的大姓为余姓，当地余姓的兴起也有较长的历史。据说是在明清时期，一位名叫余盛永的人搬迁到了魏家寨，余盛永与他的两个兄弟分离时，将一口锅摔成三块，一人拿一块，作为三兄弟日后相认的信物。余盛永拿着信物来到魏家寨村，在此定居并当了教书先生，该村也因此有了余姓。当时学生家长会送米或者其他东西给余盛永，其中一户送不起东西的人家就把自己的女儿许配给了余盛永做媳妇，后来夫妇二人一共有五个儿子，分散到村寨各处安家。魏家寨村周围有五座山峰，当地人称魏家寨为五龙归位，是一块风水宝地，余姓在魏家寨开枝散叶，逐渐发展壮大。

---

① 参见保靖县人民政府编《湖南省保靖县地名录》（非正式出版物），第135页、第251页。

② 据史料记载，太平军翼王石达开率部西进，路过毛沟、卡棚、黄连树、清水坪等地，清水坪巡检司秦熙郷确实出兵阻击，后失败被击毙。参见保靖县民族事务局编《保靖县民族志》，民族出版社2014年版，第8页。

若要探究魏家寨所在的里耶前街与酉水河对岸里耶后街的渊源，则要将历史回溯到明正德年间。据《明史》记载，明武宗（朱厚照）正德十四年（1519年）以前，里耶还是一个跨江而治的整体，属保靖宣慰使司两江口长官司管辖。保靖宣慰使彭九霄和两江口土司彭惠因世仇，往复仇杀，经年不息；正德十四年，明廷钦差都御使吴廷举勘断，使里耶划江而治，酉水北岸里耶归辰州府大喇巡检司①管辖，南岸里耶仍归保靖宣慰使司管辖。从此，一个里耶分为统属不同的两个部分。但长期以来，南北两岸仍然并称里耶，清代因南岸先修街开场被当地人称为里耶前街，后修街开场的北岸则被称为里耶后街。1951年调整行政区划时，因乡镇地名不能重名，保靖里耶更名为"黄连乡"，2000年后又更名为"清水坪镇"，辖魏家寨村在内若干建制村。尽管南岸在沧桑巨变中让出了"里耶"之名代表的荣耀，尽管两岸已经分属龙山县的里耶和保靖县的清水坪，但基于深厚的历史渊源以及系列考古发现，呼吁两岸同步规划、联合开发、共同发展的声音从未间断。

（三）村落人口

魏家寨村是一个远近闻名的长寿村，也是为人们津津乐道的双胞胎村。据笔者于2020年7月下旬搜集的数据，村里100岁以上的老人有2名，家有双胞胎的有13户。根据该村2019年统计的人口数据，全村共6个小组，228户945人，其中男性有467人，女性478人，常住人口800人左右。碗米坡电站修建后，移民167户，移民人口738人。外出务工人口占15%，非农业人员200余人。本村人口主要民族为土家族，有549人，约占全村总人数的一半，其次是苗族、汉族等民族。本村人口最多的姓氏是余姓，其余依次为喻、向、王。其中，王姓多为碗米坡水电站修好后搬迁的移民。

魏家寨村民风淳朴、重视教育。村支"两委"组织健全，建立有组织建

① 由两江口长官司改设。

设阵地。全村共有党员30人，预备党员1人，积极分子2人。有在校大学生29名。

（四）物产与特色产业

魏家寨村以种植业和养殖业为主，村民大多种植椪柑等果树和水稻。1990年前，村内农业种植以玉米、红薯、水稻为主；1990年后逐渐转变为种植椪柑（品牌为湘西椪柑）和脐橙。1991年全村转换产业结构种植椪柑，1994—1995年村里开始到良田里种植椪柑，2000年后逐渐转向外地租地种植。2012年，村民主要从事椪柑种植，椪柑种植面积1350亩。以余家松为代表的种植大户到里耶租地30亩种植椪柑；以余家顶为代表的养牛大户带动7户养牛，年出栏量400头以上；以余家雄为代表的养猪大户带动15户村民养猪，年出栏量2000头以上。现在，椪柑已经成为村民的主要经济来源，村中次要的经济来源是养殖业。

（五）经济社会发展状况

魏家寨村林地资源丰富，全村现有土地总面积2500余亩。其中，山地开发面积1729亩，山塘水库20亩，耕地面积216亩，水田面积102.75亩，林地面积322亩，旱地面积113亩。

魏家寨村水资源充足，酉水河从村落西南向东经过，除村落外围水系外，村落内部还有灌溉水渠、水塘等水体；该村水体构成丰富，是酉水文化的发祥地之一。2004年，魏家寨村修建一座自来水厂，占地20亩，其水源取自酉水河，年供水量9.19万吨。2014年11月，清水坪镇白岩洞集中供水工程修建，该工程设净水厂1个，设计供水规模为2500立方米/日，设饮水管1千米，各类供水管近200千米，解决集镇9个村近2万人的饮水问题，自来水通到每家每户。

村落的日常用电来自清水坪镇。现在10千伏电力线均为架空敷设，已完成农网改造。村内现有两台变压器,容量分别为20千伏安和50千伏安。目前村落内移动电话普及率约为100%,现已接通有线电视信号和网线,村内有线电视普及率为100%。村民以电能为主要能源,部分村民使用瓶装液化气和柴薪为辅助能源。

魏家寨村现今主要的交通出入口为清石公路(省道407),该路东至清水坪镇,西至重庆市秀山县石堤镇。村落内部道路包括车行路和其他人行巷道。其中,车行路路面宽约3.5米,路面为水泥路,村落内人行巷道宽度为1米至2米,巷道路面原为青石板路,近年均被改造为水泥路,使得村落的整体风貌有了改观。

二、文化遗产

(一)物质文化遗产

魏家寨所在的里耶盆地,旧石器时代晚期就有先民居住。里耶古城建于战国时期,经过历史长河的冲刷和积淀,留下了丰富的文化遗存。旧石器时代、商代、西汉的遗迹逐渐被发掘出来,犹如一颗颗遗落的明珠惊现于世。

1. 魏家寨古城遗址

据考古发现,战国、秦代都是里耶古城的建设和繁盛期,而魏家寨古城是西汉时期建成的。据《水经注》所载,魏家寨村发现的古城为西汉迁陵县遗址。但西汉时期里耶(迁陵)作为县治已被撤销,迁到保靖县的四方城。

魏家寨村的古城遗址地处酉水河南岸第二台地,该城为西汉中晚期所建。该遗址发掘面积约5500平方米,为长方形台地,东、西、南三面由城垣和护城河环绕,分为内城和外城两部分。古城坐南朝北,东西残长67米,南北残宽82米,城台残高2.2米。城中设有东、西、南、北四个门,其中东、北两门呈开放状态,北门直通酉水河,西、南两门呈封闭状态。遗址同里耶战国古城、大板湾塘东汉古城形成"品"字形分布。在城址东北原土坎断面发现了大量板瓦、筒瓦,城南原为一条自西向东延伸的壕沟,环城墙内分布有较为密集的房址。文化堆积层厚0.4米,从地表采集的文化遗物有灰陶,黑衣红胎陶,绳纹、粗方格纹、细纹格的罐、坛以及黑晶石网坠等。遗址内有古墓群,主要为战国墓、汉墓。墓群分布在高出酉水河50米的第三台地上,占地面积约1平方千米。

古城共设立了四道防线,是为了强化军事要塞而修建的立体防御体系。第一道防线由里外城要塞、大板上要塞和野猫坡、马头山两个烽火台构成。里外城要塞重点防御重庆锅巴溪和柏杨坪的入侵之敌,如遇紧急情况,则马上点燃烽火,把敌情传递到野猫坡烽火台。大板上要塞重点防御酉水河上游及龙岩的入侵之敌,并负责观察酉水河对岸四川马家坡一带的敌情,及时利用烽火传递信息至马头山烽火台。野猫坡和马头山烽火台复制点燃烽火,让魏家寨及周边地区提高警惕,快速进入紧急备战状态。第二道防线主要由和尚堡、乌龟堡、金秀堡、银秀堡、王家堡、张家堡、凉风堡七堡构成,其作用也是充当军事要塞的防御体系,另外,凉风堡还担负着水上运输、人员疏散以及水军布防的重要作用。第三道防线是一个北斗七星兵阵,由古城南面的护城河、古城内沿的酉水河构成。护城河主要把指弹沟的水引入护城河渠,呈东西走向,西头为田家沟悬崖,东头经曹家土坎,过双孔桥与酉水相连,从而在古城西南至东形成一道扇形的水路防线。同时,码头处于七星阵的中心点,各节点遇到袭击或者有紧急军情时可以及时向中间集结,起到了首尾相顾的作用。第四道防线是古城城墙。经考古推测,此城墙只开东门和北门,西门和南门呈封闭状态。城墙内有官署、军事机关、兵营,外围还有军事布防。

魏家寨古城遗址石碑(吴楠　摄)

2. 魏家寨古墓群

1973—1993年，湘西州、保靖县文物工作者先后7次发掘古墓群，发掘面积约2万平方米，清水坪汉墓群就是其中之一。共清理墓葬80余座，其中战国墓36座，汉墓41座，还有少量的春秋墓、两晋墓、唐墓、宋墓、元墓和明清时期的墓。

清水坪西汉古墓群位于保靖县清水坪村和魏家寨村。古墓群由粟家坨、柑子园、官山、黄土堡、大土堡冢墓群等组成。整个墓群面积1000多亩，分布墓葬500余座。抢救发掘古墓葬300多座，出土遗物3000多件，其中青铜器470多件，陶器、铁器、滑石器等2000多件。

其中，粟家坨西汉墓群位于清水坪镇粟家坨酉水台地，高出河床50米，墓葬分布东西长约1千米，南北宽约0.5千米，墓室口长3.5米，宽2.7米，残深1.5米，底长2.8米，宽1.85米。出土的随葬器遗物多数为生活用具，共147件，其中陶器103件、铜器18件、铁器5件、石器8件，其他为鎏金泡灯和朱砂及漆皮、丝绸残片。

特别值得关注的是清水坪古墓群9号汉墓出土的龟钮印章“陈过之印”。这枚正方形青铜印边长为1.5厘米，通高1.5厘米，厚约0.6厘米，印背一龟形钮，龟昂首摆尾，四爪遒劲，支身离“地”，跃跃欲试。印面有“陈过之印”篆体四字，“陈过”为阴文，“之印”为阳文。

2003年，在魏家寨古城遗址黄土田的中部，考古工作者发现了一座巨型冢墓，南北残长35米，东西残长20米，残高3.6米。考古工作者推断，该巨型冢墓很可能埋葬的是汉代魏家寨古城的统治者。2007年11月，在魏家寨古城遗址黄土田，州、县文物工作者经过42天的努力，成功发掘了保靖县目前发现的最大的封土堆墓葬。该墓葬属典型的汉代“家族并穴合葬墓”。清理出土器物有青铜剑、环首刀、玉环、滑石璧、陶鼎、钫壶、陶盒、陶罐等41件。2013年，魏家寨村被评为全国重点文物保护单位。

3. 土家族民居建筑

土家族民居建筑技术较高、工艺水平精湛，木雕精美，纹样精致。封闭式的房院，是土家族宅院的特点。除了土家族吊脚楼，这里还有土家族木房和用石头堆砌的房子。目前魏家寨村保留了大量古色古香的穿斗式木屋，这些民居极具特色，多为清代初期修建的。

魏家寨的土家族吊脚楼，不少为清代初期修建，距今有两百年到三百年历史，建筑一般为穿斗式木结构，三柱四挂，房屋用青红石铺就，墙体由木板填充，六合大门，使用传统木质门窗，屋顶使用传统小青瓦，窗户由雕花构成。房屋的正中间叫堂屋，专作祭祀或节庆用。堂屋左右是次卧，多从中柱分隔成前后两小间，堂屋后一般有倒房。右边里面的小间，一般用作主人夫妻卧室，也有的卜主人生辰，选择一小间作火床用。火床房是在房间正中地板上留出一长宽约1米的四方形空间，用四块长条石圈成炉，炉中架铁铸三脚架。火床上的阁楼可以用来烤玉米棒，火床上也可挂一木架，作烟熏腊肉用。火床是土家族人专作炊事和冬日围炉的场所。据清雍正年间的《保靖县志》记载可知，当时就已经出现了火床，并世代沿袭一直保留到今天。正房的侧面一般是猪牛圈和厕所，有条件的人家会在正房的前侧左右两边设偏厦①，偏厦之上是卧室，其下一边安谷仓，一边安厕所和猪牛圈。

魏家寨村民余文勇民居
（保靖县住房和城乡建设局　供图）

魏家寨村民周爱胜民居雕花窗格
（保靖县住房和城乡建设局　供图）

① 偏厦相当于现在的隔板，兄弟姐妹多、房间不够住的，就会在外面继续设偏厦，这样可以把上下的空间都利用。

土家族民居最具特色的是偏屋①,俗称“耍子屋”。在耍子屋中分别安碓磨,设猪牛栏圈。正屋左右次屋前配一个或两个转角楼伸向前院,俗称“马屁股”。该楼楼檐与正屋檐同高,楼角用弯木向上挑起成歇山。楼廊吊脚悬空,廊柱下呈镂金瓜形。楼栏环绕三面,以作观景用。楼上房间为姑娘织锦、绣花房,楼下多设谷仓及农具储藏室。土家族房屋四周种竹木,用土板墙或石墙围成单院。院中留晒谷坪,谷坪前占卜吉向,立一“八”字形朝门。

4. 其他物质文化遗产

魏家寨西汉古井(吴楠　摄)

魏家寨老古井(吴楠　摄)

魏家寨村现存古井两口,一口是位于青石公路旁的西汉古井,由青石垒砌而成;另一口是位于村口处,是用鹅卵石垒砌而成的老古井。两口古井水质清澈,伴有山泉水流入,现主要用于村民饮用。魏家寨村的古井惠及甚广,遇上闹旱灾,河流干涸,方圆几十里人都要到古井吃水,再用打通了的竹竿运水带回去,可以救活许多人。当地长寿者多,例如百岁老人彭春鲜饮用此古井水八十年,村民认为常饮此水有益于身体健康。因此,大家对古井之水十分爱护。

村内西南部跨酉水河有一魏家桥,是一座拥有两百年历史的双鼻孔古石桥,建于清朝,桥长约35米,宽约7米。村落北部靠近酉水河曾有魏家渡口,主要用于魏家村村民与里耶镇的交通往

① 偏屋一般指房子旁边再盖的一座小房间,可以放杂物、打谷子、磨豆腐、养猪养牛等。

来。渡口处残留有石碑，从其碑文可见过往通行的盛况。村落内现存两个亭阁，一处位于渡口处，主要用于村民休息避雨；另一处为六角亭，又名“怀祖亭”，为民国时期修建，位于青石公路附近，是余氏后人为缅怀先人功绩所立。

魏家寨渡口残留石碑（吴楠　摄）

（二）非物质文化遗产

1. 民间文学

魏家寨村流传着许多民间故事，故事中包含着奇人异事、真挚情感和人生智慧，值得细细品读。

（1）大禁山传说

魏家寨村有一座大禁山，山体不大，但十分神秘。相传村民不能进入此山砍柴狩猎，凡是进山的人，回来就会莫名生病。于是村民请道士封山，并告诫后人切勿再进山。如今大禁山上的树木长得繁盛茂密，但仍无人敢入林伐木。因此，大禁山成为当地生态环境最好的地方。

（2）孝虫“为伢死”

很久以前，白岩洞边住着父子俩，父亲叫白老岩，儿子叫白孝孝。父子二人平日里以种植玉米、卖烧炭为生，日子也勉强过得去。白老岩满六十岁那年，一百多天没落雨，水井干了，溪沟也断了流。白老岩种的那些作物经不起大旱，眼看玉米秆黄了，野菜死了，蕨和葛也挖不到，白老岩又急又饿，一病不起。孝孝看着生病的父亲，心里很不是滋味，为了给父亲一口水喝，孝孝只好抱起竹筒出门去找水。他翻了几座山，爬了几座岭，好不容易才得到一竹筒水。怎知被晒了一百多天的竹筒裂了，等孝孝回到家时，竹筒里的水全漏完了。孝孝看着干枯的竹筒，坐在火坑边上大哭起来，眼泪一滴一滴地落进坑边的鼎罐里，渐渐装满了一鼎罐。他便拿了一碗眼泪水给父亲送去。看着父亲悲惨的状况，孝孝越想越觉得自己没用，觉得自己连一个老父亲都养不起，没有脸活在世上，于是就一头栽进鼎罐里，活活被泪水给淹死了。孝孝死后，从鼎罐里飞出一只虫子嘴里喊着“为伢死”“为伢死”，太阳越大，它的叫声就越大越悲伤。传说它是由孝孝变的孝虫，大家也叫它“为伢死”。

2. 传统音乐

魏家寨村具有代表性的传统音乐是酉水船工号子。酉水船工号子是酉水河段的船工劳动时喊的号子，在酉水河上下游之间的湖南省保靖县河段最流行。酉水船工号子作为配合船工劳动动作，节奏统一，调动劳动情绪的一种民间歌唱形式，其歌唱的内容包含了土家族的人文历史、地理风貌、民间信仰、生产生活、爱情、处世哲学等。而相较其他地区，保靖县河段的酉水船工号子在传唱形式上更加古老和完备。酉水船工号子按用途可分为桨号子、橹号子、纤号子、急号子，缓号子等，品类有50多个，曲调、节奏各异，所反映的内容包括历史传说、水路分段见闻和风俗生活，彼此间相互穿插、相互糅合。其中桨号子曲调悠扬、高亢，旋律较完整流畅，一般在风平浪静的河面上演唱。橹号子多为船工即兴编唱，采用讽刺、夸张、比喻等手法，描绘酉水河两岸风土民情，感叹生活的艰辛，旋律性不强。纤号子是船工在船上行船时，遇上急流险滩上岸拉纤所唱的。2006年，酉水船工号子被列入第一批湖南省级非物质文化遗产名录，2008年被列入中国第二批国家级非物质文化遗产名录。

魏家寨船工码头（吴楠　摄）

酉水船工号子按照曲调、节奏，也可以分为行船号子、装卸号子、休闲座唱等。行船号子即一人领唱，众人伴唱。装卸号子是船靠码头，船工们上货、下货时相互鼓励所唱的号子。休闲坐唱,即船工们在晚间船靠码头,或者船头休闲,或上岸,或上茶馆时,都会唱的一些土家族山歌和小调。

劳动号子(节选)

左脚踏在桃源洞,哎嗬!哎嗬!
右脚踏在烂船洲,哎嗬!哎嗬!哎嗬!
鸡公打架莫翁子,哎嗬!哎嗬!
张果老放排是穿石,哎嗬!哎嗬!哎嗬!
(以下句中衬词同上)
一滩一岩唱到保靖。
保靖码头很有名,"天开文运"在对门。
狼也叫,虎也叫,保靖邀杠①一定要。
……

西水船工号子道出了从常德到保靖,再经保靖至石堤沿途的险滩怪石和胜景名地,反映了船工们与险滩斗、与恶浪搏的水上生活,再现了西水河沿岸的地理状况和风土人情。

3. 传统戏曲

汉剧是中国地方戏曲剧种之一,旧名"楚调"或"汉调"。清朝时形成于湖北境内,后经洞庭湖传至湘西,在魏家寨村十分盛行。汉剧原以秦腔经襄阳南下演变出来的西皮为主要腔调,在发展的过程中形成了荆河、襄河、府河、汉河四个流派(俗称"路子"),对湘剧、川剧、赣剧、桂剧、滇剧等剧种的形成发展都有影响。清嘉庆、道光年间,汉调流传到北京,加入徽调班社演唱,逐渐融合演变成京剧。

① 邀杠俗称"打牙祭"。

汉剧的伴奏具有自己独特的风格。不同的唱腔使用不同的伴奏乐器，皮黄腔主要以胡琴伴奏为主；唢呐二黄、罗罗腔、昆腔曲牌等，则以唢呐或笛子为主要伴奏乐器。近几十年来，文武场的伴奏乐器有较大改进，如胡琴改为京胡，汉锣、汉钹改为音调高昂的奉锣、苏钹。汉剧锣鼓十分丰富，打法多样，基本锣鼓点约有一百六十个。大体上可分为“大打”“小打”“川打”“干打”“湿打”五种组合方式。其中，由马锣、边鼓、大锣、钹组合而成的“川打”，具有节奏鲜明、气氛强烈的特点，对于刻画粗犷、剽悍的人物形象和烘托场上火爆热烈的气氛能起到独特的表现作用，主要用于西皮唱腔及舞蹈、武打的伴奏。

汉剧分行均为一末、二净、三生、四旦、五丑、六外、七小、八贴、九夫、十杂十大行当。末、丑、夫用本嗓（俗称“堂音”）；生以本嗓为主，并夹用边音（俗称“本夹边”）；净、杂用边嗓；旦、小生用小嗓。一末为老年生角，剧中多饰演年老的帝王、宰相、高官、学士、贤士、义仆等正面人物。二净为唱功花脸，剧中多饰演谏臣名将，此外也扮演奸雄暴君，二净以唱边音为主，行“背弓”腔，难度大。三生为中年生角，重唱功，多扮演慷慨激昂、忠诚耿直的正面人物，三生所扮人物大多是文人，虽有会武的，但也以文唱为主，唱、念、做兼重的戏很多，由于重唱，又被称为“铁扁担行”。四旦多饰演大家闺秀、中年妇女、皇后王妃和贞女烈妇，角色表演时端庄凝重，娟秀大方，重唱功。五丑应工剧目很宽，可扮演各种不同类型的角色，其表演风格以诙谐风趣为主，做功繁重，重腿功，讲究“裆劲”“矮子步”等。六外为重做功的生角，戏路较宽，均以表演见长。七小包括文、武小生。八贴是以做功为主的花旦，多扮演年轻少女、泼辣少妇，也扮演与四旦同功的妇女。九夫多扮演老年妇女，在表演风格上有贫富之分。十杂为做功花脸，多扮演勇猛戆直的武将或飞扬跋扈的权臣。

现在魏家寨村里有几个会唱汉剧的老人，汪兴安是其中之一，他主要唱生角中的老生。1956年，公社成立了“清水坪村汉剧团”，成员有50人至100人。在那个年代，前街几乎人人会唱汉剧，闲暇的时候，大家就三五成群地一起唱汉剧，给生活增添了很多乐趣。汪兴安手上还保留着

1957年时大家一起唱戏的剧本,剧本的执笔人是汪和平,口述人是邹叔行。当时流行的剧目主要有《申伍路会》《五行打宗》《五台会兄》《篇棚接撑》《莲台收妃》《登台拜帅》《牛皮山》《坐宫》。

4. 传统舞蹈

魏家寨村是土家族聚居村落,摆手舞是当地土家族人代表性的传统舞蹈。据《华阳国志》记载,周武王伐纣,实得巴蜀之师,著乎《尚书》。巴师勇锐,歌舞以凌,殷人前徒倒戈,故世称之曰:武王伐纣,前歌后舞也。古人将富有风味的賨人歌舞当作鼓舞士气的军前舞。唐以后,巴人迁徙湘西,与当地人共同生活居住。军前舞被土家族人以"摆手舞"这一名称完整地保存下来。根据历史与生活的变迁,摆手舞的内容发展为军事、打猎、农事、迁徙等方面。土家族人为祭祀土司神,设摆手堂,供土司神位。每年正月,群男众女,入堂祭祀,祭毕披五花被锦帕首,击鼓鸣钲,男女相携,蹁跹进退,跳舞唱歌,继数夕乃止,也谓之摆手。

魏家寨村的摆手舞主要有两种表现形式:一种是以大量的舞蹈模拟先祖原始的生产生活以及颤摆、双摆、回旋摆、抖狗蚤、弯腰驼背、屈膝行进等仪态,其基本动作"甩同边手"系祖先在远古迁徙中攀爬岩壁、艰难行进的写照。还有一种是以大量的歌谣颂扬祖先的创世纪功德。由梯玛在祭祀中唱出的《摆手歌》洋洋数十万字,既是迁徙史的纪年谱,反映了渔、牧、农的生产经验,又是历代英雄的赞歌。

5. 传统医药

现村里有一名中医叫余家海,同时他还是一名裁缝。余家海18岁便拜同族亲戚李纯光为师,1983年还考入了中级卫校。他熟读《内经》《难经》《伤寒论》《神农本草论》等多本医书,医术精湛,精通针灸、拔火罐,能够治疗各类疑难杂症。

当地传统中草药如今不仅仍在被使用,同时成为当地重要的经济来源,如黄连、黄柏、黄芩、半边莲、三白板、土田三七(当地俗称土田七)、一枝黄花、一枝蒿、接骨草。

6. 传统民俗

魏家寨村是典型的土家族聚居村落，土家族人热爱群居，喜住吊脚楼，性格开朗，各种习俗甚至日常生活中都包含着浓厚的仪式感和深刻的意蕴，土家族文化在世代传承的人间烟火气中历久弥新。

（1）传统节日

清明节是祭祀祖先的日子，魏家寨村的村民会制作草粑粑，整理坟墓，在坟墓上挂青。村民们会在农历四月初八过牛节，牛节是指牛过生日，这一天要让牛休息。农历六月十九，当地土家族人认为这一天是菩萨过生日，村民们会祭拜菩萨，并集资去庙里做饭吃。在农历七月十四日，当地村民会过"七月半"（俗称"鬼节"），这一天村民们会称肉、买豆腐做饭吃，饭后在房屋前画圈（家中去世的直系老人有几人就在地上画几个圈），在圈里烧纸钱，边烧边说一些希望祖先保佑的话，并且拿酒、饭和肉祭拜祖先。农历十月十五（柑橘收获时期），村民则会吃油粑粑（用茶油炸制），庆祝大丰收。

（2）各种禁忌

当地人遵守各种禁忌。一是红事禁忌。男方家中二婚的女子不能去接亲，更不能碰触婚房，要儿女双全的人接亲或者布置婚房。婚后三天内新娘新郎必须睡新房，否则不吉利。二是白事禁忌。若家中有白事，并且家中去世的是老人，在老人去世的当年，家中未婚嫁的人可结婚，若当年不结婚，必须隔三年才能结婚。三是生孩子禁忌。婚后女人生小孩时，小孩要出生的当天，第一个外人来家里叫踩生。若踩生的人是一个不直爽、小心眼的人，则孕妇生孩子痛苦的时间会变长。若踩生的人很干净利落、大方，孕妇生小孩痛苦的时间会变短。此外，日常生活中也有各种禁忌，例如孩子出生后，通常满百天之后才可剪头发，初次剪头发时要取些头顶上的头发，用布包好，以祈求吉利健康。

（3）人生礼仪

结婚　过去魏家寨村的男女方要经过多个流程才可以完成婚嫁。第一是媒人介绍。男方请媒人去女方家介绍男方信息,现在是给女方看男方的照片,以前没有照片,只要女方同意需不需要见面。第二是放火炮。女方答应见面后,要收下男方“看家钱”。由媒人约定一个时间见面,或者在赶集时上街见面吃饭。双方确认关系后,女方家里放鞭炮、开礼单,并要求男方给女方直系的叔叔和伯伯准备猪腿、糖和酒,给其他亲戚准备肉方方、糍粑、糖和酒。第三是过礼。结婚的前三天,男方家把女方家要求的东西准备好给女方送去,一般有四个菜,两床至八床棉絮,烟、酒、肉、糖、粑粑等。女方家还要收“过礼钱”,即现在的彩礼钱。若男方家不能承担,男女双方会相互体谅,俗称“开亲顾亲”。第四是看日子,即请“土专家”先生看订婚的日子。“土专家”用笔将日子写在红色的纸上面,男方家拿给女方家审核,女方家同意就定下来了。第五是订婚。订婚当天,男方家给女方家叔叔伯伯以及其他亲戚送礼品,并将礼品放在神炕上。送完礼后男方去女方家吃饭,吃完饭女方家的亲戚用茶盘回礼,如鞋子、糖等。之后男方请女方家来做客,吃完后男方家请女方家的客人留宿一晚,给女方过门钱并将回礼给女方家,给小孩红包。第六是讨八字。订婚后男方家会请媒人定日子。媒人从男方家拿“八字钱”后去女方家把女方的八字拿回来,算好结婚的日子。第七是迎亲。男方接亲时女方家要用棍子打三次男方家娶亲的人的脚,再喝三杯酒,礼公先生在神炕上烧香,摆上肉、酒与饭,并在其下放一个垫子,礼公先生作三个揖,女方家就要喊一声女方家的亲戚,礼公先生要磕一次头。第八是婚后的回门。结婚三天后,新婚夫妇要回门,回门就是夫妻二人去女方父母家里,带上礼品,一般吃完晚饭当天还要回到男方家里。

丧葬　目前村里最出名的道士是邓恕炎,谁家有白事都会请他去作法。邓恕炎有一整套法器和关于丧葬的经书,法器包括钹、锣、鼓、唢呐等,经书包括《请圣科》《荐灵科》《绕棺报恩科》《目连报恩科》《大关灯正科》《开坛科》《救劫真经》《十王灯》《床登科》等。

村里如遇家里有人去世,孝子就需要往东南西北方向四处报丧,报丧时还不能进别人的家门,说明情况后就应离开。去世的如果是女性,则写上“泰水西沉”，如果是男性，则写上“泰山其颓”。但凡来人看丧，主人家都要给客人发放六尺布的孝帕。戴孝也分三种形式：一是百人孝，即所有人都可以戴孝；二是服内孝，即五代以内近亲才可以戴的孝；三是见香白，就是看见的人就可以戴孝。丧葬仪式一般是五天四夜，但也有三天两夜或七天六夜的例外情况。三天两夜一般适合家里比较贫寒或者死者是年轻人的，死者为八九十岁的老人且家境比较富裕的，会做七天六夜的仪式。守灵人一般都在灵堂上开铺守灵。

（4）其他习俗

魏家寨村比较典型的传统习俗除了婚丧嫁娶，还有赶集、拜干爹等。赶集就是择期聚集到集市上去。魏家寨的村民们每逢农历的一、四、七日便会去镇上赶集。① 每到市集那一天，市集上百货皆聚，应有尽有，人们三五成群地从附近村庄赶来，有的出卖自己多余的农产品，有的买进自家所需的物品，也有的趁便约亲友办些事，也有人只是去看看热闹。

拜干爹的习俗虽然各地都有，但魏家寨村习俗比较独特。在村里，若说小孩不好养，爱生病，就会让小孩去拜干爹，意为换一户人家寄养，可以身强体壮。拜干爹不能拜亲戚，拜完之后，由干爹按生辰八字给配对名字。

三、村规民约

魏家寨村历史悠久、民风淳朴。良好风气之形成除了重视教育之功，以村规民约方式形成的明确规范约束也发挥着积极作用。将不同时代的村规民约进行对比，可以看出村落的旧貌与新颜。

① 即农历每月初一、初四、初七、十一、十四、十七、二十一、二十四和二十七。

（一）旧村规民约

笔者在田野调查过程中发现一块刻有魏家寨旧时村规民约的石碑，时间为“民国三年仲冬月吉日”。主要包括八条。

第一条是禁止偷桐茶树木、纵畜践踏事，里耶所管辖的红泥田、李家洞、邓家坡、採长坡、对门坡、下码头等处地方，地非膏腴，山多田少，地瘠民贫，本县出示严禁；

第二条是桐茶树木、五谷杂粮冬种每年凡捡收之日，若有乱抢乱抬者报官；

第三条是禁止日夜偷窃，见者罚钱四十文；

第四条是五谷杂粮牛马猪羊践踏，量地赔还；

第五条是村寨有痞匹横行，批准其失主拿获捆送；

第六条是严禁刁蛮强盗偷窃家财耕牛；

第七条是偷砍桐茶树木，见者罚钱八百文；

第八条是以上各条如有违抗，定即严究，决不宽贷。

旧时村规民约石碑（吴楠　摄）

（二）新村规民约

新的村规民约立于当代，除了涉及传统的邻里纠纷、财产人身相关规定外，还包含了法治意识、环保意识等现代公民意识。其主要内容如下。

1. 每个村民都要学法、知法、守法、自觉维护法律尊严，应团结友爱，和睦相处，不打架斗殴，不酗酒滋事，不侮辱、诽谤他人，不造谣惑众、搬弄是非。积极同一切违法犯罪行为做斗争。

2. 严禁偷盗、敲诈，哄抢国家、集体、个人财物，严禁赌博、严禁替罪犯藏匿赃物。

3. 爱护公共财产，不损坏水利、道路、树木、供电、通信、生产等公共设施。

4. 不得私自砍伐国家、集体或他人的林木，不得损害他人庄稼、瓜果及其他农作物，加强牲畜看管，不得乱放猪、牛、羊、鸡、狗。

5. 积极保持村容整洁卫生，绿化、美化环境，搞好家庭和个人卫生，谁也没有将公共设施占为己有的权利，一律不准阻拦公共设施的正常施工。

6. 本村村民严禁参加任何邪教组织，不组织参与封建迷信活动。

7. 父母应尽抚养、教育未成年子女的义务，必须保证子女接受九年制义务教育。禁止歧视、虐待、遗弃女婴。子女应尽赡养老人的义务，不得歧视、虐待老人。

8. 邻里之间发生纠纷不得采用殴打、威胁、恐吓的方法，可以要求调解。对殴打他人造成伤害的，应赔偿医药费、误工费等，并提交司法机关依法处理。

9. 村级监督群里的所有成员必须实名制，遵守群规，服从管理员管理。

10. 本村规民约自村民会议通过之日起施行。

（本章由吴楠、方勖平撰写）

第七章　新印村

新印村地形属典型的喀斯特地貌，处于山中台地，前临悬崖绝壁，地势险要，是清代军事防御体系的重要据点。新印村因军事战争而形成，因民族交融而发展，村落风景优美，龙洞塘中山天然湖泊、人间仙境"小寨沟"（灶锅潭）、龙溶洞等自然山水风景独特，构成了一幅浓墨重彩的山水画卷。2016年12月，原新民村被列入中国第四批传统村落名录，同年被列入全国乡村旅游扶贫重点村，2019年6月，新印村被列入第五批中国传统村落名录。

一、村落概况

（一）地理生态环境

新印村位于保靖县东南部的葫芦镇，距镇政府所在地5千米，西与鱼塘村、南与枫香村、东与排花村交界，村子平均海拔720米，是葫芦镇海拔最高的村寨。

新印村地处吕洞山中山山系北缘的蛟龙山台地，属典型的中山地带，村内最高山峰海拔995米。新印村地形属典型的喀斯特地形，这里的苗族山寨依山而建，以自然形成的水塘为中心，村落建筑错落有致，古建筑保护良好。气候为亚热带季风气候，四季分明，冬温夏热，降水充沛，土地肥沃。森林植被保存完好，林业资源十分丰富。2016年，原新民村与原印山村合并成新印村。新民村历史悠久，旧称“麻阳老寨”，中华人民共和国成立后，被官方改名为“新民村”。① 印山村位于蛟龙山山腰的土台上，其山形若印，故名印山台，村子的北部和东部均为悬崖峭壁，构成了米溪沟大峡谷地貌，地势险要，风景优美。

新印村因地势险要，位处地理要冲，成为明清时期军事防御体系的重要据点。走进新印村，仅存的古城门气势依旧磅礴，青石板路延伸至村内，炊烟袅袅，鸡犬相闻，历史气息浓厚。新印村地理区位优势明显，也成为连接酉水黄金旅游风光带与吕洞山旅游景区的一个重要节点。

---

① 新民村，原名“麻阳老寨”，据同治《保靖县志》以及《永顺府志》记载，为“苗寨之麻阳苗寨”，因村寨历史古老，故称“麻阳老寨”。中华人民共和国成立后，改称“新民村”，意为所住村民是社会主义新型农民。

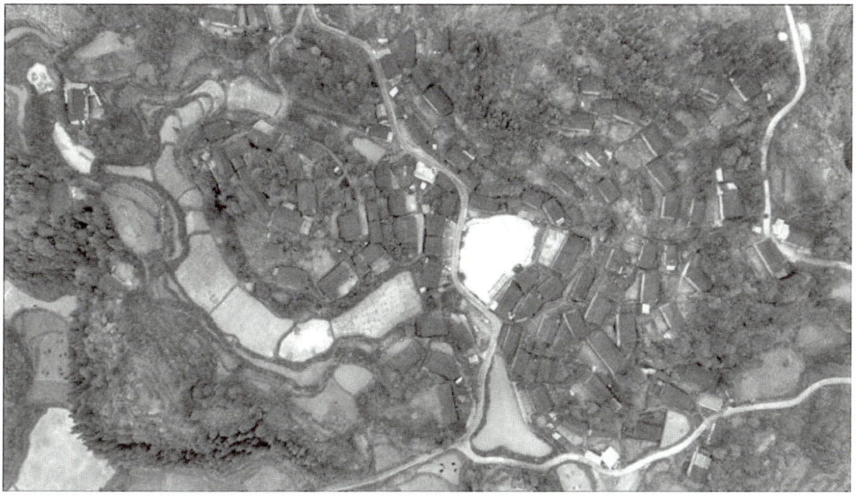

新印村村落整体风貌格局（葫芦镇人民政府　供图）

（二）村落来源

新印村因军事战争而形成，因民族交融而发展。村落有500多年的历史，最初是明代古居，后逐步形成了规模较大的传统建筑群落。整个村落现有传统民居150余栋，村落以自然形成的斗牛塘为中心向四周依山而建，路路相连，户户相通。

新民村和印山村都有关于村寨形成的传说。关于新民村的由来，清朝改土归流前的官方记叙不详，本地传说为向氏于北宋初年建立麻阳苗寨。明洪武初年，因麻阳苗寨南部自西向东有数十里断崖，绝壁凌空，地势险要，易守难攻，且有良田数百亩，麻阳苗寨之印山，壁挂小台地，被征占筑城屯守。宋代保靖土司至清代初为勇旗，改土归流后为六都衙署驻地，后为"防苗"塘汛之葫芦汛堡，同治年间为千总衙署城。有研究说，此城疑是马楚时代的宝山寨旧城，有青石驿道自西向东通古丈县"一卡""二卡"直达酉水河要塞会溪坪。关于印山村的来源，可以追溯到明朝时期。朝廷要在此地设立一个千户衙门，于是派人到此驻守，后来军户与当地女子相恋并且成家，代代相传驻扎戍边，由此逐渐形成印山村落。

（三）村落人口

据2020年葫芦镇人民政府统计，新印村全村辖4个自然寨（土家寨、麻阳寨、印山台、老寨），现有户籍人口1588人，常住人口1168人，多数为土家族、苗族。

新印村村民由两部分组成：一部分是主要位于老寨的土生土长的苗族向姓家族，新印村是湘西莲花池向宗彦三子向戊流派子孙的发源地，是古丈、永顺、保靖数十个村寨向氏的祖源地；另一部分是主要位于印山台的其他各个姓氏家族，这些家族是从全国各地来本地从军的军屯家庭发展而来的。他们的家谱记录着这些家族的变迁，也体现着中华民族交往交流交融的历史。

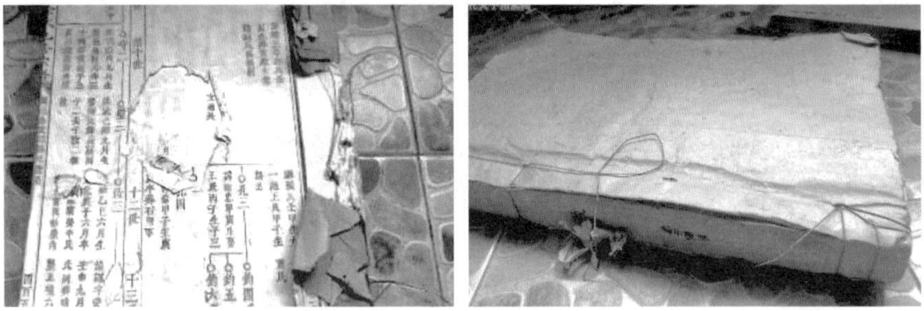

新印村张氏家谱（葫芦镇人民政府　供图）

（四）物产与特色产业

新印村全村总面积31106亩，其中林地14000亩（退耕还林3900余亩，公益林6900余亩），水田920亩，旱地550亩，其他15636亩。村落传统产业主要为种植业和养殖业，作物主要有油茶、茶叶、水稻，同时发展特色中药材。农户零星养殖土鸡、土鸭和鱼。

新印村种植油茶历史悠久，现有成片的油茶林1000余亩。近年来新印村重点发展油茶产业，一方面对现有的油茶林进行了低效林改造，另一方面新造了高产的油茶幼林500亩，以长期稳定增加村民收入。

该村野生药材资源丰富，有多花黄精、长梗黄精、七叶一枝花等多种野生名贵中药材。由于该村具有良好的药材种植基础和相对成熟的种植技术，该村还对野生名贵中药材进行人工种植，全村目前种植中药材100余亩。

（五）经济社会发展状况

新印村坐落于葫芦镇北十里峻岭之巅，生态环境良好，森林覆盖率85%以上，新印村传统建筑特色明显，村落古建筑保存良好，民族风俗传承较好。这里有屯兵古城堡，这里有传统古村落，这里山清水秀、人杰地灵，是集古城文化、民俗文化、非遗文化、山水文化于一体的综合性生态文化旅游胜地。村内时时处处有美景，植被青葱繁茂，林间阳光掩映，人间美景深藏。但目前新印村旅游产业尚未形成规模，旅游业配套设施建设不足，旅游资源打造宣传不到位，游客知晓度不高等都限制了这个融合人文和自然景观的古村落的旅游发展。

公共服务基础设施建设方面，新印村投入财政资金用于村落基础设施建设，全村自然寨全部实现道路通达、硬化。其中通村公路11.3千米，通组公路7.3千米，2019年实施完成了传统古村落改造、安全饮水提质改造、村间道硬化、“厕所革命”（181个）、庭院硬化（约5000平方米）、黄金茶基地建设、农村亮化等项目。

村内无小学和中学，适龄小学生、中学生全部到葫芦镇完全制学校就读。全村参加城乡居民基本医疗保险率达到100%，实施危房改造159户，易地扶贫搬迁8户，建档立卡贫困户住房问题全部解决，房屋场地安全，结构安全，满足正常使用要求。村内建有合格卫生室1个，新建垃圾池6个。近年来在州林业局大力支持下，新印村开展脱贫攻坚，村民收入稳步提升，村容村貌整洁，“美丽湘西、美丽新印”建设活动有序推进。

二、文化遗产

（一）物质文化遗产

1. 传统建筑

新印村内传统建筑保护较好，呈现出不同年代建筑相互混杂的特点。从村落整体情况而言，按建筑年代分为四个类型，即清代建筑、民国时期建筑、20世纪50—70年代的建筑及80年代之后的建筑。经调查了解到，新印村传统建筑物占村庄建筑总面积的96%，仍在使用的传统建筑物的比例占传统建筑物比例的95.6%。

新印村建筑结构为全木质穿斗式结构，以一层三开间木结构建筑为主，也有一层五开间带阁楼的穿斗建筑。新印村建房采用木料构件、榫卯结构。屋顶使用黑色小陶瓦，有陶制脊刹。屋子立面使用木板制作，门窗等木质构件的雕花使用湘西木雕技艺，工艺精致，柱础和地栿等石质构件也使用雕花工艺进行装饰，体现了当地高超的建筑技艺。榫卯结构作为中国木质古建筑常用的结构，也常用于家具的制作，其特点是在物件上不使用钉子，而利用榫卯加固物件，体现出中国古老的文化和智慧。这种纯木质结构的房屋使用年限普遍较长。

新印村向心东民居（葫芦镇人民政府　供图）

房屋朝向一般为坐南朝北或者坐北朝南，不择东西向。一般人家房屋的规模是三柱四挂、三柱六挂、五柱八挂；大户人家也有人住四合天井的大院。一栋房子一般是四排三间，也有六排五间，最多的十排九间。正屋中间叫堂屋，三合土地面，正壁安神位，摆神桌，是祭祀祖先、迎宾客、办理婚事和丧事的场所。堂屋左右两边的房间叫人间，枕地楼板，盖天花板，以中柱为界分割成左右两小间。火堂设于左边人间房前半间，挖三尺见方的火坑，围石板，架三脚架，吊木炕，是饮食、取暖、炕腊肉的场所。正屋左边可以接个“马屁股”，打场、安碓磨兼作饭堂；右边接个偏厦屋，设猪牛地及厕所，卧室是父母住左边，儿子住右边，姑娘住楼上，此即当地最具特色的吊脚楼。《旧唐书》载：“土气多瘴疠，山有毒草及沙虱、蝮蛇。人并楼居，登梯而上，号为‘干栏’。”吊脚楼就是“干栏”建筑的遗风，一般为三排两间，上下两层。下层为厢房、仓库或碓磨房；上层为女儿所住，曰绣花楼或姑娘楼。房屋四周一般用石头、土墙作围墙，屋前开天井坪，天井坪外靠南边围墙旁有八字朝门。房前屋后喜种竹子、果树或其他风景树。

向顺甲古宅吊脚楼（葫芦镇人民政府　供图）

古宅局部磉凳石（葫芦镇人民政府　供图）

古宅局部吊脚楼吊挂
（葫芦镇人民政府　供图）

新建一栋木质房屋需要师傅耗时200多天，花费近30万元。建房所用木材以前多就地取材，现在多通过建房师傅购买。一般房屋门槛较高，兼具实用价值和文化价值：一是阻挡蛇虫鼠蚁等，同时还可以辟邪；二是古代有一种说法，门槛越高地位越高，家庭威望越大。大门、窗户和家具一般会进行雕刻修饰，窗户雕花精美，寓意吉祥平安。年代久远的老宅，一般都有吞口造型，吞口又叫“虎口”，指房屋正门往后退1米至2米，两侧房间凸出，各一扇上下开启的窗户，形似老虎之口，两侧上下开合的窗户形似两只眼睛。关于虎口造型产生的原因，当地房屋建设在遵循风水的同时，讲究依地形因势利导，因苗族居住地多为山地河谷，当新建房屋朝向不能严格按照东南西北的方位建设时，为了镇宅辟邪，用“老虎”震慑、吞并一切邪气，可保家宅安宁，当地村民普遍认为这样的房屋构造具有吞并邪气的风水功能。

2. 清代戏楼

印山台有一座清代戏楼，为清朝时期建造的二层木质吊脚楼。房基、台阶用青红石铺就，屋顶是传统小青瓦，保存状况良好。戏楼主要用于村民传统节庆日、祭祀和其他重大活动时外请戏班子进行戏曲表演，主要表演高腔戏等戏曲。20世纪50年代戏楼进行了整体翻修，翻修后总面积200余平方米，一楼大堂为戏台，日常可作为村委会开会和村民议事的场所，舞台布置有音响、电子显示屏幕等设备，逢年过节会有戏曲演出；二楼吊脚楼为演出道具仓库和村委会办公室，仓库内存放有演出戏服、锣鼓等道具。

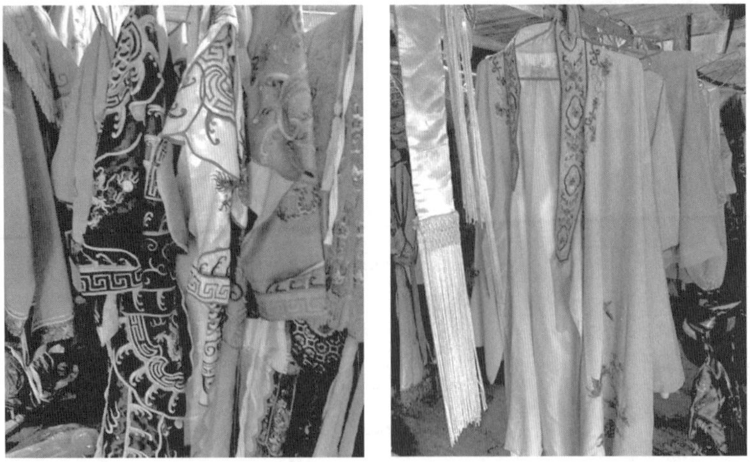

戏楼仓库中存放的高腔戏服（葫芦镇人民政府　供图）

3. “苗疆”边墙

“苗疆”边墙，又叫苗长城，学界称之为中国南方长城。边墙位于湘西，总长约180千米。

边墙是中国历史上工程浩大的古建筑之一，这段长城是明清王朝对南方苗族镇抚的产物，也是反映明清王朝少数民族统治政策的鲜活历史史料。据学界考证，边墙从修建直到废弃历时近400年。明嘉靖三十三年（1554年）始筑边墙70里，万历四十三年（1615年）上起王会营、下至镇溪修建边墙300多里，天启三年（1623年）镇溪至喜鹊营添筑土墙60余里。明万历四十三年，湖广参政蔡复一在奏折中写道：“请金四万有奇，筑沿边土墙，上自铜仁，下至保靖，迤山亘水，凡三百余里。”修筑历时八年，用工耗资甚巨。后经战火，残破不堪。清嘉庆四年(1799年)，边墙再经修造。该边墙连西水土司边墙经水银、涂乍、鱼塘，直到印山台；再接新窝、龙鼻，与乾州城、凤凰的“苗疆”边墙结为一体，号称“千里边墙”。边墙多利用自然屏障，依山傍水修筑工事，就地取材，近石则以石头垒砌，远石则以土填心夯实。

新印村北边墙遗址（葫芦镇人民政府　供图）

边墙目前尚保存有作为整个军事防御体系指挥中心（总兵衙门）的

城池（凤凰古城）1座，作为分指挥中心的古城址（乾州古城、吉卫古城）2座，古城堡10座，屯堡130座，碉卡47座，哨台311座，关门座、营盘寨4座，土石残段85处，全长共计13185米。①

新印村内南北遍布有多段边墙遗址，部分区段仅存地基遗址。这段耗费大量人力、物力、财力建造的南方长城，久经战争摧残和风雨侵蚀仍然屹立。

4. 印山台古城要塞

印山台古城要塞即保靖古军事屯堡群，位于保靖土司边墙与凤凰“苗疆”边墙的连接处，是南方长城遗迹延伸到最北段的一个高山古城堡，2011年被列为湖南省重点文物保护单位，2015年湘西州人民政府在此“立碑为志”。

保靖古军事屯堡群文保牌
（葫芦镇人民政府　供图）

印山台古城要塞千户城东城门遗迹
（葫芦镇人民政府　供图）

印山台古城要塞为石头方城。东、西两侧的城墙依山形坡势而建，各长一百二十米，高四米。南墙临崖而筑，北墙横亘后坡山脊，依坎筑墙，墙上修有直通后门坡炮台园的北门。据说，炮台园里当年安置有八门森然可怖的猪耳炮，护卫着古城内的官邸衙门。当年城墙高一丈二尺，厚五尺，两扇对开的城门是由五寸厚的柏木板做成的，上面钉有圆形的铜碗，纵横排列，牢不可破。为了加强军事防御体系的设施，在印山台古城东、西两侧的险隘处，分别加设了左营（枫香坡）、右哨（龙洞坳）。营、哨与古城之

① 参见邹伯科《直到1936年，苗疆边墙防御体系才被废弃》，《潇湘晨报》2014年3月4日。

间，形成了掎角之势，确保印山台城堡坚如磐石，固若金汤。

印山台古城老街，始建于明末清初。老街是连接古城东门和西门，长约三十丈、宽一丈的青石板街。街道每隔十丈升高五寸，分成两台三级，东高西低，下大雨时水从西城门外流下悬崖。以千总衙门口为界，以东为上街，以西为下街。老街两边建有明清时代的传统木楼，临街的铁匠铺、银匠铺、铜匠铺、饭铺、酒店、茶楼应有尽有，商贩的叫卖声、饭铺的嘈杂声、铁匠铺的打铁声交织，人声鼎沸，热闹非凡。

印山台古城要塞多处古城墙已被拆毁，只剩下墙基。北门、衙门、戏楼、兵房和商铺都毁于1922年的大火，仅有五六米宽的东城门尚在。①

5. 天王庙

印山台天王庙坐落在龙船坡头双连山上，属于鸦溪天王总庙北方的一座天王行宫。鸦溪天王总庙，相传是鸦溪罗氏众族于明天启四年（1624年）集资修建的。总庙议定每年六月初一为开庙门日。湘、鄂、渝、黔的人们千百里外都要会聚鸦溪参加庙会。离鸦溪天王总庙较远的城乡也分别修建了天王行宫。印山台天王行宫亦是这个时期修建起来的，此处议定每年六月二十四日为开庙门日。

天王庙外是祈天台，人们在此祈福消灾祷告问天。祈天台的西北方，相距百米就是观音岩，当地人叫“观音

新印村天王庙（葫芦镇人民政府　供图）

① 参见保靖县政协文史学习委员会编《吕洞山苗族风情》，湖南人民出版社2015年版，第56页。

娘”。硕大一块巨石之上有两块石头，从侧面看去，就像一个观音菩萨遥望南海一般活灵活现。后来，天王庙住持在庙后的四合天井里增设了观音堂，方便人们祭拜。

百年天王庙是民族古建筑的典范，可惜在20世纪50年代庙宇殿堂因自然灾害毁损。新印村现如今仅剩搭建的简陋天王庙，砖石台基，茅草覆顶，供奉三王神位，右侧还有一单独的观音神位。

（二）非物质文化遗产

1. 传统戏曲

（1）印山高腔戏

印山高腔为典型的外来戏，源于江西弋阳腔，后与当地民间山歌、小调、号子、宗教音乐融合，逐步发展成为今天这一独特的地方剧种。相传清朝时期，在印山台屯堡建成后，朝廷派千总杨忠武率72个常备屯兵和百余名“有事则战，无事则耕”的屯垦丁夫长期屯兵驻守此地。杨忠武为了安定军心，安抚民心，在印山台建立学馆，教驻军官兵子弟习文学武。杨忠武夫人嗜爱弋阳高腔，又组建了戏班子，修筑了戏台，于是印山台古城戏曲文化便应时而生。戏曲爱好者们将弋阳高腔与本地的灯戏、洋戏融为一体，其中最具代表性和影响力的就是当时的高腔戏，即现在的印山高腔。

印山高腔表演形式独特。每到一地演出，表演团队首先祭祀老龙菩萨（也叫“开台”），其目的是避免舞台事故发生。其次打闹台开场，闹台从大请神开始，至双凤朝阳止，连翻三番。旨在请神灵护佑，演出平安顺利。同时闹台也有催促观众入座和引领演员入戏的作用。然后剧目正式上演。每个演员在首次亮相时须朝幕后叩首，以示恳求先祖师父保佑。演出结束，由掌台师扮九寨灵官扫台，其目的在于祈神保佑演出所在地人畜平安、万事遂心。印山高腔表演要求达到出神入化、情境妙合、人和戏熔冶一炉的艺术境界。脸谱以常规生、旦、净、丑分类。素有“莫以衣冠分贵贱，但从脸谱辨忠奸”之说。印山高腔音乐表现力尤为丰富，其唱词通俗，唱腔高亢激越，击乐伴奏，唢呐帮腔，简明悠扬。曲调多以三眼板为节奏，声音高亢、嘹亮、粗犷、豪放，感情朴实、真挚，可塑性强。一支曲牌各种行当的人物都可以用，可以塑造各种人物的形象，表达各种不同的情感。伴奏乐器简单，“一支唢呐两副钹，一个堂鼓两面锣”即可。一人启口，唢呐助腔，无需丝弦，唱腔末节常用击乐。①

高腔戏表演照片
（葫芦镇人民政府　供图）

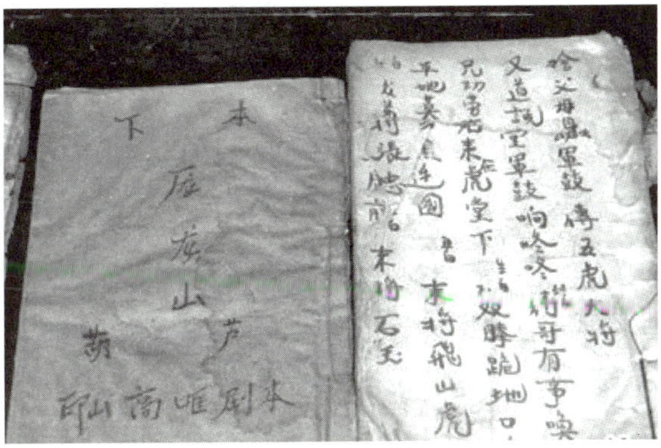

印山高腔戏剧本
（葫芦镇人民政府　供图）

印山高腔主要内容可分为武戏和文戏两大类，原有大小剧目300余部，曲牌繁多，现仅存剧目50余部，各类唱腔曲牌30余个。武戏代表有《寒江关》《烽火关》《庞大山》《五虎平西》《穆柯寨招亲》等，文戏代表有《二度梅》《金翠记》《白绫帕》等。唱腔曲牌有《汉腔》《香罗带》《苦竹音》《竹云飞》《红銮敖》《玉芙蓉》等，其中《汉腔》高亢激扬，《香罗带》柔肠寸断，《苦竹音》悲切凄婉。就其整体而言，“戏”侧重于叙事，“曲”侧重于抒情。唱段和韵白均讲究意境和文采，因此印山高腔既是表演艺术，又有语言艺术成分，其剧目大多取材于历史传奇故事。印山高腔的引进及其演

① 参见保靖县人民政府网站。

变历程是当地村民历史、社会文化发展进程的见证。①

2012年印山高腔被列入第五批州级非物质文化遗产名录。目前该项目传承较好，是当地提高村庄凝聚力和活力的重要方式，但也有后继无人的风险，村内年轻人大多外出务工，基本没有年轻人学习高腔戏。②

（2）傩愿戏

傩愿戏流传于苗族民间，是有着浓厚宗教色彩的较大型戏剧种类，苗族多称“还傩愿”或“傩堂戏”。演员均为苗老司，多用苗语，也有半苗语半汉语演唱的。

苗族人家会请巴代雄向傩神求愿——求子愿、求财愿、病痛愿、平安愿等，意愿实现后要还傩愿。苗族还傩愿仪式筹备的时候，户主要请亲兄弟和亲近家族的兄弟五六人当刀手和锣鼓手，刀手负责宰杀猪羊并分割，按礼法分给众人，锣鼓手负责按照巴代雄还傩愿的节奏敲锣打鼓。

还傩愿最少要做八出法事，白天结束称“傩八朝”。经济条件好的要增加法事，做十二出法事，时间为一日一夜，称“大傩”；做二十四出法事的，时间要两天两夜，称“洋傩”；做三十六出法事的，时间要三日三夜，称“高脚傩愿”。

傩愿戏的主要伴奏乐器有大鼓、大锣、钹。服装道具根据人物性格和剧情需要决定，有戴面具表演的，也有不戴面具表演的。一般演出时间为两天一夜，也有几天几夜的，根据剧本和主人要求来决定时间的长短。③

2. 传统音乐

（1）苗族民歌

苗歌根据演唱场所分为堂上歌、百草歌、拦门歌；根据演唱内容分为

---

① 参见保靖县政协文史学习委员会编《吕洞山苗族风情》，湖南人民出版社2015年版，第56页。

② 印山高腔的代表性传承人周明仁，新印村人，男，苗族，代表作有《印山古城赋》，他自幼喜欢印山高腔，年轻时就从事高腔戏曲编导工作。

③ 参见保靖县民族事务局编《保靖县民族志》，民族出版社2015年版，第234页。

史歌、劝世歌、诉苦歌、情歌、孝歌、调笑歌、儿歌等;根据演唱器具分为演唱歌、木叶歌。

凡在公众大堂上演唱的歌叫堂上歌,如史歌、劝世歌、贺喜歌、孝歌、调笑歌、儿歌等。异性同龄男女在山坡对唱的情歌叫百草歌,对歌时,男女各出几人,现作现对,有领有合。拦门歌是指在婚嫁喜庆的场合,亲朋好友快进门时,主人歌手备酒三杯准备拦门。客人到达,主人歌手先唱歌寒暄,然后客人回歌对歌,内容多为猜谜论典,主人故意留难,客人机智应对,一问一答加上围观者助兴,气氛欢洽,情趣盎然。

苗歌讲究平仄,词有韵律,调有高低,这点和诗律颇有类似处,但要求一三句、二四句都要押韵。苗歌多五言句、七言句;多为四句歌,也有长歌,一首歌可讲述五至七个故事,其间多用排比和对偶句,且可以转韵。苗歌有一定的谱和律,故而可独唱、对唱,也可群唱。苗歌常以旋律当中最低的那个音开始,又用最低的那个音结束,或是以旋律中最高的那个音开始,用最低的那个音结束,这种低起落或高起落的旋律流动,造成了曲线型、山峰型两种旋律线条,非常优美。①

保靖苗族人民凡是喜庆事,均请歌师、歌郎、歌娘唱苗歌。每逢传统节日如清明节、赶秋等,各地歌师、歌郎、歌娘自动会集,互相对歌比才华。在苗歌产生发展的历史长河中,一代代的古老歌师相继离世,而近代的歌师前辈已属古稀老人,他们的佳作名句还广泛流传于民间,成为后人的苗歌范本。最有代表性的歌师是苗族歌娘张三姐、苗歌革新者石天学、苗家歌手龙三才(又名龙天青)。

相传苗族歌娘张三姐,唱歌形象生动,声誉广传。当时古丈有名歌手叫张明孝,却对她不以为然。一次正当棉藤开花时节,双方偶然在葫芦龙洞坳上相遇。

张明孝唱:

---

① 参见保靖县政协文史学习委员会编《吕洞山苗族风情》,湖南人民出版社2015年版,第95页。

龙洞坳上有蓬藤，藤子上面吊铜铃；
风吹藤动铃也动，藤动藤来铃动铃。

张三姐唱：

吕洞山下住苗人，妇女喜爱穿罗裙；
风吹人动裙也动，人动人来裙动裙。

张明孝听后，知她确有才华，只好暂时罢休。一次恰巧两人又在古丈两岔河相遇，张明孝看到张三姐正引着小女儿，又开口唱道：

三人碰到两岔河，看你引个妹陀陀；
不像张三和李四，像我明孝脱的壳。

张三姐唱：

三人碰到两岔河，小小妹妹爱撑脚；
一娘生你两兄妹，不像哥哥像那个。

这首歌的辛辣味，辣透了明孝的心。之后，两人相遇对歌不再唱挖苦歌了。①

（2）土家族山歌

土家族民间歌谣，按其内容来分，有仪式歌、劳动歌、情歌、时事歌、生活歌、儿歌等。

---

① 参见保靖县征史修志领导小组编《保靖县志》，中国文史出版社1990年版，第296页。

以新印村流传的梯玛歌和摆手歌为例,梯玛歌属于仪式歌,“梯”是敬的意思,“玛”为人们的意思,连起来就是指敬神的人们。①梯玛歌是梯玛（土老司）在祭祀仪式中用土家语演唱的古歌,集歌、乐、舞于一体。梯玛在从事祭祀、赶鬼驱邪、还愿、求雨、送亡人等法事活动中,身穿八幅罗裙,头戴凤冠,手持八宝铜铃和法刀,边舞边唱,歌词内容取决于所主持的活动仪式的性质。如赶鬼驱邪时唱“解邪歌”等。土家族没有文字,梯玛歌由梯玛用土家语口传,世代相承,保持着古老原始的面貌。彭荣德、王承尧整理和译释的《梯玛歌》一书原始资料就是由马王乡（今清水坪镇）的梯玛向宏清口传的。

摆手歌,是土家族人民进行摆手活动时所唱的一种古歌,内容广泛,涉猎人类起源、民族迁徙、农业生产、民间故事等广阔的社会生活。摆手活动一般于正月初三至正月十五日举行,每当这个时候,土家族人民聚集在一起,击鼓鸣锣,舞蹈唱歌。其规模有大小之别,人数多时是“红灯万盏人千叠,一片缠绵摆手歌”。摆手歌与摆手舞一样,它不是一个时代的产物,而是随着历史的发展不断地发展丰富的,不仅内容丰富,而且形式多样,有叙事长诗,也有零星短歌,有固定的唱词,也有即兴创作。摆手歌想象丰富,情景逼真,既有强烈的浪漫色彩,又有浓郁的乡土风味,深受土家族人民的喜爱。如祈年时唱:

毕兹卡摆手祈丰年,迎来丰年好安乐。
粟米穗穗啊,像是牛缆索;
苞谷球球啊,像是水牛角;
稻谷穗子啊,像是马尾巴。
黄谷英英喜鹊窝,芝麻缨缨像高楼。
养的肥猪像水牛,养的黄牯像老虎。

① 参见龙泽瑞、龙利农编《牛角里吹出的古歌——梯玛神歌》,中国文联出版社2003年版,第9页。

儿子肥胖冬瓜样，讨个婆娘如花朵。

毕兹卡年年做摆手，家发人旺喜事多。①

3. 传统技艺

中国木雕工艺历史悠久，源远流长，形成于商周，发展于唐宋，盛行于明清，有工艺木雕和艺术木雕之分。由于各地的民俗、文化和资源条件不同，各地的木雕取材不一，工艺不同，形成了诸多具有浓郁地方特色的木雕。湘西木雕及其传习程式流传久远，与湘西独特的自然地理环境、民族人文风情息息相关，其既保留了苗族文化讲究象形、对称的传统审美观，又融入汉族的文化元素，并始终与建筑艺术相生相伴。

湘西木雕以各类木质材料为载体，通过刻画花草、虫鱼等动植物，表达人们对吉祥、安康和幸福的向往。湘西木雕蕴含开山、伐木、架马、起墨、开光、谢师等人们口传心授的文化内涵。经过工匠们的长期实践、探索、传承和总结，圆雕、浮雕、通雕、阴雕、透空双面雕、镶嵌雕等雕刻手法在湘西木雕里已经相当成熟，并广泛运用于房屋构件、家具、神像、摆件、屏风等的制作中，与民众生产生活密不可分。

湘西木雕技艺传承较好，传承人在本地具有一定名气，本地居民对木雕认同和需求较高。

4. 传统民俗

（1）天王庙会

明天启四年(1624年)天王庙建成，庙内尊尊天神菩萨威风凛凛。清乾隆年间，印山台一年两度的请神送神活动非常隆重。第一次为阴历六月二十四，第二次为腊月二十四。以阴历六月二十四迎菩萨出巡为例，整个活动持续三天，第一天请菩萨出庙，三顶精美的花轿载着天神菩萨周游各寨，路人见者必烧香敬佛，求菩萨保佑自己全家平平安安，第二天继续

---

① 参见保靖县民族事务局编《保靖县民族志》，民族出版社2015年版，第176页。

出巡，第三天送菩萨回庙。

由于印山台天王庙许愿祈福名声远播，数百年来天王庙香火不断，到天王庙许愿祈福、求雨求子、还愿的村民络绎不绝，而迎菩萨庙会也鼎盛异常，每年临近迎菩萨出巡日，方圆百里的人们就会提前三四天赶到印山台，其间有歌郎、歌娘同台对歌，有印山高腔戏表演，有无数的糖客、酒客、粑粑客临街叫卖，人山人海，热闹非凡。六月二十四日清晨，鼓手、旗手、轿夫准备就绪，请神仪式正式开始，祖师作法，叩请三大天王菩萨移驾出巡。接着，祭祀三大天王菩萨仪式开始，上猪羊祭。当虫灾、瘟疫袭来时，人们还要禳灾祛邪，举行椎牛仪式。沿途家家户户大门口供着猪头香纸蜡烛，燃放鞭炮迎接，祈求天王菩萨保佑。迎菩萨出巡的队伍到达圩场，队伍穿场而过，返回天王庙，由法师动乐安神，请菩萨就位，再上贡品敬神。菩萨出巡时，人们每天晚上都要在庙前唱戏跳舞，高腔戏、阳戏、花灯戏及土家族摆手舞精彩纷呈，参加活动的除本寨人丁外，还有远近亲朋，各家都会设宴进行招待。①

印山台天王庙会演绎传承数百年，在20世纪60年代废除，如今天王庙会盛景已无法再现。

（2）斗牛

苗族斗牛节是苗族传统的民俗活动，是指人们让两头水牯牛以角相抵斗以争胜论负的活动，被称为“东方式斗牛”。传说苗族先祖蚩尤为铜头铁额、牛首人身，苗族是一个敬牛、爱牛、崇拜牛的民族，他们把牛视为健康、力量、勤劳、搏击、英雄的象征。苗族人喜爱斗牛，是长久以来的文化传统，斗牛在以前都是在庄稼收获后，用以庆丰收。

新印村（老寨）内中心有一水塘，村民称之“斗牛塘”，面积约150平方米，是新印村及周边最大的一处斗牛场所。据村民介绍，旧时斗牛活动热闹非凡，斗牛当天，方圆几十里的各个村寨的村民都会来老寨斗牛塘观

① 该信息来源于新印村村民、退休教师周明仁整理撰写的《印山台古城轶事》，笔者参考其内容复述得来。

看。斗牛开始，人们把悉心喂养的斗牛放进水塘，两对牛角互相碰击，震耳欲聋，水塘内的斗牛一般头顶头，互相寻找对方薄弱处和致命处，勇猛冲杀，一轮有时相持几十分钟甚至一个多小时，各家斗牛轮番上阵，失败者逃走，胜利者留下，直到最后一头获胜。最后斗牛获胜的冠军称为“大水牯”，亚军叫“二水牯”，季军叫“三水牯”。①

（3）传统节日

当地的传统节日包括正月庙会、祭祀土地神与重阳节等。印山正月庙会是指每年正月，印山天王庙举行的祭祀天王的典礼仪式。

祭祀土地神是指农历二月初二，祭祀土地神。

每到农历九月初九重阳节时，当地苗族家家户户杀鸭子、打粑粑，欢庆重阳节，出嫁女子也回娘家来拜节。

（4）人生礼仪

婚俗 以说媒婚为主，请媒婆（月老）约定婚约，有“开口酒”（许婚）、“吃大酒”（订婚）、“戴花酒”（迎娶）三个步骤。

生育 新生婴儿满三朝，请吃三朝酒。亲房长辈必须携带鸡蛋、大米或鸡前往贺喜，共同商议为婴儿取名，习惯是谁吃鸡头谁命名。也有由婴儿的祖父母或父母先命名再请大家认定的。

望月 婴儿出生后，男家要拿一只鸡去婴儿的外婆家报喜。生男婴拿公鸡，生女婴拿母鸡。外婆家听闻喜讯后，积极准备给婴儿的衣帽服饰及鸡蛋之类，于满十朝的吉日去“望月”。望月鸡必须一月之内杀尽吃完，不能留养，因有“发鸡不发人”之忌。葫芦镇地区的新印等村，望月的亲族要送双鸡。

丧礼 新印村有“娘死搬舅爷”的习俗，遵从“娘亲舅大”古习。一旦父母故去，必须由孝家亲自派人去舅舅家报丧，待舅舅家代表到场后，逝者方可备殓入棺。

---

① 该信息为采访新印村村民颜家生整理所得。

三、自然资源

（一）古树

新印村现有古树名木4种，数量为4棵，位于村旁山中与村内。分别是一棵村中的两百岁以上树龄的金弹子和村旁山中的百年以上树龄的冷水木、枫香树各一棵，两百年以上树龄的黄杉一棵。

（二）自然景观

1. 藏兵洞

在新印村正北偏僻地带，有一处位于山底的天然喀斯特溶洞，洞口空间约400平方米，洞内高约30米，主洞窟进深约2000米，当地人称玻璃洞。其命名来源已不可考证，村子老人称之为藏兵洞，相传明清时期当地人常在此躲避战乱和匪患。

2. 雷公洞

出印山古城，西去坳口牌楼，俯视悬崖之下郁郁葱葱的小河沟，那便是印山峡谷。沿盘山大道曲折而下，远远就能看见山脊断壁之下有一个拱形的山洞，那就是雷公洞。每逢春夏之

雷公洞洞口
（葫芦镇人民政府　供图）

雷公洞内钟乳石
（葫芦镇人民政府　供图）

交，天气闷热之时，雷公洞里烟笼雾绕。洞外电闪，洞里雷鸣，雷公洞就是这样得名的。

洞门上有一排排的钟乳石，那就是“十八罗汉倒挂金钩”。站在洞口，左前方有一个十米进深的干洞，那是蝙蝠的福地洞天。进入洞口来，五十平方米的空间里，清澈的洞泉劈中流过，靠右是一个浅洞，洞壁两边各有一条盘曲的钟乳石，如龙腾飞，洞口上吊着一排形态不一的钟乳石，进入洞内，便听到哗哗的流水声，一股山泉水从洞顶流下。

四、村规民约

为了更好地保存和发展传统村落，维护社会稳定，促进经济发展，2015年，原新民村村委会制定《新民村村规民约》，要求村民必须保护好村寨，并规定村民只准建木房，不准建砖房。

葫芦镇新民村村规民约①

为把我村建设成为社会主义新农村，实现全村经济发展，政治稳定，加强对各村民小组的管理，经广泛征求意见，特制定本村规民约。

一、全村村民热爱祖国，热爱社会主义，热爱中国共产党，坚持四项基本原则，维护国家和集体利益。

二、尊老爱幼，尊师重教，拥军优属，扶贫助难，文明理丧，喜事新办，破除迷信，学法、守礼、用法，待人有礼貌，说话和气，不说脏话、粗话，争创文明家庭。

三、积极创造和谐婆媳、翁婿、姑嫂、妯娌关系，邻里和睦相处，保持寨邻团结，保护老人、妇女、儿童的合法权益。

四、加强防火防盗，禁止赌博，维护社会秩序，坚决同坏人坏事做斗争；不损人利己，反对打架斗殴、寻衅滋事。

---

① 本村规民约来源于村务公开张贴内容。

五、学好农业实用技术，科学种田，科教兴农。

六、保护和爱护水利设施，未经允许不得在大沟任何地方开水口和破坏，违反者除责令其修复外，还要受到一定的经济处罚，严重者送有关部门处理。

七、不准乱砍滥伐山林树木，如用林木必须办理有关审批手续。如有乱砍滥伐、盗伐行为者，视其情节轻重，送有关部门处理。

八、加强土地管理，未经批准，不得随便建房，不准随便买卖。

九、爱护公共卫生。村民要养成良好的卫生习惯，搞好室内屋外环境卫生，实行“门前三包”，杜绝乱扔乱放现象。村民红白喜事造成的垃圾应自行处理。

十、提倡文明丧葬新风，积极推行丧葬改革。

十一、保护生态资源，爱护水库河流，严禁向水库河流倾倒垃圾，严禁在水库河流电鱼、毒鱼、炸鱼、网鱼，严禁捕猎野生动物。

十二、爱护道路，不得将杂草、生活垃圾、建筑垃圾材料倾倒在公路上，严禁在公路上晾晒谷物。

上述规定的村规民约，请自觉遵守，如有违反，轻者批评教育，若情节严重，将移交司法机关依法处理。

这份村规民约的内容涉及政治、经济、文化等方面。提倡什么、反对什么，哪些该做、哪些不该做，清清楚楚、具体明确。对于规范人们言行，处理有关事务，促进社会主义物质文明和精神文明建设有着积极重要的意义。

（本章由金星撰写）

第八章　阿扎河村

阿扎河村位于湖南省湘西土家族苗族自治州保靖县迁陵镇，距保靖县城7千米。该村是保靖县范围内唯一的瑶族聚集地，村内人口以瑶族与土家族为主。村内自然景色十分秀丽，传统瑶寨风貌保存完好。该村历史悠久，红色基因传承至今，民族文化特色鲜明，过瑶族年别开生面，民间传说、民族舞蹈、传统音乐代代流传，是传统村落中的一颗璀璨明珠。2019年6月，阿扎河村被列入第五批中国传统村落名录。

一、村落概况

（一）地理生态环境

阿扎河村自然风光灵秀清新，群峦叠翠，山清水秀，鸟语花香，犹如藏于深闺中的美丽佳人。

阿扎河村的地形以山地为主，周边山势险峭，峡谷深幽，天然溶洞内怪石嶙峋，让人啧啧称奇。阿扎河村海拔685米，面积为13平方千米，耕地、林地、草场面积共计1500余亩，森林覆盖率超过75%。该村气候属于亚热带季风气候，夏季高温多雨，冬季温和少雨。

阿扎河村四周古树林立，村落沿阿扎河而建，依山傍水，可谓风水宝地，人间天堂。村中巷道纵横交错，多为青石板铺面。瑶族所建房屋多为木结构，小青瓦、花格窗、悬空房檐、木栏扶手、走马转角，特色鲜明，古香古色。当地一般人家都有小庭院，院前有篱笆，院后有竹林，青石板铺路，刨木板装壁。

（二）村落历史

阿扎河村历史悠久。据传，在元朝时期，土家族先民中有一部分人从湖北一路南下，发现此地环境优美，树木郁郁葱葱，溪水清澈见底，认为此地是依山傍水的风水宝地，非常适合人类居住，于是便在此处安营扎寨，并在此繁衍生息。改土归流后，一部分瑶族同胞因政府移民或从事经商活动而自常德一带沿沅水、酉水而上，进入保靖，其中一支来到了阿扎河村。200多年过去了，这部分瑶族同胞在保持自己民族文化特色的基础上，完全融入了当地人的生活，他们彼此团结互助。

（三）村落人口

据2020年统计数据，阿扎河村共有551户1897人。村子共分为六组，每个组都有相应的名称，分别是兰坪一组、细部二组、利不州三组、中寨四组、下寨五组、刘家六组。村中少数民族主要为土家族和瑶族，值得一提的是，该村是保靖县唯一的瑶族聚居区，传统瑶寨风貌保存较好。保靖县瑶族人口不多，有1600人左右，其中阿扎河村共有瑶族人口450多人，接近全县的三分之一，细部二组的村民几乎都是瑶族，其他村组也有瑶族同胞分布。该村村民主要姓氏有刘姓、张姓、黄姓、田姓、向姓、石姓等，刘姓人口最多，大部分刘姓村民居住于下寨五组、刘家六组。

（四）物产与特色产业

阿扎河村物产丰富，产业特色鲜明，产业的振兴有力助推了该村乡村振兴的进程。村内主要产业为种植业和养殖业，其旅游资源十分丰富，目前正在大力开发中。

在种植业方面，2015年全村烟叶种植面积400亩，药材通草与百合的种植面积300余亩，如今药材基地规模不断扩大。原生态蔬菜种植面积约200亩。油茶产业逐步成为优势产业，阿扎河村是中南林业科技大学的乡村振兴联系村，油茶产业得到了该校的技术与人才支持。在养殖业方面，村内大力提倡规模化、标准化、效益化养殖。山羊、土猪等养殖初具规模，诸多大户积累了养殖经验，产品品质持续提升。在旅游业方面，2016年，阿扎河村被列入全国乡村旅游扶贫重点村，2018年阿扎河村制定了旅游开发规划，目前一些景点正在建设中。该村自然景观有犀牛仙洞、五彩瀑布、仙女浴池、千亩红石岭和夫妻岩等，文物古迹有始建于明朝的百年风火墙、伏波将军庙，革命遗址有红军长征起车驻地旧址、起车红军塘。此外，该村的土家族、瑶族特色民居保护较好，古色古香。该村民族文化底蕴深厚，民族风情多姿多彩。这些丰富的旅游资源为当地旅游开发提供了得天独厚的条件。

（五）经济社会发展状况

阿扎河村的基础设施在近些年来大为改善。村里的主路均为硬化水泥路,人们可以乘坐公交汽车往返保靖县城,出行较为方便。村中已经通电,覆盖有通信信号、广播电视信号,村民可以就近接入宽带互联网。阿扎河村水资源丰富,给水较为充裕。目前村中已经有119户实现了卫生厕所改造,村中共建有3个公厕。村里有一个卫生室,治疗常见病的药物较为齐备,昂洞村在阿扎河村驻派了一名驻村医生,常年在此坐诊。村室建有一个农家书屋,里面陈列有一些种植、养殖、民间文学等方面的书籍,可以供村民们学习、休闲。村中建有文化广场,该广场为村民集资建设,位于阿扎河村一组,该广场拥有基本的健身器材,可以满足附近居民锻炼身体、休闲娱乐的基本需求。

二、文化遗产

阿扎河村文化遗产资源丰富,自然风光秀丽,名胜古迹众多,传统文化底蕴深厚。一首《阿扎河》[①]唱出了阿扎河村的秀美与风光:

> 都说你的五彩池,胜过天上的瑶池。都说你的犀牛洞,赛过迷人的天宫。高高的夫妻岩,相守着你不变的承诺。云雾里的石拱桥,弯起了一道梦中的彩虹。啊！如诗如画的阿扎河。
>
> 都说你的吊脚楼,吊着童话和烟雨。都说你的长鼓舞,舞得岁月火样红。清清的红军塘,装载着你不屈的求索。神地里的古瑶寨,飘散着古朴纯洁的民风。啊！多彩多姿的阿扎河。

① 歌曲《阿扎河》由向治学作词。

阿扎河，阿扎河，你闪耀在大山深处里。阿扎河，阿扎河，我沉醉在家乡的山水间。你是流淌在我心中的歌，心中的歌！

（一）物质文化遗产

1. 风火墙

风火墙，别名防火墙，顾名思义，该墙可以起到防火的作用。阿扎河村作为一个山区的村落，居民世代居住的房屋较为密集且多为木质结构，一旦一家失火很可能殃及周边房屋。于是，构筑比房顶高出一截的墙体，可以很好地起到防止外部大火蔓延到院子内的作用，古人的建筑智慧可以据此窥探一二。在没有什么消防设施的年代，为了达到良好的防火灾效果，该墙内曾建有两处水池，里面一年四季都装满水，一旦院内某处着火，可以及时盛水浇灭，不至于发生大的火灾。

在阿扎河村中保留着一座年代久远的风火墙建筑。该建筑始建于明朝时期，墙体下半部分为附近山石堆砌，上半部分为青砖建造，历经数百年的风吹雨淋日晒，其古墙体基本留存。墙体随着地势高低而建，呈现阶梯式的渐变走向。虽然院墙内同年代建造的房屋已消失不见，但从高大而精巧的院墙中我们依旧能感受到昔日建筑工匠的高超技艺以及该户人家的富庶。据村民介绍，该风火墙是明代武举人黄文瑛家四合院的院墙。

阿扎河村风火墙（李帅通　摄）

该风火墙分为东西南北4个墙面，其中东边墙面留有1个石门洞、西边有2个石门洞、南边有3个石门洞，一共6

个石门洞。北面没有门洞的原因在于，当地的风向一般从北面刮来，不能在该方位开门洞。在以前，风火墙上的门洞打开或者关闭具有一定的风水上的讲究，6个门洞在平时并非全部打开，一次仅开1个门洞，其余5个则用石块封住。封闭门洞不仅有风水上的考虑，也有防止强盗从此进入的考量。风火墙初次建成后只留西边的两个门不关闭，对于第一次具体封闭哪一个门由风水大师卜卦决定，以后西边的两个门洞每间隔60年更换一次开关的位置。如今，该风火墙内仍居住着两户黄家的后人，由于时代变迁，他们不再遵循此习俗。

该风火墙见证了黄姓家族的荣辱与兴衰。据传，在黄文瑛家境十分殷实且前途一片光明时，一个乞丐死在了他家附近，此时有人连夜将乞丐的遗体拖到黄文瑛家门口并悬挂在门上，随后散播消息说黄文瑛打死了乞丐。县衙门得知此事后，派人把黄文瑛关了一夜，不断进行讯问，后因无法查证乞丐之死与他有关，便将其放回。附近乞丐得知黄文瑛被无罪释放，均认为有罪的人却被放了出来，心中愤愤不平，便整日聚集一帮乞丐到黄家门前要吃要喝。当时民间流传这样一种说法，乞丐无牵无挂，十分可怜，乞丐讨饭得有多给多、有少给少，不能赶走乞丐；加之，他家被认为出了人命案件，情理上赶走乞丐也说不通。于是，黄家人无奈，整日施舍饭菜给乞丐们，随着时间的推移，殷实家庭逐渐被乞丐们吃空。黄文瑛心中的委屈不满积累过久，于36岁就含恨而死，至此黄家逐步从鼎盛败落下来。如今，那长了杂草和青苔的风火墙，似乎也在为黄氏家族的遭遇感到无尽的

阿扎河村风火墙的门洞（李帅通　摄）

悲凉。①

2. 传统民居

阿扎河村保留有传统木质建筑308栋（其中百年以上10栋），砖房46栋。因木材不能再随意砍伐，木质房屋建造成本相对高昂，有的村民新建房屋时倾向于建设砖房。传统建筑集中分布于原咱科洞村，即如今阿扎河村下寨五组和刘家六组的所在地，其余地方也有零星分布。这些传统民居保存较为良好，均为木结构建筑，既融合了瑶族和土家族传统民居建筑的风貌，又独具地方特色。典型的民居建筑特色为穿斗式木结构，三柱四挂，房基、台阶用青石铺就，屋顶为传统小青瓦。

村民黄承海家的传统民居是当地典型的民居式样。“一”字形排开的双层木质结构房屋，显得浑然天成，井然有序。房屋二层的镂空栏杆上雕刻着精美生动的图案，可以看出传统手艺人的木雕技艺十分精湛。站在二楼眺望山景，好山好水好风光尽收眼底，顿时令人心旷神怡。彭景双家的传统民居，转角的吊脚楼既为这座传统房屋增加了使用功能，又增添了不少美的视觉享受，不由得让人惊叹工匠们独具匠心的房屋建造技艺。

村民黄承海家的传统民居（李帅通　摄）

土家族吊脚楼营造技艺于2011年5月被列入第三批国家级非物质文化遗产名录。该技艺起源于古代的干栏式建筑，是土家族地区常见的民居建筑形式，距今已有400多年历史。其营造的重要技艺有：其一，穿斗式构架，即直接以柱承檩，省工省料，增强稳固性；其二，榫卯结构，房屋建造无需一钉一铆，全凭榫卯连接；其

① 访谈对象：黄德培，瑶族，70岁，阿扎河村村民；访谈人：李帅通，访谈时间：2020年7月22日。

三,出檐挑廊,即从正屋檐部伸出两檩,都从穿斗屋架中伸出挑枋承托檐檩,形成一种振翼欲飞之气势,使吊脚楼成为一道亮丽的风景。传统民居的古石墙也颇具特色。村民彭景双房前的古石墙选用厚薄不一的石板,错落有致地堆砌,显得韵味独具。古石墙与传统民居在此融为一体,可谓是阿扎河村这一传统村落中田园生活的一个缩影。

3. 伏波将军庙遗址

在阿扎河村曾建造有一座伏波将军庙,庙中塑有一尊伏波将军的神像。该庙始建于唐朝,经过岁月沧桑变迁,如今仅剩下了遗址。在古时,“伏波”意为降伏波涛,寓意为可以平定战乱,夺取胜利。伏波将军为一种封号,骁勇善战、战功卓越的人会被封授为伏波将军。阿扎河伏波将军庙中供奉的将军名叫刘忠邦。伏波将军庙原址在犀牛洞附近的小山坡上,后来经过风水师建议,搬迁到古树环绕的山上。

人们对于伏波将军极为崇敬,据传,达官显贵经过此地都会下马下轿,步行前往庙里拜祭。20世纪五六十年代,神庙被拆除,庙中供奉的伏波将军塑像也被损毁。在庙院附近有10余棵上百年历史的古柏树,其中最大的一棵正对神庙的大殿,被称为“神坛树”。1958年,因附近开采铁矿所需,“神坛树”也被砍掉。

后来,村子在神庙的遗址上建造了一所学校。改革开放后,该学校迁走,原址又改为一个养猪场。如今,伏波将军庙遗址仅剩下几棵具有上百年历史的古树,他们还在守护着一方土地和记录着曾经的历史。为了抢救民族文化以及发展旅游经济,阿扎河村计划在原址上重建伏波将军庙。

4. 古墓

在阿扎河村有一座古墓,该古墓是明朝万历年间的土家族将领田逢年的墓地。如今阿扎河村的田氏家族均为其子孙,田逢年被奉为始祖。在村中流传的田氏族谱的辈分排序为:逢、万、映、家、中,德、成、启、庭、松,永、兴、光、国、正,文、世、大、朝、凤……如今这一支田氏家族已经传到国字辈。①在清明节时，田氏子孙会纷纷到祖先坟前扫墓祭拜。

古墓前的墓碑上记载了田逢年将军的简要生平、支系以及修缮族谱之相关事宜。在此就墓碑主人的生平、支系进行引述。碑文记载道：木之有根，水之有源，人之有祖。溯我始祖田逢年原系江西省吉安府吉水县陈家桥迁至辰州府沅陵县石牌楼。明季四海鼎沸，内忧外患，吾始祖年公，足智多能，尚为忠朴，临危受命，奉旨抗辽平寇，战功卓著，明皇诰封副爵把总之职。历皇恩敕，分地保邑，年公已建子孙百世之业，则再迁永顺府保靖县择居溪泽……拓土屯田，绵延至今已十七世。自始祖居之四百余年来，我田姓已繁衍成本地显姓大族，族人或者近守故里，或者远居他乡。于保靖、永顺境内族人当今支系繁盛，龙山、沅陵等地大有人在，迁徙海外者亦闻有之。

（二）非物质文化遗产

1. 民间文学

（1）犀牛仙洞传说

在阿扎河村流传着犀牛仙洞的传说。阿扎河村有一条河流叫阿扎河，该河水弯弯曲曲绵延数千米，中下游分别流经水碾河流域和茶峒河流域，随后在保靖城北5千米处的小桥和干溪的河水汇流而下，经朦曈溪口投入酉水河的怀抱。阿扎河的上游有一处天然溶洞，当地人称之为犀牛仙洞。传说，在该洞中居住着犀牛仙，它守护着附近阿扎河村村民的安全。

很久以前，有三位美丽的姑娘一起在阿扎河边洗衣服。临近中午时，居住在附近的恶龙发现了三位姑娘，它心生歹意，想要将三位姑娘卷入水中淹死后娶作自己的妻子。于是它便计划在河流的源头突然喷出一股洪

① 访谈对象：田兴亚，土家族，71岁，阿扎河村村民。访谈人：李帅通，访谈时间：2020年7月23日。

水,将在河边的三位姑娘冲入河中带走。它在肚子中吸满水后张口喷出,一大股浑浊的水开始倾泻直下,姑娘们正在低头洗衣服,丝毫没有察觉即将来临的危险。

就在这危急时刻,住在犀牛仙洞内的犀牛发现了洪水,它用双鼻射水推动洞前的几块巨石,把洪水堵在了洞口附近,恶龙一看犀牛本领高强,便慌忙逃窜。没有了洪水的威胁,河水依旧平缓地流淌,三位姑娘的性命被保住了。今天,可以看到在洞水入河处赫然耸立着几块结实可靠的巉岩。阿扎河逶迤在高岭低谷之间,涓涓细流,低吟浅唱,似乎在诉说着三位阿扎河姑娘洗衣的故事,传唱着邪不压正的千古真理。①

（2）八部大王传说

在阿扎河村流传有八部大王的传说,与其他地方的版本不同。八部大王被当地土家族奉为先祖,在当地亦被称作“向老官人”,他骁勇善战,战功卓著。传说一次向老官人与皇帝交谈时为了显示自己的富裕与威严,向皇帝说谎,称他住的地方十分大,大到房子可以同时容纳80个人居住。风为他的院子扫地,天黑时月亮为其点灯,从而使院子亮如白昼。一共有70位老婆婆为他做饭,80位老爷爷为其挑水;家中90只装盐的船停在水上,一只船上的盐吃完就要3年。（而实际上,他的房屋只有大约80平方米,一对年迈的父母,母亲70岁,父亲80岁,家中有几只鸭。）皇帝听罢大为不满,心想,天下竟然还有比我更奢华的人,于是以毒酒将其赐死。向老官人在回家途中毒药发作而死。其母亲左等右盼不见儿子回家。不久,向老官人的坐骑独自奔回家中,在向老官人的母亲面前悲鸣。母亲见状大感不妙,便询问马儿,如果我儿遇难了,请点头三下;如果他还活在人世,请摇头三下。马儿点头三下,向老官人的母亲便泪如雨下。

皇帝得知向老官人死后,仍心有余悸,便令部下在他的坟上浇铁水,以使其永世不得超生。向老官人被毒死后极为震怒,灵魂便找到皇帝与

① 访谈对象:胡正文,土家族,53岁,阿扎河村支部书记,访谈人:李帅通,访谈时间:2020年7月23日。

其争辩，最后皇帝封他为“八部大王”，并说我掌管阳间为民谋利，你掌管阴间为魂魄造福，这下向老官人才平息怒火回归故里。①

2. 土家族山歌

土家族山歌是土家族人在特殊的地理环境、生产生活方式等因素的长期影响下形成的具有独特艺术风格的民间音乐。土家族山歌，追求情感的自然流露以及即兴发挥式的自由演唱，通过运用一定的高音、滑音、颤音、假音等演唱技法，使得歌声或者粗犷豪放、震撼心灵，或者欢快跳跃、扣人心弦。

村中老人说，土家族山歌内容广泛、题材多样，人们有感而发时张口就唱，看到太阳唱太阳，看见月亮唱月亮，看到山水唱山水。除了自然景物，还有男女之间的情歌对唱，劳动时候的劳动山歌，总结农事生产的山歌，关于历史事件的历史题材山歌等，种类繁多。例如，关于情歌，当地流行的一首情歌的歌词为：“清水煮饭有米汤，挂念情哥在远方。不得铜盆来洗脸，只有同天共太阳。”情歌没有音调格律等的严格限制，重点在于直抒胸臆。另外一首的歌词为：“男在高山打一望，妹在河里洗衣裳。男向妹子把手招，妹在河里抬头看，棒槌捶在石头上。”此外，山歌中也有热情讴歌新中国成立以来党和政府对人民的亲切关怀的作品：“解放军来到我湖南，领导人民搞生产。互助合作搞得好，互相团结万万年。”

3. 传统舞蹈

（1）瑶族长鼓舞

阿扎河村保留着跳长鼓舞的习俗，这种古老的舞蹈将打击乐与舞蹈的形式融为一体，散发着独特而迷人的魅力。每年该村举行过瑶族年的节日活动时，少不了身着民族服饰、手持长鼓、载歌载舞的瑶族青年男女。瑶族长鼓舞，以其雄劲、彪悍、奔放的动作特点，体现了瑶族同胞热情、乐

---

① 访谈对象：向瑞明，土家族，87岁，阿扎河村村民；访谈人：李帅通，访谈时间：2020年7月20日。

观的民族性格。瑶族长鼓舞是中华优秀传统文化的代表之一,2008年6月,瑶族长鼓舞被列入第二批国家级非物质文化遗产名录。

据传,瑶族长鼓舞起源于一段动人的爱情故事。在很久以前,一家三口居住于大山深处,父亲带着两个儿子相依为命。在老父亲临终前,他将家产平均分给了两弟兄。由于老大见利忘义,不顾兄弟手足之情,在父亲去世后就独占了家产。老二性行淑均,严于律己,宽以待人,没有和大哥争执什么,独自带着行李外出谋生。老二的高尚品德被天上盘古王的女儿十三妹看上,便下凡与其结为夫妻。老大得知后嫉妒不已,便想谋杀老二。此事被盘古王知道了,便施法将老大打败。由于感觉凡间不安全,盘古王便把女儿带回天庭。临走时,十三妹哭着对老二说,凡人无法上天,你去南山上把那棵古树砍下来做成长鼓,在十月十六那天,手持长鼓跳三百六十个圈,就可以飞上天与我团聚。这天到来时,老二照做,果然腾云起雾飞到天庭与妻子长相厮守。人们为了纪念二人,便将跳长鼓舞这一形式传承下来。

阿扎河村瑶族长鼓舞(阿扎河村村委会　供图)

长鼓舞所用的长鼓按照型号可以分为大、中、小三种类型,阿扎河流传的为小型长鼓,用此鼓表演的长鼓舞较为灵巧。该长鼓形如沙漏,由桐木制作鼓身并通体刷红,色泽鲜艳而喜庆;两端鼓面为牛皮,敲击后发出的声音铿锵有力;中间部位极为纤细,缠上黄色的线,不仅使用方便而且富有美感。

长鼓舞传承至今,属于一种喜庆舞蹈,包含着人们庆丰收之寓意。该舞蹈是一种群体性的娱乐舞蹈,男性女性一起参与其中,其乐融融。其舞蹈姿态多模仿生产生活中的各种动作，比如过溪越谷、伐树运木、斗龙伏虎、搬运猎物等。持鼓动作分为单手持鼓、双手托鼓、横持鼓、斜持鼓、竖持鼓等。表演者随着不同的表达内容，变换不同的持鼓姿势和身体动作，节奏感强，韵律十足。①

（2）舞狮

阿扎河村流传的舞狮据说具有上百年历史，当地人称之为“狮子灯”。狮子灯是当地人欢度佳节时必不可少的娱乐项目，它集合了音乐、舞蹈、杂技、体育等诸多艺术元素，具有鲜明的地域风格和民族特色。它寄托了人们祈求风调雨顺、五谷丰登的美好愿望，展示了阿扎河村人祖祖辈辈独特的审美情趣和艺术表现力，是传统艺术中当之无愧的民族瑰宝。

阿扎河村舞狮最大的特色之一就在于演员分为多种角色。除了两人身披狮子道具扮演狮子外，阿扎河村的舞狮还有扮演猴子和罗汉的人。猴子扮演者身穿黄色服饰，头戴黄色帽子以及猴子面具。他走路时抓耳挠腮，尽显调皮捣蛋之态。罗汉扮演者则头戴罗汉头套，手持扇子，身穿黄色长袍，尤其是肚子部位垫上棉花等物品撑起衣服，显得憨态可掬，泰然自若。这些在其他地方的舞狮中难以看到的角色，为这里的舞狮表演增添了不少有趣的情节。狮子凶猛无比，但在罗汉的指挥下显得温顺可爱。猴子在一边调皮捣蛋，一会儿为狮子抓身上的虱子，一会儿在狮子旁边骚扰，一会儿骑在狮子背上，十分滑稽活泼。

在舞狮表演中，为什么狮子听从罗汉的指挥？说起来有一段逸闻。在当地传说中，狮子凶猛无比，所向披靡，无所畏惧。然而，狮子却最敬重顺从罗汉。据传，十八罗汉中伐阇罗弗多罗尊者又被称为“笑狮罗汉”，他曾经是一名捕猎的能手，再凶猛的动物，如狮子、老虎等都会被他轻易猎杀。后来，他皈依佛门便不再杀生，狮子特意到他面前感谢并愿意跟随他作为坐骑，于是该罗汉便经常将狮子带在身边。因此，罗汉手持扇子指挥

① 访谈对象：胡正文，土家族，53岁，阿扎河村支部书记；访谈人：李帅通；访谈时间：2020年7月23日。

狮子做出各种动作时,狮子就会温顺地照做。

阿扎河村舞狮的技巧性强、表演难度大,因此极具观赏性。表演中少不了的道具就是“桌子山”,所谓“桌子山”就是用很多张桌子架起来形成底座大、上方小的宝塔形桌子梯。桌子山最高可以叠加十八层,巨大的桌子山仿佛要直冲云霄,气势恢宏。舞狮表演者在没有任何防护措施的情况下,凭借多年训练积累的技巧以及彼此的密切配合,随着锣鼓声音的节奏,一阶阶地攀爬到桌子山的顶部。表演者每上一层就做出不同的动作,比如金鸡独立、狮子理毛、狮子打滚等,等到攀登到最高处时,狮子会做出四方踩脚的动作,动作惊险,令人拍手叫绝。①

4. 民间习俗

（1）过瑶族年

阿扎河村聚居着一些瑶族同胞,他们至今保留着过瑶族年的传统习俗。瑶族年不仅仅是村中瑶族人最盛大的节日,在节日当天,村中其他民族的村民、全县的很多瑶族同胞,以及一些游客、记者都会来此欢度佳节,一时村中人山人海,过节的场面热闹非凡、蔚为壮观。瑶族年,又称为达努节,达努在瑶族语言中意为“老慈母”,达努节就是当地瑶族人祭祀祖先的节日。

据传,阿扎河村过瑶族年,主要为纪念祖先迁居至此,庆祝人们安居乐业。在很久以前,瑶族五大姓氏刘、向、石、黄、胡的族长,因为在原居住地生活困难,便带领族人跋山涉水、不远万里从四面八方来到了风景秀丽的风水宝地阿扎河,并在此长期定居下来,繁衍生息。后人们为纪念先祖在此过上了安定有序的生活,便将各自家族到来的时间——农历九月二十八、二十九以及十月初一、初二和初四定为各自的年。人们会在当天杀鸡宰猪,烧香跪拜,祭祀祖先。后来,人们觉得虽然支系不同,但归根到底瑶族人都是同根同源的,于是五个族长经过商议,决定以后一起过瑶族

① 访谈对象:胡正文,土家族,53岁,阿扎河村支部书记;访谈人:李帅通;访谈时间:2020年7月23日。

年，并以最先来到阿扎河村的刘氏家族的时间为基准，将举办时间定于每年的农历九月二十八。至此，在阿扎河村，农历九月二十八过瑶族年的习俗代代相传。

在过节前夕，在外打工的瑶族人无论工作多么繁忙，都会不约而同地从外地赶回来，共度一年一度最热闹的节日。过瑶族年寄寓了他们对于祖先的崇敬与虔诚，更寄托着他们对于故乡亲朋好友的浓浓思念。整个节日活动可以分为迎宾仪式、祭祖（敬盘王）仪式、节目表演、共进团圆饭四大部分。

迎宾仪式，即欢迎来自四面八方客人的仪式。在该仪式中，各种乐器的声音此起彼伏，绵延不绝，振聋发聩。传统的乐器争相亮相，牛角号、唢呐、长鼓以及新鲜树皮制作的树皮号类型多样，可谓是传统乐器的一场大联欢。在乐器声中，几位身着艳丽民族服装的瑶族少女笑容灿烂，端起自酿的米酒拦着门，邀请来自远方的客人干了这碗迎客酒。然后，为客人挂上一枚红绳捆住的吉祥蛋，祝福客人吉祥平安。

祭祖仪式神圣而肃穆。四位德高望重的瑶族老人在前面领路，彩旗队员手持一面面红色、黄色、蓝色的旗帜；送福队员手抬“盘王赐福”的神像，威风凛凛；锣鼓队员抬着大锣、大鼓，不断敲击出响彻云霄的锣鼓声。整个队伍在全寨巡游一圈，为百姓驱走灾难、送去福气。随后队伍回到祭

阿扎河村还愿谢圣仪式（阿扎河村村委会　供图）

场，瑶族同胞们轮流向祖先盘王神像敬献糯米粑粑、圣水豆腐、五谷、水果等。接着诵读祭文，一句瑶族语和一句汉语进行交替朗诵。最后是还愿谢圣仪式，在祭祀礼官主持下全村男女老少陆续上香祭拜。

节目表演活动异彩纷呈。小品、舞蹈、歌曲等节目轮番上演，瑶族长鼓舞、瑶族农具走秀、瑶族舞狮等节目令人回味无穷。歌曲《阿扎河》唱出了人们心中美丽富饶的传统村落，引起人们强烈的共鸣。现场人声鼎沸，欢声笑语不断，热闹不已。

共进团圆饭是整个瑶族年最后一个也是最重要的一项活动。团圆饭有个动听的名字，叫七彩瑶家长龙簸箕芭蕉宴。竹编簸箕里放着色彩艳丽、令人胃口大开的各种瑶族美食。犹如长龙一般的一张张桌子整齐排列，桌上铺着新鲜的芭蕉叶并放上美食，人们尽情享受舌尖上的美味珍馐。①

（2）过土家年

阿扎河村的土家族代代延续着一个古老的节日——土家年。土家年是当地土家族一年一度最为盛大和隆重的节日。土家族的小年在腊月二十八，大年在腊月二十九，因其比汉族地区提前一天过年，故又被称为“过赶年”。过年前几天，人们会提前置备各种年货，家家户户都会挑选鸡肉、鸭肉、猪肉、鱼肉等各种肉类以备过年时用，有的家庭还会杀羊来祭祀和食用。自家种的各种新鲜蔬菜也是餐桌上的必备品，西红柿、萝卜、青菜、大蒜等应有尽有。荤素搭配的食材，原始古朴的柴火灶和大铁锅，使得烹饪的美食保留着最传统的风味，直击每个人的味蕾。

在以前，阿扎河村的村民过赶年有一定的禁忌。从腊月二十九日起至正月初一，禁止人们做一些事情，比如洗衣服、缝补衣服等针线活以及推石磨等，在大年初一则禁止挑水。人们认为如果哪家人在此期间进行了一些劳作，会有不好的事情发生。实质上，这些老祖宗传下来的习俗，

① 访谈对象：黄德培，瑶族，70岁，阿扎河村村民；访谈人：李帅通；访谈时间：2020年7月23日。

意在让人们过年时候多多休息，消除一年劳作的疲惫。如今，随着社会发展以及传统劳作方式的改变，推石磨、针线活等劳作活动越来越少，家家户户不再挑水而是使用自来水。因此，传统的禁忌也逐渐淡化。

过年少不了拜年活动。从正月初一到正月十五，在阿扎河村可以看到人们三五成群到长辈那里拜年。在以前，拜年也有一定的规矩，吃过早饭后一般是家中的男孩先去，随后女孩才去拜年。孩童们到老人们面前，说一些吉祥语、祝福话，长辈们乐乐呵呵，给孩子们一些压岁钱。过年期间，传统的婚俗与拜年活动会发生交集。男女青年订婚后，每年的正月初一男方需要去女方家拜年，看望女方父母时需要携带红纸包的猪腿1只以及若干白色的圆粑粑等礼物，粑粑寓意团团圆圆、花好月圆。此外，男青年还需要携带礼物和女青年一起看望女方的爷爷、奶奶、叔、伯、姨等亲属。女方父母会回赠给男子两双女儿亲自做的布鞋。这里还有一个约定俗成的暗语，如果男方打算拜年的当年结婚，拜年时会送一只带有尾巴的猪腿，假如女方家人同意就会收下，默认允许当年成亲，假如不同意则会割下猪尾巴并用红纸包好，放在送给男方的布鞋内退回。①

（3）“二月二”与清明节

在阿扎河村，比较有特色的节日还有“二月二”和清明节等节日。据传，“二月二”是土地公公的生日。土地公公是掌管一方土地的神灵，人们对他虔诚敬奉。人们在“二月二”这一天用好酒好菜祭拜土地神，在土地庙烧上三炷香、磕三个头，以祈求人身平安、风调雨顺、五谷丰登。当地流传有一句民谣，以节日当天的晴雨预测本年荞麦的丰歉，有“土地公公晒出汗，一碗荞麦打一石；土地公公打了伞，一石荞麦收一碗”的说法。如果当天艳阳高照，则粮食丰收，如果阴雨连绵，则收成不好。

清明节是祭祀祖先的节日，不过，不同于很多地区在当天上坟扫墓，当地的土家族人是在清明节的前三天或者后三天中的某一天举行祭拜仪

---

① 访谈对象：田兴亚，土家族，71岁，阿扎河村村民；访谈人：李帅通；访谈时间：2020年7月23日。

式。之所以不在清明节当天上坟，是因为在当地流传着这样一种说法，很久以前玉皇大帝册封了一位仙人，这位仙人没有后代，于是便向玉皇大帝哭诉没有人为其上坟。玉皇大帝便下令说，清明节当天人们在坟头烧的纸钱，坟前挂的白色、红色、绿色的花球全部归于你。于是，当地土家族人为避免自己为祖先们烧的纸钱等被仙人拿去，便在清明节之前或者之后三天中的某一天去祭拜祖先。

祭拜时，人们除了准备一些祭祀用的食品，还必须带一些用白纸剪成的穗状纸条，以此作为“白旗”。因为相传在清明时节阴间要召开会议，只有后辈有人的魂魄方可以参加，白旗代表着去世的人有后人。此外，假如当年家中有新婚的妻子或者新生的孩子，在祭祀先人这天，新媳妇和新生儿童则需要参加扫墓，这代表家中又添新人。这种做法有两重含义：第一，表达家族中新人的认祖归宗；第二，告慰先人在天之灵，与其分享家中大喜事，说明家中人丁兴旺，代代不息。祭祀过程要在坟头挂上一些白旗，摆好祭祀品，点三炷香，烧些许纸钱，作揖三下，口中喊爷爷、奶奶等称呼长辈，并说晚辈给您行礼了”，最后还需恳请祖先保佑子孙平安富贵。①

5. 民间棋艺

在阿扎河村保留着一些传统的民间棋艺，如打三棋和猪娘棋等。这些传统游艺曾是村中男女老少皆爱玩的游戏活动（随着时代发展和娱乐方式的多元化，如今会玩这些游戏的多为中老年村民），它简单易学，妙趣横生。这些民间的棋艺取材也比较简便。用随手可得的木棍、石块就可以在地面上画一张棋谱，不同颜色的砖块、石块、木棍、粮食（如黄豆、玉米粒等）就可以作为棋子。因此，不受时间、场地、器材的限制，人们在田间地头、村口路边、房前屋后等随时可以画上棋盘，找寻棋子，两人展开一场激烈的棋艺比拼。

---

① 访谈对象：田兴亚，土家族，71岁，阿扎河村村民；访谈人：李帅通；访谈时间：2020年7月23日。

（1）打三棋

打三棋的棋盘形似窗户，画法较为简单。首先画出三个嵌套的长方形，随后分别把长方形相互对应的四个顶点用线连接起来，最后分别把长方形四条边与对应边的中点用线连接起来。该棋盘共有24个交叉点，每个交叉点可以下一枚棋子，对弈中一方可以下12枚棋子。

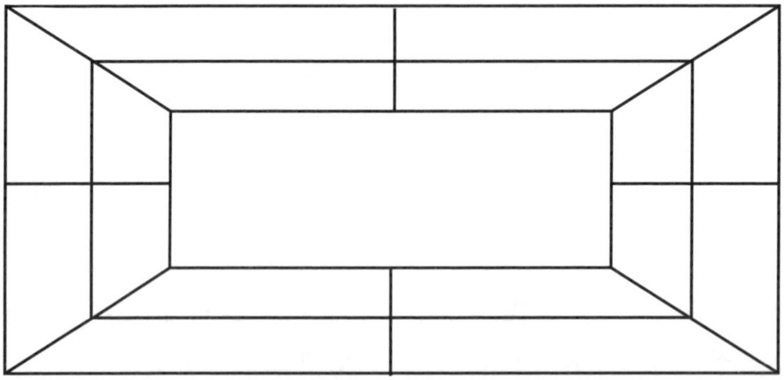

打三棋的棋盘（李帅通　绘制）

打三棋又名“守牛娃棋”，据传，该棋是由一名叫满龙的放牛娃创造的。满龙整日在山上放牛，一次他觉得一个人放牛太无聊，便突发奇想打算自己创造一种两人对抗的棋类游戏。于是他拿起棍子在地上画来画去，几经尝试终于研究出来一种棋子的玩法，他画上棋盘，并随手找来两种颜色不同的木条，分成几个小段，随后自己一个人玩了起来，他玩得不亦乐乎，甚至不觉时间飞逝。天黑了他回到家中，便把这个游戏告诉了小伙伴，小伙伴们尝试过后，都觉得十分有趣，于是，该棋的玩法便流传开来。

该棋的游戏规则是，双方轮流下棋子，下满棋盘后，哪一方在一条线段上摆满了三个棋子，就可以吃掉对方一个棋子。随后，在吃掉棋子空出的空间上交叉移动棋子，哪一方在一条线段上连成了三个棋子，则又可以吃掉对方一个棋子，直至一方棋子被吃完，或者被围困到无法移动。其中，如果一方先下子，则另一方在摆满棋子后可以首先发起攻击。

（2）猪娘棋

猪娘棋的历史悠久，据传，该种棋子玩法的灵感起源于远古时期的狩猎活动。在以前，土家族、苗族先民居住于深山老林之中，主要依靠捕猎为生,因而练就了高超的围猎技术。他们仔细观察野猪等动物经常活动的轨迹,然后在各个路口设下机关,随后寻找并惊动野猪,把野猪赶到事先设计好的圈套中,以此捕获猎物。后来,人们基于这种活动,创造了围猎"猪娘"的猪娘棋。

猪娘棋棋盘的画法也较为简单,首先画个大一点的长方形,然后在内部横竖各画三条线,将大长方形平均分割成16个小长方形。随后在长方形上边的中间处画一个倒三角形,三角形顶点与长方形边长的中点重合。最后在三角形中画个"十"字,棋盘便完成。该棋盘由"猪圈"和"场地"两部分组成,"猪圈"就是倒三角,是"猪娘"的起点;"场地"就是长方形,是"猪崽"的起点。

猪娘棋的游戏规则是:游戏为两方的对弈,一方为"猪娘",用一个大的棋子,一开始摆放的位置是棋盘中的倒三角的"十"字交叉点;一方为"猪崽",用16个小的棋子,一开始摆放的位置是棋盘中的长方形交叉点。对局开始,由"猪崽"一方先动棋子,其最终目的是将"猪娘"包围在"猪圈"中,使它无法移动即为获胜。"猪娘"每走动一步可以吃掉对方2个棋子,其最终目的是逃出"猪圈",或者将对方吃到只剩下2个棋子即为获胜。①

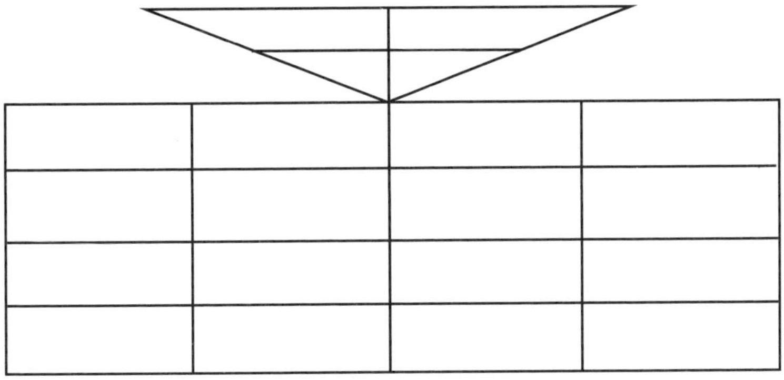

猪娘棋的棋盘(李帅通 绘制)

① 访谈对象:向气奉,土家族,67岁,阿扎河村退休教师;访谈人:李帅通;访谈时间:2020年7月22日。

6. 村落家谱

阿扎河村十分重视家族的谱系传承，一些家族仍然保存着自家的族谱。其中，黄姓族谱辈分排序为：居、绍、宗、先、德，世、承、贤、知、道，丙、运、永、家、正，泽、良、万、代、（仕）兴……彭姓族谱辈分排序：东、泽、玉、兰、会，世、万、勇、可、图，秀、元、书、易、阔……田姓族谱的辈分排序为：逢、万、映、家、中，德、成、启、庭、松，永、兴、光、国、正，文、世、大、朝、凤……族谱上所列的字用完后，后续辈分所要使用的字不得随意决定，需要同族中有威望的族人一同商议确定。

三、自然资源

（一）犀牛仙洞

阿扎河村有一个千年溶洞——犀牛仙洞，神话传说中犀牛仙在此洞中居住，故得此名。该山洞位于阿扎河的上游，猴子山半山腰处，属于喀斯特岩溶地貌，洞中景色令人叹为观止。洞中时不时传来蝙蝠的叫声，其身影可能会从人们头顶飞速掠过，心惊肉跳之余，别有一番趣味和生机。犀牛仙洞是水中之洞，碧波荡漾的溪水与奇异多姿的山洞景色交相辉映、天然成趣，在山与水之间游客可以尽情品味大自然的奥妙与神奇。犀牛仙洞亦是洞中有洞，洞孔繁多，洞洞相连，不同洞孔的自然景象各异，鬼斧神工的自然造景可以让游览者大饱眼福。洞中琳琅满目、形态万千的钟乳石、石笋将洞穴巨大的空间装饰得美不胜收。经过碳酸钙的千年积淀，洞中石壁顶部形成了造型多样的石幔、石乳，抬头仰望，高悬的石幔，有的像瀑布飞泻，波澜壮阔；有的像窗帘悬挂，婀娜多姿。倒立的一根根、一簇簇的石乳，笔直挺拔，犹如一把把利剑指向洞中大地。石柱、石笋姿态万千，有的宛如少女，亭亭玉立；有的像蘑菇，色泽自然；有的像宝塔，雄伟高大；有的像罗汉，妙趣横生。如果在洞内环视一周，会情不自禁感叹大自然的神来之笔,洞内奇妙的景观亦使人心旷神怡。

犀牛仙洞目前还没有得到有效开发,但其开发价值巨大。许多专家到阿扎河村参观考察后都对其大加赞美,一致认为该洞大有旅游开发的前景。2019年9月21日,湘西州规划设计院的院长龙忠率专家组一行到犀牛洞考察,并提出了旅游开发的相关建议。

犀牛仙洞中的景色
(胡正文 供图)

(二) 仙女浴池

在阿扎河的上游有一处天然浴池——仙女浴池。根据神话传说故事,因为阿扎河村风景如画,湖光山色,秀色可餐,优美的自然风光使得天上的几位仙女相约下凡在此游玩。一日,她们发现阿扎河上游有一处地方河面宽阔、水流平缓并且水位很浅,非常适合玩水嬉戏。于是她们几位便下水游玩了起来,而且由于在此游玩嬉戏十分开心,她们便经常光顾此地。仙女浴池也就因此而得名。

如今,仙女浴池的水依旧清澈见底,从岸上观察,可以看到一块块圆润的鹅卵石静静地躺在河底,大小不一的错落之美顿时映入眼帘。平静的水面倒映着周围的山色,水中之虚景与山中之实景交相辉映,美不胜收。

(三) 红石岭

阿扎河村分布着上千亩天然形成的红石岭。观察可见,该石岭由一层层的岩石堆积而成，层层叠叠，层次十分分明。由于岩石层堆积起来形成小岭且其颜色偏红，故被称为“红石岭”。红石岭属于地质地貌景观，该地貌形成时间十分漫长，经过长期的岩石积累以及不断的地壳运动，加之风化现象影响，逐步形成如今的景象。该地貌极具观赏性，目前阿扎河村已经将其规划为景区的一个主要游览点。

四、历史事件

阿扎河村是一处红色革命纪念地。1935年初，红军和游击队到达昂洞后，为起车（今阿扎河）人点燃了谋求解放的红色革命火种。他们所到之处，一方面大力开展打土豪、斗恶霸、分田地等红色革命运动，另一方面全力开展宣传，发动和扩充红色革命力量。这些宣传工作对依靠谁、团结谁、打倒谁、谁是我们的敌人、谁是我们的朋友等都作了生动形象的概括。先进的思想理念深入人心，因而对广大劳苦大众具有极大的感召力、吸引力和凝聚力，不少贫苦青年认识到了共产党的先进性，纷纷积极加入红军队伍当中。①

起车之战遗址碑
（阿扎河村村委会　供图）

在阿扎河村，一共有32名红军战士为人民的解放事业而牺牲并长眠于此。矗立于阿扎河的起车之战遗址碑以及革命烈士纪念碑，在无声地诉说着曾经发生在这里的波澜壮阔的红色故事，会一直铭记于阿扎河人的心中，带给人们坚定的信仰以及阔步前行的不竭动力。

1935年1月7日，红六军团17师49团2营营长魏长拔、连长彭兴国、游击大队长王子雄等率200余名红军和游击队员在昂洞、起车开展了轰

① 参见纪录片《红色湘西》第六集《守望·西水河的思念》解说词。

轰烈烈的打土豪、除恶霸的革命活动,活动得到了人民群众的大力支持和拥护。当地的土豪、恶霸闻风丧胆,急急忙忙到县城报信,请求国民党政权提供支援。1月10日深夜,保靖屯务军的团长朱德轩密令营长、大队长朱喜全带队偷袭驻扎在昂洞、起车一带的人民军队。朱喜全纠集四个中队和一个机枪连共120余人,在当地土豪、恶霸的指引下,趁着夜色,携带精良的武器兵分四路围攻昂洞、起车的红军和游击队。

两地红军、游击队队员在遭受突然袭击的情况下,伤亡惨重。战斗持续了3个多小时,游击队队员全被冲散,多位同志壮烈牺牲,只有魏营长、王队长率领部分红军和游击队员冒死冲破重围,向普戎转移。在起车的战斗中牺牲了32名红军和游击队员,在昂洞的战斗中牺牲了29名红军和游击队员。为了缅怀先烈,后来当地人将红军战斗的地方称为红军塘。那年冬天,这个山塘的溪水被红军的鲜血染成了殷红色,血水呜咽着注入阿扎河,并入艨艟溪,流进湘西母亲河——酉水。之后3年内,阿扎河和艨艟溪两岸的百姓,无一人下河捕鱼捞虾,不约而同地缅怀着红军英灵。①

五、村规民约

阿扎河村的村规民约依据当地的实际情况,经过民主程序征求群众意见后制定而成。该村的村规民约内容丰富、规定完善。村规民约对于该村经济社会发展、乡风文明建设、生态环境保护等领域均进行了一定的规则构建,起到了良好的社会治理效果。

阿扎河村村规民约

为推进阿扎河村民主法治建设,维护社会稳定,树立良好的民风,促进经济发展,全面建成小康村,经村委会组织召开村民代表大会讨论通过,决定制定本村规民约。

① 参见纪录片《红色湘西》第六集《守望·酉水河的思念》解说词。

一、学法、知法、守法和维护法律尊严是每个村民自觉行为，伸张正义，弘扬美德是村民的基本操守。

二、村民之间守望相助，和睦相处。禁止歧视残疾人。不打架斗殴，不酗酒闹事，严禁侮辱、诽谤他人，严禁传谣、严禁寻衅滋事。不听劝阻者，交违约金200～500元。屡教不改、情节严重的，移交司法部门处理。

三、遵规守法，鼓励创新型建设。损坏动植物引种、培育、选育的试验园及其他相关场所的，除照价赔偿外，另处5000元违约金。严禁偷盗、敲诈、哄抢国家、集体、个人财物；严禁赌博和从事封建迷信活动；违者除交违约金200元外，触犯刑律的移送公安机关处理。

四、爱护公共财产。不得损坏水利、交通、供电、通信、生产、娱乐等公共设施及器材。违者除交500元违约金外，照价赔偿。

五、村民不得违规上访。凡是产生矛盾、纠纷、利益冲突均须村委会调解，调解无效后签出意见交由上一级政府处理。

六、强化村同建同治建设。积极开展文明卫生村建设，搞好公共卫生，加强村容村貌整治。严禁随地乱倒乱堆垃圾、秽物，修建房屋余下的垃圾碎片应及时清理，柴草、粪土应定点堆放。违者交缴违约金50～200元。

七、消除火灾隐患。家庭用火做到人离火灭，薪柴远离火炕和灶台；用电线路须定期检查，并及时修理，更新损坏或老化线路；教育小孩，严禁玩火或乱放烟花爆竹。

八、实行计划生育。自觉遵守计划生育法律、法规、政策，提倡优生优育。

九、尊老爱幼。村民群众要自觉发扬中华民族的传统美德，严禁虐待、遗弃老人和损害妇女儿童权益。对不履行赡养义务和抚养义务的，一经发现交违约金200～500元，同时村民委员会有权不安排发放救济钱物及生产扶持等，情节严重的，移交司法部门处理。

十、消除纠纷。村民之间不得在田土及房屋前后的边界上种植树木，以免引起邻里纠纷。对以前种植或自然生长的，双方协商修拔或采取其他方法处理。

十一、严禁参与非法活动。反对非法宗教活动，打击邪教组织。对参与非法宗教活动的村民处以违约金1000元；对本村邪教组织者、操纵者送交司法机关处理。

十二、平等相待。建立正常的人际关系，不搞宗派活动，反对家庭主义和拉帮结派的山头主义。

十三、奖勤罚懒。对因好吃懒做、游手好闲造成家庭生活困难的，村民委员会概不救济和扶持。

十四、加强牲畜看管。猪要圈养，牛羊上路、进山要有专人管护，如果损害他人庄稼及其作物要照价赔偿。

十五、文明养犬。农户应自觉拴养或套嘴笼游放犬只。如若犬只伤人或损害他人家畜家禽必须赔付损失。对威胁村民人身安全或侵犯村民利益的不加管理的犬只，村委会有权组织人员将其击毙。

十六、保护土地资源。村民承包的责任地、自留地、责任山、自留山，属村民委员会集体所有，受法律保护。村里有入股、转包、互换的权利，但须经村民委员会备案认可。未经村民委员会许可，外籍人员皆不得下葬于辖区内。

十七、封山育林。严禁私自砍伐林木和挖掘植物，严禁毁林烧炭。砍伐水源涵养林或挖掘一株杂木林，补种三株，给村委交苗木抚育费20～500元；砍伐或挖掘一株经济林，给村委交苗木补植和苗木抚育费100元；砍伐一株古树和村寨风水林，处以2000元违约金，并承担全村人员禁山会开支。禁止无证运输木材，违者交违约金500～2000元；情节严重的移交林业部门处理。

十八、森林防火人人有责。禁止在林区烧火取暖，烧灰积肥。烧香敬祖、清理坟墓应严防火灾。因违反规定引发火灾，造成国家、集体或个人利益受损的，除补植补造和赔偿经济损失外，另交违约金200～500元；未成年人引发的火灾损失，由监护人承担上述责任；情节严重的移交相关部门处理。

十九、辖区禁猎。不准打猎、打鸟、挖掘穴居动物和毒鱼、电鱼、炸鱼，违者必究，除收缴猎具外，并处200元违约金。

二十、喜庆丧事一律从简。除婚事、丧事外，本村村民一律不准以其他任何名义操办酒席，不准采取分批、延时、包席、异地操办等形式变通办酒席。喜事新办，丧事从简，破除陈规旧俗，反对铺张浪费、反对大操大办。

二十一、对村公益事业每位村民都有义务劳动。不劳动的必须以资代劳，按市场劳务工资缴纳。

二十二、村民故意不交违约金的，村委会有权扣发当事人及其家庭共有的各项补助费用。

二十三、充分发扬民主、保护民主权益、实行一事一议制。村公益事业及攸关村民切身利益的事务，须经村民代表大会讨论表决通过方可执行。严禁专权办事。

二十四、保护村寨名胜古迹及地貌景观。严禁损坏前人遗留的古墓、门廊、古墙、石板坪场、岩板路；禁止破坏溶洞钟乳石、有景观价值的岩体。违者处以5000元以上10000元以下的违约金，情节严重的移交相关部门处理。

二十五、自觉遵守和服从村级服务群管理规定，弘扬社会正能量。

二十六、阿扎河村村规民约细则或修正案因历史变迁和时势需求，村民另行酝酿议定。

二十七、积极配合搞好扫黑除恶专项斗争，确保国家长治久安，人民安居乐业。

赔偿价目表

品种	数量	赔偿价值
玉米	株	0.5斤
稻谷	蔸	0.5斤

续表

品种	数量	赔偿价值
小麦	蔸	0.5斤
高粱	株	0.5斤
油菜	株	0.3斤
黄金茶	株	20元
桑苗	株	20元
烟苗	株	10元
油茶	株	20元
瓜类	蓬	25元
辣椒	株	2元
蔬菜	株	2元
杉木苗(新植)	株	5元
桂花苗(新植)	株	10元
香椿树苗(新植)	株	5元
南竹	株	2元
药材苗	株	10元
金钩莲	株	20元

注:未列的品种可由双方当事人根据市场价格协定。

(本章由李帅通撰写)

第九章　巴科村

巴科村位于保靖县毛沟镇西北部，距县城55千米。北与碗米坡镇相邻，西接白云山林场，南与田冲村交界。该村地处白云山国家级自然保护区，生态环境优美，自然资源和人文资源丰富。巴科村主寨保存有始建于清朝的古街道，其整体呈“井”字形交织，远远望去，村内土家族吊脚楼错落有致，十分和谐。巴科村蕴藏了丰富的土家族文化遗产，如打溜子、摆手舞、上屋梁、哭嫁歌等。2019年6月，巴科村被列入第五批中国传统村落名录。

一、村落概况

（一）地理生态环境

巴科村属于丘陵地带山村，气候为亚热带季风性湿润气候。这里地势东北高西南低，森林覆盖率达85%以上，村内的巴科河，为西水河的主要支流，由南向北汇入下游的西水河。河流两岸树木葱郁，溪水清澈蜿蜒，民居大多分布在溪流两岸，掩映在青山绿水之中。河流出口处，草长莺飞，牛羊成群，生机盎然，从高处鸟瞰全境，俨然一幅江南水乡的图画。

巴科村位于白云山国家自然保护区之内，自然环境具有得天独厚的优势。村落内植被丰富，背靠白云山自然保护区，有丰富的植物资源。这里四面环山，四季分明，气候宜人，夏无酷暑，冬无严寒，加之环境优美，是理想的休闲养生场所。村落的整体景观风貌表现出“山水—农田—村落—人文”和谐共处的特征。村中有特色的八大景观：佛山高照、将军打坐（又名“将军岩”①）、狮象攀岩、中流砥柱（又名“马鞍山”②）、天马待乘、天马行空、风洞藏珍、玉品吐翠。

巴科村整体风貌图（保靖县人民政府　供图）

巴科村先民选择定居于地势较缓的山坡地带，房子坐北向南，村落依山而建，房前屋后地势平坦，村内巷道、石板路四通八达。其选址体现了古人

① 此岩石像将军一样屹立在山顶，传说此将军岩庇佑着巴科村，使之人才辈出，村中有云“山上有个将军岩，照到巴科出秀才”。

② 此岩石像一匹即将奔驰而起的骏马，体态优美，寓意它载着巴科村的有识之士奔出大山，尽情去展示他们的才华。

“向阳而生”的理念，目前传统村落保存基本完好。

巴科村古巷（曾礼　摄）

（二）村落历史

巴科村历史悠久。据记载，巴科村先民于明嘉靖年间在此立村建舍，经历明、清、民国近500年的历史发展，至1956年隶属毛沟乡。1958年人民公社时期隶属永和公社，1961年隶属毛沟公社。1983年废除人民公社建乡，隶属毛沟乡，1999年撤乡建镇，改为毛沟镇，隶属毛沟镇。据记载，“巴科”一词有三种解释：其一，在土家语中，“巴”即回，“科”即窝或家，合二为一，意为常回家；其二，“巴”为石头，“科”即多，意思为村内石头多，故名①；其三，意为“打深水锅的好地方”②。

巴科村现有12个自然寨，包括舍木科、龙溪虎、跨湖、龙溪坪、李家、大坪、牙土村、望高坡、坟山、彭家、高楼、巴科大寨。其自然寨的命名颇有特色，例如高楼寨因位于斜坡上，房屋一层高过一层，远观似高楼叠起而得名；龙溪虎寨因境内有条山岭似龙，岭下有溪，从前山大林茂，多藏老虎而得名；龙溪坪寨因位于坡脚一块坪内，寨前内有条小溪，寨后山岭似龙

---

① 参见《毛沟镇志》编写领导小组《毛沟镇志（1861—2014年）》(非正式出版物)，第40页。

② 参见保靖县旅游局宣传手册。

而得名；跨湖寨因寨下有几口大塘，人们进出村寨都要绕塘而过得名；望高坡寨因地势较高，看得远而得名；彭家寨因村民多姓彭而得名；坟山寨因周围多坟墓而得名；大坪寨因境内有块较大的土坪而得名。

（三）村落人口

巴科村为传统土家族聚居村落。根据该村村民委员会数据，全村共有9个村民小组，589户1885人，其中土家族占人口的90%。村内共有7个大姓，分别是田、彭、贾、何、冉、白、杨，其中以田、贾两姓人数最多。据说300多年前一个名叫贾明寿的年轻人前往巴科大寨投靠亲戚，村落由此产生贾姓。

（四）物产与特色产业

巴科村是历史悠久的高山农耕古村寨，据村里老人介绍，20世纪70年代以前，巴科村主要种植红稻米，由于产量低，后来逐渐淘汰。现在主要种植稻谷、猕猴桃、黄桃等作物，本地主要养殖水牛、黑猪、山羊、乌鸡、草兔等。村里经济来源以种养为主，三分之二的年轻人在外务工。

巴科村的种植产业以猕猴桃、黄桃和黄金茶为主。村里种植有黑心猕猴桃、红心猕猴桃、江苏黄桃。其中，猕猴桃种植是村内的主要种植产业，种植面积约1200亩，而且猕猴桃采用现代化绿色无公害技术种植，无农药残留，在市面上有较大的优势。黄桃种植面积约有300亩。黄金茶在1975年开始种植，现在种植面积达到600亩。村内养殖方式以散养为主，主要养殖猪、牛、羊、鸡。另外，养蜂是巴科村的特色产业，全村约六分之一的人口从事养蜂业，每年只取一次

巴科村猕猴桃种植（曾礼　摄）

蜂蜜，虽然蜂蜜产量较低，但蜂蜜质量好，售价达到150元/斤。巴科村有专业化养蜂人家，如田仁进、田茂海。村里修建有巴科村水厂，将巴科村天然的山泉水灌装成桶装水外销，名为“白云山矿泉水”。

（五）经济社会发展状况

俗话说“坐山靠山，坐山吃山”，当地人世代过着砍山讨吃的生活。在没有田土的村寨，勤劳的土家族人会在沿路沿山一带开荒，以维持生计。劳动力富裕的人家尚能独立生存，匮乏劳动力的人家，往往通过村寨帮工，以维系家庭成员的生存。开荒的主要活动是砍山烧灰，使土地不会缺肥，俗称“砍火畲”。土家族的青壮年劳力，膂力过人，一锄下去可撬开一尺见方的土块，用锄头擂细，再拣出杂草、树根和茅根，俗称“批土”。也有的翻土暂时不批，任由冬霜大雪覆盖，次年再整地。适时再点种小米、燕麦等，秋季就可收获。冬天再辟一处，重新开荒“破火畲”。这样耕种不需肥料，作物也得收获。这种砍山讨吃的方式，一直延续到20世纪60年代。① 近年来，当地政府和人民坚决贯彻落实“坚持以经济建设为中心，落实高质量发展要求，打好产业转型升级、红色旅游、乡村振兴三张牌”，结合农业发展重点，大力推进绿色发展。巴科村也响应国家的号召，不再伐木、烧炭、打猎，而是植树造林，保护生态。近年来，村里人为生活寻找新出路，开始种植经济作物。

新建的巴科村村室，含图书室、健身活动器材等设施，村内有卫生室，每个卫生室配套医务人员两人，床位两张。村内有一个小学，共三名学生，一名代课老师，其他适龄学生均到保靖县城或毛沟镇区上学。目前，村落内已实现集中式供水，水源取自山泉水，在各自然村设置高位水池，经过滤、消毒后给村落提供集中供水。

---

① 参见《毛沟镇志》编写领导小组《毛沟镇志（1861—2014年）》（非正式出版物），第173～174页。

二、文化遗产

（一）物质文化遗产

1. 传统民居

巴科村整体风貌保存较为完好，村寨依山而建，建筑样式以传统土家族木房为主，既有结构较为简单的普通木房，也有样式独特的土家族吊脚楼；村内风貌保存较好的传统建筑既有吊脚楼，也有大量的木结构清代民居，还有典型的民国风格建筑。这些建筑带有浓郁的地方色彩，属于重点历史风貌建筑。

村内传统建筑布局较为紧凑，但新老建筑的分布较为混乱，呈现出不同年代不同风貌建筑混合排布的特点。村内大多数传统建筑建造于清末及民国时期，占总数一半左右，这些建筑大多为组合式吊脚楼，分布在山脚至山坡上，背山向阳，是展现村内风貌的主要部分。中华人民共和国成立后的建筑多为居民自建的低层住宅，建筑风貌也属于传统建筑，与传统建筑风貌较为协调。但20世纪90年代后建造的建筑多为砖混结构，与村内原始风貌区别较大。

整体上看，村内20世纪60—80年代修建的房子至今已有一定历史，质量大多一般，这个时期的建筑多为木结构，与传统风貌建筑较为协调。传统建筑保护方面，清代和民国时期的建筑是保护的重点。此外，村内还有少量缺乏日常维护的传统木构建筑，虽然原有的建筑形式得以保留，但门窗、墙体和屋顶已有较大程度破坏，需要尽快采取措施加以保护修缮。

寨内住宅为一家一宅或几宅。土司时代土王的居所雕梁画栋，屋顶盖瓦，而平民则“只许买马，不准盖瓦”，所以昔日屋舍往往木叉搭架，茅草盖顶。后来过渡到木房，多采用三柱四挂、三柱六挂、五柱八挂等不同规格的构造方式，一栋四排三间或五排四间，中间为堂屋，左右两厢住人。五柱以上者，多以中柱为界，分前后两间，结构对称，前一间放置火坑又兼作火房，房中掘一坑，谓之火塘，中立铁三脚架，架设鼎罐、锅子，火塘上方吊一炕架，作熏腊肉、炕湿物用。后一间为父母居室，父母居左侧，儿、媳居右。兄弟众多之家，则兄弟分住左右，父母于屋后住“抱儿房”。正屋两头，一般都会各造一个两层“马墩”，上层用木质栏杆围起来，下层接立柱，立柱有金瓜形状的木雕装饰，是谓吊脚楼，住未出阁的土家族闺女，房下安放碓、磨。偏后侧设猪栏、牛屋并作厕所。

土家族吊脚楼也叫“吊楼”，多采用木结构、小青瓦、花格窗、司檐悬空、木栏扶手。以前的吊脚楼一般以茅草或杉树皮盖顶，也有用石板盖顶的，现在，吊脚楼屋面多用泥瓦铺盖。吊脚楼四壁用杉木板开槽密镶，讲究的人家还会在木墙壁里里外外都涂上桐油，使房子又干净又亮堂还防腐防潮。吊脚楼属于干栏式建筑，但与一般干栏有所不同。这里的吊脚楼干栏是全部悬空的，所以也称为半干栏式建筑。吊脚楼的中间为堂屋，左右两边称为“饶间”，作居住、做饭之用。饶间以中柱为界分为两半，前面作火炕，后面作卧室。在有吊脚的部分，楼上通常有绕楼的曲廊，曲廊还配有栏杆。

土家族吊脚楼的窗户雕花上有浮雕、镂空等多种雕刻工艺，雕刻手法细腻，内涵丰富多彩。雕刻图案有的象征地位，有的祈求吉祥，有的表现农耕，有的反映生活，有的教育子孙，有的记录风情，有的刻画飞禽走兽、花鸟虫鱼，有的再现神话传说内容……题材多样，栩栩如生，美妙绝伦，意蕴深刻。

巴科村传统民居窗户雕花（曾礼　摄）

巴科村村民田文富住宅及其建筑细节(曾礼　摄)

吊脚楼的修建也颇为讲究,多依山就势而建,呈虎坐形,以"左青龙,右白虎,前朱雀,后玄武"的布局方向为最佳屋场,讲究朝向,或坐西向东,或坐东向西。建造吊脚楼是当地人生活中的一件大事。第一步要备齐木料,土家族称为"伐青山",一般选椿树或梓树,椿、梓因谐音"春""子"而寓意吉祥,意为春常大,子孙旺。第二步是加工大梁及柱料,称为"架大码",在梁上还要画上八卦、太极图、荷花莲子等图案。第三步叫"排扇",即把加工好的梁柱接上榫头,排成木扇。第四步是"立屋竖柱",主人选黄道吉日,请众乡邻帮忙见证上梁。上梁前要祭梁,然后众人齐心协力将一排排木扇竖起,这时,鞭炮齐鸣,左邻右舍送礼物祝贺。立屋竖柱之后便是钉椽角、盖瓦、装板壁等环节。富裕人家还要在屋顶上装饰向天的飞檐,在廊洞下雕龙画凤,装饰阳台木栏。

吊脚楼的最大特点是正屋建在实地上,厢房除一边靠在实地和正房相连,其余三边皆悬空,靠柱子支撑。吊脚楼有很多好处,高悬地面既通风干燥,又能防毒蛇、野兽,楼板下还可放杂物。吊脚楼还有鲜明的民族特色,优雅的司檐和宽阔的走栏使吊脚楼自成一格。

土家族房屋四周多用土板墙或石墙围成单院。巴科村吊脚楼样式大致分为“双手推车吊脚楼”“两进两重堂”“一字长龙”等多种样式。他们还常在屋前屋后栽花种草，栽种各色果树，但是，前不栽桑，后不种桃，因与“丧”“逃”谐音，当地人认为栽种两种树不吉利。院中还留有晒谷坪，并在谷坪前用占卜选择吉利的方向立一“八”字形朝门。这种封闭式的房院，是土家族宅院的特点。

2. 古街道

巴科村主寨现存古街道始建于清朝，至今保存完好。巷道整体呈“井”字形交织，并以此组织交通。街巷纵横交错，因村落内建筑高度密集，故以巷道联通各民居。村落内巷道宽1米至2米不等，通常公共空间处较宽，民居小巷处较窄。村落的街巷采用当地传统材料铺装，多以青石板为主，保存较好，但也有少量路段用碎石和黄土做铺装。由于村落内居住高度集中，户与户之间屋檐相连，街巷空间随建筑布局收张有致，建筑与街巷空间尺度比为4:1到3:1。

街道内景（曾礼　摄）

巴科村古街道整体风貌（保靖县人民政府　供图）

（二）非物质文化遗产

1. 民间文学故事

经笔者采访调研，记录了一些在巴科村较为流行的民间文学故事，包括神话故事、歇后语等。

（1）燃指和尚传说

俗话说“深山藏猛虎，大江走蛟龙”，毛沟镇有五山八梁一河，山峦重叠，竹木幽深，人杰地灵。在清朝康熙年间有个燃指和尚的故事在当地广为盛传。燃指和尚，俗家姓田，他年幼之时，父亲亡故，与母亲相依为命，后来母亲改嫁到贵州。到了谈婚论嫁的时候，由于他勤劳朴实，邻居给他说了一门亲事。因为男女双方都比较满意，于是便选定了一个日子，准备成亲。于是，他便去贵州迎接母亲回家主持婚礼。谁知，继父不同意，母亲只能含着眼泪送他回程。回家的路上，他心中非常苦闷，觉得自己的终身大事竟然没有母亲参加，这个婚不结也罢。想到这里，他决定不再成家，就在宝灵山削发为僧。由于他一直不认识字，便做了一个不会念经的和尚，开始时，他总是每天下山化缘，勉强度日。后来慢慢就很少出门，总是一个人独坐庙中，人们也渐渐将他遗忘。有一年，天气格外寒冷，人们一个月都没看见和尚出门，一帮好事者想看看他，便在一个风雪之夜相约去宝灵山。在距庙大约500米的地方，人们突然发现庙内灯光如雪，觉得很诧异，上前一看，只见和尚一人瞑目盘坐于禅床上，竖起的左手食指指尖上发出白光丈余，直冲屋顶，把整个山庙照得亮如白昼。众人十分惊骇，不敢惊动和尚，便悄悄下山。第二天，人们再上山去看，想向他了解一下昨天夜里究竟是怎么一回事，然而，和尚早已不见踪影。后来，人们便将这位田姓和尚称为“燃指和尚”。①

---

① 参见《毛沟镇志》编写领导小组《毛沟镇志（1861—2014年）》（非正式出版物），第169～170页。

（2） 聚(圈)蛇术传说

这种聚（圈）蛇术具体的仪式和咒语很少有人知晓，到如今已经失传了。相传两岔将军岩有一位名叫王天贵的人，人称“王快活”，他有一绝活，叫聚（圈）蛇术。所谓聚（圈）蛇术，就是将附近山野之间的蛇招聚在一起，使一般上山劳作的人们不至于受到毒蛇的攻击。另外，还有一种锁蛇术，是土家族上山打猎和采药前的祭祀习俗，一般是在自己家中的隐秘处设置一个神龛，祭祀山神。狩猎者或采药人在进山从事生产的前一天，必须斋戒，忌同房。斋戒一天后，狩猎人或采药人独自一人跪在神龛前祭神：先祭酒三碗，再烧香纸，然后心中默默念咒语，念毕，祭祀者一口气将三碗酒喝干，再将酒碗反扣于神龛前，掉头就走，立马上山，不许回头看。据老人讲，祭祀者反扣酒碗于神龛前的做法，实际上是将自己的灵魂寄在此处，求山神妥善保管。①

（3） 歇后语

张太保借钱——默认；鸡抱鸭儿——枉费心；老鼠抱葫芦——大的后头；麻布上绣花——底子太差；鸡脚上刮油——刻薄（剥）；田坎上栽豇豆——一路；冬瓜做甑子——要垮；懒人守鸭子——不简单（捡蛋）；麻先生架罗盘——大家斟酌；梁麻子教书——重来。

2. 传统服饰

在旧时，土家族女孩自六七岁开始便跟着祖母或姑母、母亲学习捻线、染色、织造。《保靖县志》记载，女勤于织，户多机声。土家族织锦以棉纱为经线，以集股的彩色粗丝或用土红、藤黄等矿植物染料制作的绵毛线为纬线，巧妙地搭配色彩，模仿动植物形态创作几何图样，采用通经断纬的方法，手工挑织粗厚的纤维棉布。《永顺府志》记载，“土人”以一手织纬，一手用细牛角挑花，遂成五色。锦布幅面较窄，《龙山县志》记载，土苗妇女善织锦。裙被或金丝为之，或间纬以棉……机床低小，布绢幅阔不宽。在改土归流以前，

① 参见《毛沟镇志》编写领导小组《毛沟镇志（1861—2014年）》（非正式出版物），第171～172页。

土锦主要用于制作服饰，且男女无异，后多用来制作被面。

土家族女儿出嫁前在家织作的土锦都是属于自己的，叫“私房”，出嫁即可全部带走。因土锦幅面窄，用作被面一般要拼拢三幅才可。出嫁时，女家制作土花被面，男方除了提供被里外，每床还要出两块青色的挡头布。挡头布是镶接土花被面用的，一是在白里布间镶以黑色，更衬得土锦华贵艳丽；二是可节用贵重的土锦；三是可保护土锦少遭汗污。一般私房土锦可延用好几代人。

现代的土家族服饰大多各自研制不同款式，种类繁多。其结构款式整体上以简朴实用为原则，喜宽松，结构简单，衣短裤短，袖口和裤管肥大。土家族男女老少皆穿无领滚边的开襟衣，衣边衣领会绣上绣工精细的花纹。土家族男子穿琵琶襟上衣，缠青丝头帕。妇女穿着左襟大褂，滚两三道花边，衣袖比较宽大，下面穿镶边筒裤或八幅罗裙，喜欢佩戴各种金、银、玉质饰物。土家族妇女从上衣的衣领到下摆再到衣裙脚绣有一寸五宽的花边，衣袖各有一大二小三条花边，大花边一寸五宽，小花边有手指宽。袖大一尺二寸许，花边宽窄与衣袖相同。另外，胸前外套围裙，俗称“妈裙”，围裙上为半圆形，下为三角形，从上半圆形到下脚也有一圈花边，宽约一寸。围裙胸前绣花约五寸见方，围带即花带，均为五彩丝线织成，一般二尺长，两头分别留有三寸未织的花环。

3. 传统习俗

（1）婚嫁习俗

在过去，土家族男女青年，通过生产劳动和对歌、吹木叶、跳摆手舞等活动相识相爱，征得土老司同意即可成亲。改土归流以后，遵行县令的规定，始有“父母之命、媒妁之言”和求婚、订婚、拜年、结婚、回门等礼俗。同治年间修撰的《永顺县志》较详细地记载了土家族婚俗礼仪：

> 男家择门户相偶，请媒妁至女家求亲。既允，乃备礼，送庚帖，馈以簪环衣服羊酒之属，曰定亲。女家以庚帖、巾扇答之。自此，亲谊往来，

> 动必以礼。将娶,用礼物以通佳期,曰上头。或复以衣服簪环馈女家,曰过礼。迎亲之日,两家各开宴迎宾。簪花,用鼓乐花轿,女家戚族送亲。赴女家宴者,带礼物相赠,曰添箱。新妇烹茶汤盥水,送举家老幼,曰拜茶。或是日即备筵送妇父母,或俟三日而送,曰三朝饭。于归后日,偕婿往省父母,或三日,或择日,或俟春朝,统曰回门。母家延客以宴婿,曰陪郎膳。赠以簪佩果品,曰插带。女归夫家日,必具米粢以遗之。至聘礼嫁奁厚薄,视家贫富为衡之。①

在巴科村,传统婚嫁习俗主要有以下程序和内容:说媒、相亲、纳彩、问名、纳吉、纳征、订盟、择期、迎亲、亲迎、拜堂、入洞房、闹洞房以及回娘家等婚后礼仪,其中出现了诸如婚典俗信、哭嫁俗歌的特色民俗形式。随着时代的发展,传统婚礼习俗又融入了许多现代元素,整合成比较大众式的婚嫁礼俗,但也有包括谈婚论嫁、缘定三生、结婚登记、择定婚期、置办嫁妆、寄发请柬、装饰新房、张贴婚联、布置婚典现场、嫁衣装饰、送嫁迎亲、举办婚宴、婚礼致辞、欢闹洞房、拜亲访友、酬谢答礼等不乏特色的仪式。②

求婚 求婚过程中一个重要角色是媒人,通常是男家请女家的亲戚为媒,或姑妈、姑爷,或伯伯、伯母,或叔叔、婶娘。媒人说媒期间,只要女家没有放话同意,媒人便会不厌其烦地往返于男女家中,直至说成。

男家请媒人去女家说亲,请媒人前要"发脚杯",即备办一席酒菜,用红纸写一个请帖,将媒人请来,意为犒劳媒人起身去说媒。俗话说"不请发脚杯,隔山打破嘴。吃了发脚杯,发脚又发嘴"。③媒人说媒需带雨伞,曰"团圆伞",它既是求亲说媒的标志,也是婚姻幸福、圆满的象征。就

---

① 转引自彭荣德《土家女儿做新娘》,中国民间文艺出版社1989年版,"前言"第5~6页。

② 参见《毛沟镇志》编写领导小组《毛沟镇志(1861—2014年)》(非正式出版物),第129~132页。保靖县民族事务局编《保靖县民族志》,民族出版社2015年版,第134~136页。

③ 参见彭荣德《土家女儿做新娘》,中国民间文艺出版社1989年版,第1~2页。

如山歌所唱“昨夜做梦做得怪，又打伞来又劈柴。打伞是个团圆梦，劈柴又是两分开”。① 进门后媒人将雨伞倒立在大门外，空手进屋，若女方家把伞倒过来，则表示不拒绝这门亲事。媒人第二次上门，就可以把伞倒立在堂屋内，若女方家将伞拿进火塘，即示意亲事有了进展。媒人第三次上门，带一块肉和一把伞，把伞倒立在火塘屋，若女方家把伞拿进内房，并杀鸡招待，则表示同意这门亲事。

土家族除了说媒，还有“唱媒”，土家族媒人一般都是能说会道且善唱者。媒人到女家，未曾进门先露笑，跨进门槛笑满屋。彭荣德的《土家女儿做新娘》一书中记录了一段媒人与女方家的唱词应答：

媒人唱：“太阳晒得烂脚杆，我做梦爬火焰山，喜鹊喳喳吵醒我，它讲你屋有酒干。”

女家回绝道：“我家住在背阴坡，苞谷还在长个个，要是哪天出了甑，山字海碗出你酌。”

若是女家同意，则唱：“我家住在茅草窝，媒人哥哥（姐姐）你走错脚。穷家不过清淡酒，不晓得能喝不能喝？”

媒人为男家吹牛，则唱：“凤凰开声唱了歌，不是蛟龙不敢合，都讲你家有美酒，不是金杯不敢酌。”

女家唱：“麻雀难攀喜鹊窝，鸭子不配下江河，既是蛟龙请下海，我家不过干岩壳。”

媒人唱：“老牛也会错犁路，老马也会打蹩脚，若是哪里没周全，我勾起脑壳认个错。”“瞒千瞒万莫瞒我，我晓得——你家有个美娇娥，她鼻子和爷一个样，眼睛硬和娘脱得壳。”

女家唱：“翅膀最硬是雁鹅，嘴巴最狠是媒婆，猴子上树你哄下树，岩头包包你哄得活。”②

---

① 参见彭荣德《土家女儿做新娘》，中国民间文艺出版社1989年版，第3~5页。

② 参见彭荣德《土家女儿做新娘》，中国民间文艺出版社1989年版，第6~8页。

若是婚事说合了，男女双方都要谢媒，除酒饭之外，一般男家要给媒人谢一个猪头，女家则要给媒人谢一双鞋，男家则会再配上一双袜子。有的地方是在女家同意婚事之后便会谢媒，有的地方则是要在举行了婚礼吃了“正酒”之后，再正式谢媒。

当地土家族还有骂媒人和媒人骂的习俗。骂媒人分为“文骂”和“武骂”。说是“骂”，其实并没有当真的意思，骂媒人的内容大多体现为女子对父母的不舍，表现出不想出嫁的意愿，以示对父母养育之恩的感激。而媒人也会借此机会，展示自己的肚量和口才，对骂媒人的内容一一还击，其中的嬉笑成分很重，并没有当真骂的意思。①

订婚 男女双方生庚“八字”相合，即可订婚，俗称“放爆竹”。订婚之日，由媒人带男儿和挑夫，挑上酒肉、衣服、首饰、糯米粑粑（俗称“耳朵粑粑”）、鞭炮等物。到女家后，先放鞭炮，祭祖先，女婿给女方父母磕头，然后去女方伯伯叔叔家送礼，放鞭炮，磕头相认。当天，女家会宴请亲友，给亲族每家两个粑粑。这样，这门亲事就得到社会认可。

拜年 订婚后，一般要至少过一年才能结婚。正月期间，男家要到女家拜年，俗称“打年节”，日子一般选在双数日，意为“求双”。拜年的礼物有红纸包着的猪腿一只，用红绿色绘成图案的粑粑、团馓若干，还要给女家伯伯叔叔送腊肉一块、面条一包。女家父母叔伯要给男方馈赠钱物，女儿要给男儿送两双自己做的布鞋。若当年男家想要结婚，男家拜年必须送带尾巴的精腿一只。若女家当年不同意结婚，就把猪尾巴割断用红纸包好，放在女家“打发”的布鞋里，以示不同意当年结婚。

逢其他重大节日，男家也要“打节”送礼，可以只送女家，女家近亲便可以不送了。在端午节，男女双方还要“接客”，即做东的人家到客家请人做客。农历五月初四、初五过小端午，五月十四、十五过大端午。哪家先过小端午，哪家便先接客，在大端午则会“倒接客”，“接客”的先后，男家、

① 参见彭荣德《土家女儿做新娘》，中国民间文艺出版社1989年版，第12~33页。

女家均可。①

无论是拜年或者过节，礼品中是不可以有猪头的。因为猪头一般是送给媒人的，意味着这门亲事是媒人开的头，若是把猪头送给女家，意味着这门亲事是女家倒说媒，是对女家的羞辱。②

结婚 土家族人结婚要先选日子，男家要在婚前一年或半年与女家协商婚期。嫁娶日子定下以后，男家则请媒人带上酒肉和衣服等礼物，到女家“送日子”，正式决定婚期。婚期定下后，男家要做好接亲的准备，备好过礼的酒肉、礼布和新娘衣服、首饰等。女家要准备嫁妆，一般都备陪嫁的柜子、箱子等用具和四五床或七八床被子，经济条件好的要陪嫁“高一套”“矮一套”全套家具和十二床被子。女家的亲友也要送礼品。新娘的衣服多少由女家决定，但是女家缝几条裤子，男家就要做几件衣服；女家准备几床棉被，男家就要送几床白布里子，女家还要准备花鞋子、花带子、花帕子等。结婚的当天晚上，鞋子由新娘新郎送给男方的长辈，长辈收到新鞋以后，要给新娘“打发”钱物。带子、帕子送给晚上闹新房的同辈或晚辈亲友。

结婚前一个月或半个月新娘要开始哭嫁，全寨相好的姐妹都会来陪哭，哭嫁的内容有哭父母、哭哥嫂、哭姐妹、哭亲友、哭祖宗、哭开脸、哭穿衣、哭上轿等。

婚嫁前三天，男家派人到女家送礼，俗称“过礼”。礼物有酒、肉、衣服、首饰、被盖里子等。婚前一天，女家要宴请亲朋，俗称“戴花酒”，亲朋好友前来为新娘戴花贺喜，为新娘开脸、上头、修理眉毛、梳头，把头发挽成圆髻。酒宴上，一般舅家送礼最重，叫“舅爷礼”③，舅父舅母也要坐“上马位”④，以示敬重。

---

① 参见彭荣德《土家女儿做新娘》，中国民间文艺出版社1989年版，第56页。

② 在当地土家族的习俗中，猪头一般只出现在送媒人和丧葬习俗中。

③ 除钱币外，舅父舅母还要各送备礼一盘，舅父送一盘糖馓、一匹红绢、一条丝帕、一对金箔花；舅母则送一盘糖馓、一匹彩绢、一对绢花。

④ 这是约定俗成的靠上首的位置，如果在堂屋设宴，上首席位便在神龛的正下方。

“戴花酒”的当天下午由“头嘎”（即媒人，标志是拿一把雨伞）、“二嘎”（管“哭脸粑粑”和“三茶六礼”的人）、“摸米”（新郎的代表，一般由比新郎略小的弟弟担任）领头，接亲队伍跟行，一路上吹吹打打到女家迎亲。迎亲队伍到时，女家用大桌子拦门，行拦门礼，由男家的礼官（或执事）和女家的内管互相问答、对唱。土家族有歌曰：“花花轿子来接亲，一张桌子拦大门，男女各请巧舌议，盘天盘地盘古今。”

若男家礼官赢了，女家会搬开桌子；若男家礼官输了，便要从桌子下爬进去，迎亲队伍才能跟着进屋，将花轿停在院子里。有的还要“换鸡”，接亲队伍中有一人提着鸡笼，里面装一只公鸡和一只母鸡，到女家里后，要与女家换一只，或以公鸡换公鸡，或以母鸡换母鸡。土家族人认为鸡是繁衍和财气的象征，交换后有利双方家族兴旺。

当天晚上，“摸米”要到新娘的亲族各家敬神磕头。深夜，陪哭女伴手涂锅烟，寻找“摸米”及迎亲的男青年，往他们脸上抹黑。传说谁被抹的锅烟多，爱他的姑娘也就越多。

第二天上轿前，新娘要辞家，行奠酒仪式，祭拜事先点好香烛的神龛，俗称“辞香火”，然后再依次拜公婆、父母、外公外婆、舅爷舅娘、媒人。俗话说“先有两边——一边有儿，一边有女，才会有媒人。”最后再拜各边末尾的姑爷、姐姐等稍远一些的房族或同辈至亲。①

上轿时，新娘穿大红露水衣、露水鞋，胸前配一铜镜，由送亲娘子引出房门，哭别父母等亲人后，拜过天地、祖先，再踩四方斗，把筷子前后各丢一把，然后由胞兄或胞弟用背亲布背上轿。新娘上轿前，用脚在轿杆上蹬三下，而后进轿关门。上轿后迎亲队伍点燃两把“喜把”（火把），鸣炮起程，这时女家的女性亲人会用手攀轿杆推拉三次，以示惜别，花轿出门时会用扫帚往屋内扫三下，象征不能把娘家财神带走。花轿要出门时女方抢走一个“喜把”，意即“衣禄”各留一半。送亲娘子手拿雨伞，随同花轿前往，富有人家的送亲娘子要乘坐篷轿前往。接亲队伍一路上打着镏子，吹

① 参见彭荣德《土家女儿做新娘》，中国民间文艺出版社1989年版，第312页。

起唢呐，不停地鸣放炮仗。

新娘来到之前，男方会请夫妇双全、家庭和睦、儿女多、声望好的妇女开铺。花轿到时，由土老司咬雄鸡冠，将鸡血淋洒一周，点榆树叶，烧出噼噼啪啪作响之声，以示“退煞”。新娘下轿，从“七星灯”（筛子上放豆腐七块，点七根蜡烛和七根香）上跨过，与新郎在堂屋拜天地、祖宗，然后夫妻双双进入洞房。新郎抢先入洞房，坐在床边，待新娘走来坐下后，新郎用双手揭去新娘头上的“蒙帕”（亦称“梦帕”），顺手抢下新娘头上的插花，表示爱新娘如爱花。新娘则摘去胸前的护身镜，以示一身清洁如镜，乐意来到婆家。送亲娘子随即进房，向新郎祝福。新郎出房以后，送亲娘子关上房门，让新娘脱去露水衣、露水鞋，换上新装，与众亲友见面，然后新郎、新娘在“正酒席”上向亲友敬酒。此外，新郎新娘还要吃交杯酒、团圆饭，洗和气脸。入夜，开始闹新房。第二天早上行“拜蛋茶”，新郎和新娘端着茶盘，每个碗里放两个鸡蛋，给长辈敬茶，长辈要送茶钱。婚后三天，新婚夫妇带上猪腿等物到女家拜谢父母，俗称“三朝回门”，但无论多远都要当天去当天回。土家族有结婚一月不守空房的习俗。

有的地方还有圆房当天洗和气脸、喝和气酒、吃和气饭的习俗。新人入房坐定后，由圆亲娘子端来一盆热水，夫妻二人共洗和气脸，洗后水不倒并由圆亲娘子端到堂屋里，以求夫妻二人以及全家和气。洗过脸后，由圆亲娘子端来两个茶盘，每个茶盘放一杯酒、一碗糯米饭、一碗炒猪肝，酒寓意长长久久，糯米取意夫妻日后恩恩爱爱、和睦相处，猪肝取意“甘美”，寓意夫妻日后生活美满。圆亲娘子将两杯酒倒来倒去，互相掺和九次，且口中不断念叨：酒酒酒，久久久，地久天长，天长地久。然后双臂交叉，送给新郎。一般是新郎一饮而尽，新娘不饮。新娘不饮，圆亲娘子则将这杯酒洒于新娘面前，表示新娘已领受这杯和气酒了。接下来是吃和气饭，一般只是圆亲娘子为新娘稍稍掐一点糯米饭掺点猪肝粘在新娘的衣角，表示用过了。[①]新郎也只会意思一下，吃一点点，剩下的由圆亲娘子端到

① 因为土家族还有婚后三天不吃婆家饭的习俗。

堂屋，分给小孩吃。

还有“三天不分大小”的习俗，即闹新房的人，在新婚三天内不论辈分大小，都可以像同辈那样闹新房、开玩笑。闹新房的都要能说会道才能分得新娘手中的礼物，如讨烟要说“烟根”，讨帕子要说“帕根”，讨酒要讲“酒根”，这些都是老一辈流传下来的。这也是年轻小伙在姑娘们面前露一手的好机会。①

土家族青年也有简单完婚的，一种是腊月三十夜里结婚，不行礼仪，不需送礼诸客；另一种是男方父母亡故，在办丧事时结婚，俗称“孝里圆亲”，也不行礼仪。妇女再嫁叫“二道亲”或“过婚嫂”。男方用青色篷轿一座，半夜由后门上轿接新娘进屋，就算成亲。

（2）丧葬习俗

过去土家族人去世，家里会请道士先生做法事。先唱《柳床词》，讲述死者一生拖儿带女的辛苦。若为亡人举行较高规格的葬礼，还会在屋顶对着神龛开一处天窗，从天窗顶上的天坪塔挂数丈长的白布直至下垂到神龛，主祭后将白布裹着的遗体缓缓升到高台上，即所谓的“亡人升天”，接着做九天九夜的牛角道场。

传统的丧葬仪式包括初终、招魂、设床、沐浴、装扮、报丧、铭旌、置灵牌、小殓、成服、吊丧、大殓、朝夕哭奠、筮宅兆、备椁及明器、择安葬吉日、祖奠、陈器、接三、题主、发引、路祭、安葬、座器、附于宗庙、居丧、同年祭奠等。旧时办丧事有报丧、告祖、入殓、祭奠、出殡、送葬等程序，还要做道场、烧“灵屋”、唱夜歌，并披麻戴孝、下跪下拜。②

送终 死者临终时，由儿孙抱于胸前，叫作“接气”。嗣后将帐子推开，以便死者去阴间走错路，并在死者口里放“含口银”，烧纸钱。然后由儿女烧一壶开水，里面放入桃枝叶，给死者洗脚、手、胸、背、太阳穴等“五心”，再穿寿衣（共五件或七件）、寿鞋，戴寿帽，腰上捆一束白纱，白纱的

---

① 参见彭荣德《土家女儿做新娘》，中国民间文艺出版社1989年版，第346页。

② 参见保靖县民族事务局编《保靖县民族志》，民族出版社2015年版，第138~139页。

数量根据死者年龄计算，一岁一根。女性死者，要穿红衣，意为可从生儿育女之苦中解脱。父母在世的死者，要戴白色寿帽，以示给老人戴孝。梳洗完毕，将死者放在六尺长的白布（六尺是取六一逢生之意）上，由四个人提取白布的四个角，轻轻地把死者放在堂屋的木板上（土家族人称之为“柳床”），脸盖黄纸，随后把死者死前睡的铺垫草在十字路口烧掉。

入殓 棺木放置在堂屋正中的两条长凳上，死者头朝神龛，用皮纸盖住神龛，避免遗体污触祖先神位。棺木摆好后，再把从七户人家家中收来的灶塘灰（忌用“四眼”人家灰）放入棺底摊平，再铺皮纸，一岁一张，每十张扣一张，之后再铺上垫被，放红布三角枕头，里面装灯草（据说灯草空心，后人不出聋人），烧三斤六两纸钱，三斤一起烧，六两一起烧，烧成灰后，分别包装好放入枕头。三斤是死者路费，六两是“无常”差费，枕头外面画一只雄鸡，叫“鸡鸣枕”。再由道士在棺边“扫魂”，寓意将“死者阴魂扫进去，生者阳魂扫出来”，之后死者才能入棺。入棺后需在死者手中放一条毛巾，脸上盖一小块毛巾，耳朵塞一根灯草，以示后人聪慧。最后需要盖上红色寿布，切忌亲人眼泪滴入棺内。

超悼 丧葬期间，孝家门上贴“当大事”三字，扎上丧门，给死者扎灵屋。超悼日期从亡人去世之日算起，在家停放三天、五天或者七天，若八字相克也有在家停丧十天半月甚至更久的。停丧时间长短根据死者家庭经济和亡人年龄而定，家庭经济条件好，死者又是老人的，停丧时间会长一些；家庭经济条件不好，死者是青年人的，则停丧时间短一些。若属非正常死亡，叫“伥死”，一般不会举行超悼仪式，一般是朝死朝埋，晚死晚埋，若属于老年，则另当别论。未

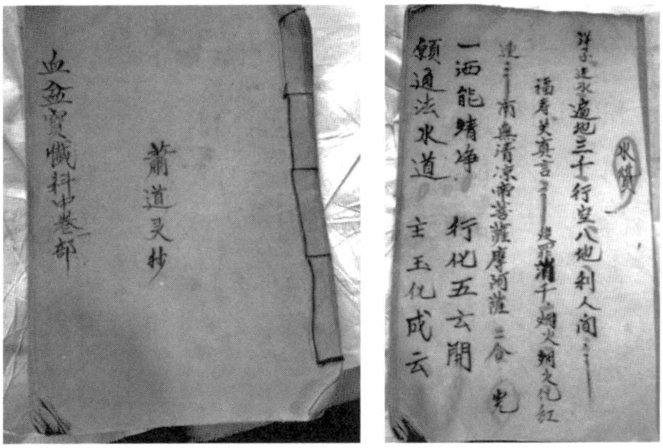

巴科村道士的唱词本，封面题“萧道灵抄”（曾礼　摄）

成年的小孩死亡，叫“化生子”，用一木匣，葬于溪边，有的埋在十字路上，上压一块石板。

超悼期间，死者子女、媳、婿、内侄都要披麻戴孝，即头戴五尺长的白布帕（即孝帕），身穿麻织的白色孝衣，身系草绳，脚穿草鞋。经济条件好的家庭会给来帮助办丧事的晚辈都送一根四尺长的孝帕，也有的叫“百人孝”。超悼期间会请三五个道士念经，行“打绕棺”[①]“散花解绪”“十王进贡”等仪式。若死者是妇女，还会举行破“血湖池”仪式。大葬前一天，要举行一昼夜的葬仪，给死者杀猪宰羊祭奠，并请亲友来吃“烧香酒”，寨上青壮年来吃“抬丧酒”。亲戚前来祭奠，一般送猪头一只，纸钱三斤六两，挽联一副，当地人称之为“烧猪头香”，也有的送猪、羊、鸡各一只。前来祭奠的人，都要在死者棺前烧香作揖，跪拜三下。此时，死者长子一旁陪跪，称为“孝子还礼”；来祭奠的若是女人，就需进帷帐在棺材边拜哭死者，由死者的女性亲属陪哭，这叫“哭丧”。当天晚上“散花解结”完后，便唱“孝歌”。

安葬 大葬当天早上，燃放鞭炮，锣鼓齐鸣，抬柩出门，此时，亡者的亲人们举家哀号，护柩送葬。棺材上盖棺罩，上站一只雄鸡，以隔邪气。孝子抱灵牌走在送葬队伍前，一人在前面丢纸钱，即“买路钱”，碰到艰难陡险的道路，孝子下跪接灵柩，场面动人，深得抬丧人的怜惜。

挖坟井时，由孝子先挖三锄，边挖边喊亲人三声，然后由挖井人挖井，挖完后会在坑里烧芝麻秆，叫“热井”。再由“地理先生”用小米画八卦，撒朱砂、雄黄，以接龙脉，继而咬鸡冠，淋血一周，以隔邪气。这时火炮齐鸣，落棺于“井”。然后在棺上喷酒，撒朱砂、雄黄。孝子跪下先盖三锄土，然后由抬丧人、帮忙人堆土砌坟，将灵牌、灵屋在坟边烧毁。

安葬后，孝子百日内不剃头，戴三年白孝帕，不看戏，不与人口角，以示哀思。葬满三年于“社日”，即农历二月初二，要在坟前杀猪宰羊祭亡垒

---

① 亦称“散花绕”或“绕棺唱”，由道士领头围着棺材边走边唱，死者的子女和其他晚辈在后面努力追道士，追上道士才能体现这家人的团结以及对死者的孝顺，寓意家里以后平安、顺利。

坟。服孝三年期满，整个丧事才算完成。

（3）建房习俗

土家族人建新房有一定的套路，典型的便是上梁礼和踩门礼。

“等到春天喂养的猪羊鸡鸭膘肥体壮，六畜兴旺，乡间儿大女大的人家便开始划算起建造新木楼。”[①] 选定吉日后，主人家头一天熬过一个不眠夜，上梁的吉时良辰也就越来越近了。伴随着几声震耳欲聋的三眼炮炮声，寨里的大人小孩、男人女人兴高采烈、争先恐后地聚到新楼的屋场。木匠师傅做完开梁口这最后一道工序并高呼“升起”，霎时间，锣鼓喧天，喜炮齐鸣，先前到达屋架上待命的两名年轻力壮的男子也迅速进入状态，一把把地将系着梁木的绳索往上拽。伴着梁木的徐徐升起，木匠师傅、贺梁礼官从人群中款款走出。一番礼节性的谦让后，二人便奔向两边的扶西梯，举梁、爬梯、攀枋、登高，留下一串串饱含赞美之情的佳词妙句：“脚登八宝地，手攀仙家梯，脚踏云梯步步高，手攀仙树摘仙桃。上一步，一举成名；上两步，二龙抢宝……再上一步望天堂，鹞子翻身上屋梁。”

表演者你一言，我一句。拉梁人听得别人赞美一句，自己便扯上一下，直至大梁放上屋顶。梁木合榫后，房梁上的木匠师傅和贺梁礼官便开始盘答起它的“身世”来：

贺梁礼官：“何人打从云中过，得见这根梓木梁？何人上山拿斧砍？何人下地用尺量？头筒拿来做什么？二筒又做哪一样？还有三筒在何处？有请师傅说清场。”

木匠师傅：“鲁班打从云中过，得见这根梓木梁。师傅上山拿斧砍，弟子下地拿尺量。头筒拿来修金殿，二筒拿来修学堂。只有三筒生得好，主东拿来做宝梁。”

虽然二人唱得十分诗意化，但房梁的来历还真有一些名堂。土家族

---

① 田二文：《湘西谣》，现代出版社2015年版，第58页。

建房，事先并不备好大梁，而是在各种房屋构件制作完备后，择定吉日上山偷伐梁木。一般选三、五、七丛生且长有分杈的树，取“多发多生”之意，寓意日后家业兴旺发达。“都说偷书不算偷，那是人们对好学习而囊中羞涩的读书人尴尬处境的深深理解，其实偷梁也不算偷，这是世代约定俗成的一种规矩，没有人非议它的来路不正。”①树被偷走的人家心知肚明，但还是要“指桑骂槐”地笑骂一番，所偷梁木进屋时，主人家还会燃放鞭炮迎接。

上梁结束后，便是“抛梁粑”，在梁下的男女老少翘首以盼，个个“严阵以待”，木匠师傅或贺梁礼官会说：“团团圆圆糯米粑，首先一对谢东家，请问东家，要富要贵？”这时主人会急忙上前，单脚跪在堂屋内，扯起衣襟，虔诚回道：富贵都要！于是木匠师傅或贺梁礼官会把富贵粑往主人怀里抛去，口中念念有词：“一抛东，财源茂盛四海通。二抛西，天下富豪数第一。三抛南，子孙代代美名传。四抛北，子孙和睦创大业。”

富贵粑抛完，主人退下，梁上二人又演起赐福大众的好戏。伴着梁下的欢声笑语，木匠师傅和贺梁礼官有如驻足云端袍袖挥舞的散花天女，对着人群大抛梁粑，边撒边唱：“今天抛了上梁粑，男女老少笑哈哈。老的吃了添福寿，少的吃了长才华。从此家和万世兴，锦上年年添新花。春来春去春常在，三星永远照东家。”梁粑象征金元宝、银元宝，是上天降下的荣华富贵。梁下男女老少你争我抢，热闹非凡。争抢梁粑的人越多，主人越高兴。人们认为抛梁粑这一古老的乡村狂欢，是对生活的祈福，更是对美好和幸福的追求。②

经过木匠的一番努力，三月半载后，原本只是柱头落地、有骨无肉的新屋，便装好了板壁，铺好了楼板，安好了大门。一切落成以后，主人家会择吉日举行“踩门礼”。

在这一天，主人家的亲朋好友都会前来庆贺，左邻右舍也会早早过来

① 田二文：《湘西谣》，现代出版社2015年版，第59页。
② 田二文：《湘西谣》，现代出版社2015年版，第60页。

帮工。面对紧闭的大门,屋外一片黑压压的人群静静地等待请来的礼郎和屋内木匠师傅的问答,只有木匠师傅心悦诚服后,方能“芝麻开门”:

礼郎:“起屋造房办喜事,火炮连天冲九霄。王帝坐在凌霄殿,响声震得龙位摇……眼看吉日良辰到,站在门外莫久停。财门外面开金口,恭请鲁班快开门。”

木匠师傅:“火炮连天响沉沉,耳听外面喊开门。开言我要问清楚,你要开门是何人?”

礼郎:“鲁班问我是何人,回言转告你请听:我们是天上紫微文曲财帛星,来给东家踩财门。”

…………

木匠师傅:“讲得清来道得明,果是三星下凡尘。双手打开门两扇,迎接星君进财门。”

最后,经过一番问答查清来历和身份,木匠师傅便把主人新屋打开。随后,礼郎一边跨进屋子,一边还不忘奉承东家:主东打开龙凤门,匠人雕琢费工程。左雕麒麟观星斗,右雕狮子滚绣球。左边尉迟来守门,右有叔宝佑后昆。满门荣华平安福,四海人同富贵春。从我三星贺过后,一家大小都安宁。不必重重来相谢,星君即要转回程。去时不带金银走,金银留与你儿孙。贺喜龙门多兴旺,天长地久总是春。①

4. 节庆、赶集

(1)过年

土家族有提前过年的习俗,俗称“过小年”,由于过年时间被提前,因而也称“过赶年”。在巴科村,不同姓氏的家族过小年的时间是不一样的,向姓过腊月二十四,田姓和贾姓分别过腊月二十八和二十九,李姓家族则

① 参见田二文《湘西谣》,现代出版社2015年版,第58~64页。

过腊月三十。土家族人过小年，除了吃小年饭，还要祭灶神，打扫房屋（俗称“扫扬尘”）。

土家族祭拜灶神的活动一般由男性操作，俗称“男不拜月，女不祭灶”。至今，部分居民仍在家中堂屋供有“东厨使命”的灶神神台，也有在灶前设一个用纸书写的灶神牌位的。土家族认为灶神的职权是代神监视各家的行为善恶，每到腊月二十三，便会向上天汇报，除夕时再返回家中续职。灶神的汇报关系上天是赐福还是降恶，是让人穷还是让人富。于是各家各户便会从自家利益出发，担心灶神向上天打小报告，便会跟灶神套近乎，俗称“媚灶”。一种做法便是用供品祭祀，其用意是让灶神吃了嘴软，不好说坏话。另一种做法是在灶神神位前供麦芽糖，这种糖又黏又甜，又叫“胶牙糖”，寓意不仅粘住了灶神的嘴，还甜了灶神的心。这样，灶神就会应了人们的请，将“好事传上天，坏事丢一边”。

伴随祭灶神的礼俗，当地还流传着不少关于灶神的传说故事。相传以前有个名叫张生的富翁，娶了个容貌端庄、性情贤淑的老婆郭氏。初时，夫妻二人感情极好。后来，张生又娶了年轻漂亮的李氏为妾，将原配妻子郭氏赶出了家门。张生和李氏成天吃喝玩乐，不到两年，便把家业挥霍一空。李氏见张生变成了穷人，便离开他另嫁他人。再后来，张生沦为乞丐，沿街乞讨。在一个大雪纷飞的冬天，张生晕倒在一个富翁家门前，富翁家的人发现并救了他。谁知救他的正是他的原配夫人郭氏，郭氏当初被抛弃后，不愿再嫁，且一直尊敬老人，济贫救苦，品行端正。张生得知后，万分羞愧，无地自容，着急间想躲藏，不小心错进了灶堂，被烧死在灶里。郭氏见此情景悲愤万分，忧郁至极，不久也死了。玉皇大帝得知此事后，认为张生知错，饶恕了他，封他为“灶神”，后人也把郭氏尊为“灶神母”。

过了小年，土家族便会为过大年做准备，包括大扫除、置办年货、装饰房屋等，当地称为“忙年”。土家族人过大年，会在大年三十那天吃年夜饭，巴科地区盛行吃“火锅宴”，取全家围火锅团圆之意。如果某个家里人无法赶回吃饭，也会空出个位子，在座椅上放上那人的衣物，以示重视。年夜饭的压桌菜是鱼，这条鱼在烹饪前必须是活蹦乱跳的，烹饪时也会全鱼下锅,忌切块。有的家庭会做上十二道菜,意为十二个月"月月红"。有的在吃法上也会讲究,如吃团年饭要慢而久,以示来年的生活有嚼头;吃团年饭时不能泡汤拌饭吃,否则来年可能有水灾。

（2）赶集

旧时物质不丰富,巴科人会到毛沟镇上去赶集。当地人流传有一句顺口溜:"一六毛沟镇、二七碗米坡、三八花垣镇、四九团结镇、五十保靖县",即每逢农历每月初一、十一、二十一、初六、十六、二十六都在毛沟镇赶集,其余依此类推。现在每逢赶集日,会有往返于毛沟镇和巴科村的班车,村民赶集也方便了许多。

三、自然资源

巴科村现有以巴科为中心的"一心、两线、三品、四购、十三景"的白云山旅游片区。其中,"十三景"为凌云阁、知青纪念塔、千年古树群、将军打坐、中流砥柱、高岩山①、狮子口、萧洞、山家坳、二台坡、页岩气钻井塔、千亩茶园、猕猴桃园。毛沟旅游线可由碗米坡沿溪河而上经拔茅、龙溪、巴科、白云山四村。

巴科村自然景观（曾礼　摄）

村落内植被丰富,有白云山自然保护区丰富的植物资源。村内保留着许多的古树,其中村

① 此岩石位于巴科河旁边,雄伟壮观,像一根巨大而坚实的神柱一样,护卫着巴科村寨。

口的20棵金丝楠木比较有代表性。从村医的口中了解到，村子周围的山上还有很多不同种类的草药，如火麻草、红牛膝、乌头、七叶一枝花等。另外，村内还有国家一级保护植物伯乐树、珙桐、红豆杉、南方红豆杉4种，国家二级保护植物金毛狗蕨、黄杉、闽楠、花榈木、任木、香果树、榉木等24种，省级重点保护植物44种，以及多花兰、斑叶兰、兜被兰、大花杓兰、绿花杓兰、银兰、金兰、独蒜兰、春兰等42种兰科植物。

（本章由曾礼、孙其琛撰写）

第十章　白云山村

白云山村隶属保靖县碗米坡镇，南与磋比村相邻，西与比耳镇接壤，北与首八峒相连，还与亚渔村、卡湖村、拔茅村、押马村、柳树坪村、沙湾村、迎丰村相邻，全村依山而居。村庄由母沙、叒吾、马蹄等十多个自然寨组成，这些自然寨的寨名与当地的土家语有关。2019年6月，白云山村被列入第五批中国传统村落名录。

一、村落概况

（一）地理生态环境

白云山村位于碗米坡镇西南部，白云山国家级自然保护区腹地，地处中国17个生物多样性保护关键地区之一的武陵山区，距离镇政府15千米。

白云山村所在地区属亚热带季风性湿润气候，四季分明，气候温和，雨量充沛，高湿多雾。白云山村处于白云山保护区核心区域，白云山地区是国家级自然保护区，保护区森林生态系统属于亚热带常绿阔叶林区域，东部常绿阔叶林亚区域，中亚热带常绿阔叶林地带，中亚热带阔叶林北部亚地带以及三峡武陵山地、栲类、润楠林区。

白云山保护区森林植被主要有10种植被型和83个群系，是典型的森林生态系统。保护区拥有丰富的生物资源，共有维管束植物2494种，脊椎动物361种，是国内发现白颈长尾雉集中分布最多的地区之一，另外还有黄腹角雉、白冠长尾雉、红腹锦鸡、勺鸡等8种其他雉类分布。保护区内有国家重点保护动物57种，其中国家一级保护动物有金钱豹、云豹、白颈长尾雉、黄腹角雉、林麝、金雕等6种，国家二级保护动物有51种。保护区内有国家重点保护植物28种，以及42种兰科植物，其中国家一级保护植物有伯乐树、珙桐、红豆杉、南方红豆杉4种，国家二级保护植物有24种；另外，保护区有中国种子植物特有属39个，占整个中国特有属的15.18%，蕨类植物有中国特有属3个，其中黔蕨属的分布中心就在白云山所处的武陵山区一带。

白云山村整体风貌图
（保靖县住房和城乡建设局　供图）

在过去,通村道路设施还不完善的时候,白云山村的交通非常不便,基本只能靠步行翻山越岭,如同世外桃源,与世隔绝。老百姓一直以来靠肩挑背驮运送物资。2013年底,全长16.6千米的白云山村公路建成。这条公路解决了白云山村长期交通不便的问题。

(二)村落历史

白云山村最早叫"马捩枯比条"(土家语中"马蹄"的意思),后来被人们叫成了"马捩枯坪里"或"马蹄枯坪里",再后来更名为"马蹄村"。2016年,美竹村、叒吾村、马蹄村合并并更名为"白云山村"。

美竹村的由来,没有村民说得上来,但是村子里一直流传着叒吾村和马蹄村名字的来历。关于叒吾村,有村民说:"村中有三座小山包,白云山村依这三座小山包的地势而建,这三座小山包也是白云山村原村名'叒吾'中'叒'字的来源。"也有村民说:"'叒'是'土'的意思,'叒吾'是'刀耕火种'的意思,叒吾村的村民要开垦土地,所以将村子命名为'叒吾村'。"马蹄村之所以叫马蹄村,有村民说是因为在很久以前,马蹄村建立在河边,因为老是涨水,就搬到了山上,村民就必须活捉牛马来饲养。村民用三年驯服的一匹野马被八部大王牵走,八部大王十分喜爱这匹马,有一天却将它弄丢了,到处都找不到。天上的神仙可怜他,就从天上掉下来一匹马给他,马蹄所踏之处,就叫作马蹄村。

中华人民共和国成立后,白云山村先后经历了1950年土地改革、1953年由合作社转初级社、1958年成立人民公社、1980年分田到户、1984年人民公社取消,最后正式成为建制村。

(三)村落人口

全村共689户2315人,常住人口389人,占全村人口的16.8%。有义务教育阶段适龄儿童209人,占9%,其中县内就读164人,县外就读45

人。另有就读幼儿园35人，送教上门1人。① 白云山村村民以土家族居多，有少数为汉族、苗族等其他民族。人口最多的姓氏为田姓，其次是向、何、彭。田姓大多分布在叒吾村和美竹村，向姓主要分布在马蹄村，其余两个姓氏在各村寨均有分布。

（四）物产与特色产业

白云山村地处深山，自然资源极其丰富，当年的村民定居于此，虽交通不便，但依靠山中资源也能自给自足，独享一片安宁。

近年来，该村立足于自然资源优势和地理位置优势，大力发展以猕猴桃、烟叶、蜂蜜产业为主的特色产业和以白云山生态旅游、磋比大峡谷环线游为主的精品旅游产业，带动全村经济持续健康发展。猕猴桃被称为“果中之王”，含有丰富的维生素，极具营养价值，白云山村共种植猕猴桃130亩，年产量65吨。白云山村部分村民种植烟叶，并对其进行初加工。此外，白云山村当地生态环境优美，空气清新，花草植被旺盛，蜜蜂养殖成为当地村民致富的特色产业，其附加产品有蜂蜜、蜂蛹等。

白云山村村民养蜂处（吴楠　摄）

白云山村还发展了油茶产业，油茶面积达700亩。建有马蹄库生态油茶产销合作社，通过合作社与农户联结的模式，以委托帮扶、保底价收购、签订生产合作协议、聘用务工等利益联结机制带动发展。

① 该数据由保靖县碗米坡镇白云山村委提供，统计时间为2019年。

（五）经济社会发展状况

白云山村附近有金落河石宅、白云山自然保护区、保靖老街、黄金寨古茶园、八部大王庙遗址等旅游景点，有保靖黄金茶、秤砣粑、保靖陶瓷、保靖米粉、保靖酱油等特产。在2019年白云山村村集体收入达到66.6万元。

白云山村2020年计划投资一百余万元新造1100亩油茶基地，盛产期后，实现75户275人人均增收1000元，产品销售带动务工人员人均增收1000元。近年来，白云山村不断完善基础设施建设，开展路基维修、护栏维修、新建指示牌等工作，解决了当地人的交通安全问题。

二、文化遗产

（一）物质文化遗产

1.传统民居

白云山最有代表性的物质文化遗产是传统民居。白云山村传统建筑依托两座小山的形势成片分布，部分传统木结构建筑保存较为完好；部分因为年久失修，成为危房。村中民居错落有致，在空间格局上依托山势呈阶梯状，民居与民居间依靠村中的小路和石板阶梯沟通，阡陌交通，鸡犬相闻，美景犹如世外桃源。

白云山村民居样式以充满浓郁的土家族传统风格的木房为主，住宅形式主要为“一字屋”和一正一横的“钥匙头”房屋，主导形式为穿斗式结构，灰瓦包木墙，建筑风格独特，双坡顶、木质墙面、桐油面板……处处充满典型的湘西民居特色。白云山村传统建筑分布和空间布局具有体态自由、次序明确、遵从自然、巧于取舍、开合有度、公私分明等特点，表现出白云山村自然质朴的建筑风格、反映了土家族的生活特征和文化特征。

第一，体态自由，次序明确。基于地形地势的特性，房屋多沿等高线排列，依山脉、河流的趋势和走向建造，并不强求坐北朝南。整体布局和单体形态均表现出不规则的自由倾向，但并未因此失去整体空间的基本组织关系，反而从不规则和变化之中表现出较为明确的秩序。

第二，遵从自然，巧于取舍。顺应自然，善于取舍，充分利用地形条件，争取更多的可用面积，更舒适的生存环境。所以建筑平面常为不规则的形状，且排列蜿蜒曲折。

第三，开合有度，公私分明。由一个层次的空间进入另一个层次空间都有转折，空间从外到内、由大到小、由明变暗。而每一层次的变化都有空间的实体作阻隔或呼应，从大门开始，依次经院—堂屋—火塘间—卧室，私密性逐渐加强。

白云山村田茂让正房（保靖县住房和城乡建设局　供图）

2. 老水井

白云山村有三口老古井，均位于叒吾村，目前保存状况良好。古井始建于清末，距今已有一百多年历史。任由斗转星移，世事变迁，古井依旧为村民们储存并供给着甘甜的山泉水，滋养着这一方儿女，保证当地村民的生活用水。

（二）非物质文化遗产

1. 民间文学

（1）八部大王故事

白云山村有位八部大王传说州级代表性项目传承人向魁益。[①]向魁益年轻的时候曾担任初中老师，后又任马蹄村村委会主任。从小生活在白云山村的向魁益，对八部大王的传说故事非常熟悉。为了弘扬土家族文化，向魁益用了几十年的时间到处搜集资料，考察整理，把八部大王的神奇故事一一记载下来，使其由原来几千年的口头相传变为文字传播。为了便于记忆，他分别在2017年和2019年用三棒鼓和山歌的表演形式编写了八部大王传说。除此之外，他还编写了《首八峒山歌荟萃》《保靖县土家语实录》等作品，为土家族文化的保存和弘扬倾注了大量心血。

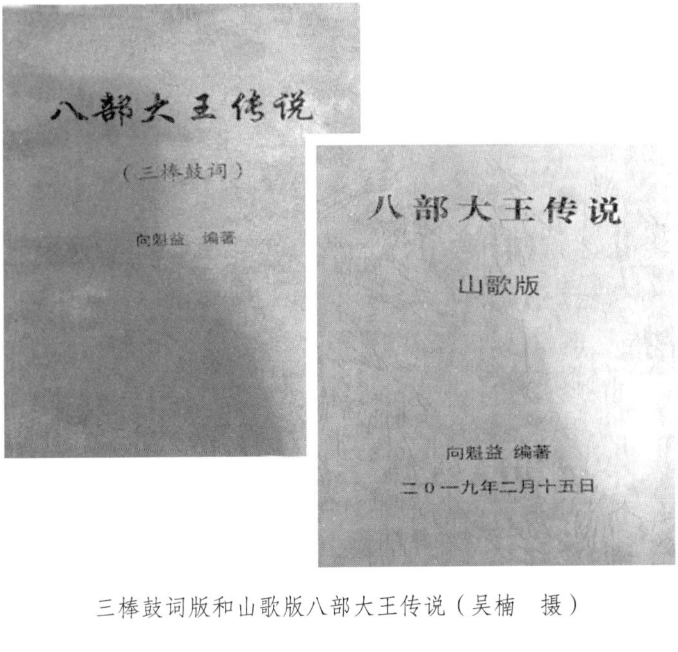

三棒鼓词版和山歌版八部大王传说（吴楠　摄）

① 向魁益，男，土家族，80岁，八部大王传说州级代表性项目传承人；访谈时间：2020年7月。

以下为部分内容节选：

三棒鼓词版：大战泽扑洞①

犬申岩山压，麻元被活纳，人熊顽固多变化；前景不算佳。

粮粟无处纳，牛鬼自残杀，有的逃离异地趴；反水投仙家。

虽然兵力大，落得一盘撒，有些逃至森山濉；人熊无办法。

人熊自思沉，一生危害人，奸淫掳掠太过分；酋民不饶情。

山歌版：并兼白虎洞（节选）②

吉日会头大峒王，兄弟八人聚一团，各把各峒情况报，多数峒里可顺趟。

虎洞有一白虎山，万恶白虎洞里藏，经常出洞伤人畜，无有行人敢过岗。

唯有白虎巴枝山，两洞情况不理想，其他峒主都归顺，这两洞主出尔反。

四王西梯把话讲，巴枝山大宽又广，中间百里大湾朝，一片荒芜无人烟。

（2）九节牛角传说③

在古时候，辰州有两姓人，两姓都有人做官。那一姓人想排挤田姓族人，就向皇上告状，说田姓人谋反。皇上没有轻信，派人来辰州暗暗调查。来人发现，田姓族人勤劳苦作，白菜栽得好，价钱也公平合理，并无反意。

---

① 该内容摘自向魁益2017年9月编纂的《八部大王传说（三棒鼓词）》（未正式出版），第21～24页。

② 该内容摘自向魁益2019年2月编纂的《八部大王（山歌版）》(未正式出版)，第71—83页。

③ 参见保靖县民间文学集成办公室编《中国民间故事集成·湖南卷·保靖县资料本》(内部资料)，第128～129页。

但田姓族人生育得多，皇上担心田姓人口集聚形成势力，就派钦差大臣找田姓族长，要他们分家，离开辰州。田姓一族没有办法，只好准备动身。田姓有九兄弟，大家商量，如今分开了，日后怎么相认？几兄弟想了又想，没有办法。见神龛上有支牛角，就取下来，锯成九节，各带一节才分开。

九节牛角分开以后，再也没有合拢来。只知道有人带着一节牛角到了湖南凤凰，生了五个儿子：田茂林、田茂良、田茂文、田茂武、田茂弼。人多了，他们便又分家。茂林、茂良去向不明，茂文去麻阳五寨司，茂武去贵州浪溪司，茂弼去了四川坪块松隆的长万司。

去到四川的田姓族人中。有三兄弟爱打猎，他们沿着川河界野猪坪来到白云山下。当时白云山没有人烟，地下铺了很厚的一层树叶子，踩下去脚也会陷入其中。他们吸烟不小心落下火星，一下子就烧了一片山。于是，他们赶忙把身边带的小米种子撒在烧过的山上，那年，收获了好多小米。他们就在这里起屋造房，住了下来。后来，三兄弟又分开生活，马王乡夕东一处，叒吾一处，龙山一处。三兄弟约定，每年相会一次，相约在棋盘岩下棋等人，再从那里分手。为了相会，三弟兄就不能同时在家过年了。所以，如今田姓人过年不同日子，龙山的过腊月二十七，夕东的过腊月二十八，叒吾村的过腊月三十。传说，现在马王乡的会溪沟和棋盘岩就是因这个故事得名的。

九节牛角传说也有另外的版本，因为皇上要“剿除土蛮”，田姓九兄弟才不得不各带一节牛角分开逃走。其中一个眼看要被官兵抓住，就赶快混进一伙砍树拖木的人中，帮忙拖木。官兵过来，一个个查问姓氏。他机警地信口回答姓拖，于是便躲脱了盘查。拖和庹同音，从此，这个田姓人就改了姓，成了庹姓的祖宗。如今田、庹二姓十分亲近，就是这个原因。

（3）猜谜认亲[①]

从前有姓张、姓李、姓王的三个学生，天天一起结伴上学，每次都要从

① 参见保靖县民间文学集成办公室编《中国民间故事集成·湖南卷·保靖县资料本》（内部资料），第482～483页。

赵员外家后门经过。赵员外家有个漂亮小姐也天天在屋里绣花。三个学生每天路过都要看她几眼，日子长了，三人都看上了员外小姐。

赵员外是个贪财图利的人，他暗中把女儿分别许配给了三个学生。这天，三个学生都来接亲，结果为争小姐而吵了起来，哪个也不相让。员外愁凄凄，小姐也见势不妙，决定给三个人出个谜语，听凭亲戚朋友来裁判，哪个猜对，就嫁给哪个。小姐出谜语："什么出来一点红？什么出来一弯弓？什么出来颠倒挂？什么出来遮梦中？"

三个人都不敢先猜，怕自己讲了，别人跟着讲现成的。小姐就要他们按坐的顺序一个一个猜，并且不许猜前面人说过的。张姓学生先讲，他道："桃花开出一点红，桃树弯弯一弯弓；桃子出来颠倒挂，桃叶出来遮梦中。"然后轮到李姓学生猜了："太阳出来一点红，月亮出来一弯弓；星子出来颠倒挂，乌云出来遮梦中。"王姓学生见别人猜得很好，自己想不出更好的，就有点慌了。但他看到小姐笑得舌头一伸，王姓学生见了，信口猜道："舌头出来一点红，眉毛出来一弯弓，鼻子出来颠倒挂，头发出来遮梦中。"最后这名王姓学生说："你们一个猜到天上，一个猜到地下，今天我们来此求娶小姐，就是要猜人才对，只有我猜对了。"在座的朋友都觉得他说得有理，于是小姐就嫁给了王姓学生。

（4）长工兄弟①

相传，很久以前有两兄弟，家里很穷，哥哥自己做短工为生，弟弟给地主做长工。地主狠心，一年要长工给他做三件难事，才给长工二十四吊钱。三件事做不成，就一吊钱也不给。第一要瓦上种菜，第二要马到树上歇凉，第三要把水井搬进屋。长工弟弟听了后，又急又怕。这几件事神仙也难做，他没办法，就把事情告诉了哥哥，哥哥一听便说不要紧，自己去做长工，让弟弟在家里做事。

第一天，哥哥拿起锄头上到主人的瓦屋上乱挖，准备种菜。地主见他

① 参见保靖县民间文学集成办公室编《中国民间故事集成·湖南卷·保靖县资料本》（内部资料），第480~481页。

把瓦屋挖烂了一半,喊他快下来,说:“不要你种菜了!”这样第一件事哥哥就做成功了。第二天哥哥找来了一根很大的棕绳,一头捆在马腿杆上,等马在古树下吃草时,他自己抓着绳子的另一头爬到古树半腰,拼命一拉,把地主的马吊上去,吊得马乱叫。地主走出门一看,见宝马吊在半空,心疼坏了,喊哥哥快松绳子,声明不要他做第二件事了。第三天,哥哥拿了一把锄头,吃过早饭就跑到地主家的楼门边,拼命地挖地主的楼门。地主跑出来一看,见楼门已挖了一半,忙叫他不要挖。哥哥讲:“我挖了楼门,好给你搬水井进屋嘛!”地主忙说:“我不要你搬水井了。”这第三件事又做成了。地主见长工的哥哥这样厉害,就不要他弟弟做工还打发了他二十四吊钱。

(5)古井传说

白云山村有一口水塘,水塘旁边有一口名为清龙潭的古井。以前,白云山村村民洗衣做饭都靠这口井的水,有一次山体滑坡,水塘被掩埋,就只剩下一口孤井。村里接上自来水后,井也被荒废了。关于这口井还有两个传说:一是只有八部大王可以在里面游泳洗澡,其他人只要一碰到井里面的水皮肤就会变白,像现在的白化病,传说这是因为碰水的人被龙的舌头舔了一下,所以变白了;二是八部大王死后,他生前所骑的马因悲愤狂躁而四处奔跑,一脚踩陷进了潭里,马就变成了一口井。

2. 传统音乐

(1)打溜子

打溜子是湘西各土家族聚居区一种古老的民间器乐合奏,历史非常悠久,曲牌内容繁多,是土家族独有的艺术形式。打溜子主要由二钹、溜子锣、马锣、头钹等乐器组成,大多数时候由四个人合奏演出,有时也可三人一起演出,所以又有“四人溜子”和“三人溜子”之称。

白云山村没有打溜子的传承人,但这也没有减弱本村村民对打溜子的喜爱程度,只要有人家有喜事,必然会请几个人去打溜子。笔者这次专门走访了本地的土家族村民向仲生,他对打溜子颇有研究。他有自己的一个小团队，白云山村的村民会请他们上门吹打，工资一般是每人每天200元，还有烟、大红布、毛巾等物资，有的富裕人家，还会额外给每个人送一条烟、一瓶酒、几斤肉，甚至还有的送一套衣服等。工资会放在堂屋的盘子里，打溜子的人员需要到盘子里面去取，其余的东西都是出门了单独再给到团队成员手上。以下为曲目节选：

金鸡过岭①

(一段)呆呆　呆呆呆　派派　坛提派坛

灯灯　灯派坛　灯灯　灯派坛

灯派派　灯派派　坛提派坛

…………

(二段)呆呆呆派派　坛提派坛

呆呆呆派派　提派提派坛

呆呆呆派派　坛木提派坛木提派坛

…………

(三段)呆派　呆派　坛木提派坛

呆派呆派　提派提派坛

呆派呆派　坛木提派坛木提派坛

…………

（2）哭嫁

哭嫁，亦称“哭出嫁”“哭嫁囡”“哭轿”等。是土家族的传统婚姻习俗，即新娘出嫁时履行的哭唱仪式活动。

土家族哭嫁歌内容丰富，篇幅繁多，主要包括序歌《哭开声》（主要是从新娘出嫁的前三个月到前半个月或一个月开始），之后是《别姊妹》《哭

① 《金鸡过岭》共11段，第5段的内容需要在每个段落后面都重复唱一遍，内容由向仲生口述，笔者记录整理而成。

梳头》《哭离娘》《骂媒人》《哭哥嫂》《哭陪客》《哭戴花》《辞祖宗》，以及尾声《哭上轿》等。哭嫁主要以哭唱代言，可以自由地哭，语言真切，情随歌声，就像一部非常感人的抒情诗。哭嫁歌是湘西土家族妇女集体创作的智慧结晶，不仅具有悠久的历史，而且还对研究土家族语言、社会演变、婚俗的发展具有非常重要的价值。以下为哭嫁歌节选：

母亲哭：问一声杜鹃你为何哭，
哭红了漫山的相思树。
问一声闺女你掉啥泪，
串串泪珠打湿了红蜡烛。
人说女儿都是菜籽命，
洒到哪里哪里住。
…………
女儿哭：劝也哭、骂也哭，
土家女子出嫁喜也哭。
泪水如珠歌似诉，
诉不尽娘家一幕幕。
过去润年又润月，
今夜为何偌短促。
…………

3. 传统舞蹈

（1）摆手舞

摆手舞是流行于土家族聚居区的一种群体歌舞。清代的《保靖县志》这样记载：“正月初间，男女齐集歌舞，祓除不祥，名曰‘摆手’，又谓之‘调年'，立秋之并春秋社日亦如此。"[①]湖北省来凤县河东乡中寨庙堡摆手堂碑记中写道，这种大型群体集齐祭祀"昔威振乎保靖"。[②]从保靖县遗存的土家族摆手堂遗址情况看，土家族跳摆手舞的习俗已蔚然成风。

土家族摆手舞由于具有极强的舞蹈审美和文化价值，动作相对简单且易学，至今得到很好的保护和传承，当地老少村民大多能掌握此舞蹈，并通过电视及互联网让该舞蹈形式广为流传。

（2）毛古斯舞

土家族毛古斯舞是被列入国家级非物质文化遗产代表性项目名录的一种土家族原始戏剧，作为一种原始祭祀，其内容十分丰富，现主要存在于每年正月跳年的摆手堂活动中。它不仅表现了土家族先民对祖先神祇的膜拜、祈祷与祝愿，同时还穿插了对族群渔猎农耕生活及对古代群婚制时期的情爱生活与性崇拜等的呈现。

毛古斯戏曲表演中用一根两尺余长小棍缠以稻草，名为"粗鲁棍"，在表演渔猎农耕时作猎具、渔具、农具使用。参加该种表演人数从十几人到二三十人不等，表演包括拜五方、找廊场、扫堂等环节，间以《实姐》（狩猎）、《送坐》（捉鱼）、《借日》（做阳春）、《粑粑哈》（打糍粑）、《抢新娘》等内容。另有寓言剧《哭七卜卡》等。这些人物通过一定情节、人物动作等戏剧手法再现生活，甚至夸大细节。如用宽大的芭蕉叶作头巾，饰以玉米棒串成的耳环，新妇由男性反串，男人争相拜堂，你推我搡，表现出群婚时代的男女情爱和性追求。毛古斯舞的表演时间大多在跳完祭神的小摆手舞之后，表演者在圈外候场，待小摆手舞散一哄而上，众人让路，说是祖先爷爷来了，众人对此不能妄说妄评，更不准指名道姓，这时，祖先是最神圣的。大量当地艺术舞蹈从艺者学习并掌握此舞蹈，并通过电视及互联网让该舞蹈形式广为流传。

---

① 转引自戴金秋《中国区域性民族民俗舞蹈》，民族出版社2009年版，第39页。

② 转引自元召、陆训忠《来凤摆手堂遗址调查记》，《鄂西文史资料·民族文化史料·上编》，1993年第1辑。

4. 传统民俗

（1）传统节日

“四月八” “四月八”也称牛王节。在农耕时代，都是以牛为主要畜力。在这天，当地人通常会给牛放一天假，不需要它劳作，让牛休息，还要给牛喂玉米饭。也有村民说这一天是出征日，在这天，皇上会派人来收税，这天大家就会一起抗税。

五月歌会 俗话说“五月嗷好打不得”，因为在这个月，男方就会出来唱山歌，男方唱完之后，如果女子看上他了，就会回复“嗷好”，然后男方就会把头上的帕子扔给女方，女方打个结就是代表同意了，男女双方回去给自己的父母说一声就可以了。“嗷好”体现了土家族人的自由恋爱观。

“七月半” “七月半”称中元节。当地人在这天要吃猪腿，有的说是为了祭奠死去的亲人，也有村民说是为了纪念外面死去的烈士。在这一天，有些村民先在屋里烧香纸，再出去到东南西北四个方向烧。

（2）传统仪式

起屋造梁 起屋造梁是白云山村人的人生大事之一，在他们眼里，修新屋就是繁衍子孙的根基，因而十分神圣，有着严格的仪式流程。白云山村人对起屋造梁同样十分讲究，从伐木上梁到檩上安神，有着一系列仪式。

修屋前，屋主要请风水先生选好依山傍水背风向阳的地方做屋场。伐梁树之前要选择良辰吉日祭祀鲁班，并由掌墨师致祭词。屋架做好之后，则择吉日上梁，上梁仪式多选择在早晨或傍晚举行，仪式设香炉于新屋正中，摆上各种祭品。上梁时，先燃放“高升”和“百子”鞭炮，然后宰鸡、燃烛、焚香，之后再祭天地、山神和祖宗。祭毕，由众人将挂有红色彩绸、写有“紫微高照”或“上梁大吉”的大梁抬上去。待大梁架上屋后，木匠师傅手捧酒壶往梁上浇酒，一边唱道：“手擎银壶亮堂堂，今日浇酒到四方。男女老少都欢喜，添财添喜添福气。”

当地无论谁家起新屋，远亲近邻都会来帮工。上梁时，屋主会请两名歌师或掌墨师赞梁。赞梁有一定的曲调,较单调。待梁木在屋顶上架好后,赞梁者便会攀梯而上,一人提酒壶,一人端茶盘,茶盘内放着筷子、酒杯、腊肉、糯米糍粑等。

提壶者赞道:"手端茶盘四四方,张郎造就鲁班装。四角造起龙凤榫,金漆盘手摆中央。"赞毕,二人开始上梯,每上一梯就唱五句赞词,其内容多是借颂扬古人恭维屋主:"上三步,中三元,刘备关张访大贤;南阳有个诸葛亮,三顾茅庐下高冈……上十步,十全十美,张郎鲁班下凡间;修起高楼和大厦,主东富贵万万年!"

两位赞梁者攀上屋脊梁木后,各坐在梁木的一端,一边饮酒,一边互问互答,用长篇的赞词,赞颂屋主的屋场像仙境琼楼、龙王宫殿,因此屋主必定子孙兴旺、福寿绵长。赞梁后,两人会向下抛梁粑粑,先把两个象征富贵的大粑粑拿在手里问下面的屋主:"要富还是贵?"主人回道:"富、贵都要!"便把两个粑粑都抛下去,主人家要接入怀中。然后将小粑粑抛下,边抛边唱:"笑哈哈,笑哈哈,双手拿起梁粑粑。四面八方一齐撒,大家越抢越发达。"这时屋场上人如潮涌,纷纷争抢粑粑,热闹非凡。抛粑粑后,亲友们将一段段五颜六色的布料搭在梁上,叫"搭梁",此时鞭炮震耳,赞梁者又一步一赞地下到地面。这样,一栋新屋就在喜气洋洋的热烈气氛中立了起来。

对于白云山村的土家族儿女而言,起屋上梁不只是表示建筑工序的术语,而是在不失原有本义的同时,被赋予了更为丰富的文化内涵,发生了符号意义的转换,它就被凝结、积淀成了一个用来表示特定民俗事项、被一代代传承着的文化符号。

婚嫁习俗 笔者采访了白云山村的村民向仲村、向权朝和向仲金,他们长期生活在白云山村,就像是村子的"活字典"。特别是向权朝老人,在年轻时期,每逢谁家里有好事,都会请他去做礼官先生,他对土家族婚嫁习俗的记忆也尤为深刻。从老人家的叙述中得知,白云山村的婚嫁主要有以下步骤。①

一是问亲。早些年,男女双方的婚姻多是由父母决定的,现在大多为自由恋爱。不管是父母之命还是自由恋爱,一些传统的婚姻习俗仍被保留。例如男方要先找个媒人去女方家中问亲,让媒人帮忙带点小礼物过去,有肉、酒、鱼、面条等。然后,媒人还得去第二次,这次主要是带上二三十斤重的猪腿去,以表示男方的真诚。若女方同意,则会收下猪腿,给媒人说好需要的东西(如肉、酒、衣服、钱等)。

二是定日子。媒人问亲成功后,就要向男方报喜,让男方确定好日子,放鞭炮庆祝。媒人向男方说明女方提出的要求后,由男方准备好让媒人给女方送过去。女方收到东西后还会继续提出要求,不过这次不是由男方给女方本人准备,而是要给女方的主要亲戚准备,礼物一般都是准备猪脚。收到礼物后,女方亲戚都会给女方回礼一床铺盖。

三是过礼。确定好日子之后,就要圆亲了,男方需再请媒人到女方家里去。女方还要给男方布置任务和讨礼。男方需准备肉、酒,再把之前没有补齐的礼补齐,一起给女方送过去。

四是接亲。一般来说男方需要请总管、礼公先生(也称外客、外官)负责接亲。首先,男方要带50个人去接亲,因为女方家中有床、柜子、衣服、箱子要人抬,详细事宜由总管安排;其次,还要请8个吹打人员,本地人称为"八仙",他们的吹打活动也即打溜子;女方还必须给男方回礼,如帐子、铺盖等。

男方接亲的时候,女方家的门会敞开着,门口摆一张桌子,其他人可以先进去,只有总管和礼公先生要留下同女方内官讲礼。讲礼的内容节选如下:

(女方)内官:手提篮篮一把瓶,主公请我来拦门,篮里放有葡萄酒,不敬礼公敬何人?

(男方)外官:承蒙内官先生,我经牙长舌短,文才浅薄,承蒙内官

① 该内容步骤由白云山村民向仲付、向权朝口述,笔者整理而成。

先生，请求海涵海涵。

内官：承蒙外官先生，手提钥匙，锁管哪门，承蒙外官先生，您从水陆来，还是旱路来。

外官：承蒙内官先生，我经迎吹细打，千兵万马，迎山迎水，前来迎接千金小姐一人。

内官：需要的物品带来了没有呢？

外官：背裙带①，露水衣，露水鞋，抱小鸡②，梳头，麻亮的。姑娘姑妈烧夜的等一切食物，还有其他女方需要的，如厨师、打盘、扫帚等一切东西。

一般男女方礼官互相斗嘴，都是男方礼官赢。男方礼官赢了就可以直接进去了，但如果输了，男方礼官就要钻桌底进去。进去后，新郎给祖先牌位磕头。礼公先生先喊“给岳父岳母叩敬一礼”然后读信（信的内容主要是女方父母说给女婿听的，一般是一些客套话之类的），然后鸣炮、开席。在这个过程中，“八仙”要全程吹打。

五是出门。女方家中堂屋的中间会摆放一个四四方方的箱子，箱子要倒过来放，女方派两个送亲客（一般是新娘的兄长或者是女方家中的老人家）把新娘送到堂屋正中间，新娘就站在四四方方的箱子上面，送亲客跟在后面拿着簸箕，簸箕里面装的有筷子。

新娘开始哭嫁：“脚踩四方丢，五木筷子我不丢。今日离了我父母，今日离了哥和兄……”哭完之后，新娘祝福家人，然后就拿着筷子往后面丢，送亲客拿簸箕接住，摇几下，放一边，仪式完毕后就用背裙带把新娘背上轿。

六是迎亲。轿子到了男方家门口，新娘必须换上鞋子，收到男方给的下轿礼才能下轿。男方家门口一般站着两个人，一个负责给火盆点火，一个负责杀鸡，女方从火盆跨过去后，杀鸡的人就要把鸡头剁了扔掉（起到

① 背裙带：指新郎背着新娘出门时用的一块背带。
② 抱小鸡：指新娘抱着的一个寓意较好的小物件。

驱邪的作用，担心新娘在来的路上沾到邪气）。跨过火盆后，两位迎亲婆把新娘扶进屋，新郎的兄弟会端一盆洗脸水，新郎新娘一起吃一顿团圆饭，然后由女方给男方的亲朋好友发烟。

上述仪式完成后，礼公先生就会在堂屋喊礼："欢迎新娘，喜出东方，父母先识，开始拜房，一拜天地。"新郎新娘便一起对着门外叩拜。礼公先生继续喊"二拜高堂"，新郎新娘转过身来对着男方父母叩拜。礼公先生再喊"夫妻对拜"，新郎新娘面对面叩拜。礼公先生最后喊"鸣炮"，至此，整个结婚过程完成。

丧葬习俗　在土家族中，丧葬往往不是梯玛主持，而由道士出面。停丧时间分三、五、七、九、十一、十三、十五日不等。需要由道士按亡者的生辰八字推算及丧户经济实力确定。丧堂外贴皮纸手书"当大事"三字，并用一天时间竹扎丧堂，书写五色彩纸色若干，或灵前置纸扎灵屋，安亡灵神位。①

葬仪分小、大两个阶段进行。小葬开路，大葬行解结、打绕棺、礼十王、破血池子、弥陀绕、散花解结诸程式。死者亲属扎五尺白帕，儿女披麻戴孝，脚履芒鞋，身系草绳，即所谓"结草相报"也。大葬之夜，道士吟唱，通宵不歇。数日后，同村寨的亲友会云集丧家，大开酒席，谓之"吃抬丧饭"。至夜，散花解结，道士或唱叹风土人情，或唱叹人生须臾养育不易，更有甚者调侃取笑，让积聚多日的悲痛得以缓解。活动至次日凌晨结束，随后由道士开路出殡。

当地的亡者安葬也循旧规，由长子抱灵牌在前引路，余者尾随棺后，沿途有撒纸钱的，在灵柩前"引路"。凡抬丧者路过菜园、庄稼地踏坏菜蔬、青苗的，可概不赔偿，俗话说"人人门前有一回"。当地的土家族人对此完全谅解，认为这是"当大事"，不使丧家为难。

抬丧的棺材须置放在墓畔，下面垫有孝子（最好是长子）衣服。主祭道士先下坑热井，烧小米秆和残纸后摊凉灰烬，用米画出八卦，手持引

① 参见保靖县民族事务局、政协保靖县委员会文史学习委员会编《土家族发祥地首八峒》，湖南人民出版社2007年版，第173～174页。

魂幡，口中念念有词，意即安魂，令亡魂入内。而后他再持一雄鸡，口咬鸡冠出血，持血鸡冠挤血滴入预定的小土眼中，置朱砂后再下柩，并由长子跪在棺盖头上方喊三声爹或娘，挖三锄头，而后由人接住，不准他再挖，而其他人可开始填土垒坟。安葬意味着死别，所以亡者的子女此时往往悲痛欲绝，泣不成声。接下来的三天需去给新坟送食物。第三日，至亲均前往丧家参加“服三”仪式，土家族的风俗认为，这天晚上，亡者的灵魂会回故居，若是夜间听到有启门声或锅盖响动，他们便认为那是亡者舍不得亲人回来探望，当地人谓之“回煞”。在古代，孝子百日不得剃头，且需戴孝三年。现在虽不兴此俗，但忌讳过分娱乐。三年届满之年的清明前社日，亡者家人需宰牲祭祀亡灵，加土垒坟或立石碑以志。

生育习俗　土家族人称生孩子为“坐月”，逾产期而未生谓之“背月”。分娩时，要在自家屋房中留一线光。传统习俗中新生儿降生后需用茶及四眼草煮成的药汤洗浴，免生“四眼疮”，襁褓布也忌用女性裤片。产妇产后坐月子时，谓第一个入家者为“踩生”，产妇一家要对踩生者礼遇备至，起码要请他吃一碗红糖甜酒煮鸡蛋。土家族认为踩生人的性格为人，是新生儿后来性格和智力水平的模子。月子中，产妇一家需要常在神壁后阿嬷婆婆（土家族的初生婴儿保护神）的神位前焚香烧纸以求平安，神位一般用红纸剪出一人形，贴在壁后，小神龛上有香炉，上插红纸扎伞一把。为使新生儿成长顺利，祈平安，当地人多给男婴取如石类、家犬类的俗名，希望孩子未来坚强易养；女婴则多用花类取名，以期其成人后俊美、姣好。①

产妇初产三天不出门，不进灶房，不摸冷水，并且要头裹青布帕，不得贪凉，不得进正堂屋，以免祖先开罪；还要禁食园蔬、辛辣，多吃糖馓、炒米、红糖、鸡、猪脚、鸡蛋类的滋补品。鸡有白、黄二鸡不吃，鸡的爪、头、尾、颈、翅、腹不吃。但生二胎的产妇，月子中的鸡汤往往也有一部分用来

① 参见保靖县民族事务局、政协保靖县委员会文史学习委员会编《土家族发祥地首八峒》，湖南人民出版社2007年版，第171～172页。

犒劳丈夫，要他“搭热”“搭巴”，即下一碗鸡肉鸡汤面，以犒劳他在养儿育女中的辛劳。还会留一只鸡腿专给大孩子吃，这是土家族女子为人母者给孩子终生不忘的母恩。

土家族兴“看月”，又叫“送祝米”。产妇生产后，丈夫会先往岳家报喜，生男送雄鸡，生女则送母鸡，岳家一看，心知肚明，便备办鸡蛋若干，糖、窝窝儿（摇篮）、烘罩儿、衣裤、被褥、猫儿鞋、缀有银制十八罗汉的帽子、项圈、手钏、长命锁等物，产妇的外婆、舅母、姨娘姊妹，或表姑嫂等女眷前往产妇家探视，共同祝贺小生命来到人世。

新生儿满月后，产妇需择日偕夫携子前往自己的父母家，谓之“出行”。传统习俗认为，出行前婴孩除留脑门上一小块“记性魄儿”外，要将胎发剃光，还要用锅灰在婴儿额前画上十字。凡出行路上涉水过桥，要连续呼喊孩子小名，以防小孩落魂。夫妇还需手捏鸡蛋引路，手持点火绳以避邪气擅入。

5. 传统饮食

（1）腊肉

土家族烟熏腊肉是土家族最具代表性的特色食物之一。没有冰箱储存食物的年代，土家族儿女就选用腊月新鲜的猪肉分割成块，每块3斤到5斤重。做法是把食盐在锅中炒热，加拌适量的花椒粉涂抹在肉块上，进行简单腌制后，挂在火塘上用松柏枝加上核桃壳、花生壳、橘子皮等柴草料进行烟熏烘烤。不过几天，白白的猪肉就慢慢地变黑，待到最后变成金黄色就可以取下，把灰尘拍打干净，一块块地放进仓库的谷子里，腊肉就做成了。这样做成的腊肉，可以保持两三年不坏，而且放得越久，味道越香。

（2）土家族糍粑

土家族糍粑是土家族的传统食品，一般在过年前一个星期开始制作，这种糍粑以糯米为主要原料。选用糯米并掺和一些小米浸泡两天，然后放在木甑内蒸煮。蒸熟后，将其放在一个特制的长方形石槽内，两人各执一个木锤子（即小木榔头），你一下我一下，轮流捶打，直至捶烂为止。然后准备一个案板，铺上薄膜，涂点油（防止粘连），把打好的米揉成圆圆的糍粑，大的一两斤，小的几两到半斤。大糍粑一般是拿来送人的，一送就是一对，所以有的大户人家每年都要打上百斤的糯米大糍粑。大糍粑一般会用米面裹着，以免干裂；小糍粑就会放一个桶里，用水泡着，一个星期换一次水，一直吃到三月就差不多吃完了（夏天就容易变味，不能放太久）。糍粑的吃法有很多种，一种是烤着吃，把烤好的糍粑撕开，中间放白糖、辣椒或者自己爱吃的酸菜、肉类等；二是放油煎着吃，清明节时放点野葱，掺和辣椒粉一起煎更香。

（3）罐茶①

罐茶又称“砂罐茶”，是用土制瓦罐吊在火坑上煨制的一种粗制加工的老荫茶或毛尖茶。茶叶是当地人自采的无污染且品质上好的茶山之英，色绿，香高，味醇。土家族待客用茶也分几种形式：俗客、常客来了吃清茶；稀客、远客来了喝罐茶；贵客、长辈来了奉上鸡蛋茶（即在汤里打上几个荷包蛋）；喜庆之日奉糖茶、泡米茶等，不一而足。

（4）辣椒②

土家族住在山区，多饮用泉水，寒气较重，因此常吃辣椒以温脾胃，而后习惯成自然。每到夏秋之际，土家族人便会将田地丰收的辣椒用篾串成一串串的，挂在自己的屋檐之下晾干，制成干辣椒；亦有人将辣椒用刀切碎后拌玉米粉、大米粉，放上盐，封坛发酵保存起来备饮食之用，俗称“胙辣椒”；还有人干脆把干辣椒磨成粉末用以调味。

---

① 参见保靖县民族事务局、政协保靖县委员会文史学习委员会编《土家族发祥地首八峒》，湖南人民出版社2007年版，第351页。

② 参见保靖县民族事务局、政协保靖县委员会文史学习委员会编《土家族发祥地首八峒》，湖南人民出版社2007年版，第350页。

三、自然资源

白云山村所在的白云山是一个资源丰富、生态较完整的风景区，具有较高的生态价值、科学研究价值和美学价值。白云山区大部分是石灰岩地区，还有少部分是砂岩和砂页岩，经过大自然亿万年的风化、侵蚀、水流冲刷，形成许多切割甚深的悬崖、奇峰、怪石、幽谷、溶洞。白云山自然保护区共有景观、景点30余处，其中包括云海、古树、悬崖、溶洞、瀑布、凿壁、崖墓悬棺、古纤道等。

（一）自然景观

1. 将军崖

将军崖自古以来都是钟灵毓秀之地，有俗语"叒吾有个将军崖，对坐巴科出秀才"，历史上此地走出过许多当地知名人士，也因此村民们对将军崖十分崇敬。

2. "四洞一井"

"四洞一井"分别为大洞、天窗洞（中洞）、小洞、响水洞以及吊井，其中天窗洞和响水洞最具神秘性。大洞里捆的有红布，烧的有香纸。关于天窗洞，遇到天旱时，人们就会让狗穿上衣服，在辰时把狗扛到天窗洞里，烧上香纸，用锣鼓一敲，喊道："天干了，天老爷要下雨，要照顾平民百姓啊！"一般没过多久即会下大雨。小洞水清而不浊。响水洞因水声而得名，据村民说，响水洞的水一旦过小或者过大，村子里就会出现干旱的现象，最快要半个月以上才能消失，且洞中经常有一道彩虹。吊井处出水清冽，做豆腐最好，且这里冬温夏凉，气温越低水越热。

白云山村响水洞（吴楠　摄）

（二）动植物资源

白云山村有130棵古树，形成了大规模的古树群，目前保存状况良好。这百余棵古树大多都有上百年的树龄，品种多样，充分体现了国家级自然保护区的资源优势。

白云山村古树
（吴楠　摄）

四、村规民约

白云山村将本村历史上比较重要的村规民约内容全部进行了文字整理和存档。白云山村当代村规民约虽然在一定程度上继承了传统村规民约的文化传统和基本形式，但是与传统村规民约已有很大差别。当代村规民约体现了现代民主法治精神，是以稳定农村社会秩序、促进农村经济社会全面发展为目标的村民自我约束规范体系。《白云山村规民约》内容主要从土地管理、山林资源、消防安全、偷摸扒窃管理、人畜管理、村民自我管理、生态管理、公共卫生管理、家庭邻里管理、学校管理、村委会办公楼管理共十二个方面对村民行为进行规范，内容十分丰富，此处不详细列举。

（本章由吴楠、方勖平撰写）

第十一章　陇木峒村

陇木峒村隶属保靖县迁陵镇。村寨位于群山之中，视野开阔，无工业污染，空气清新宜人。陇木峒村整个村庄坐落于半山腰，依山而居，坐东朝西。晴日早晨远眺群山，山间云雾缭绕，犹如仙境。陇木峒村是土家族打溜子、摆手舞、毛古斯舞等土家族民俗文化传承胜地，是吉首大学“土家族民俗研究基地”。该村旅游业发展势头良好，是国家AAA级景区。2019年6月，陇木峒村被列入第五批中国传统村落名录。

一、村落概况

（一）地理生态环境

陇木峒村位于保靖县西部的迁陵镇，距离碗保公路2千米。陇木峒村东与撒珠村相邻，南与新码村相连，西与陇西村接壤，北与昂洞村接界，该村距县城较近，离镇政府所在地15千米，仅20多分钟车程。陇木峒村总面积6.8平方千米，村域内溶洞较多，山高林密，植被丰富，森林覆盖率在90%以上。境内以山地、丘陵为主，属于山地丘陵区，总体地形呈现由西向东海拔逐渐升高的态势。气候为亚热带季风气候，冬暖夏凉，年平均气温为16.5℃，热量丰富，日照偏少，雨水充沛，年平均降雨量在1320毫米至1500毫米之间，4月至6月为当地雨季，7月至9月干旱少雨，适合农作物生长和人类居住。

（二）村落历史

据说，400多年前，有狩猎者路过此地，发现此地山清水秀适宜居住，便依洞而居，并随后安营扎寨长居于此。因该村位于丘陇上，树木环绕，内多奇幻古溶洞，故被命名为“陇木峒”。关于该村的村名来源，民间流传着一段故事。陇木峒在老一辈人口中是“龙母”的意思，传说这里是土家族先祖八部大王“龙哺乳，凤羽衣”故事中龙的人间行宫，所以陇木峒的文化中包含了“龙”这一特色元素。该村历经两次更名最终确定为现在的名字——陇木峒村。因该村地势与周边邻村形成山沟隔离的岛屿地形，故而有史以来陇木峒村都是一个独立的村寨。2005年政府对行政建制进行调整，陇木峒村由原属昂洞乡合并到碗米坡镇，陇木峒村更名为陇木村；2016年第二轮行政建制调整后，陇木村由碗米坡镇调整到迁陵镇。因为2005年行政建制调整时，镇政府未征求村民意见将村名更改为陇木村，2016年陇木村合并到迁陵镇时，村里老者及部分村民要求把“峒”字补回来，经村民代表会议征求意见和政府研究，最后仍将村名定为“陇木峒村”。

陇木峒村的村头寨门（彭运江　供图）

（三）村落人口

陇木峒村为典型的土家族聚居村落。据2020年统计数据，全村共有4个村民小组，145户518人，多为土家族，其中80%为彭姓。在调研过程中，我们在陇木峒村找到了一本1999年编写的《彭氏源流族谱》，该族谱由彭氏后代彭运通主笔编纂，他在参考旧谱和新收集到的资料基础上，前后花费将近五年时间，梳理出了彭氏宗族的传承与发展脉络。族谱中提到，彭姓族人在周朝以前跟随黄帝后裔、陆终氏的三子——仲爽，迁居陇西（今甘肃省临洮县境内），以地彭城（今徐州）为姓称大彭。

族谱称，从彭宣至今已2000多年，按我国历史资料载十八年为一代，彭氏已历百代的历史，族人中出现了300多位代表人物。例如，彭宣战功累累，被汉成帝封为长平侯。彭构云为唐玄宗时知名学者、隐士。唐末五代时，彭士愁与楚王马希范因溪州之战和谈，在会溪坪立铜柱为界，为湘西彭氏政权的建立奠定基础。明永顺土司彭翼南率土兵抗倭，立下“东南战功第一”。此外，还有南征北战走过二万五千里长征的老红军烈士彭廷行、彭景发、彭景林等革命前辈……

族谱中也谈及彭氏的字辈问题，并梳理出了彭氏的发展历程。文中写道，唐时彭构云从瀛州南迁，为了使后代了解祖辈的业绩故而书写家谱。在元末至正十一年（1351年），安抚司、长官司、宣慰司分设府址，从而出现各取派续，永顺安抚司取文、成、楚、善，长官司取祖、天、明、廷、国，宣慰司取东、泽、慰、南、惠。明时，非名门贵族无谱不能入庠中举，于是嘉靖年间撰书家谱成风。传至清光绪五年（1879年）生彭天禄，修谱增辈十五字，到20世纪30年代末，由彭廷纲提议，彭廷洞修谱增辈，从四十字增为八十字。

陇木峒村彭氏源流族谱（李帅通　摄）

（四）物产与特色产业

陇木峒村农业生物类型十分多样。2005年，该村被列为中德农业生物多样性可持续管理项目基地。经普查，村内共有1132个农业生物物种，以传统干果类和农业野生及野生近缘类植物资源分布最为丰富。现有传统干果类自然生长果树面积2700亩，农业野生及野生近缘物种分布的森林面积1815亩。该村现保留下来的传统干果类地方品种有毛板栗、油板栗、米核桃、铁核桃等15种；农业野生及野生近缘类物种有中华野生猕猴桃、野枇杷、八月瓜、山莓、胡葱等200种；另外，还有许多地方品种的作物。

陇木峒村产业主要以种植业、养殖业和旅游业为主。村中耕地694亩（其中稻田364亩，旱地330亩），林地面积4500亩。陇木峒村近年来大力发展集体经济，组建了村级领办的索源果业专业合作社。种植业以种猕猴桃、水稻和板栗为主，养殖业以养殖黑猪、山鸡为主。2016年，村落与旅游开发公司合作，建设了陇木峒生态耍哈乐园。该旅游区占地总面积3.2平方千米，是集品土家族风情、赏花观景、旅游体验、品味佳肴于一体的休闲度假绝佳之地。

从寨门到村道，从绵延不绝的竹篱笆到房前屋后一丛丛的鸡冠花，从民居到民俗文化，从翩翩起舞的蝴蝶、蜜蜂到品种多样的土家族物产，陇木峒村的原生态土家族气息牵引着前来观光旅游的游客的脚步和目光，让人在这片“世外桃源”里流连忘返。

（五）经济社会发展状况

陇木峒村基础设施健全。该村近些年累计投入各类资金近980万元，水、电、网、路等基础设施得到了全面改善，村民生产生活较为便利。目前全村基本完成自来水改造工程，水源来自山泉水，在花海高山上新修了一座规模较大的高位蓄水池。电网改造与移动宽带网络到村已完成。标准化村级公路全面畅通，进村公路全线绿树成荫，建成道路两侧花池500余米，统一花格菜园围篱2500余米。村内建有垃圾收集池9处，垃圾集中填埋场1处，有垃圾清运车1辆。

陇木峒村社会发展状况良好，可以说是乡村基层治理的典范。该村注重乡村的有效治理，致力于打造人民安居乐业的良好氛围。首先，该村以文化凝聚人心，继承和发扬传统土家族文化。该村用优秀的文化把全村群众凝聚起来，村里购置了龙灯、大鼓等文体用品，在各个重大节日开展群体性文化活动。其次，以社会主义核心价值观引领村民行为。为倡导孝亲敬老、守望相助的传统美德，村支“两委”设立了“孝道奖”“团结互助奖”等奖项，每年评比一次，培育村民之间相互关心、相互爱护、视邻为己的优良品质。最后，倡导现代化的文明生活方式。开展“五好家庭”“劳动模范”等评比活动，每季度组织村民代表进行文明卫生户评比，对于先进者进行奖励。

二、文化遗产

（一）物质文化遗产

1.传统民居

陇木峒村的多数房屋建造于改革开放之前，近些年来经过修缮，整体外形美观，保存良好，是研究湘西土家族苗族自治州传统民居建筑不可多得的实体对象。村中现有民居106栋，其中民国时期建筑5栋。村内共有两寨，一为上寨，一为下寨，民居主要集中在上寨。村内传统民居中具有代表性的房屋有刘玉英宅、彭司湘宅等，以下对其进行简要介绍。

刘玉英宅位于陇木峒村中部，面积为163平方米，始建于20世纪50年代，为一层木构建筑，青瓦房顶，木板墙壁，是传统的土家族民居。房架的中柱并非在中心线上，而是向一边偏。这种屋檐的不对称变化，多是因为湘西地区夏季炎热且持续时间长，因此房子出的檐会根据朝向不同做出变化。

刘玉英宅（李帅通　摄）

彭司湘宅位于陇木峒村西北部，面积为119平方米，始建于20世纪二三十年代，是具有一定年代感和历史价值的建筑。建筑以“一字屋”的构成方式连接。随着梯坡的变化、构架的起落，屋顶和檐高低错落，构成极具节奏感和层次之美且气势恢宏的土家族吊脚楼。但由于年代久远且缺乏一定维护，该宅目前保存状况较差。

2. 古龙门

在陇木峒村彭景雄家内有一处保存状况良好的石雕龙门，该门完整无缺，字迹清晰，雕饰精美。据说，这处龙门是由其先祖在清代时考取秀才后，出资令当地工匠建造的。在古时，建造龙门是身份地位及家庭实力的象征，通常只有名门望族才能建起龙门。龙门是土家族传统建筑中的重要部分，当地流传有"千金龙门四两屋"的说法。建龙门时，必须先请道士看好风水以此确定开门的方向，据传，经过道士作法后，龙门可以起到镇邪、防鬼怪的作用。龙门建成后，需要大摆宴席，此时在龙门里外各站一个人迎客，被邀请来的宾客必须每人说一句吉祥话方可入内。

3. 古井

陇木峒村位于丘陇上，村中没有河溪流经，人畜饮水需要开采地下水。曾经，村内上寨村民的一个重要水源地就是寨后的一口天坑水井。该井地势低洼，人们利用了天坑水位高、坑浅的自然条件，开辟出一条小路下至饮水处，井中水冬暖夏凉，终年不竭。据当地人说，以前周围人用水全部依靠该井，如果遇到旱季，该井水极少，只有小股水流滴下，排队取水的人可以从井口沿着取水小路排至上方的路上。小孩儿们有说有笑地排到夜里很晚，仍然不觉得疲倦。这口井也曾经是附近小孩在炎热的夏季经常光顾的地方。

4. 古街巷

陇木峒村现存有古街巷4处，历经百年风吹雨打和日晒仍然保持完好。古街道顺着地势而建，街道用一块块山石铺就，人们拾级而上时，不由得感受到脚下的踏实与厚重感。这些古代建造的街巷用材为当地山上的石头，石头经过简单打磨后便以一层压一层的排列方式铺成绵延不断的通行路。道路结实耐用，使用百年仍未曾受损。如今，该路在绿草的掩映下显得古朴自然，人们通行于此，似乎正在寻觅着先辈们的足迹，历史与现实在这里交相辉映。可以说,古街巷较为真实地展示了陇木峒村曾经的历史风貌。

5. 古石墙

陇木峒村现存5处相对完整的古石墙,这些古城墙有百年以上的历史。从石墙的构筑来看,它是由大小不一的青石堆砌而成,石头长短、厚薄均有不同,但每块石头都处在它最合适的安放位置,错落有致地排列成一排排整齐的墙体。古石墙就地取材,因材施艺,体现着陇木峒村先辈们高超的建筑智慧。其中一处古石墙的缝隙中已经长出一层青幽幽的草,墙的顶部为木质的篱笆墙,底部与现代化的水泥路相接,古石墙具有了新的时代气息。

陇木峒村的古石墙
(李帅通　摄)

(二) 非物质文化遗产

1. 民间文学

陇木峒村流传着八部大王的传说。据传,八部大王在出生时身体长得十分奇怪,他的父母认为他并非人类而是怪物,于是将出生不久的他抛弃在乱石滩上。但是八部大王并没有因失去母亲的哺乳而死亡,神灵化

陇木峒村的八部大王雕像（李帅通　摄）

身的他由“龙哺乳，凤羽衣”，即他年幼时有龙凤相伴照顾他，龙亲自给他哺乳，凤凰用羽毛做衣服为他遮风挡雨，细心照顾着这位土家族先祖。后来八部大王回到了首八峒，带领土家族士兵南征北战，捷报频传，为朝廷立下汗马功劳。如今，陇木峒村为了纪念这位土家族先祖，在村内山上建立了一座八部大王雕像。该雕像做工精细，造型美观，神态威严。雕像高5.8米，底座长4.5米、宽2.5米、高0.6米。雕像背后有一棵大树为背景，人文景观与自然景观交相辉映，十分和谐。①

2. 传统音乐

（1）打溜子

打溜子是土家族传统音乐中颇具特色的打击乐，主要分布在湘西土家族苗族自治州境内土家族聚居的保靖县、永顺县、龙山县、古丈县等地。打溜子是土家族在长期生产生活中创造的民间音乐形式，是其文化身份的一个重要的代表。早在渔猎时代，土家族依靠捕鱼狩猎为生，食物的获得是一件令人十分愉悦的事。每当有所收获，人们便聚集起来，敲击渔猎工具以庆祝丰收。随着时间推移，当人类社会发展到铜铁器时期，土家族开始敲击铜铁器具，因其声音洪亮，欢庆的喜悦氛围也变得更为浓厚。因

① 访谈对象：彭景堂，土家族，84岁，陇木峒村村民；访谈人：李帅通，访谈时间：2020年7月20日。

当地人把餐具、器皿等统称为“家伙”，因此，敲打这些器具又称为“打家伙”。至今，在土家族的一些地区，打溜子还被俗称为“打家伙”。随后，人们制造了铜锣、铜钹等专门用于打溜子的乐器，击打乐器的节奏更具章法，大多模拟自然界动物的各种声音，惟妙惟肖，甚为逼真。土家族人热爱打溜子，打溜子是他们庆祝欢乐时刻与幸福时光必不可少的活动。在我国少数民族器乐艺术中，打溜子独特的组合、精湛的演奏技艺自成系统，极具代表性。打溜子风格古朴，节奏鲜明，旋律优美，曲调多变，被称为“土家族的交响乐”。它不仅能为民族学、社会学的研究提供不可忽略的重要材料，也可作为音乐学中音色旋律学研究的极其珍贵的原生态文化标本。

陇木峒村的土家族打溜子历史悠久，堪称一绝。在该村，会此手艺的群体规模较大，而且多数人技艺精湛，表现力丰富，因此该村的打溜子在整个保靖县声名远播。早在1983年，保靖县举办的首届湘西土家族苗族自治州打溜子比赛中，该村的打溜子表演队就荣获了第一名的佳绩，从此更是打出了知名度，曾经在中央电视台登台表演。目前，陇木峒村内会打溜子的有20余人，其中有两名州级的代表性传承人，一位是现任村支部书记彭运江，另一位是彭运辉。

打溜子是一种古老的民间器乐合奏，一套溜子可以由三至五件乐器组成，分别称之为“三人溜子”“四人溜子”“五人溜子”。在陇木峒村流传的多为“四人溜子”，故本文以此为介绍对象。“四人溜子”由小锣、大锣、头钹、二钹四件打击乐器组成。开头一般打小锣，小锣是领奏的乐器，其发音清脆而尖亮，常见的打法是敲击后用手指按下，使得声音轻快、干净、富有灵动性。大锣面积较大且表面平坦，外形轮廓如圆盘，因锣壁较厚，所以发音洪亮，属于打溜子中的低音乐器，也是主力乐器。演奏技法有击心、击边、轻击、重击、延长及迫锣等。头钹和二钹比较薄，中间凸起，乐器正中心钻孔穿进红布绳，里面那头打结，外面留出一段绳子，用于打击时候缠绕于手上。钹的发音明亮柔和，属于打溜子中的中音乐器。演奏时，头钹多奏强拍、次强拍，把握演奏中的节奏；二钹多奏弱拍，切分节奏，音型变换多样，加花密集频繁，演奏起来技巧性很强，非常复杂，一般人不易掌握。因此四件乐器中二钹的难度最大，但它的艺术效果很独特，是打溜子中非常有个性的一个部分。二钹的基本技法有亮打、闷打、侧打、挤钹、磕边等打法。

陇木峒村流传下来的打溜子曲牌繁多。每首曲牌大体由头子、溜子两大部分组成。头子即开头的一段，该部分变化万千，是主要的描写部分，也是打溜子的主体所在。分辨每首不同曲牌的标准主要是头子不同，但上了溜子后，不同曲牌的打法则都一样。打溜子的曲牌有《八哥洗澡》《母鸡下蛋》《猛虎下山》《郎儿挑担》《八仙过海》《四门进》《新四门》等。不同的曲牌适用于不同的场合与情景。假如溜子队伍经过山路，一般打《猛虎下山》，显得气势如虹；如果是在迎娶新娘的路上，一般打《郎儿挑担》；如果接新娘来到男方家中，一般打《母鸡下蛋》，寓意夫妻双方早生贵子。①

（2）土家族山歌

在陇木峒村，还可以听到土家族山歌。土家族山歌是一种富有鲜明风格特点的民间音乐表现形式，也是一种群体性传承活动。土家族人民既是山歌的创作者又是其歌唱者，既是表演者又是其欣赏者和评论者。

土家族山歌以即兴创作和演唱为主，也有一部分是从师父那里学来的固定曲目。上一辈通过口口相传的方式教授，学徒通过反复练习去体会其中的旋律、节奏、调式，揣摩发音的技巧，使得声音空灵、婉转。土家族山歌不像现代歌曲那样一旦完成就定型不变，它属于流变的民间非物质文化，在不断的口耳相传中传承、衍化与完善，其艺术范式和风格特点也在这种代代传承中得以形成。

土家族山歌内容广泛，人们看到什么就会唱什么，处在什么空间场合就会唱什么类型和风格的曲子。土家族山歌所唱内容可以大致划分为生产山歌、爱情山歌、生活山歌等。生产山歌是人们在劳动中即兴创作和演

① 访谈对象：彭运江，土家族，53岁，陇木峒村支部书记，土家族打溜子州级代表性传承人；访谈人：李帅通，访谈时间：2020年7月21日。

唱的歌曲。在集体劳作时代，如果发现谁力气不足或者偷懒，便会有人以唱歌的形式督促。听到歌声，被调侃者和听众都会缓解疲劳、激发斗志。生产山歌是土家族特定历史阶段和生产方式的重要记录。爱情山歌是青年男女表达爱意、互诉衷肠的歌曲，他们以歌为媒、以歌传情，歌曲为他们铺就了爱的鹊桥。生活山歌涉及天文地理、花鸟鱼兽、历史典故、生活常识、伦理规范等方方面面的内容，无所不包。山歌内容丰富，记录了土家族传统的生活方式，体现了他们对于生活的观察思考，彰显了他们乐观豁达的人生态度。可以说，山歌是土家族历史的重要见证和传统文化的重要载体。

土家族山歌演唱较为随性，演唱的时间和形式多不受限。无论是春夏还是秋冬，无论是白天还是黑夜，无论是晴天烈日或是刮风下雨，人们随时都可以演唱一曲动人的歌曲。此外，土家族山歌的演唱形式十分多样，不拘一格。既可以独唱，又可以对唱、群唱、轮唱；既可以坐着唱，也可以站着唱；既可以静止着唱，也可以边走边唱；既可以清唱，也可以随着打溜子的伴奏声唱和。

土家族山歌曾经是人们日常生产生活中常见的娱乐方式，土家族没有自己的文字，因此经常用歌声来表达思想感情，山歌也成为一种独特的沟通方式。从部落时代到农耕文明时代，山歌此起彼伏，悠扬婉转的歌声活跃在每个土家族村寨。如今，随着时代的发展，人们的生产和娱乐方式发生了变革，唱山歌的人越来越少。但是，作为一种曾经广为流传的民间音乐，它仍被陇木峒的一些老人传唱。访谈间聊起唱山歌并偶尔哼唱几句，又勾起了他们对于过往生活的美好回忆。①

3. 传统舞蹈

（1）摆手舞

在陇木峒村，摆手舞的传承情况良好，有30多人能够熟练掌握相关

① 访谈对象：彭运江，土家族，53岁，陇木峒村支部书记，土家族打溜子州级代表性传承人；访谈人：李帅通，访谈时间：2020年7月21日。

的动作要领。2006年,土家族摆手舞被列入首批国家级非物质文化遗产名录。2012年,陇木峒村现任村秘书李红英获得摆手舞自治州级的代表性传承人称号。如今,每逢过年、“六月六”祭祖以及县、镇举办的文化活动等,陇木峒村的摆手舞表演队就会登台亮相。尤其是近些年来,随着村中旅游业的发展,摆手舞成为吸引游客的重要项目,在村民表演时,游客也会参与其中,感受传统文化的魅力。

在陇木峒村传承下来的摆手舞动作以模仿日常劳作为主。可以分为农事舞和生活舞,农事舞包括挖土、播种、插秧、锄草、收稻谷、收玉米、打稻谷、背粮食等;生活舞则可以分为弹棉花、推石磨、扫地、打糍粑等。摆手舞是一种群体性舞蹈,表演时人们围成一个大圈,人多的时候分成里外两圈,人们边做动作边转圈。在伴奏声中,表演者一边变化出不同的动作,一边呼喊着“哎吼,哎吼”的口号,营造出一种刚劲而稳健、热烈又庄重的氛围。在表演接近尾声的时候,表演队手持传统农具走秀,向观众展示古老的农耕文明和土家族文化。①

(2)毛古斯舞

毛古斯舞是具有人物对白、简单故事情节和一定表演程式的原始戏剧舞蹈。它以近似戏曲的写意、虚拟、假定等艺术手法表演土家族先民渔、猎、农耕等生产生活内容。毛古斯舞在土家语中意指讲述先祖故事的舞蹈。它是土家族纪念祖先开拓荒野、捕鱼狩猎等创世业绩的一种古老舞蹈。它既有舞蹈之元素,又具有戏剧的表演情节,以其古朴和多元的表现形式被誉为中国戏剧的“活化石”和中国舞蹈的最远源头。

毛古斯舞产生年代十分久远。据传,在上古时期,土家族居住深山,世代以狩猎和捕鱼为生,生存条件十分艰苦。为了改变这一现状,一位土家族青年便下山去学习其他地区的耕作技术,学成后,他披星戴月地往部落赶去,终于在除夕夜里赶回了部落,此时人们正在庆祝节日,一片灯火

---

① 访谈对象:李红英,土家族,48岁,陇木峒村村民,土家族摆手舞州级代表性传承人;访谈人:李帅通,访谈时间:2020年7月21日。

通明。青年因长期在荆棘丛中穿梭,衣服被挂得破烂不堪,衣不蔽体,所以不得不躲在附近的草丛中。但他还是被正在跳摆手舞的小伙看到,于是他急中生智摘下周围的茅草裹在身上,混合在人群中,把自己学到的农业种植技术以舞蹈的形式传授给部落的人。人们的生活从此得到极大改善,后来,土家族人为纪念这位先祖,逢年过节就会跳起毛古斯舞,该舞蹈就在土家族聚居区流传至今。

毛古斯舞的基本动作分为单人动作和双人动作。单人动作包括追踪野兽足迹、追野兽、围猎、赶猴子、野兔跳、找果子、追打、抖狗蚤、打露水、搭肩、撬天等;双人动作包括围打和打粑粑等。① 毛古斯舞的突出特色是表演使用十分原始的道具。毛古斯舞表现力强,表演方式极为粗犷豪放,体现了一种祖先崇拜和生殖崇拜。人们用稻草做成衣服披在身上,赤裸上身,赤着双脚,头上戴着稻草编成的简易帽子,顶部是用稻草和棕叶拧成的一个冲天辫。棍是毛古斯舞表演中必须具备的道具,一般为一根长两尺左右并缠满稻草的木棍,木棍前端缠上红色的布,土家族把它叫作"粗鲁棍"。棍的拿法有直握、横握、竖握和斜握等。

(3)舞龙舞狮

陇木峒村先民有舞草龙的习俗,他们用稻草扎成草龙,从腊月三十开始,村民在河边举行祭祀活动后便会手举草龙游村串户,祈求粮食丰收、人们无病无灾。古时舞龙,舞龙者要从七八条板凳或者一张大桌子上跳过去,以彰显龙之威猛形象。草龙要进入家家户户,并举行一定的仪式以驱除瘟疫和灾难。在每家每户舞龙,有一定的讲究,舞龙队伍必须先从东门进从西门出;再从中门进西门出;最后从中门进中门出,这样做是为了祈求神龙圈走家中的戾气。舞龙队伍进门时,主人要在门口放置一张桌子并在上面放置一盆清水,在家里的堂屋神位处,还需摆猪头等供奉物祭祀神龙。人们进门先将龙头按入水中,称"进神门"。到正月十五时,村民

---

① 访谈对象:彭景堂,土家族,84岁,陇木峒村村民;访谈人:李帅通,访谈时间:2020年7月20日。

会再聚集起来在河边举行祭祀活动，用火烧掉草龙，祈求龙回归水中带走瘟疫、病魔等灾祸。

如今，舞龙习俗仍是陇木峒村的一大特色，当地人称之为“舞龙灯”。只是村民现在不再亲手制作草龙，而是从网上购买道具。每年大年三十，村民都会齐聚在村里广场上，舞起龙灯，热闹非凡。在调研中，我们了解到，在历年正月初一、初二县城举行的团拜活动中，陇木峒村的两支舞龙队都会大展身手，实力当属第一。这两支舞龙队伍，一支是男队一支是女队，两支队伍共计有20多人。在正式表演中，一支舞龙队有10人，其中一人举绣球（当地人称为“耍宝”），一人撑龙头，其余人撑起龙身。舞龙的顺序一般先是龙翻身，然后是金龙出动（分单龙和双龙出动）、金龙洗脚、金龙跳杠，最后开始正式耍龙。正式耍龙时，舞龙者手持道具，随鼓乐伴奏，在龙珠的引导下完成龙的姿势变化，使得龙的形象活灵活现。通过穿、腾、跃、翻、滚、戏、缠等动作，充分展示龙的精、气、神、韵。①

陇木峒村女子龙灯队舞龙表演（彭运江　供图）

4. 传统体育

顶杠作为一项民间游戏性体育项目，流行于湘西州境内的广大农村。该运动为男子之间的两人对抗赛，规则较为简单。圆棍中间系上红色布，双方各持圆木棍的一端抵在自己腰胯一侧，双手分开，一手扶住杠子，另一手向前握杠，腿弯曲呈弓步。裁判员发出“开始”口令后，双方用力向前推杠，以将对方推倒在地或杠子从腰胯滑掉为获胜条件，每一局过后双方

① 访谈对象：彭运江，土家族，53岁，陇木峒村支部书记，土家族打溜子州级代表性传承人；访谈人：李帅通，访谈时间：2020年7月21日。

交换位置，一般为三局两胜制。①

据传，在很久以前，土家族居住的地区被外族部落侵犯，土家人集合起来，手持木棒赶走了侵犯者。为了庆祝胜利，人们便用木棒进行顶杠活动，从此该运动流传至今。以前在土家族的新年活动中顶杠运动不可或缺，人们新年走亲访友、女婿首次给岳父拜年，进屋后都要拿起木棍先与主人顶三杠，彼此满头大汗、会心一笑，算是新年的见面礼。

顶杠运动是一项活动全身的体育运动，健身效果很好。通过顶杠运动，不仅能锻炼腰腹部、腿部、手臂、胸部的力量，使身体强壮结实、富有美感，还能提升灵敏性和思维反应力。这是因为该运动不仅是体力的对抗，更是一种技巧和智慧的对抗，抓住时机，运用借力打力等方法，通常可以出奇制胜。

如今，在陇木峒村的重大节日中，可以看到身着盛装的男性村民进行土家族顶杠活动。顶杠活动不仅是一种体育运动，更是人们增进感情的重要途径。村民围成一圈为争斗的两个人呐喊助威，加油打气，周围一片欢声笑语，气氛非常热烈。

5. 传统医药

在陇木峒村有几位上了年龄的乡村医生，他们在治病过程中，既会利用自己制作的传统医药，有时也会作法利用巫术，使得自己的治病过程充满神秘感。这个过程中或许既有草药发挥的作用，也有病人心理上的慰藉作用。作为乡村医生的他们，为人治病一般不主动收取费用，村民会主动给钱或以其他方式表示感谢。②

---

① 访谈对象：彭景堂，土家族，84岁，陇木峒村村民；访谈人：李帅通，访谈时间：2020年7月20日。

② 访谈对象1：李树生，土家族，73岁，陇木峒村村民、乡村医生；访谈对象2：李红英，土家族，48岁，陇木峒村村民、摆手舞州级传承人、李树生的女儿；访谈人：李帅通，访谈时间：2020年7月21日。

（1）治疗小儿发烧

假如村中有孩童发烧去请乡村医生看病，医生认为其属于经络不畅，便会使用推拿术。推拿是医生用双手在病人身体上施加不同的力量、技巧刺激某些特定的部位来达到恢复或改善人体的生机、促使病情康复的一种方法。它是“以人疗人”的方法，是一种崇尚自然的疗法。在陇木峒村，推拿的手法不同于非药物的自然疗法，医生会使用生姜这一味中药。实施推拿术时，医生把生姜切成片，大拇指按住生姜片在孩童的胳膊上从上到下反复地游动。

（2）治疗受惊

假如村中有人受到惊吓来找乡村医生，他们会把在山上采集的药材放在火坑上的大锅用热水煎熬，在此过程中，他们还会把一块耕犁的铁犁头放在火坑的火里烧红。接着，把熬好的药汁倒进病人面前放置的一个盆子里，然后把烧得通红的铁犁头拿到盆中，顿时盆中药水变成药雾。此时，医生在盆子上放置一个木板，让病人坐在盆前，把脚放在木板上，之后用凉席围成一圈，用蒸汽熏蒸病人。不久，病人四肢无力、心惊胆战的症状就会明显缓解。

6. 传统习俗

（1）集体过大年

陇木峒村每年都会在村里举行集体过大年活动，活动一般会从大年三十持续到正月初一。在这两天中，全村家家户户男女老少都会忘记一年的疲惫，全身心地参与其中。常年在外打工的年轻人也会扶着老人，带着孩子，一家人团团圆圆地参加活动。这两天，村里人头攒动，红旗招展，锣鼓喧天，热闹非凡。人们身着盛装表演各种传统的文艺节目，如舞龙灯、毛古斯舞、摆手舞、打溜子、顶杠等。民间艺人八仙过海、各显神通，一场人们喜闻乐见的民族文艺活动在这里精彩上演。

集体过大年当然少不了一顿团圆饭，全村的团圆饭是村民都参加的大型聚餐活动。一排排的八仙桌坐满了村民，桌上摆满了腊肉、糍粑、鸭肉、鱼肉、鸡肉、豆腐等各种美食,令人垂涎三尺。陇木峒村集体过大年活动形成了一种浓郁的民俗文化氛围,其知名度也很高,特别是2010年的相关活动被央视《新闻联播》报道。①

(2)传统婚俗

在陇木峒村,通常土家族接媳嫁女都必须事先请先生择出良辰吉日,只有吉日方可行事,出入洞房的时间都务必按照选定的时辰进行。女方正酒比男方提前一天,男方在女方正酒之日迎娶新娘和嫁妆,一般在当天晚餐之前赶到为宜。迎亲时需要组建一支迎亲队伍,敲锣打鼓,热热闹闹地去迎接新娘。迎亲队伍除了负责抬嫁妆的接亲客、打溜子的礼乐队、抬木轿子的人(以前用轿子将新娘抬回,如今用轿车迎接)等组成外,最重要且必不可少的就是男方的礼官。他是整个男方队伍的执事,负责各种礼仪,其中最为关键的就是应付女方摆设的拦门酒。

拦门酒是土家族传统婚俗中最具特色和最精彩的部分。在迎亲队伍到女方家门前时,女方的亲属早早把一张桌子放在门前挡住男方进入的道路。桌子上摆设点燃的蜡烛、酒壶和酒杯。在这里,男方的礼官(人们称之为外管先生)和女方的礼官(人们称之为内管先生)会展开一场激烈的口才对抗。两人相互盘问,被问到语塞即为输,外管先生输了需要从桌下钻过去,内管先生输了需要移开桌子,请迎亲队伍进门。不过,后来钻桌子这一习俗逐步被淘汰,双方也多点到为止,共祝新人幸福美满。

在对陇木峒村进行调研的过程中,我们收集到了一些拦门酒礼词,以下摘取部分作为介绍:

外管先生说:“举目抬头来观看,贵府今日不一般。红灯高高挂,喜气来迎门,里面必有内管。不知内管是谁?我来奉请,我手相迎。语言不妥,海涵,海涵。”

---

① 访谈对象:彭景波,土家族,81岁,陇木峒村村民;访谈者:李帅通,访谈时间:2020年7月21日。

内管先生答："手持酒壶门内站，彭府请我把门拦。拦门桌子四四方，鲁班造下桌一张。二面造起城墙花栏，中间摆上金杯银盏。酒在银壶之中，酌在金杯之内。一杯酒，满满斟，礼公大人到寒门。举目抬头来打望，礼官大人好貌相，头戴纱巾，身穿袍服，威风凛凛，相貌堂堂。外有雅士之风度，内有锦绣之华章。其二杯酒，满满酌，不请礼官请哪个？今日带领，二十四人成对，四十八人成双，炮火连天响，宝轿在前方。旗号绕绕后头扬，轻吹细打好排场。来到寒门前，一定有贵干。三杯酒，我不奠，我问礼官，请告根源，来到寒门，有何贵干？"

外管先生答："内管先生把我问，我首先来把酒来斟，我首先来把酒来酌，难为先生把门开。昔日月老牵红线，金玉两家结良缘。内管先生，听我来言，八仙桌上，金杯玉盏。我左取左奠，我右取右奠。一杯酒奠天，天长地久。二杯酒奠地，地久天长。三杯酒，我不奠，有请内管先生，请向主人把话传，两家美事良缘，富贵双全。请传，请传。"

在拦门酒环节，内、外管先生需要你一言我一语地对话，在最后，外管先生会说好话，恳请内管先生放行。内管先生清点男方所带礼品（"三茶六礼""离娘席"等）齐全后一般会说道："听你一言礼到边，棕树脚下再莫盘，山不转来水会转，哪个不有这一天？千辛万苦到寒门，有失远迎，劳驾辛苦。请进！请进！"此时女方移开桌子，男方迎亲队伍吹唢呐、打溜子进

陇木峒村土家族传统婚嫁仪式（陇木峒村村委会　供图）

入家中迎娶新娘。[1]

三、自然资源

陇木峒村自然生态环境良好，植被物种十分丰富，植被覆盖率高。村落中三组、四组内现存百年以上古樟树4棵。此外，村内拥有原生态的野生板栗林共1500亩，形成了一道亮丽的风景线。板栗树对于地形具有较强的适应力，在丘陵、山区、荒坡、沙滩等地均可生长。但是其对空气质量有很高的要求，该树种不耐烟害，若在环境污染地带，如化工厂附近，空气中有氯和氟积累时，板栗树最易受害。陇木峒村保有的千亩野生板栗林，无疑说明了其得天独厚的自然条件和优质的空气质量。陇木峒村注重开发乡村文旅资源，随着乡村旅游发展，游客慕名而来、络绎不绝。当地的野生板栗因味道甘美、营养价值高，作为土特产供不应求。

四、村规民约

陇木峒村村民家庭关系和谐，邻里相处和睦，极少发生纠纷，这得益于村内各项制度的建立健全，尤其是村规民约的良好运转。陇木峒村十分注重村规民约的建设，不断结合本村实际情况修改完善相应的规章制度。2020年7月，陇木峒村出台了新修订的村规民约——《陇木峒村村民素质积分管理考核实施办法（暂行）》，其部分内容如下。

陇木峒村村民素质积分管理考核实施办法(暂行)

为树立村民社会公德意识，提高村民整体素质，营造文明乡风，加快乡村振兴步伐，早日实现五个“陇木梦”。经村支“两委”及党员

[1] 访谈对象：彭景波，土家族，81岁，陇木峒村村民；访谈人：李帅通，访谈时间：2020年7月20日。

大会研究，制定本实施办法。

一、积分管理对象

属陇木峒集体经济组织成员或在本村有房、长年居住在本村的居民，均为积分管理对象。

二、积分管理办法

由管理考核小组依据积分管理细则要求，对管理对象表现按月打分，按照每户人均得分进行户排名，并逐月公示。年底年终统计，按每户人均得分进行年度户排名并公示。

三、积分管理奖项设立与发放

1.设立“村级公益保障金”和“文明创建贡献奖”。其中，集体经济组织成员的对应权益为既享受“村级公益保障”，又享受“文明创建贡献奖”；非集体经济组织成员的对应权益为仅享受“文明创建贡献奖”。

2.村民素质积分管理所设立的“村级公益保障金”与“文明创建贡献奖”所需资金，在村集体年终结算的净收入中一次性全部提取。若因自然灾害或其他原因导致当年收益无法兑现以上所需全部或部分费用，该项未支付金额作为当年债务，接转次年兑付，以此类推。

3.每年年初依据上年度村集体经济收益情况确定当年“文明创建贡献奖”基础金额并进行公示，若当年村集体获得上级政府部门表彰，则奖励的资金原则上全数作为当年度“文明创建贡献奖”资金。如2020年度“文明创建贡献奖”基础金额暂定为5万元。

4.“文明创建贡献奖”计算方式：年终汇总全村文明分总得分，以当年贡献奖总金额除以全村全年总得分，得到奖金换算基数，每户年终累计得分乘以换算基数，颁发“文明创建贡献奖”奖金。

5.“村级公益保障金”发放方式：按每户年度人均得分进行户排名，以排名顺序享受不同等级占比的村级公益保障金；前10为一类，享受公益金标准的120%；第11至30名为二类，享受公益金标准的100%；第31至90名为三类，享受公益金标准的80%；第91名之后的为四类，享受公益金标准的60%（出现并列名次享受同等类别的村级公益保障金）。如农户的年度文明分得分为零或出现负分，当年度不享受“村级公益保障”。

四、积分管理考核细则

（一）促进和谐

1.孝敬老人

①得分项：赡养老人，履行子女对父母的赡养扶助义务，满足老人的正常生活需求。（记得分1分）

②扣分项：不履行赡养老人义务，被老人反映一次扣1分；辱骂老人，被反映一次扣2分；殴打老人，被反映一次扣5分。经管理考核小组调解后仍不改正的，按以上扣分标准，扣分翻倍。

③奖分项：孝敬老人，被县级、州级、省级、国家级媒体宣传，报道一次分别奖励10分、20分、30分、50分；获评县级、州级、省级、国家级荣誉称号的分别奖励20分、40分、60分、100分（相同报道内容仅记最高级别奖）。

2.关爱子女成长

①得分项：关爱子女成长，使子女完成九年义务教育。（记得分1分）

②扣分项：不关心子女生活，未使子女完成九年义务教育。（扣5分）

③奖分项：该户子女应届毕业考试，高中考入州民中、县民中分别奖励4分、2分；高考考入一本、二本、三本大学的，当年度一次性分别奖励10分、5分、2分，考入清华、北大的另外奖励50分。

3.家庭和睦

①得分项：该户敬老爱幼，相敬如宾，和睦相处。（记得分1分）

②扣分项：该户出现吵架、高声互骂、婆媳不和等现象，被反映一次扣5分；动手打架，一次扣10分。

③奖分项：家庭和睦，被县级、州级、省级、国家级媒体宣传、报道一次分别奖励10分、20分、30分、50分；获评县级、州级、省级、国家级荣誉称号的分别奖励20分、40分、60分、100分（相同报道内容仅记最高级别奖）。

4.视邻为亲

①得分项：邻里互帮互助，关系融洽。（记得分1分）

②扣分项：出现邻里矛盾纠纷时，应主动上报，由村委会调解，因不报而双方发生争吵，被反映并调查属实的，双方一次性扣5分；双方发生斗殴，一次扣10分。

③奖分项：积极参与“互助互兴”，为困难村民募捐，每次奖励10分。

5.维护团结

①得分项：顾全大局，自觉维护集体荣誉，有意见可以向村委会反映，不讲影响团结的是非之言。（记得分1分）

②扣分项：造谣生事，不分是非对错地损害他人利益，影响村民团结的，一次扣10分。尽量做到问题不出村，有事先报村委会解决，若出现越级，按州、省、国家级越级上访，一次分别扣20分、30分、40分。

③奖分项：发现村民之间争吵或听到是非之言，主动制止、劝导的，一次奖励5分。

此外，该实施办法还规定有“爱护环境”“助推发展”“社会公德”“积极公益”4个大项，共19个小项。每个小项目均设置有得分项、扣分项、奖分项。在附则中，对修改实施等相关细则进行了规定。

（本章由李帅通、孙其琛撰写）

第十二章　波溪村

波溪村隶属保靖县普戎镇。该村依水而建，周围群山环抱，村落民居皆集聚于高山之间的峡谷盆地，就势形成了极具特色的太极八卦村落聚居群。村落旁古树掩映，小河从村中蜿蜒流过。波溪村古树繁多，较为珍贵的有金丝楠、红椿木、红绸木等。2016年，波溪村被评定为“十三五”期间重点打造的200个少数民族特色村镇之一。2017年，波溪村被列入第二批“中国少数民族特色村寨”。2019年6月，波溪村被列入第五批中国传统村落名录。

一、村落概况

（一）地理生态环境

波溪村是保靖县普戎镇的下辖村，位于保靖县城北部（距离县城约35千米），普戎镇东北方向，东方、北方与永顺县对山乡交界，西方为牙吾村，南方为糯梯村，素有“普戎北大门”之称，是普戎镇最偏远的村寨，平均海拔为470米。

波溪村由四个自然寨组成，分别为上波溪、下波溪、马纳福和牙科松，其中马纳福为村室所在地。该村地形以丘陵为主，地势跌宕起伏，山多地少；上波溪河、下波溪河、观塘河三条河流由西向东流经村寨。波溪村属于亚热带季风性湿润气候，雨热充沛，无霜期长，植被覆盖率高，既有原生态的植被亦有人工种植的油茶等植物，自然环境优美，风光旖旎。

（二）村落历史

元末明初，波溪村村民先祖为躲避战乱而迁徙至波溪寨居住，至今已有近800年历史。波溪在土家语中意为“凤巢”，相传土家族先祖八部大王涅壳赖在这里成长过，这里也是传说中“龙哺乳，凤羽衣”之地。波溪村还曾是历代土司的花园（驿站、狩猎场）及保靖的第一都“虎都”的一部分。波溪村在1950年进行了土地改革，1953年由合作社转为初级社，1958年成立人民公社，1980分田到户，1984年人民公社终止，波溪村成为建制村。

（三）村落人口

波溪村有土家族、苗族、汉族人口，其中以土家族居多，村中吴、龙、廖、石、麻等姓氏多为苗族；彭、田、王、贾、向等姓氏多为土家族；江、朱、罗、宋和其他姓氏多为汉族。廖氏宗族主要分布于下波溪、牙科松两寨；江氏宗族主要分布于下波溪；朱氏宗族主要分布于上波溪；田氏宗族主要分布于上波溪；王氏宗族主要分布于马纳福、上波溪、下波溪；罗氏宗族主要分布于马纳福；宋氏宗族主要分布于马纳福；向氏宗族主要分布于牙科松；彭氏宗族在四个寨中均有分布。据2020年统计数据，全村共360户1380人，常住人口800人左右。

（四）物产与特色产业

村落以第一产业为主，主要农作物是水稻，此外还有玉米、黄豆、花生、红薯等。该村油茶、黄金茶种植面积约600亩。此外，村里几乎家家户户都养殖有鸡、鸭、鹅，白天放养于房前屋后，晚上收回圈内。部分家庭养殖蜜蜂，收集的天然蜂蜜除了自给自足外，部分拿到镇上出售，部分销售给县里的合作社。波溪村中很多养殖蜜蜂的农户是保靖县酉水蜂蜜产销合作社的合作户，他们由合作社统一提供培训，最终产的蜂蜜由合作社派专人上门收购。该村传统特色产业为油茶种植以及牛、羊的养殖。2016年由退伍军人彭远谋投资300余万元成立的湖南湘西远谋农业科技有限公司在波溪村落户，该公司规模化养殖肉牛，带动了本村经济的发展。

（五）经济社会发展状况

波溪村经过多年发展，于2016年实现整村脱贫。村内常年在外务工人员500余人，青壮年基本都外出务工，剩下多为老人与儿童。

波溪村村内无幼儿园、小学、初中等教育设施，全村学龄学生需要前往普戎镇镇上或保靖县县城的学校就读。村内现有村委会办公楼一座，该楼设置有会议室、卫生室、文化站、图书室等。卫生室仅周六、周日有医生值班，村民看病大多需要前往镇上的医院。村内仅有一家个体经营商店，村民购买水果、服饰、农具、家用电器等需要到镇上的超市、农贸市场或者县城购买。

普戎镇的农贸市场每逢阴历一、六开市，即初一、十一、二十一、初六、十六、二十六，开市时间从早上6点到11点，其中7点到9点人流量较大。

波溪村交通较为便利，对山至普戎跨县公路（普戎镇至永顺县）从村庄西侧穿过，为村民出行带来便利。村内主要干道均已硬化，但村内道路均无路灯。全村已经通电通网，各家广泛使用电视、手机等现代化家电和通信设备。波溪村水资源匮乏，虽然有三条河流流经，但是河流径流量较小，特别是旱季，水位较低不利于农业灌溉。

二、文化遗产

（一）物质文化遗产

1. 传统民居

波溪村现存有多座建设年代久远的传统房屋建筑，它们是波溪村悠久历史的重要见证，具有极高的历史价值和文化价值。部分民居经近些年的整修后仍有人居住，部分房屋由于主人不在此居住而闲置。波溪村传统民居的最大特色就是顺其自然，处处洋溢着与自然和谐共存的生态之美，反映了土家族追求人与自然契合、憧憬返璞归真的愿望。目前，村内保存有200多年的历史古建筑民居7栋，另有土家族特色民居木房360余栋，其中“一”字形开间传统木房较为普遍，全村共有200余栋；富有浓郁民族特色的土家族转角楼70余栋，全村砖房仅有10余栋。

就波溪村传统民居建造工艺与房屋结构来看，房子地基为附近山上的石头，为了防潮，村民们将具有一定高度的地基石在水平地面上放置，木质房子建于此上，因此房子整体距离地面有一定间隔。当地传统民居一般为穿斗式木结构，三柱六挂，六合大门，内在结构为双层，第一层较高用来居住，第二层镂空用来堆放杂物，平时存放杂物时用木质梯子靠在一层的房顶攀爬向上。第一层的内在布局一般为一室一厅一厨。房子正中间即大门正对的屋子叫堂屋，屋子对门的墙面上设置有祖先灵位，专作祭祀或节庆事务用，如今也作为客厅使用。堂屋的左右两边多从中柱分隔成两小间。其中通过风水先生对主人生辰进行占卜,选择一小间作为火床房用。火床房是在房间正中的地板上留出一个边长约1米的正方形空间,用4块长条石围成炉,炉中设置有三脚铁架,放上炊具后可以点燃木材烧水和做饭。平时不使用的时候用木柴灰覆盖火苗,木柴灰覆盖后的火星不会短时熄灭,下次使用时将覆盖的柴灰拨开即可。围炉上方的火炕上还会挂一木架作烟熏腊肉用,腊肉切割成长条挂于木架上,平时做饭产生的烟可以对肉进行熏制和保鲜。堂屋另一边为卧室,供主人休息。

波溪村"一"字形开间的传统民居
(李帅通　摄)

转角楼是当地特色建筑,其两个转角高高翘起,成为整座房屋中轮廓最为突出的部分,也是整座房屋的重点装饰部分,在构造上又是使用弯曲木材最多最集中的部分。村民江世泽家的老宅是传统民居中保存较为完好的转角楼。江家老宅于清代建造,建筑面积为100平方米。除了传统的基本造型外,在正屋左次间前还建了一个木质转角楼伸向前院,当地人俗称为"马屁股"。该楼也为双层,第一层为木柱搭起的房屋框架,第二层为房屋。转角楼的楼檐与正屋檐同高,楼角用弯曲的木材向上挑起。楼廊吊脚悬空,木雕的栏环绕三面,以作观景用。楼上房间一般是姑娘织锦和绣花的房间,楼下通常设谷仓及农具储藏室。

2. 风雨桥

波溪村有一座风雨桥,始建于20世纪二三十年代。2015年,风雨桥重新进行了修缮,至2017年修建完成。这座风雨桥的总占地面积为80平方米，建筑面积150平方米。该建筑共有两层，整体为木质结构，桥基为青石板铺就，整座建筑采用传统的青瓦屋顶，檐角飞翘设计精巧，蔚为壮观。该桥工艺高超，不用一钉一铆，仅在木柱上凿出若干孔洞，以榫衔接，横竖穿插，历经风吹日晒而不倒。其桥面宽阔可以通车，两旁分别建有可供行人通行的狭长过道。

关于风雨桥有一个美丽动人的故事。相传在很久以前，一对年轻的恋人携手过桥，河底突然刮起一阵狂风，一下子便把姑娘卷入河中。原来，河里的螃蟹精看上了美丽的姑娘，想要把她抢回去做妻子。勇敢的小伙子立马跳入河中，拿起背在身后的镰刀和螃蟹精搏斗，可妖精太厉害，掀起一个浪花就把小伙子甩到了岸上。小伙子在岸边伤心得哭了起来，想要自杀随心上人而去，哭声惊动了水底善良的白龙，他被小伙子的痴情打动，于是飞出水面，施法将螃蟹精变成石头，救出了姑娘。

波溪村风雨桥（波溪村村委会　供图）

这对有情人终于得以重聚，可白龙却因为擅自现形而被惩罚永世不得下凡。人们为了感谢白龙，为白龙积德积福（在湘西，修桥、铺路等公益事业被认为是最光荣、最能积累大功德、最让人尊重的善举），便把原来河上的木桥改建成了画廊式的大桥，还在柱子上刻了许多白龙的形象，称它为“回龙桥”，寄托着对于白龙的思念。由于此桥能让人躲避风雨，渐渐地人们便称它为“风雨桥”。

风雨桥在西南传统村落里不仅仅只有通行功能，更重要的是为村民提供了聚会休憩场所。波溪村的风雨桥更是为村中青年男女提供了极佳的约会场所，村中多对老夫妻皆是在此对歌欢聚而走到了一起，从此相携一生，风雨不弃。所以波溪村民也戏称其为“红娘桥”。不过，听村民介绍，近些年来因为村内年轻人大多外出务工，所以风雨桥一般是夏天老人乘凉闲谈和小孩玩耍的地方。但过年期间外出务工的年轻人回到波溪村后，风雨桥又会成为年轻情侣见面的好去处，他们会谈起那段美丽传说，风雨桥又会继续见证下一段浪漫故事。

3. 古石拱桥

在波溪村有一座古石拱桥，桥下有溪水流过，桥上是古道。该桥的桥身堆砌平整，做工十分精巧；通体主要由石灰作为黏合剂，至今仍完好无损，可谓经久耐用。桥的一侧不远处有一块石碑，镌刻了修桥的相关信息，但因为泥石流而被毁坏，无法看清碑文的具体信息。当地人谈到，该桥约建造于明清时期，是通往隔壁乡镇进行贸易活动的必经之路。如今桥上已经长满了杂草，人们通过古桥上山做活时通常携带镰刀，边开路边前行。

波溪村古石拱桥（李帅通　摄）

4. 百年龙门

龙门即石门，是湘西传统建筑中较为常见的一种建筑样式。古代的大户人家或书香门第通常建有这种门。人们将石门称为龙门，借用神话传说中“鲤鱼跃龙门”的吉祥寓意，体现了家庭对于后辈的殷切期盼，希望其能发奋努力、不畏艰难、鱼跃龙门、光宗耀祖。在一家一户的建筑格局中，龙门实际上也是一种界域分隔方式，进入石门也就表示进入了私人领域，当地传统婚俗中男方向女方迎亲时的拦门酒习俗就在此举行。波溪村现有多座石门，其中有一座保存较为完好，仍然嵌于墙体中。该门精美的造型、古朴而流畅的雕刻线条，彰显了大山深处的人们善于就地取材、物尽其用的传统智慧，也彰显了传统手艺人精湛的石刻工艺。该石门始建于清朝，虽然随着岁月的侵蚀，龙门目前出现了些许风化现象，但古人之造物智慧以及借此传达的理念仍令人称赞。

5. 红军纪念碑与张永昌烈士墓

波溪村是一个充满英雄气概和红色文化基因的地方。在村域山中的半山腰处有红军纪念碑和张永昌烈士墓。

在波溪村曾有一段光辉的红色历史。为了缅怀因革命事业而捐躯的波溪村英烈，波溪村立下一块红军纪念碑。碑文正面两侧刻有“英雄浩气垂千古，烈士精神泽万年”字样，碑文背面两侧刻有“英姿烈烈千秋在，仪范昭昭万古存”字样。此外，碑文背面刻有三首缅怀红军的诗词和一段由当地人创作的一段纪念文字。其中一首为廖永楠创作的《普戎波溪红军烈士赞》：“波溪有座玉龙山，气势如虹头顶天。两岔清流环玉带，一方沃土展平川。藏龙卧虎雄才地，忠骨英魂永乐安。戎马

波溪村红军纪念碑（李帅通　摄）

终生走南北，将军与庶共婵娟。”另一首为彭景容创作的《缅怀红军烈士》：“烈士长留振国心，青山处处有忠魂。南征北战功不朽，春去秋来名永存。只有父母思娇子，从无人民忘功臣。英雄浩气千秋颂，先辈精神启后人。”

张永昌烈士墓也位于波溪村。张永昌是河北省定兴县人，中国人民解放军一四一师战士，他英勇顽强，1950年春在湘西一带剿匪时不幸牺牲，其忠骨就埋葬于波溪村。2013年11月11日，保靖县人民政府为慰先烈于九泉，希望其精神可垂青史于万代，特为张永昌立碑纪念。

（二）非物质文化遗产

1. 民间诗歌

波溪村是好地方

廖永江

波溪村是好地方，人杰地灵名永扬。
土家苗汉多俊杰，能文能武当自强。
当年红军从此过，各族父老把兵当。
参加红军同杀敌，父子兄弟拼沙场。
不少英雄和烈士，为国为民甘死伤。
长征胜利求解放，举国欢腾红旗扬。
缅怀先烈图发展，各行各业意气昂。
科教文化皆重视，志奋育才建家邦。
青山重重抱流水，河水弯弯绕田庄。
田野稻翻千层浪，不愁钱用不缺粮。
公路犹如蛛织网，溪河皆架美桥梁。
革命老区有谋略，红色强村计千方。
产业发展通正路，立志开发创辉煌。

封山固土田园美，绿色富民达小康。
幸福不忘共产党，犹如撒网要抓纲。
不忘初心跟党走，波溪人民百世昌。

缅怀普戎波溪十位红军烈士

廖东成

红旗半卷夺雄关，万里长征人未还。
廖氏弟兄同杀敌，王家父子共攻坚。
英雄热血寄家国，壮士啼鹃归故园。
一片忠心传后世，九泉含笑上天仙。

2. 传统音乐

（1）上梁歌

上梁自古以来都被视为一大喜事。“一家建房，百家帮忙”相习成风。当地建房帮工，只供饭不付报酬，又叫“帮白工”。上梁歌是在建造房子安装房梁时特意举行的一种上梁仪式。上梁歌虽然名为“歌”但其实质上并非现代意义上演唱的歌曲，而是一种类似于朗诵的民间文艺表现形式。民间艺人通过拉腔，以即兴创作的文字表达对房屋以及屋主人的赞美和美好祝福。上梁歌既有相对固定的说唱内容，又有根据房屋的方位以及主人的具体情况进行的即兴创作，内容丰富。上梁歌在波溪村保存完好，部分村民建房时会邀请专业的民间艺人哼唱上梁歌。

波溪村在建的新房（李帅通　摄）

一般情况下，新房中的梁木升至柱顶落榫、燃放烟花爆竹之后，就会举行仪式开始哼唱上梁歌。上梁歌由两位民间艺人协作完成，开始的时候一位先生站在房梁的东边（故当地又称“东方先生”），边走边说，走到梯子处（梯子靠在房顶处，可以由此上到房上），每上一个台阶就说一段词句，直至上到顶部骑在房架上。随后另一位先生站在房梁的西边（故又称“西方先生”），重复上述流程，只是说的词句不同。接下来两者一问一答，即兴创作夸奖屋主，主人在地面上随声附和说“借你吉言”等类似语言。西方先生先发言说：“上了梯，上了房，一步一步到梁旁，我在梁头打一望，主东做得好屋场。前面八步阳朝水，后面八步水朝阳，阳朝水富又贵，水朝阳状元郎。”

说罢，西方先生问道：“请问东方先生从何处而来？”东方先生答道：“我从东方而来，身穿紫襟衣，脚穿草鞋一双，来给主东上梁。”“请问东方先生来自何方？”对答曰：“我是腾云驾雾而来，主东请我来上梁。”随后双方你一言我一语，祝福修建房屋的主人后代人才辈出、荣华富贵等。最后，早些时候一直坐在梁上建房的另外两个人随着祝福语抛撒事先已拿上去的糖果、饼干等食品，围观群众哄抢一空，寓意抢健康、抢富贵。①

（2）吹木叶

吹木叶也称“吹叶”，即利用各种吹奏技巧吹树叶使其产生各种悠扬旋律，如同大型器乐发出的清脆而婉转的响声。木叶是我国许多民族在民间流传的一种天然吹奏乐器，随手可得的器材使得其深受人们喜爱，它广泛流行于湖南、湖北、四川、贵州等地区。吹木叶的传统由来已久，隋唐时期的九部乐、十部乐中就有吹叶，从五代时期的古墓中发掘出来的石刻上也有吹木叶的雕像。

吹木叶要选择新鲜、柔软、厚薄均匀的叶子，可以吹奏的叶子有数十种之多，如龙眼叶、竹叶、柳叶、橘树叶、冬青叶、桐叶等。吹奏时，把随手

---

① 访谈对象：江世湘，汉族，58岁，波溪村村民；访谈人：李帅通，访谈时间：2020年7月15日。

摘得的叶子擦干净后横放于嘴唇。将叶片正面横贴于嘴唇，用右手（或左手）食指、中指稍微岔开，轻轻贴住叶片背面，拇指反向托住叶片下缘，使食指、中指按住的叶片上缘，使其稍稍高于下唇。吹木叶主要用上唇吹奏，能发出清脆悦耳、优美动听的音调来，可用以伴奏山歌或独奏各种乐曲。吹木叶是一种古老的娱乐方式，人们田间地头、房前屋后，闲来无事时在附近摘下几片叶子，便吹奏起来。如今在波溪村，由于人们娱乐方式日益多元化，村内还会用木叶吹出曲子的人寥寥无几。我们有幸碰到其中一位老人，老人吹木叶的技艺较为娴熟，不需用手配合，只需将木叶含在唇间便可吹出多种曲子。①

（3）唱哀歌

唱哀歌又称“唱孝歌”，是陪伴灵柩过夜时演唱的一种长篇叙事性民间歌曲。在波溪村，如果哪家老人去世，家中后辈就会邀请专门的民间艺人唱哀歌，以此表达对逝者的深沉缅怀，体现“百善孝为先”的孝道文化。

据当地人介绍，波溪村所唱哀歌的原始根源可以追溯到上古时期。相传，上古时期有一位君王，父亲死后他万分悲痛，便下令让手下官员演唱悲伤的歌曲，纪念去世的父亲。但是，一个个唱下来连续唱了好几天，君王都不满意，认为无法表达自己内心的痛苦与思念之情。于是官员们便张榜告知天下，征集会唱哀歌的民间艺人。此时，田振与田广二人应诏入朝，他们头戴白帕、身穿白衣、脚穿草鞋来到君王面前。叩拜君王后，二人便痛哭起来，边哭边唱君王父亲的生平，唱其一生为老百姓做出的实事，为国家发展贡献的智慧和汗水。他们的语言表达丰富而深刻，哭腔绵长，哭声震天，直击在场每一位官员的心灵，官员们也跟着哭起来，顿时朝中笼罩着一片悲伤的氛围。君王听后甚为满意，连连称赞两人唱得传神，便广泛推行该哀歌，教育人们孝敬父母，不忘父母恩情。于是唱哀歌便代代相传至今。

---

① 访谈对象：江世湘，汉族，58岁，波溪村村民；访谈人：李帅通，访谈时间：2020年7月15日。

如今，流传下来的哀歌不胜枚举，有《文王访贤》《三顾茅庐》《白帝托孤》《精忠报国》《四郎探母》《十月怀胎》《唱劝世文》《戴孝立功》《二十四孝》等。唱哀歌既有相对固定的套路，又有即兴发挥的创作，一般创作的素材是特定的历史事件，然后每个艺人通过对其进行加工演绎，使得事件变成句句押韵朗朗上口的唱词。这些唱词既有事前已经向父辈学习好的固定语句，亦有在演唱中特意发挥而创作的新语句。唱哀歌时通常多人轮流演唱，一人一首，一首哀歌的演唱时间不固定，少则三十分钟，多则两个小时。

唱哀歌具有一定的规则。一般而言，当民间艺人被邀请去唱哀歌时，他们首先需要通过逝者的家人、邻居等全方面了解逝者从出生到去世所经历的大事件，尤其是其对家庭、社会作出的贡献。经过了解，将上述内容快速地在头脑中编成唱词，以便演唱。如果逝者曾经为教书先生，则多夸赞他教书育人，桃李满园；如果逝者曾是公职人员，则多夸赞他为人民服务，鞠躬尽瘁；如果逝者曾是商人，则多夸赞他诚信为本，勤劳致富等。此外，逝者的性别不同，演唱的内容亦有所不同，比如，如果逝者为女性，则需要演唱《岳母刺字》《四郎探母》《十月怀胎》等女性主题的曲目，表现母亲对儿女的谆谆教诲，激励后辈做有益于社会和国家的栋梁等内容。如果逝者为男性，则需要演唱《三顾茅庐》《白帝托孤》《戴孝立功》等。需要注意的是，哀歌不同于山歌，它的演唱具有一定的禁忌，需要在固定的场所进行，一般只在逝者家里演唱，如果村中某家有喜事，即便是在附近唱一句也会被认为不吉利。①

（4）打花鼓

打花鼓是一种唱与打结合的民间艺术，民间艺人一边敲打乐器一边即兴朗诵，所朗诵的内容根据当时所处的环境而定，看到什么就可以唱什么。比如在建房时，一般赞美主人房屋位置选得好，房子用料质量好，结

① 访谈对象：彭世甲，土家族，52岁，波溪村村民、民间艺人；访谈人：李帅通，访谈时间：2020年7月15日。

构设计完美等。据传，波溪村所打的花鼓起源于元朝，其始祖是名为苏子建和苏鸾娇的两兄妹。两兄妹生于今安徽合肥，自幼父母双亡。为了谋生，两人创立了打花鼓，他们看到谁家建房子就到那里敲锣打鼓并唱祝贺词，以此获取生活来源。打花鼓有不同的曲目，如《八哥洗澡》《金鸡出山》《凤凰绕梁》《双凤栖头》等。

打花鼓通常与民间杂技抛刀结合起来。表演者一般手持三把木柄铁刀，往高处依次抛出，循环往复，不让铁刀掉落。技艺高超者可以不慌不忙地同时抛五把刀。抛刀者随着打花鼓的节奏、声音，变换抛的姿势、高度，常令周围观众不由得心惊肉跳、拍手叫好。

波溪村至今仍流传着打花鼓的民间曲艺，这里打花鼓所需的人数具有流动性，通常为四人，他们一般用两套器乐，两个鼓两个锣；也可以为两人，所用的基本乐器为一个鼓和一个锣。铜锣击打出的声音有余音，在伴奏中为使得其声音铿锵有力，通常在打击完后，会用持锣锤的那只手的另外三根手指按一下锣面。鼓的基本打法为“31531”，即双手都持鼓槌，以右手为基准，左手辅助，右手敲击三下鼓面后，敲击一下鼓边（类似于文字表述中的逗号）为“3”，以此类推。①

3. 民间习俗

（1）过赶年

过赶年是土家族的传统习俗，如果月份小在腊月二十八，月份大则在腊月二十九，因其相比于汉族过大年三十提前一天，故名“过赶年”。相传，在嘉靖年间，年关将至，圣旨要求土家族士兵火速出兵抗击倭寇，为了不贻误战机，人们便提前一天过大年为将士们送行。后来土家族士兵打败倭寇，受到皇帝嘉奖，土家族便形成了“过赶年”的习俗。在波溪村，土家族、苗族、汉族居住较为集中且来往密切，因此村中各族人民都会过赶年。

---

① 访谈对象：彭世甲，土家族，52岁，波溪村村民、民间艺人；访谈人：李帅通，访谈时间：2020年7月15日。

可以说，过年是波溪村最大的节日，村民一般从腊月二十四就早早开始准备，到镇上购买酒、糖果、水果、猪肉、蔬菜等各种食材，在外地忙碌了一年的人们纷纷赶回家中，与家人共度佳节。因为土家族人从腊月二十四就开始为过年忙碌，故又称为“忙年”。传统上，土家族人有“二十四刷扬尘，二十五推豆腐，二十六杀年猪，二十七打粑粑”的说法。腊月二十四是土家族人过小年的日子，在这天人们只吃素不吃荤，以打扫卫生洗刷灰尘为主要活动。

过年那天，村民们会在放有香炉和家先牌的神龛下面放置一张桌子，桌子上面摆上酒、鸡肉、猪肉、水果、糖果、糍粑等，糍粑上面插上松柏枝。桌子两边放置灯具，灯具是用碗装满菜籽油并放置灯芯组成，仪式开始时要点燃灯芯。全家人在男性家长的带领下，燃香烧纸，磕头跪拜，礼毕后放鞭炮。这天除祭祀祖先外，还要带贡品敬“土王扑卜”，到土地庙敬土地菩萨，祭拜主掌生育的四官菩萨。傍晚时分，在灶台处点香祭拜，以此接灶神下凡。

在过年当晚，人们聚集一起守岁，即围坐在桌子旁边拉家常直至天亮。在途中要确保灯油不熄灭，如果熄灭不可以再次点燃，需要更换新的碗和灯油重新点燃，灯油无论燃烧多久都需要待其自然熄灭，不能人为干预。

“抢年”可谓是当地过赶年中最有趣的一个活动。在将近零点时刻，人们纷纷拿出准备好的烟花爆竹，待新年到来时，只听鞭炮声不绝入耳，村中顿时热闹非凡。在天快亮时全村各家各户吃起了团年饭，席上米饭是用甑子蒸的，鱼这道菜也是必不可少的，当地人以“鱼”“余”谐音寓意吃了鱼可以年年有余。①

（2）“四月八”

在波溪村保持着过“四月八”这一传统节日的习俗。在不同地区和民族，“四月八”的文化含义大不相同。“四月八”在土家族传统节日中较为隆

---

① 访谈对象：廖永江，苗族，70岁，波溪村村民；访谈人：李帅通，访谈时间：2020年7月14日。

重，土家族山歌曾对“四月八”如此描述：“土家人过‘四月八’，家家户户舂粉粑，扯张叶儿唱山歌，引来好多姑娘家。”在波溪村，“四月八”是“牛王节”，即为牛王过生日的节日。

当地人过“四月八”主要有以下三项活动。第一就是舂粉粑粑，即做糍粑，糍粑是本土美食，以前家家户户都会，是土家族人过节招待客人（或送礼）的佳品。由于做工烦琐，现在人们多在镇上购买食用。第二就是土家族的小伙、姑娘一起唱歌跳舞，有意者还互赠信物。因为农历“四月八”正是农家插秧的季节，本地有亲朋好友间互相帮工插秧的习俗，故而，很多外村的姑娘、小伙子会来到本村，他们的到来为“四月八”增添了许多喜悦的气氛。吃过晚饭后，在村头寨尾，处处可以听到吹木叶、唱山歌的声音，看到跳摆手舞的男女青年翩翩起舞。只是由于现在种水稻的人们越来越少，年轻人又多外出打工，这一活动也逐渐减少。第三也是最重要的，家家户户要在这一天一起为牛王庆祝生日，耕牛也会得到很高的待遇。在农耕文明时代，牛一直是村民赖以生存的必不可少的劳作工具，因此人们爱牛，把牛当作最珍贵的物品之一。当天人们对牛呵护备至，除了不让牛下地干活，让它安心休息一整天外，还会将牛身沐浴干净，把牛栏扫得一尘不染。主人还要到附近山上为牛割到它最喜欢吃的青草，用大米、玉米等和成稀饭喂牛吃下。如今，随着时代发展，在波溪村小型耕田机基本取代了牛的作用，但“四月八”这一传统节日仍然代代相传。①

（3）“六月六”

“六月六”即农历六月初六，是土家族人约定俗成的节日，当地称之为“过小年”，又称“刨新”。据传，设立该节日的目的是纪念在明初为反抗朝廷压迫政策而英勇就义的湖南茅岗土司王覃垕。覃垕反抗朝廷，朱元璋派士兵攻打，覃垕被女婿出卖后被押解南京，于六月六日被处死。当日，

① 访谈对象：江世湘，汉族，54岁，波溪村村民；访谈人：李帅通，访谈时间：2020年7月14日。

在刑场上，覃垕怒目圆睁，赴死之时忽然从身上飞出了九条金龙，霎时天昏地暗，鸡不叫，狗不吠，日月不明，朝夕不分。朱元璋被吓得在金殿龙椅上晕倒，爬起来后连忙祷告苍天。同时他下令将覃垕遗体晒干，并扎成覃垕像，让他每年坐七天帝位。后来，土家族人将覃垕血染的战袍抢回来洗净晒干，立庙祭祀，谓之“晒龙袍”。时至今日，“晒龙袍”已经成为当地土家族家家户户进行的活动，人们在当天晒衣服、被子、鞋子，以此怀念覃垕。

在波溪村，“六月六”是一个活动内容丰富的节日，这天家家户户都要买各种肉和水果蔬菜。特别是嫁出去的女子，需要和丈夫一起回娘家过小年，吃团圆饭，共度节日。因为土家族女儿在娘家不能过大年，故而娘家要在“六月六”这天专程接女儿、女婿来吃团圆饭。“六月六”要“刨新”敬奉祖先，这天各家各户都要掰嫩苞谷棒子，用水煮熟或推苞谷粑，摆在神台下敬奉祖先。土家族童谣传唱道：“过了‘六月六’，要吃早苞谷，烧的烧来煮的煮，脸板儿像个花老虎。”①

（4）“七月半”

“七月半”在古代又被称为“鬼节”，土家族几乎家家户户都过这个节日，俗话叫“家家有个七月半”。当地民间传说认为，在七月的上半月，阎王爷打开了鬼门关，让逝者的鬼魂回家看子孙，故而该节日被称为“鬼节”。土家族人认为七月十五是祖先回家的日子，他们打扫干净屋子，在门口点燃蜡烛，迎接过世亲人的魂灵到来。这一天土家族人会备办酒肉、新鲜蔬菜等，用其做成一道道美味菜肴，请女儿回娘家一起过“七月半”，俗称“吃新”。天黑之前，要用木炭书写亲人的名字或称呼，在每个人名字下面插上三根香，然后跪拜烧纸钱。土家族人有整个七月不坐在门口的说法，用意就是避免阻挡逝去的先人回到家中过节。②

---

① 访谈对象：江世湘，汉族，54岁，波溪村村民；访谈人：李帅通，访谈时间：2020年7月14日。

② 访谈对象：廖永江，苗族，70岁，波溪村村民；访谈人：李帅通，访谈时间：2020年7月14日。

（5）民间禁忌

波溪村的一些土家族人仍然留存着一定的民间禁忌，主要有口忌、手忌、出行忌、安神忌等。

口忌指在特定的场合忌讳说一些话，否则对人不利。比如，如果谁家办了喜事，做了好事，旁人不能讲不喜庆、不吉利的话，特别是对再婚的妇女或者一生没有生过儿子的女人。

手忌是指土家族人在家中或在族内做一些特定的小事大事，未择吉日不准动手或开工。小事到室内移动床位清理杂物，大事到建房、修坟、铺路、架桥等都必须请专门的人选择合适的日期。

出行忌的内容较多，一般指未满3岁的小孩子或60岁以上的老人出门要选日子，如果日子不好就会遇上“灾星”，对自己的安全和健康不利。此外，在过年期间，人们外出走亲访友也有一定禁忌，初二、初三不可以出门，如果出门夫妻容易闹矛盾。在日常生活中，当地流传有“七不出门、八不回家”的说法。意思是农历每逢“七”不能出门，逢“八”不能回家，外出的人当天则需要在外面过夜，否则对自己安全不利。

安神忌是指，土家族人每家每户都会在正屋（堂屋）设安神台，安神台这一天不欢迎陌生人入堂就座，特别是有劣迹的人不能入堂。这一天人们也不能到别人家借钱借米或讨债拿物。①

三、自然资源

（一）自然景观

1. 千年山洞

在波溪村有三个古老的天然山洞，分别为仙人洞、土匪洞、凉风洞。

---

① 访谈对象：廖永江，苗族，70岁，波溪村村民；访谈人：李帅通，访谈时间：2020年7月14日。

仙人洞洞口
（李帅通 摄）

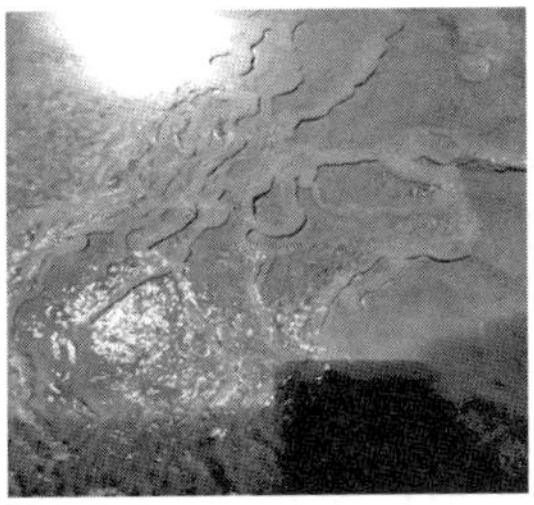
仙人洞内的梯田化石
（李帅通 摄）

土匪洞洞口的石头碉堡
（李帅通 摄）

每个洞的特色不同，大自然的鬼斧神工令人叹为观止。仙人洞为天然溶洞，洞口较为宽大，洞口类似于一只平放的鞋子，洞内前面的路泥泞不堪，仅洞口附近十余米处架设有电线和灯泡。前行十余米，洞中的地面坚硬起来，但有的地方洞高仅一米，需弯腰通过。再向前不远处有一条溪水流过，溪水清澈见底，水流潺潺，水质清凉、透人心脾。在溪水底部的地面上可以清晰地看到古时人们耕种梯田的化石遗迹，地面上一层层的梯田化石轮廓，似乎在诉说着波溪村在千年之前已有人类文明的足迹。由于仙人洞是天然溶洞，溶洞经过二氧化碳和溪水长年累月的侵蚀和积淀，形成了各种石笋、石柱、钟乳石、石花等。溶洞内部的石壁有的像交错锋利的一排排狼牙，有的像一簇簇的巨型蘑菇，有的像一张张的巨型水帘……美到令人赞叹。

土匪洞坐落于半山腰上，相传一个名叫王焕尧的土匪头子曾在此居住。该洞洞口呈较为规则的拱形，洞内空间极大，可以容纳万余人，是保靖县的第二大山洞。洞口一侧仍留存有当年土匪顽抗解放军追剿所筑的石头碉堡，该碉堡有一眼架设机关枪所用的机枪口。碉堡随地势而建，用料为纯石头，未用一丝石灰和水泥等原料，历经60余年风吹雨打仍然屹立不倒。①

凉风洞洞口不大，站在洞口附近就可以感到洞口吹出的持续不断的

① 访谈对象：罗光清，土家族，60岁，波溪村村民；访谈人：李帅通，访谈时间：2020年7月14日。

凉风。这个洞是一个绝佳的天然避暑之地，其洞口极狭，中间空间开阔，洞里有一部分无法步行通过，需要乘船方可通行。洞内放置有一小船，可以同时容纳三人乘坐。①

2. 亿年化石

2002年，波溪村村民在村内发现大量的鹦鹉螺化石。鹦鹉螺化石被称为“海洋物种原生态活化石”，是中国“四大名螺”之一，来自四亿年前寒武纪时代深海底部。科学家对鹦鹉螺螺壳上的生长线进行研究，推测出四亿年前月亮绕地球一圈仅需9天，随着时间推移，月亮绕地球一圈的时间逐渐延长到今天的约30天。鹦鹉螺的构造也堪称奇迹，人类模仿其排水、吸水方式制造了第一艘潜水艇。鹦鹉螺化石也称菊石，具有较高的科学、观赏和收藏价值。正因其科学和美学价值，加之缺乏有效的保护措施，早些年在波溪村房前屋后随处可见的化石被当地村民以极低的价格卖给了外来商贩。如今，仅有附近山上埋藏的化石因为开采难度大而得以保存下来。②

波溪村鹦鹉螺化石（李帅通　摄）

（二）动植物资源

波溪村得天独厚的自然环境使得当地生长着许多已经濒临灭绝的千年古红绸。红绸树是一种名贵的树木，当地人称之为“红青冈”。它生长周期长，枝干发育缓慢，正因如此，其材质优良、质地坚硬、防虫且耐腐蚀。

---

① 访谈对象：于顺盒，汉族，56岁，波溪村村民；访谈人：李帅通，访谈时间：2020年7月14日。

② 根据普戎镇人民政府提供的资料整理。

在波溪村生长有直径超过1.5米的古红绸树33棵，这些树的树龄均在千年以上，保靖县人民政府对这33棵树挂了“古树名木保护牌”进行专门保护，没有挂牌的小红绸树共有一万多棵。村内红绸林总面积达2平方千米，波溪村有两名专职护林员，他们轮流巡山保护这些珍贵树木。波溪村的红绸林堪称目前世界上面积最大、株数最多的红绸树群落。

值得一提的是，在这里拥有一株高约20米、胸径8.5米、直径2.75米的红绸树，最粗处需8人合抱。该树盘根错节，枝繁叶茂，树冠亭亭如盖，树龄已超过4800年。这棵树某种程度上是世界上单株直径最长、树龄最为悠久的古红绸树。

四千多年的古红绸树（李帅通　摄）

当地人将此树奉为神树。相传，波溪村的牙科松曾经是土家族先祖八部大王涅壳赖的成长摇篮。八部大王去世后，他就化为牙科松寨口的这棵古树，土家族人称此树为“拔普涅壳赖卡木”（意为“不老的化身”或“祖先的树”），该树亭亭玉立，历千年仍枝叶繁茂。逢年过节，附近村民都会到古树下祭祀，摆上供品，焚香烧纸，磕头跪拜。人们把心愿写在红绸布上，挂在古树上，以此祈求神树保佑，目前古树上被挂满了写有各种愿望的红布条。村里每逢重大节日活动，还要邀请专门的祭祀礼官到古树下举行隆重的祭拜活动，附近村民闻讯赶来，载歌载舞，热闹非凡。

正因为古树流传的这一段神话，该树也被披上了一层神秘的面纱，波溪村村民自幼就敬仰古树，用心呵护古树。波溪村的古红绸树就是在这样的社会文化氛围中历经千年而仍然被一代又一代的村民保护着。①

四、村规民约

第一章　红白理事会制度

第一条：坚持节俭理事，婚事新办，丧事简办，反对大操大办铺张浪费，搞好婚丧改革，加强精神文明建设。

第二条：红白喜事由理事会统一安排，所有宴请人，只请家长，不请全家，席间不得带小孩入席。

第三条：坚决杜绝帮忙人员向亲朋好友索要钱物和烟酒礼物的现象。

第四条：每个事中，理事会要为事主分忧解难。除固定人员有便饭外，其他宴请人员只有正事当天早间开正席，事前事后便饭全部取消。

第五条：宣传厚养薄葬，制止封建迷信。提倡白事挖基、承运一条龙服务事中不管饭的制度。

第二章　财务管理制度

第一条：每月村主任向理财组通报本月的收支情况，由理财组对收支票据的真实性、合法性进行审查，按审批权限进行签、批手续。

第二条：财务支出严格实行限额审批制度，村里的一切开支由理财组把关，按规定权限、限额审批。

第三条：加强村、组固定资产管理，防止流失。

第四条：千元以上开支，由村支"两委"研究同意后，村民代表会

---

① 访谈对象：彭善胜，土家族，51岁，护林员；访谈人：李帅通；访谈时间：2020年7月14日。

议通过,再审批执行。

第三章 土地管理制度

第一条:禁止村组干部以办实事为由,非法买卖、乱批、乱占、出租转让土地权。

第二条:禁止村民个人非法出租、转让集体土地,不准私挖乱采破坏农业耕作。

第三条:禁止在承包土地上以饲养、养殖或其他名义搞大型永久性建筑。

第四条:村民需要宅基地,村民委员会、村党支部研究同意后,张榜公布异议后,报乡土办审查。

第四章 民事调解制度

第一条:依照法律原则、依照社会公法,在双方当事人自愿、平等的基础上进行调解。

第二条:受理纠纷,迅速查明事情发生的原因和争议焦点,及时判明事件性质、是非曲直,进行研究分析,对症下药。

第三条:做好双方当事人的思想工作,充分说理,耐心疏导,学习法律,清除隔阂,促使当事人双方达成协议。

第五章 承包合同管理制度

第一条:依照法律采取民主定标、公开发包的方式,坚持平等互愿、协商一致的原则。

第二条:家庭承包所得的土地经营权可依法采取转包、出租、互换或其他方式流转。

第三条:家庭承包合同签定,具有法律效力,双方须严格执行,任何一方不得擅自更改或解除。

第四条:所有合同一式三份,承包双方各执一份,交乡经管站一份。

第六章 计划生育制度

第一条:积极实行计划生育、晚婚晚育、婚姻自主、男女平等,建立团结和谐的幸福家庭。

第二条:严禁弃婴、溺婴,违反者报司法机关依法处理。

第三条:严禁刁难、围攻打骂计划生育工作人员。不准在计生工作中徇私舞弊,弄虚作假。

(本章由李帅通撰写)

第十三章 亨章村

亨章村位于保靖县普戎镇。亨章村依山傍水，环境优美，森林覆盖率90%以上。红军河穿村而过，民居背靠青山，山地森林茂密，形成了亨章独特的地域风貌。亨章水库、红军河、公共广场位于村落中心地带。青石板贯穿村庄内部，成为村民联系的重要通道。村内阡陌纵横，牧歌蝉吟，袅袅炊烟、鸡鸣犬吠、牛羊嬉戏交织，表现出“山水—农田—村落—人文”和谐共处的特征。该村生态环境良好，人文气息浓厚，是湘西土家族文化不可多得的村落代表。2010年，亨章村被评定为湖南省少数民族特色村寨，2011年被列为全国“生态文化村”，2019年6月，亨章村被列入第五批中国传统村落名录。

一、村落概况

（一）地理生态环境

亨章村位于保靖县北部，普戎镇正南方，距县城24千米，县道、105国道从村庄东侧穿过。亨章村以河为中心线，两边为山，中间为平地，呈狭长的玉带形。亨章村属亚热带季风性湿润气候，雨量充沛，四季分明，气候宜人。该村村域面积约6.3平方千米，耕地面积1300亩，其中稻田500亩，旱地800亩。亨章村传统建筑特色明显，村内有大量年代久远的土家族吊脚楼和新建的土家族风情园。村内民族风俗文化丰富，村内男女老少擅长摆手舞、毛古斯舞等民族体育活动。

亨章村自然土地保护完整，开发建设强度低，生态环境优良，村里山清水秀，百花齐放，鸟兽争鸣，走进亨章村就像走进了一个巨大的“生态氧吧”。

亨章村整体格局呈现“卧龙饮水”之势。依靠溪河丘陵地貌，土家族先民依溪建房，傍山结寨，背山面水，择良田而居，建筑顺应地形、错落有致，整体保存完好。亨章村水资源丰富，水文条件良好，灌溉用水充足。村内有亨章水库①，还有一条西洞河，水质优良。在亨章村北面，有一支山脉卧临亨章水潭，山脉绕着亨章寨弯曲盘旋，形似一条青龙卧在水边，山势龙头好似伸进水里，慢悠悠吐着清水。

（二）村落人口

亨章村现辖4个村民小组，共183户728人，90％以上为土家族。

亨章村人文气息浓厚，素有“书香之地”的美称，该村村民特别好学，

① 亨章水库于1958年修筑，坝高25米，长约200米，库容16万立方米，可灌溉稻田400亩。

出过许多读书人，在保靖县小有名气的“文昌阁”①也曾坐落于亨章村，“亨章”一词也意为随时可以听到读文章的声音。②

（三）物产与特色产业

亨章村集体收入的主要来源包括养殖业、种植业和旅游业。在农业生产方面，该村主要种植水稻、油茶等。2019年，亨章村成立了湘西冉旭森盛种植专业合作社和保靖县兴旺油茶种植专业合作社，带动村里18户村民种植油茶200亩，为当地村民增加了收入。亨章村的养殖业多以鸡、鸭、羊为主。旅游业方面，亨章村以“保护和完善特色民居，展现美丽的土家山寨”为主线，以“传承和弘扬土家族文化，结合特色村寨建设和文化旅游”为支撑，因地制宜地发展以水产养殖兼休闲垂钓、绿色果蔬、特色养殖、民俗文化旅游为重点的四大特色产业，取得了一定成效，初步形成了以土家族文化为依托、以旅游服务为主导、以特色产业为补充的村级产业体系。目前，亨章村已形成了一个集民族建筑特色、古老民族文化、自然风光于一体的特色乡村旅游区，吸引了众多游客到此进行旅游观光、民俗体验、餐饮娱乐。亨章村以土家族山庄为平台，接待各方游客，特色乡村旅游业来势强劲，已产生一定的经济效益和社会效益。2015年，以亨章土家族山庄为核心景点接待游客3万多人次，实现收入百万元，不仅解决了村内28名剩余劳动力的就业问题，而且带动了村里特种养殖业等产业的发展。

（四）经济社会发展状况

村内有会议室、卫生室、文化站、图书室、篮球场等设施。2018年至2019年，亨章村在全村范围内实施了房前屋后硬化、庭院硬化、厕所革

---

① 旧时读书人会集之地，遗址已不复存在。

② 参见保靖县人民政府编《湖南省保靖县地名录》（非正式出版物），第157页。

命、道路拓宽、新修产业路、饮水工程、亮化工程等项目，进一步完善了村公共基础设施，改善了村民居住环境条件。亨章村的适龄学生均前往普戎镇区的中小学就读。但目前，亨章村空心化现象仍然突出，村内老人和小孩居多，青壮年大多外出务工，人口流失较为严重，导致全村的整体生产能力不强。从目前来看，回流劳动力、恢复农业生产活力、发展本村特色经济是亨章村迫在眉睫的问题。

二、文化遗产

亨章村的物质文化遗产主要包括香坛土司墓群、土家族吊脚楼以及一些古建筑和遗址，非物质文化遗产主要包括当地土家族的民间文学、传统音乐、传统戏剧、传统棋艺、传统技艺等。

（一）物质文化遗产

1. 香坛土司墓

亨章村香坛土司墓群位于亨章村大禁山香坛地，根据《彭氏族谱》记载，墓群葬有彭天元、彭明佐、彭辅等保靖长官司的墓葬13座，其中彭天元及家族墓葬11座。墓群东部的庙山保存有土司祠堂遗址，立有彭氏续派碑。彭天元于明天启二年（1622年）授将军号，其妻蓬氏被封为安国夫人。从被盗墓葬的痕迹来分析，该墓葬为拱形砖式墓葬。香坛土司墓群的发现为了解保靖地区当时的土司制度提供了现实依据。

亨章村大禁山香坛地土司墓（曾礼　摄）

相传在亨章出了一位名叫彭振的土司王，他精通四书五经，善于纳谏,爱民如子,是历代土司王的楷模。彭振担任土司王期间,经常到所管辖的49个土家山寨巡视,仔细询问当地土家族子民的生产生活情况,人们都对他感恩戴德。

有一年,彭振带领他的侍从到马虎寨巡视,这里的村民大多为谢姓、彭姓和王姓。巡视中,他发现王姓的人喜好武斗,被称为“锤子”;谢姓人中出了许多秀才,遇到纠纷就会替人讼争,被称为“钉子”;彭姓人喜欢购置田产,陈谷堆满仓库,因此被称为“谷子”。遇到天旱、水涝的年头,王姓人和谢姓人便会联手,王姓人去抢彭姓人家的粮仓,谢姓人便替王姓人打官司,其中有一个叫谢八萝的秀才,十分擅长写状纸、打官司。这样,彭姓人总是会吃亏,马虎寨也因此年年争斗不休。

了解到这些情况后,彭振土司王便把谢八萝找来问话:“马虎寨出了你这样的秀才,怎么仍然缺少教化?”“是你土司昏庸无道!”谢八萝回道:“你们土司王立了一个让土家子民痛恨的规矩,就是不论哪个男子结婚,土司王都享有初夜权。”“这个……”土司王彭振被说得哑口无言,但也没有立即对谢八萝发难。

这一年秋天,土司王废除了土司王初夜权,并在马虎寨设立私塾,又由王府出资,聘请精通教化的私塾先生,来教化谢、王、彭三姓的子孙后代。经过三年的教化,马虎寨的土家族子民相互学习、相互帮助,十分亲密。后来,土司王彭振又亲自把“马虎寨”改名为“马福寨”,寓意是连马都可以在这里幸福美满地生活下去,何况是人。

2. 吊脚楼

土家族所居住的房屋以木屋为主,大多为吊脚楼,有的是围屋吊脚,有的是在屋的一侧吊脚。整体结构方面,亨章村所建房屋多为全木结构,小青瓦,花格窗,司檐悬空,木栏扶手,走马转角,一派古香古色。村内标志性建筑和特色民居的主要建筑形式为土家族吊脚楼,主要形成于清末民初。全村共有百年以上吊脚楼41栋,分布于全村4个组,占村寨民居数量的19%。当地人一般居家都有小庭院,院前有篱笆,院后有竹林,人们以青石板铺路，刨木板装壁。

亨章村村民彭伟住宅和窗户雕花纹样（曾礼　摄）

整体风貌上，正屋大体为三开间一栋，大门开在中间一间的两柱之间，呈“凹”字形。大门之内为堂屋，左右开间又各隔成两间。右边里面的小间，多为主人夫妻卧室，外设火塘，左边一间为儿女住房。厕所、猪牛圈设在正房之侧。有条件的人家可在正房前侧左右两边设偏房。偏房之下可安谷仓，亦可安厕所及猪牛圈等。

选址方面，在坡陡地区，多修建吊脚楼。吊脚楼是把地削成“厂”字形土台，一边靠在实地，其余三边皆悬空，靠长木柱支撑的建筑形式。上层作为居室，通风、干燥、防潮，房间宽敞明亮、门窗左右对称，且通常设有约一米宽走廊通道；下层一般用来关牲口或堆放杂物。在地势平坦地区，多修建落地式建筑。此类建筑中柱直接建立在平坦的地面上，没有吊脚。房屋为三柱四挂三排、五柱六挂三排不等，以两层为主。第一层即落地层，左右两排为日常生活之用，进深二间或三间，中间为中堂，后为神龛，左后一间通常为生火煮饭之用，前两间为主人卧室或客房。

（二）非物质文化遗产

1. 民间文学

亨章村素有“书香之地”的美称，是文人墨客较多的村寨，特别是在书法方面,亨章村的彭廷栋老先生在当地很有名气。现在还有几位退休老师,彭勋、如彭景亮、彭运泽等,在书法艺术方面也有一定的造诣。亨章村民风淳朴,村民勤劳、好学、勇敢,当地流传有许多感人至深、文学色彩浓重的传说、故事、谚语、民谣等民间文学。当地的一些经典民间文学主要包括《锦鸡》、灵角山修庙传说以及一些谚语、民谣、字谜等内容。

(1)《锦鸡》

《锦鸡》是保靖县广为流传的长篇叙事诗,1958年由保靖人罗辑收集整理,同年在湖南人民出版社出版,1959年入选《全国少数民族长诗选》。

《锦鸡》长诗共有歌头、卖身、斩蛇、赎身、灭火、重逢、闹婚七个部分。以叙事手法描述了青年春哥与锦鸡姑娘的爱情故事。春哥是一个孤儿,被迫卖身到土司家放羊。一天,春哥在山上放羊时看见了一条毒蛇攻击一只美丽的锦鸡,他挥斧斩蛇,救出了锦鸡。锦鸡化身为一个姑娘,与春哥相爱并私定终身,临分别时,锦鸡姑娘赠送春哥一个如意铃铛和一根鸡毛作为信物。春哥后来用如意铃铛摇出银子,赎身获得自由。土司心中不乐意,派管家放了一把大火,想要烧死春哥,但如意铃铛帮助春哥逃出火海反将管家烧死。后来春哥与锦鸡姑娘重逢,喜结良缘。婚礼时,土司前来闹婚,锦鸡姑娘用计制服了土司并将其变成了床前踏板,永远受人踩踏。春哥和锦鸡姑娘从此过上了幸福的生活。《锦鸡》共178段,长达712行,故事曲折动人,人物命运带有传奇色彩,爱情故事的悲欢离合将浪漫的童话色彩与残酷的现实写照有机结合在一起,具有浓厚的民族特色和较高的文学艺术价值。

锦鸡·斩蛇(节选)

高山竹子节节青,春哥成了大后生。
算盘珠子颗颗滚,管家叫他去打粉。
一年三百六十日,粉工七百二十天。
日日夜夜推粉忙,风里雨里不得闲。
…………

“春哥请你不要急，一心回去先赎身。
日后会有见面时，留根羽毛作凭证。”
锦鸡拍翅暂离别，一阵香风飘万里；
万里晴空一点红，一根羽毛落在地。
拾起羽毛亲一亲，春哥好似饮酒醉；
捏紧担心羽毛断，松手又怕羽毛飞。①

（2）灵角山修庙传说②

灵角山位于保靖县普戎镇，南接碗米坡镇补足村，西起酉水，北临龙山县苏竹村。灵角山树木丰茂，郁郁葱葱。灵角山上有一座古庙，始建于清代道光年间。传说当时，湖北一对逃婚男女行至灵角山时迷了路，在山上转了几天，靠山里的野果野菜度日。一天，女子挖野菜时不慎摔下山崖，腿摔断了，肚中三个月的胎儿也流产了。男子只好在山上搭起草棚，每天挖来野葛喂妻子，勉强维持性命。一天夜里，妻子因疼痛从昏迷中惊醒，爬起来向草棚外大喊：“菩萨救命啊！救命啊！”听到呼喊后，男子急忙起身，从夜光中看见一位白胡子仙翁站在他们面前，口念“阿弥陀佛”。他一边说一边将手里的花草送到女子手上。男子还隐约听到仙翁念念有词：“灵角山上出神药，救你性命抱佛脚。”男子高兴地给仙翁磕了三个响头，抬头时发现仙翁不见了，只有妻子昏睡在火堆旁。丈夫将地上的花草嚼碎，敷在妻子的断腿上。妻子醒来后高兴地告诉丈夫，自己昨晚在梦中遇到了神仙，神仙赐给她神药，今天醒来自己的也腿不痛了。又听神仙说，灵角山这块宝地有的是神药。自此以后，男子每天按照神仙给的花草的样子满山遍野地采药。一个月后，妻子的伤便痊愈了。

从此以后，二人便在灵角山长住，一住就是两年多。这段时间里，周

① 《锦鸡》全文记录于邹佳丽主编《保靖揽珍》，湖南人民出版社2013年版，第36～51页。

② 该传说故事由彭运敏于2007年在普戎镇进行文化普查时走访下坝村时记录，笔者参阅其普查资料，将该故事复述得来。

边的村民都不知道他们住在灵角山上,也很少有人知道男子还有个老婆住在山里。由于妻子流产后再也没能怀孕,男子经常以讨米为名,在周边的拔茅寨、沙湾村、下坝等地讨要药方,治疗妻子的不孕之症。尽管没能再怀上孩子,但二人仍然十分恩爱,不离不弃。几年过去,二人也逐渐适应了远离尘世的生活,在山上建起石屋,开垦荒地,种上了苞谷、小米、蔬菜。一直到第五个年头,周边的村民才发现他们是住在灵角山上的湖北人。

一天,男子到坡脚乡赶集,回家路过苏竹坪寨时,遇见一个小孩从楼上摔下,腿摔断了,昏死过去。他的家人不知所措,号啕大哭。男子见状,上前检查后,主动提出自己可以救治小孩,并让家人随他上灵角山采药。男子便带着一行村民,打着火把上了灵角山。来到岩屋前,男子按照之前给妻子疗伤的花草标本采集了一大包草药,星夜赶回村里为小孩治病,小孩奇迹般地被救好了。当地村民被他们夫妻二人救死扶伤的行为感动,称该男子是灵角山上的神医。随着二人的名声逐渐传开,不时有村民上山来求医问药、送钱送米,夫妻二人的生活也越来越好。许多好心村民也同情他们的遭遇,提出为他们在村寨里修建房屋,请他们搬下来住,坡脚乡一户向氏人家还想收他们为干儿、媳,但都被他们婉拒。男子称,是灵角山的神仙救了他们夫妻二人的性命,他们要听老仙翁的话一辈子守在灵角山上。据老一辈讲,男子用平时行医的钱财修了一个小木屋,木屋也就这样慢慢被供成了庙堂。①

根据老人的讲述,灵角山上的庙是清道光二十年(1840年)正式开始修建的,由保靖和龙山两地人共同发起。据说,地理先生刘道明在确定庙的方位时这样说,庙的大门要对着龙山,朝湖北方向开。后门要对着保靖西水河开;一来庙内的和尚可以经常面对家乡,不忘思乡之情;二是可以把他们的善行托付给西水河,让菩萨了解他们的行善之心,再就是这样

① 该信息由彭运敏于2007年采访普戎镇下坝村村民田家利获得,田家利为下坝村木匠。

符合此地的地理位置要求。说罢，地理先生立起庙旗，定罗盘，将庙址选在灵角山坳坪（现灵角山庙址）。

灵角山一年一度的庙会上，永顺、保靖、龙山甚至外省的香客都会赶来。后来，在保靖县比耳镇唐和尚的主持下，上山进香的路上铺设了岩石台阶，灵角山主峰上还新修了“云雾阁”。据说云雾阁上梁的那天，灵角山主峰周围一片白雾，放眼望去雾海茫茫，平日里的绝壁深渊都成了万里平地，站在屋上修房的人没有半点恐惧。峰顶上金光四射，犹如仙境，在场的帮工一片欢呼。①

由于灵角山海拔较高，加上古树参天，一年中雨雾天气较多。经常脚下草丛都是雾，一不小心就会迷失方向，甚至跌入山谷，不少进山的人因遭遇大雾天气而掉入山谷丧命。据说自从修了云雾阁之后，阁楼上灯火通明，给路人指明了方向。另一方面，云雾阁的阁楼阻挡了雾气，改变了过去风吹雾进山的现象，香客可以安全上山，不再受雾气天气的影响。

随着灵角山庙宇的扩建，灵角庙还收了三代门徒，除了比耳镇的唐和尚之外，还有一个叫彭德酉的和尚，二人被后人尊为禅师，现在灵角山上还有两人的坟墓，可供考证。

（3）民谣和谜语

亨章村当地流传许多民谣，内容上大多涉及当地的民俗活动以及传统节日，反映了当地土家族人勤劳勇敢的品德。还有许多谜语、儿歌，一定程度上起到了益智、教化的作用。

民谣方面，当地打铁民谣较为典型。该民谣在保靖县普戎镇地区传唱久远，为小孩子做游戏时吟唱。两小孩对坐，互相击掌，唱第一句时拍打自己手掌，唱第二句时拍打对方手掌，开头部分是合唱，整体节奏为四二拍。其内容为：“张打铁、李打铁，打把剪刀送姐姐。姐姐留我歇，我不歇，我要转去学打铁。打铁到正月正，正月十五闹花灯。打铁到二月二，

① 该信息由彭运敏于2007年采访普戎镇下坝村村民田齐明获得，田齐明为下坝村木匠。

土地老儿起来吹笛笛调儿（二月婆婆炒黄豆儿）。打铁到三月三，三月清明看牡丹（三个葫芦滚下滩）……打铁到十一月，关起龙门落大雪。打铁到十二月，杀猪杀羊过大节。”①

谜语方面，有：

谜语一：天上雷公响，地下萝卜长。萝卜吃不得，拿到身上穿。（谜底：纺纱线）

谜语二：伢儿矮又小，最不讲礼貌。客来就上桌，上来就屙尿。（谜底：酒壶）

字谜一：王字长得丑，头戴两只角。女字生得乖，王字脚不歪。（谜底：姜）

字谜二：半边衣服，一口田，有它富贵，全家欢。（谜底：福）

2. 传统音乐

（1）哭嫁歌

土家族的哭嫁，是土家族独具特色的婚俗活动，其哭嫁歌，亦称“哭出嫁”，土家族姑娘出嫁前哭唱的诗文，也是土家族民间文学中的瑰宝。作为民族文学百花园中一朵奇葩，土家族哭嫁歌广泛流行于土家族聚居区，是在典型婚礼习俗中形成的最富民族特色、极具地方文化色彩且积淀十分丰厚的文化景观。哭嫁歌是在特定历史时期女性出嫁时宣泄心中真情实感的一种演唱形式，也是新娘为了表达离别之情，由新娘哭诉、亲人们劝慰开导的一种以哭伴歌的口头文学形式。它抒情性强，曲调低沉，十分悲戚，哀婉动人，催人泪下，被誉为“中国式的咏叹调”。它不仅体现了土家族文化的多样性，也在一定程度上反映了土家族社会的变化发展。

土家族的哭嫁歌历史悠久，清乾隆《永顺县志》卷四《风土志·习俗·三》

① 民谣内容由彭运敏提供，为彭运敏于2008年2月采访彭景琥所记。

记载，歌丧哭嫁，崇巫尚鬼……然可取者，男耕女织，不事奢华，颇有古风云。真实地记录了古代土家族的婚姻习俗。清代的竹枝词对土家族哭嫁歌进行了更细微的描写："依今上轿哭声哀，父母深恩分不开。姑婶齐声低低劝，'阿门都从个中来'。"又写道："兄嫂恩情似海深，斑斑血泪哭声声。悲悲切切千般苦，肠断天涯不忍闻。"哭嫁歌源于土家族的婚俗观念，他们认为出嫁不哭，对女方不利，认为嫁出去的女子不再是本家族的成员，死后也不会进入本家族的祠堂。

土家族的哭嫁歌歌词篇幅宏大，内容丰富，主要包括序歌哭开声、哭爹娘、哭哥嫂、别姊妹、骂媒人、哭开脸、哭梳头、哭戴花、哭穿露水衣、哭离娘席、辞祖宗和尾声哭上轿，此外，还包括哭木匠、哭八仙、哭十二月花、哭十杯酒等礼节性的内容。这些内容有先有后，相互衔接，与土家族的婚礼仪式程序相一致。

土家族哭嫁歌主要表现临别感恩，表达了对亲人的眷恋之情。另外，哭嫁歌还体现出一定的仪式性、礼节性和文学性。[①] 土家族哭嫁歌偏重叙骨肉情、道离别苦，女儿哭诉母亲十月怀胎的艰辛以及养育之恩，劝母亲保重身体少点劳累；母亲哭唱女儿的可爱，是娘的心头肉，同时还包含母亲告诉女儿如何孝敬公婆、处理邻里关系等家常内容。清代诗人彭秋谭在其《竹枝词》咏"十姊妹歌"中便提到："十姊妹歌歌太悲，别娘顿足泪沾衣。"《哭开声》也有唱："哪个妹子不出嫁，哪个男儿不出门。男儿上学怕先生，女子出嫁怕开声。鸡已叫，天已明，母女开声惊动人。明朝轿前封赠你，万事大吉都顺心。"

湘西土家族哭嫁歌中有许多质朴无华却感人至深的词句。比如："忽听金鸡一声叫，好像乱箭穿我心。唢呐吹起《娘送女》，溜子打起《大开门》。唢呐一声泪一滴，扯娘罗裙扯爹衣。苦命女儿送上轿，亲生骨肉两离分……"

土家族哭嫁是土家族极具特色的风俗习惯，哭嫁歌的歌词内容颇具文学性，不仅记录了整个土家族婚俗过程，还塑造了土家族姑娘聪明、能

① 参见邹利佳主编《保靖揽珍》，湖南人民出版社2013年版，第25～30页。

干、孝顺的形象，突出表现了土家族至情至真的亲情和友情，真实地反映出土家族家庭伦理和道德行为准则。总体来看，土家族哭嫁歌的价值主要表现在以下四个方面。

第一，文学价值。哭嫁歌是土家族风味极浓的优秀抒情长诗，是千百年来土家族妇女集体智慧创作的结晶，是极具民族特色的一种文学样式。哭嫁歌的歌词篇幅长短自由，语言明快，直白流畅，多为口语，不求韵律，多用“也”“呀”“啊”等字；又讲究文采，多用七言，常用比兴、联想、夸张、排比等修辞手法。同时，土家族哭嫁歌对古代竹枝词的发展，对研究和发展中国民间文学都起着重要作用。

第二，历史价值。哭嫁歌可以称得上是一部土家族百科全书，对于研究土家族的历史、语言、歌谣、爱情、社会演变、婚俗发展、民间信仰、妇女艺术形象、文化交流等提供了许多宝贵的原始资料，并能帮助我们了解不同历史阶段土家族妇女的心路历程。

第三，社会价值。哭嫁歌较为全面地记述了土家族婚俗过程，是一部形象的土家族婚俗史。从哭嫁歌侧重于叙骨肉情、道离别苦的内容来看，它突出表现了人间至真至纯的亲情、友情，表现了女性痛恨封建恶势力、期盼美好的婚姻生活的态度，真实反映出土家族人的家庭伦理和道德行为。这对今天在家庭、家族乃至全社会中构建一种和谐的、互助互爱的人际关系，有着广泛的现实意义。

第四，语言传承价值。土家族哭嫁歌早期是用土家语哭唱的，现仍保留着大量的土家族语言，这对研究土家族语言的产生、发展和演变提供了宝贵的原始资料。

（2）拦门歌

土家族的拦门歌是土家族婚礼中的一个重要环节，结婚前一天，新郎会带着一行人来到新娘家过夜，新娘家的内管先生会在门前提问，拦住新郎一行人。新郎一行人中的执事先生会进行回答，二人一问一答，颇为有趣，现摘录如下：

内管先生唱："手提酒壶门内站，东家派我把门拦。举目抬头来观看，礼官先生不一般。身穿袍服头戴巾，威风凛凛相貌堂堂。外有雅士之风度，内有锦绣之华章。今天带有三十二人成对，七十二人成双。小炮震地大炮震天，花花空轿在前头。旗号绕绕跟后面，轻吹细打热闹非凡。来寒门有何贵干？"

执事先生唱："内管先生你在上面，且听愚下细禀一番：坐在小山村家道小康，少读诗书才疏学浅。行色匆匆多有冒撞，礼貌不恭望请海涵。谢当年月老牵红线，××二姓结良缘。选年选月良辰今天，好日子来求凤配凰。大登科金榜题名状元，小登科洞房花烛成双。新科状元之请当先，因此来人××轿马××。大旗绕绕炮火连天，吉日来到贵府门上，迎接千金花好月圆。"

…………

执事先生唱："两家开亲常来往，你我都是帮忙人。言语粗糙礼不周，赦在高坡免在坪。阳雀记得千年树，愚下记得万载情。外面天寒冷冻大，高抬贵手让进门。"

内管先生唱："听你一言我答允，棕树脚下不盘根。五湖四海皆兄弟，哪个儿郎不出门？今天来到朝门外，遵照古礼来远迎。劳驾辛苦，请进！请进！"

（3）咚咚喹

咚咚喹在普戎镇被称为"呆呆哩"，是一种土家族单簧竖吹乐器。咚咚喹制作十分简单，材料为细竹管，管身长15～20厘米。竹管上端留有竹节，在节下切一斜口劈出薄片为簧。管身正面将外皮削平，管壁开有三孔或四孔，一端切断为空管音孔。有"1235"和"5123"两种不同音阶的设置。咚咚喹的曲牌丰富，一般都有固定的标题，表演时有独奏、齐奏或合奏等各种不同的演出形式。咚咚喹音色明亮清脆，曲调轻快活泼，深受土家族妇女、儿童的喜爱。

在亨章村，老一辈人几乎都会吹咚咚喹，由于其制作和吹奏方法都比较简单，当地人在劳作和节庆时都会吹奏咚咚喹来应和当地山歌。但现在很少有年轻人会吹奏，这项技艺面临失传的风险。

3. 传统戏剧

（1）酉戏

普戎镇素有湘西“戏曲之乡”的称号，笔者在保靖县普戎镇亨章村调研时，专门拜访了湘西州酉戏传承人彭运敏。①根据笔者的采访和收集的相关资料，酉戏又名“灯儿戏”，是湖南省湘西土家族苗族自治州的一种地方小戏，诞生于1941年之前，主要流行在保靖、永顺、龙山、古丈一带。以前，酉剧演出多在春节，演出时常用灯笼围成一个圈子照明，演员就在中间表演，故取名为“灯儿戏”。据传，1939年，保靖县灯儿戏艺人认为“灯儿戏”不好听，因灯戏流行地区都在酉水流域，故将灯儿戏更名为“酉剧”或“酉戏”，并成立“酉戏时代剧团”。②现在，只有保靖地区称之为“酉剧”或“酉戏”，永顺、龙山、古丈地区仍称“灯戏”。

酉戏表演沿用了木偶戏的表演形式，受时间、空间、人物、内容的局限，常以文戏和家常戏为主。酉戏的主要特点包括以下五点。第一，人物少，5～10人即可演出，角色一般为生、旦、净、丑。第二，音乐简单，常以生、旦角唱腔和丑角唱腔两种腔调转换。③行腔自如，不受限制。第三，服装简单，酉戏的演出服装通常以生活便装为主，没有固定戏装。第四，演唱素材广泛，酉戏剧目一般取材于民间传说、神话故事以及当地新生事

① 彭运敏，土家族，1956年生，高中文化，湖南省保靖县亨章村人。1988年被聘为普戎镇文化站辅导员，三十多年来，长期从事酉戏表演和传承工作，曾组织成立亨章村彭氏酉戏业余剧团、普戎镇民间业余酉戏团等，搜集、整理《武宣王抢亲》《山伯访友》《安安送米》《秦香莲》等酉阳民间传统剧目20余本。曾连续三年被评为县先进文化工作者，曾被评为湘西州第三届道德模范，2014年被评为全国文化系统先进工作者。访谈时间：2020年7月17日。

② 参见邹利佳主编《保靖揽珍》，湖南人民出版社2013年版，第133页。

③ 生旦角唱腔一般平和婉转、行腔自如，偶尔高亢激昂，悲啼如诉。丑角唱腔一般节奏明快，诙谐幽默。

物和古典传统折子戏，如前文中提到的锦鸡姑娘的故事就是其中之一。第五，语言通俗，酉剧演出道白一般以地方语言为主，语言通俗易懂且饶有趣味。

亨章村村民表演酉戏（曾礼　摄）

酉戏表演有韵白、诗白、唱词、动作套路等规定。[①] 舞台布置方面，戏台上主要有幕、屏风、桌、椅、中堂景（画）、桌椅连（帷布）、灯具、上马门帘、下马门帘等。酉戏的伴奏乐器有鼓、锣、胡琴、唢呐等。酉戏的服装道具主要有便装、头饰、头巾、纱帽、惊堂木、笔架、马鞭等。句式上，酉戏唱词采用"三棒鼓"的"5、5、7、5"句式，四句押韵。[②] 如传统折子戏《山伯访友》中的四九唱词："听到公子叫，急忙就来到，四九若凡来迟了，打得两头翘。"[③] 山伯唱词："每日坐书房，心中闷得慌，灯下苦读习文章，何时把名扬？"还有其他经典传统剧目，如《五姑娘》《老虎案》《姜女下池》《安安送米》等，其中《老虎案》被《中国歌谣集成·湖南卷》收录。

亨章村尚有三五个会唱灯戏的民间艺人。调研期间，有幸请他们组了一个简单班子，表演了《梁祝》的部分内容：

---

① 韵白是指人物出场时的表白，诗白即人物坐台时的道白，唱词是指人物表演时所唱的内容，动作套路是指击乐伴奏时演员的舞台调度。

② 据当地老艺人介绍，酉戏中的"棒棒腔"和"溜溜腔"多为"5、5、7、5"句式，"沿河腔"多为"7、9、11"的句式。

③ 该剧目的唱腔由民间灯调《十绣》和曲艺"三棒鼓"的曲调演变而来。参见邹利佳主编《保靖揽珍》，湖南人民出版社2013年版，第134～135页。

旦角:“一把龙凤绣,鸳鸯配成就,二绣蝴蝶花上游,爱坏众诸侯。”

生角:“八月桂花香,举子奔科场,十年寒窗习文章,一朝把名扬。”

净角:“手把赶羊棍,打开羊圈门,羊儿放出一大群,赶上大路行。”

丑角:“你要灵芝草,你去满山找,满山满岭找遍了,未见灵芝草。”

(2)汉戏

保靖汉戏又称“弹戏”,是保靖县各族人民喜闻乐见、极具地方特色的传统戏剧剧种。据资料记载,保靖汉戏源于1912年秀才周紫麟组建用来助兴红白喜事的汉戏庆乐堂,在20世纪20年代中期尤为鼎盛,有鉴古社、同乐社、复兴社等诸多社团,名角有张利川、陈绍南、梁昌祖、余培楚等,他们兼唱高腔、弹腔、京剧,演出十分卖座。在那个时代,比较有名的汉戏传人包括王远祥(人称“六哥”,吹、打、弹、唱无一不精,是保靖汉戏的全才)、张大文、彭司芝、唐友明等。①

具体内容方面,保靖汉戏兼备高、昆、弹腔,合流了保靖众多民间音乐成分,曲调十分丰富。乐器方面,表演保靖汉戏的乐器有京胡、二胡、月琴、鼓、大锣、小锣、头钹、二钹等。服饰方面,保靖汉戏服饰有蟒袍、甲、箭衣、折子、罗裙、云肩、打带、护领、马褂、披、软巾、口吊、盔头(包括帅盔、夫子盔、文堂盔、霸王盔、岳盔等)、相雕、凤冠(包括文凤冠和武凤冠)、文纱帽、武纱帽等。

保靖汉戏的脸谱也十分丰富,生、旦、净、末、丑,个性突出,观众一看便知剧中人的忠奸善恶。保靖汉戏遗存在民间的孤本有《双槐树》《秦香莲》《王宝钏》《血掌印》《双合印》《守三关》《目连寻母》《太白醉酒》《辕门斩子》《生死牌》《牛皮山》《金沙滩》《搜孤救孤》《二堂舍子》《坐宫》《张广才送行》《断桥》《卸甲封王》《罗成叫关》《拾玉镯》《五台会兄》等。

尽管保靖汉戏与湖北汉戏、常德武陵戏以及广东客家汉戏一样,同为“汉戏”,但具体内容上却各不相同,在曲艺的流变过程中,各自都带有浓

① 参见邹利佳主编《保靖揽珍》,湖南人民出版社2013年版,第140~141页。

郁的地方特色。保靖汉戏更是融入了当地的文化因素，是当地人文化认同、心理认同的重要文化资源。因此，保靖汉戏的保护与传承，具有相当重要的现实意义和价值。

（3）阳戏

阳戏发展至今已有两百多年历史，从最初的“二小戏”（小丑和小旦）、“三小戏”（小旦、小丑、小生）发展为“多行当戏”。据资料记载，阳戏的来历与傩堂戏①有关。阳戏最初常与酬神还愿的傩堂戏一起演出，与傩堂戏也有同班历史，演傩堂戏娱神为“阴戏”，庭前搭台唱戏娱人叫“阳戏”，阳戏因与还傩愿②中演戏娱神的阴戏相对而得名。

阳戏起源于民间歌舞，在早期，民间的阳戏班社常在草台、庙台、堂屋演出，拼上几张桌子也能“粉墨登场”，故也称“草台班”（民间也有堂子、班、社的简称），多为半农半艺、半工半艺的季节性班社，他们逢还愿、敬神、喜庆、年节等特殊时节临时组班演出，闲时也会传徒授艺。

4. 传统体育

（1）打三棋

打三棋的棋盘通常是画、刻而成，可就地取材。画棋盘可用粉笔、毛笔、木炭头、粉化石、彩色泥等。刻棋盘可用竹签、木签、锐石器或刻刀。民间最简便常用的棋盘就地可得，如河边的石板及田间地头的地面、木板等。棋盘由3个不同尺寸的方形组成，上面共有24个交叉点，这些交叉点是双方对弈时着子的地方。棋盘上还有20条直线，每条直线上有3个交叉点，这是对弈双方占点抢线的焦点。

打三棋的棋子选用比较随意，几粒小石子、几截小木棍子，甚至几粒苞谷、谷子、豆子、树皮、树枝、树叶等均可，只要能通过不同颜色区分双方的棋子便可，可以说是最便利、最环保、最简单的游艺器具之一。棋盘里

---

① 一种佩戴面具表演的宗教祭祀戏剧。

② 还傩愿是指人们在祈求神灵庇佑后，遇佳期或节日时“还愿”，以兑现先前的承诺，称“还傩愿”。

各子“威力”都一样。一般为两人对下，各自挑选颜色不同的棋子，按照轮流下子的顺序，把自己的子布在棋盘上的交叉点处，这叫“摆子”。

打三棋的游戏规则是，凡在棋盘的交叉点上占得一条直线上的三个点，就形成了“打三”，也就获得了在棋盘上压对方任何一个子的权利。被压的子要从棋盘上剔掉。若一方在摆子阶段未形成“打三”，到动子阶段就无法下了，这就叫作“闷棋”。出现闷棋，就判头家（即先下子者）负12盘棋，即输掉12局。所以头家或头棋的布子是非常重要的。动子的先后顺序与摆子的先后顺序刚好反过来，由末家先行动，但仅限走邻近的一个交叉点，然后双方轮流下子。如果出现了“打三”，落子方就会获得任意捉对方一个子的权利。打一“三”，就提一子，连续出现“打三”就连续提子，一直到把对方的子全部提净或对方认输，这盘棋就告结束。①

打三棋的竞技方法主要是论“局数”（盘数）或论“气数”两种方法。论“局数”是一般通俗的竞技法，它以“打三捉子”为主要技艺。下棋者常言：“打三棋，打三棋，‘打三’为棋。三子合一为‘打三’，二子一排为‘起三’，一子难死为‘气三’。”而论“气数”定胜负则是层次较高、战术较精妙的技艺，它主要以“逼笼关狗”为技艺，力图破解对手的棋局逼其无三可打，一子难动，陷入“死气”。

（2）猪娘棋

亨章村的猪娘棋棋盘为五横五竖的横纵线交叉，另有东南—西北向、西南—东北向的斜线各3条。某一横棋边中点多内画十字的菱形，称为猪圈或猪头，其对面边中点称为猪尾。对战双方为猪崽方（有16枚棋子的为猪崽的棋子）和猪娘方（有1枚棋子的为猪娘）。

当地猪娘棋基本规则如下：

①初始布置为16枚猪崽棋皆放在盘边棋点，猪娘则置于棋盘的中央棋点。

②每回合玩家沿线一步移动一枚己方棋子到空棋点，猪娘先行。

③若猪尾没有猪崽，则在猪头的猪娘可以飞到任何空点。

① 根据村民讲述并参考《保靖县志》得来。

④等距担吃:若猪娘移到同线2枚敌子或4枚敌子间的距离中点,则吃掉这些敌棋。

⑤猪娘方以消灭猪崽低于4枚获胜。

⑥猪崽方以消灭或让猪娘不能移动获胜。

⑦6枚以上时需把猪娘围进猪圈困死。

⑧4枚以上时需把猪娘围到正方形角处。

5. 土家族织锦

在亨章村,比较典型的传统技艺是土家族织锦。土家族织锦在古代称为"赍布""斑布""溪布""峒锦",近代称为"土锦"或"土花"。清末民国时期,保靖盛产土家族织锦。

土家族织锦的传统图案有两百多种,其题材大多取自景物和生产、生活用具,多体现吉祥如意、功名利禄等寓意。其中体现动物的花纹有石毕花、猴儿花、马毕花、虎头花、野鸡尾花、阳雀花、狗牙齿花等;表现为植物题材的花纹有白梅花、韭菜花、玫瑰花、月月红花、金钩莲花、八角香花、胭脂花、菊花、芸薹花等;体现天象的花纹有太阳花、月亮花、满天星等;表现为生活用具的花纹有桌子花、椅子花、箱子花、棋盘花、豆腐架子花等。集中表现吉祥如意寓意的花纹有单八勾、双八勾、二十四勾、四十八勾、福禄寿喜、双凤朝阳、二龙抢宝等。集中表现为功名利禄寓意的花纹有一品当朝、四凤抬印、土王五颗印、五子登科等。

清末民初时期的土家传统服饰(曾礼　摄)

土家族织锦的主要工具为木制斜腰机,包括机架、机杼、辊子、坐板、牛骨头挑刀。

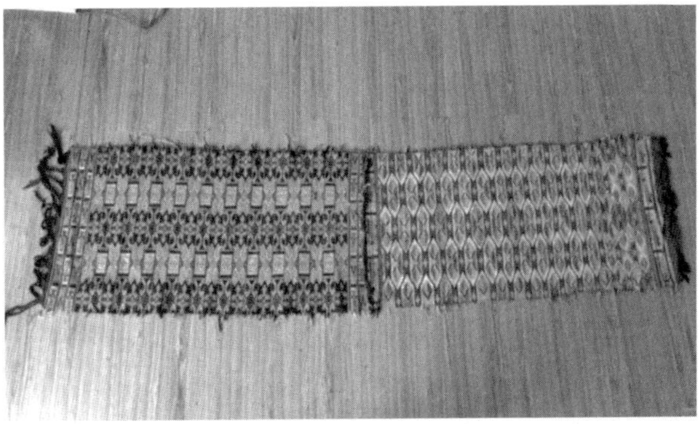

土家族织锦（曾礼　摄）

土家织锦主要有土花铺盖（土家语“西兰卡普”）和花带两大品种。其中西兰卡普最具代表性和典型性，它采用“通经断纬”的挖花技术，分为“对斜”平纹素色系列和“上下斜”斜纹彩色系列两大流派。

土家族织锦的制作过程主要包括纺纱、染色、牵线和织花四个部分，土家族人顺应时节，一般在冬季纺棉纱，春天染色，夏季牵线，秋天织花。其中，纺纱的步骤主要为：选棉花、弹棉花、搓棉花球、纺棉纱、纺丈线和拔线；染色的制作步骤主要为：采集原料、制作染色材料、染色和抛光；牵线的主要步骤为：倒线筒、打木桩、数扣眼、牵丈线、刷木浆、收牵线、上机穿机、挑出上斜线、装机；挑花时采用“挑三压一”的顺序织入，正面复纱跨度小且均匀，纹饰井然。

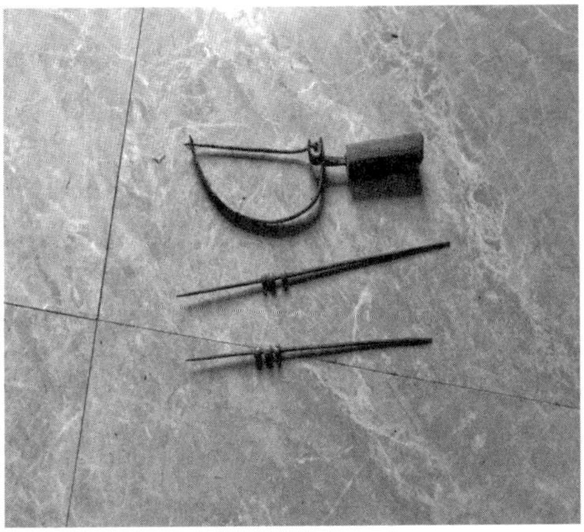

土家族传统的纺线用具（曾礼　摄）

6. 传统民俗

（1）传统节日

在亨章村，当地土家族仍保存有许多岁时节令类民俗，包括过早年、“四月八”、“六月六”、“七月半”等。

过早年 当地土家族有提前一天过年的习俗，亦称“过赶年”。月大，腊月二十九过年；月小，则腊月二十八过年。当地土家族过早年，会在腊月二十四这天只吃素不吃荤，生活上以打扫卫生为主，即“刷扬尘”，土家族俗语称“二十四刷扬尘，二十五推豆腐，二十六杀年猪，二七二八打粑粑”，为腊月二十八做好过年的准备。在亨章村，腊月二十八和二十九都属于过早年。

土家族过早年的来历主要有以下三种说法。一说在明代嘉靖年间，正值年关，突然接到朝廷圣旨，调土家族士兵前去抗倭，按路程计算，等不到过年就得出发，这样才能按时到达目的地。为了让出征官兵过完年再走，当地就决定为已经集中的官兵提前过年，土家族士兵出征后，立了大功。后人为了纪念这个胜利，祀祖颂功，于是每年都提前一天过年。二说土家族祖先反抗朝廷贪官被朝廷派人缉捕，为躲避追捕，当时正值年关，就决定提前过年，然后各奔东西。三说土家族祖先家境贫苦，大年三十都给财主做工，为了全家团圆，就提前一天吃年饭。① 经笔者在亨章村走访和考证，认为第一个说法在当地比较有说服力。

当地人在大年三十晚上要全家“守年”，也有敬菩萨的习俗。年三十晚上要烧旺火，全家人围在火坑旁“守旺火”，坐等“抢年”。当地土家族人觉得，家里的火坑烧得越旺越好，因为这象征着家里红红火火。人们抢年以鸡叫为准，抢年要鸣炮，但要听到鸡叫才能鸣炮。

在大年三十晚上，有的还留有“发路灯”的习俗，即家中有“伥死”他乡的人，家中亲人会在年三十晚上，在从家门出去的第一个岔路口上焚纸烧

① 参见保靖县民族事务局编《保靖县民族志》，民族出版社2015年版，第136～137页。

香,并在回堂屋的路边一路点上蜡烛,寓意让死者魂魄回家。

“三月三” 土家族人有过农历三月三的习俗,当地人称为“舍巴日”。在这天,土家族人要做“舍巴饭”,俗话讲:“吃了舍巴饭,无灾又无难,蚊虫它不吃,包疮不得长。”

在这天,当地村民会在田间地头挖野菜,如地皮菜、黄蒿子(也叫粑粑蒿),采回家洗干净后切碎,与米饭、腊肉一起煎炒,这就是舍巴饭了。还有的人会将黄蒿子做成蒿子粑粑,这种饭团也是小孩必吃的食物,当地人认为小孩吃了这个粑粑以后不长包疮、蚊虫不咬。

“四月八” 土家族的一大节日。这天人们要杀猪宰羊、舂粉粑,并会尽量减少外出劳作。有的地方过四月初八,有的地方过四月十八。关于“四月八”的来历,各地说法不太一致,《保靖县民族志》记载了三种主要说法。其一是牛王节,传说土家先民在一次战斗中打了败仗,被追赶到河边,恰逢河水猛涨,他十分着急,这时一头大水牛游了过来,于是土家先民就拖着水牛尾巴过河,脱离了险境,此后,土家子孙为了不忘牛的救命之恩,每到这一天,就让牛休息一日,并喂以鸡蛋、米饭等精粮,以示怀念牛王功德。其二是与土家先民迁徙活动有关,传说土家先民在四月八日这天赶到迁徙的目的地,也有在四月十八日赶到的,为了纪念到达的这一天,以后就分别过节,于是出现了“四月八”和“四月十八”。其三是过“嫁毛虫节”“敬婆婆神”的日子,祈求莫起虫害,保护五谷丰登。①

在笔者所调研的亨章村,当地也称“四月八”为“牛王节”,与第一种说法近似,寓意为给牛过生日。当地土家族这样用山歌赞扬“四月八”:“土家人过四月八,家家户户舂粉粑。扯张叶儿唱山歌,引来好多姑娘家。”在这一天,当地土家族人有许多活动:一是舂粉粑;二是由男人给牛喂草或“牛稀饭”;三是土家族后生和姑娘们吹树叶、唱山歌、跳摆手舞,有意者还会互赠信物。因为“四月八”正值农耕时节,许多外村的姑娘小伙会互相

① 参见保靖县民族事务局编《保靖县民族志》,民族出版社2015年版,第137页。

帮忙插秧，粉粑也就成了招待客人或送礼的佳品。在这天，吃完晚饭后，村里的姑娘小伙会在村头寨尾跳摆手舞、吹木叶、唱山歌，很多年轻人利用这一天帮忙插秧的机会相中对象。

“六月六” “六月六”是当地土家族的一个比较重大的节日。这天村民们要杀猪、打糯米粑粑、做豆腐，邀请亲戚朋友一起欢度节日，一些村寨还会举行以祭祀祖先为主的活动。关于这个节日来历的说法主要有三：第一是姑妈节，意思是把出了嫁的姑妈接回来“歇伏”；第二是纪念土家族祖先来保靖定居的日子；第三是纪念土司王覃垕，相传土司王覃垕在这天蒙难，被害后血染征袍，土家族家家户户都会在六月六日这天“晒龙袍”（即晒棉衣、棉被），以示纪念英雄。①

在亨章村，当地也称“六月六”为“过小年”“刨新”。在这天，当地人会在“六月六”这天“晒龙袍”，村里的大姓家族会聚在一起杀“阿嬷猪儿”②、打糍粑、推豆腐、吃团圆饭，特别是嫁出去女儿的家庭，因女子不能在娘家过大年，故而土家族家庭会在这一天将女儿女婿接回来过小年。当地过“六月六”要敬奉祖先，掰下嫩玉米，用水煮熟或碾碎做成玉米粑粑，摆在神龛下敬奉祖先。土家族童谣这样传唱：“过了六月六，要吃早苞谷。烧的烧来煮的煮，脸板儿像个花老虎。”

“七月半” 当地人过“七月半”的时间是过农历七月十四（也有的过农历七月十三）。其来历有两种说法：一说当地人的先民由于战争原因流入云南，终生不归，每当农作物成熟，后人会以酒、肉、米祭祀亡灵。二说先民逝世以后，亡灵漂游云南，为了不耽搁赶路时间，七月十四傍晚，人们会在家门前烧纸钱，到离家远一点的地方洒稀饭，称之为“洒鬼稀饭”，表示祖先要去云南赶路，后人给他们送一些盘缠。③

---

① 参见保靖县民族事务局编《保靖县民族志》，民族出版社2015年版，第137页。

② “阿嬷猪儿”为土家语，是指本地三十斤以上、四十斤以下的乳猪。

③ 参见保靖县民族事务局编《保靖县民族志》，民族出版社2015年版，第137页。

在亨章村，当地人很少提及“鬼节”，觉得不吉利，都是约定俗成各自开展祭祀活动。在农历七月十三晚上，人们会在院子里点名道姓地给自家去世的亲人烧纸钱。烧纸钱之前，人们要用木炭书写去世亲人的名字或称呼，在每个人的名字下插三根香，然后跪拜烧纸钱。一些比较富裕的家庭还会杀鸡宰羊，在院子里摆下香案，鸣炮祭奠。村中最大的祭奠活动是按族支房数祭拜。

（2）传统仪式

上梁　土家族大多住木质房屋，造房前都会请“地理先生”看方位①，择吉日破土动工。动土这天人们会进行烧香、放鞭炮、祭拜土地神等一系列活动。东家一般都会事先请先生算好良辰吉日，举行上梁活动（固定屋顶最高处的房梁）。

在亨章村仍存有“偷梁”的习俗。上梁所用木材是提前准备好的，且选用的是开叉的树木②，一般为杉树或青冈。建房的那家觉得某棵树符合作梁的品质（即便是别人家的树），会选定一天晚上，给树系上红绳，并旁边烧香、放鞭炮，将树砍掉扛回家作梁。树的主人家看到也不会提任何意见，反而觉得自家树木作了别人家的“栋梁之材”，特别自豪。在亨章村，这几乎是每家每户约定俗成的规矩。

上梁当天，屋主会请木匠师傅在梁的两端分别写上“乾”“坤”二字，并画上太极图或者莲图，在梁的两边写上寓意吉祥的四字成语，当地称为“画梁”。上梁的时辰也是事先算好的，必须在这个时辰前上去。整个上梁的流程也是相当讲究的。“画梁”完毕后，会将梁放在堂屋的桌子上，木匠师傅会端着茶盘（里面放有猪头、糖果等物品），从堂屋走到桌前，一般为十步，每走一步都会进行说唱。节选如下：

一步一行一条龙，常山有个赵子龙、长坂坡前救太子，万马丛中

---

① 一般来说是背靠大山，山下有河，朝外视野开阔为佳。

② 寓意为这个家庭以后会“开枝散叶”，而不是“一根独苗”。

逞英雄。

二步二行两边排，山伯巧遇祝英台、杭州共读三年书，九人识破女裙钗。

三步三行三月三，王家三姑王宝钏、宝钏找亲绣楼上，绣球当打平贵郎。

四行四步四月八……①

在堂屋里还会准备两把梯子，东边一个西边一个，一般情况下，后家（女主人娘家）会在当地请一个能说会道的人端着茶盘上东边的梯子，前家（男主人家）会请木匠师傅（或者当地能说会道的人）端着茶盘上西边的梯子。②双方会在梯子上进行一问一答式的对话（一般是东边的问，西边的答），每完成一次对话，两人就会合力把梁抬高一截，等到对话结束，东、西两边的先生都爬到了房顶，梁也上升到了房顶。

待梁上去之后，屋顶的人会撒下事先准备好的糍粑、糖果、饼干等食品，下面的人们便会开始争抢，寓意这家人以后热热闹闹、人丁兴旺、邻里和睦。

（3）赶集

普戎镇农贸市场（曾礼　摄）

亨章村赶集大多到普戎镇，普戎镇赶集是逢一、六，即农历每月初一、初六、十一、十六、二十一、二十六。据村民彭运敏介绍，以前赶集十分热闹，有专门

① 访谈对象：彭运竹，土家族，57岁，亨章村村民，访谈时间：2020年7月17日。
② 寓意为女主人家来的是客，将尊贵的东边给他们，以示尊重。

的农产品市场和牲畜交易市场。农产品市场买卖的多为玉米、水稻、红薯、竹制品等，牲畜交易市场主要买卖马、牛、羊等牲口，在专门的买卖市场还会有帮忙撮合的“中间商”，他们会一边跟卖家说，买家发现这个牲口哪里出了问题，让卖家少点钱，另一边会跟买家说，卖家同意少点钱，并且这个牲口的问题不大，可以如何解决，“中间商”也就赚了点“说话钱”。在交易谈妥后，一般还会讲明，牵牲口的绳子易手后便不能反悔之类的。

（4）人生礼仪

土家族有许多与人生发展相关的礼仪，包括婴儿诞生、看月、满月、满周岁、拜山取名、拜水取名、拜土地取名的相关礼仪以及成年礼、婚礼、丧葬仪式等。经笔者在亨章村走访，主要了解到当地寄拜干爹、隔四眼、踩生等礼仪。

寄拜干爹　寄拜干爹是土家族为小孩举行的人生礼俗，寄拜对象有人有物。人主要是寄拜给当地的匠人，包括木匠、石匠、铁匠、瓦匠、杀猪匠等，寄拜的物主要是古树、大岩堡、水井、桥等。

寄拜首先要经过算命先生算命后才确定寄拜什么，比如如果有小孩命上缺水、缺木、缺土、带火、带凶，就必须寄拜。寄拜可以补水、补土、去火、去凶，从而达到使小孩好养活的目的。

寄拜人通常是小孩家人采用讨要的方式，向当地匠人讨个名字，以此试探对方是否答应。如果对方答应，就会举行正式的寄拜礼。寄拜时，家人会带上要寄拜的小孩和礼品，上对方家里拜访。随身礼品中，小孩母亲亲手做的一双布鞋子是必不可少的。在去寄拜的路上，家人还会给孩子“留舌”，也就是教小孩喊干爹，这是行寄拜礼必要的礼节。待小孩行过寄拜礼后，干爹必须赠送给小孩一个“干爹碗”，碗中用红纸包一个红包，红纸上写“富贵”二字。赠送碗时，干爹要喊出给小孩取的名字，这样才算寄拜完毕。

寄拜物的过场会简单一些，家人择吉日带上香、纸和一块红布，将红布固定在寄拜物上①，然后焚纸烧香，行跪拜礼。结束后会根据寄拜对象的不同带走点树皮、碎石或井水由小孩捧回家，放在神龛上。进家门时还要报告家人，如寄拜岩堡时，回家要报上寄拜所讨的名字，如“岩宝回来了”。在普戎镇，可寄拜的物有很多，如白虎寺双印山大岩堡，每年都有很多人前来寄拜，有叫“岩宝”的，有叫“岩生”的。寄拜物的取名还是要根据算命先生的意思，一般事先请算命先生取好。如寄拜柏树，有的叫“柏长生”“柏长发”等，寄拜水井的，有的叫“水生”“水富”“水友”等，寄拜桥的，有的叫“桥贵”“桥明”“桥萤”等。同样，通过行寄拜礼取来的名字一定要喊出来，这样才能达到取名的目的，家人也才会安心。②

隔四眼③　隔四眼是土家族的一种人生礼俗，土家族生小孩后第二天就要隔四眼，一般是在家里的火坑内烧一块废铁，待废铁烧红后将其取出放进盆里，再从火坑中挑七粒火炭一同放入盆中，取家中的麻篮或筛子，扎上红布条、活麻草和竹篾编的竹圈，罩在盆上，浇上三碗清水，出蒸汽后，将扎有红布条、活麻草和竹圈的麻篮挂在产妇和孩子所睡的房间窗户上。当地还用这种方法为刚生产的牲畜隔四眼，比如将扎好的麻篮挂在产崽的猪、牛、羊的牛柱或猪圈羊圈上。

踩生　踩生也是土家族的一种人生礼俗。土家族人生小孩后，第一次有外人来家里做事，或产妇家的人第一次与外人说话，则该外人被称为“踩生人”。确定踩生人后，踩生人要到产妇家吃饭、道喜、赠吉言，但不需要送礼。当地俗话称：“吃月婆子饭，钱财分一半。”另外一种说法是小孩长大以后脾气、性格等都会像踩生人。

---

① 如果寄拜对象是树，就扎在树枝上；如果是大岩堡，就用石头压在岩堡上。

② 寄拜干爹的习俗信息由彭运敏提供。他于2007年采访普戎村的石匠彭运禄并记录此习俗。

③ 隔四眼和踩生的习俗信息由彭运敏于2007年采访下坝村村民田兴基时记录，笔者复述得来。

看月①　土家族人生小孩后有看月的习俗，该习俗亦称“望月”。看月的主要活动是宴请亲朋好友，一般有两个约定俗成的日子：一是孩子出生后的第十天，俗称“十朝酒”；二是孩子满月时的“满月酒”。“十朝酒”主要是宴请产妇的娘家人，满月酒则主要宴请同寨的人以及亲朋好友。

来看月时，人们都会送礼，一般会背一箩筐糖馓、衣物、鸡、鸭等。特别是娘家人来看月，必须送小孩一个“摇窝”，土家族人称为“窝窝儿”，另外还有一笼鸡、一箩蛋、十斤面、棉被、衣物、鞋帽以及其他穿戴物品等。在小孩出生后的第二天，娘家人就得开始置办礼物，一般来说，产妇的母亲、嫂子或姑妈要第一个到产妇家里看月，送来开奶鸡、红糖，来洗脱胎澡，以示对产妇的关心，同时传授一些关于产后护理的知识和经验。

土家族人看月，一般只准女人参与，男人很少看月，即使需要送礼，也只是送到产妇家门口，不进屋。此外，刚结婚且有身孕的女人，不能进新生儿的房间，也不能看新生儿女，当地俗称“四眼人不看月”。在普戎地区，看月礼俗较为盛行，有的大户人家还会人摆宴席，搭台请戏班子唱戏庆贺。

满日②　满日是指土家族小孩出生后满一百天的日子。在这一天，孩子的爷爷、奶奶、外公、外婆会一起送小孩一个长命锁，外公、外婆会把打造好的项圈、银锁、手足铃铛等饰品摆在小孩子面前，让小孩伸手去抓，爷爷、奶奶会把煮熟的肥腊肉给小孩吃，给小孩穿新衣服，这些礼俗都寓意小孩子长大以后能抓金抓银，有吃有穿，长命百岁。

在满日这天，外婆还要送一块舌头（猪舌、牛舌、羊舌均可）给孩子吃，尽管小孩不能吃，也会让小孩用舌头舔三下，当地称为“送舌”，寓意让孩子早日开口说话，以后没病没灾，有的吃。

---

① 该习俗信息由彭运敏于2007年采访普戎村村民彭运娥时记录，笔者复述得来。

② 该习俗信息由彭运敏于2007年采访普戎村村民彭景志时记录，笔者复述得来。

立指路碑[①] 立指路碑是土家族针对三到五岁小孩举行的祛病消灾的礼俗。如果小孩经常出现闹夜、患病等情况，家人便会举行这种礼俗。

立指路碑首先会请算命先生算好日子，再请石匠打造一块长一尺五、宽一尺二的小石碑，碑的正面刻上南北左右的指路方位，如下坝村张家坳的指路碑面就会刻："南去两峰，北走业铁，左下母亲河，右上田云枯。"碑面中央还刻有"开弓断弦"的字样。立指路碑这天要杀鸡敬神，并将鸡血淋在碑头上，血上粘几根鸡毛。立碑的时辰一般选在五更天，以示清净，求得过路人的吉言。

7. 家谱族谱

在亨章村，彭姓为大姓，根据村里的彭氏字辈石碑记载，其字辈依次为："祖天明廷国，景运正光昌，绍兴承先德，永锡福寿康，鸿猷恒丕焕，骏业世辉煌，治道宗文武，修嘉胜虞唐，凤麟齐献瑞，河海久兆祥，安富尊荣远，仁恩利泽长。"据石碑记载，彭氏家族分房之后，刚开始仅列了"祖天明廷国"五个字辈为一轮回，因字辈数较短，出现了长幼不分的情况。后又增添了十五字，即"景运正光昌，绍兴承先德，永锡福寿康"，延续至今，字辈已经过了一半，为避免重蹈字辈轮回的问题，故又增添了四十字。

亨章村彭氏字辈新旧石碑(曾礼　摄)

---

① 该习俗信息由彭运敏于2007年采访下坝村村民田家娣时记录，笔者复述得来。

三、自然资源

亨章村下寨有两棵枫树，当地称为“夫妻树”，相传为当年第十八代土司王亲手所栽，距今有八百多年历史。相传八百多年前，部落之间相互争夺地盘，经常刀枪相见，同时还有一些土匪时常来村寨抢掠财物，土司王常常率领部下把入侵者打得落花流水。但随着土司王逐渐年老，他担心自己死后无人保护子民，于是在预感到自己即将去世的前几天，和妻子一同栽下了两棵枫树，用于保护村民。在土司王和妻子命归黄土后不久，这两棵树迅速生长，长势奇猛，几天就长得高大茂盛。一些部族和土匪听闻土司王的死讯后，就趁着夜色来偷袭村子。哪知离村子还有半里路时，就听见“哗哗哗”的声音，响声如摇旗擂鼓。众匪徒以为土司王未死或者显灵，吓得四处逃窜。这个经历一传十十传百，后来就再也没有敌人敢来入侵这里了。原来，一到晚上，夫妻树就会摇动枝叶，发出如涨大水般的哗哗声。

夫妻树中，“妻子树”高6.6米，树干需两个成年人合抱；“丈夫树”高8.8米，需三个成年人合抱，两棵树并排站立，间距5.5米，枝丫交错，根根相连，当地人认为这是心心相印、携手共进的象征。据当地村民介绍，时至今日，亨章村当地村民仍有祭拜古树的习俗，有的家庭会将小孩寄拜给这两棵古树，讨个名字，以求小孩将来身体健康、平平安安。有的家庭夫妻间有小矛盾，小夫妻的父母便会悄悄到夫妻树下取些露水，拿回去给夫妻喝掉，以求家庭和睦。

（本章由曾礼、孙其琛撰写）

第十四章　丰宏村

在保靖县水田河镇，有一个土家族与苗族合居的大型村落——丰宏村。村内的土家族与苗族各自为寨，相隔数里，分别保留了各自的传统特色，同时在民族语言、建筑风格、祭祀文化、传统服饰和传统歌舞等方面相互影响。时至今日，丰宏村的苗族与土家族相处融洽、共同发展。在保留传统文化的基础上，丰宏村大力发展特色产业，该村人才辈出，村民踏实肯干，乡村经济蓬勃发展。丰宏村不仅是各民族交往交流交融的绝佳范例，更是将传统文化与现代经济相结合的实践典范。2019年6月，丰宏村被列入第五批中国传统村落名录。

一、村落概况

（一）地理生态环境

丰宏村位于保靖县水田河镇东北部，距镇政府11千米，距保靖县城23千米。由于湘西地处亚热带中部、冬夏季季风与冷暖气流交会的过渡地带，属亚热带季风性湿润气候，且湘西群山密布，村落大都隐藏于高山之间，所以坐落其中的丰宏村气候四季分明，冬夏长、春秋短。丰宏村还有一别称——丰宏坡，说明村落坐落于山坡上。由于丰宏村地势较高，日照充足，晴天天数多，因此干旱是当地主要自然灾害。1934年，丰宏村曾连续遭遇百日大旱，山地旱粮、水田稻谷颗粒无收。中华人民共和国成立后，丰宏村也于1972年和2013年遭遇了严重旱灾。在过去，甚至有民间民谣流传说："有女莫嫁丰宏坡，旱得牛尿当水喝，坡上鸟儿飞下河。"苗族人称丰宏为"卡柳"，即干完了、旱完了的意思。丰宏村也有雨季，一般集中在春夏。在骤雨初歇之际，丰宏村还能看到云雾环绕着整个村庄的景象，从村庄向下看是白茫茫的云海，向上看是耸立的山峰，犹如滔滔江水上的一叶扁舟，山在云中飘，人在画中游。

丰宏村苗寨
（何静怡　摄）

丰宏村素有"七十二寨"之称,全村分为文山寨、毛场坪下寨、那那坡、桃子坪、鱼鸟堡、柴杉屋、屋棋塔、后门潭、那寨、贯夫、场老和螺蛳东界等自然寨,寨中分寨,三五七八户为寨的情况在村中并不少见。

(二)村落历史

一般认为丰宏村始建于明洪武、永乐年间,先后有江西、沅陵等地的避难移民迁入并逐渐形成了村寨。据村民所述,在丰宏村东南处有一巨型石头,石头下面有一圆坑,为丰宏村祖先舂米所用。由于其他山路都较为崎岖,生产生活难以发展,而圆坑附近的地势平缓且便于取水,所以丰宏村的祖先就以石头下面的圆坑为中心开始生产活动。随着时间的推移,村寨人口逐渐增多,人们的活动范围也由圆坑向周围扩散。

有关丰宏村村名的来源,有两种说法:一种说法认为"丰宏"即"哄哄"的音译,丰宏村就是以前的哄哄寨;另一种说法则是根据《湖南省保靖县地名录》,认为取名"丰宏"是"因境内人畜兴旺,粮丰林茂"①。不过,根据有关学者的分析,《湖南省保靖县地名录》的编修者对部分民族语言所起的地名没有加以甄别,对其中一些地名按照实际给予新的阐释,只将原地名的读音保留了下来。②因此,笔者认为上述第一种说法更符合逻辑。据村民所述,由于哄哄寨位于大山之上,村民砍柴抬水都必须上山爬坡,非常劳累,会发出"哄哄"的喘气声,久而久之"哄哄"就成了村寨之名。在客家话里,"丰宏"与"哄哄"的发音几乎相同,这也能从一定程度上印证"丰宏"其实是来源于"哄哄"的。

中华人民共和国成立后,丰宏村最初为水田河乡丰宏保,此后经历了数次区划调整。1958年,原水田河乡建制为水田河人民公社,原丰宏保建制为丰宏生产大队、丰合生产大队、龙凤生产大队、他者生产大队。

---

① 保靖县人民政府编《湖南省保靖县地名录》,第176页。

② 参见黄权生《苗疆"咱住"名实考——以"神州"移民聚居地为例》,《三峡大学学报(人文社会科学版)》2018年第2期。

1965年又改建制为丰宏村、丰合村、龙凤村、他者村。2005年，原丰宏村、原龙凤村、原丰合村3个村合并为丰宏村。2016年，原丰宏村与原他者村合并为现在的丰宏村。

丰宏村村落格局（丰宏村村委会　供图）

（三）村落人口

根据官方统计数据显示，丰宏村共有15个村民小组，全村共有764户2846人。作为历史悠久的古村寨，丰宏村是水田河镇上唯一有土家族聚居的村落，也是唯一的土家族与苗族合居的村落。

丰宏村村民的主要姓氏有龙、金、田、彭、石、周。同姓居住较为密集，如第十二村民小组的姓氏就以周姓为多。龙姓是最先来到丰宏村定居的人家，也是目前丰宏村的大家族。

目前，在村民小组中，第十三、十四、十五组为苗寨，其他村民小组则大多为土家族村寨。苗寨分布较为集中，土家村寨距离较远。据传村落中的苗寨原本应划分入同属水田河且全是苗族的白合村，但由于苗寨内部的一些考虑，反倒使苗寨村民更愿意划入丰宏村。在划分入丰宏村之后，又因苗寨村民大多说苗语而导致其与土家村寨沟通不畅。为此,丰宏村村委会专门设计出一种管理模式,即凡村中一般性事务,苗寨有专门的苗族组长负责沟通和管理,遇重大决策时再由该组长到村委会与其他村寨进行讨论和决议。时至今日,丰宏村的苗族与土家族村民相处融洽、共同发展,可以说是民族团结进步的典范了。

(四)物产与特色产业

丰宏村是一个农耕古村。明清时期,大量移民历经迁徙来到丰宏坡落户安家,带来了先进的耕作技术,使得这里的生产力很快发展起来,红薯、玉米、马铃薯等粮食作物从外地引进。随着周边水银、水田、中心、葫芦等地市场的兴盛,木材、桐油、棕片、油茶等成为丰宏村主要的贸易商品。村民借助沅陵水路通往桃源、沅陵、保靖,依靠肩挑背负将桐油、棕片、茶油等农产品卖出,换回食盐、糖、布匹、棉纱等生活用品。

目前,丰宏村主要种植水稻以及玉米、黄豆、红薯等五谷杂粮。穿梭于丰宏村的村寨中,眼前呈现的是丘连丘、块连块的梯田。村民为了充分利用梯田的价值,家家户户都在稻田里养殖稻花鱼。稻花鱼作为丰宏村水稻种植区的附属鱼类,以田里的浮游生物和稻谷落下的花为食,具有净化水质、消除稻田害虫的作用。此外,稻花鱼作为食物,味道鲜美、营养价值高,为村民所喜爱。水稻和稻花鱼形成了一种良性的生物循环系统,这种“鱼稻共生”模式为丰宏村乃至大部分湘西的乡村所采用。

近年来,保靖县还大力发展油茶和黄金茶产业,以带动本地经济发展,丰宏村也积极响应这一号召。目前,丰宏村的油茶种植已有5年,黄金茶种植已有3年,种植面积接近千亩,在丰宏村的山坡上呈碎片化分布。丰宏村还计划成立榨油坊为本村茶产业提供帮助。

丰宏村还栽种烤烟和果树,也曾有过豪猪等野生动物的养殖业,但是后来被禁止。近几年,村民借助农副产品,恢复食品加工业,对腊肉、石磨豆腐、炒茶、烟叶等进行商品加工制作,村民收入不断增长。

（五）经济社会发展现状

丰宏村现有两条宽5米的村道，一条南北向，一条东西向。村落范围内，巷道路面多为青砖路面，村落内部道路较窄，最窄处路面仅为0.5米。

目前，丰宏村范围内只在苗寨有一所小学，名为他者小学。该小学只有一、二两个年级，在校生两名。

丰宏村的卫生室设在村室，有一名乡村医生，但设施和条件仍需进一步完善。在能源设施方面，村民以烧柴为主，少部分使用煤炭和液化气。用水方面，丰宏村的安全饮水工程已经完工，水源取自山泉水，部分村民仍汲取山泉水和井水作为生活用水。现有给水管道为直径80毫米或100毫米两种。农田水利的灌溉则主要靠溪流、池塘、山泉水引水灌溉，基本上可满足村民农业生产灌溉需求。村内还设有防火池，用以护理茶田。丰宏村现用电来源为水田河镇电站，全村已经完成了农网改造，村内电压稳定，能保证居民的日常生活用电。

丰宏村于2020年出台了《丰宏村环境卫生管理村规民约》，要求村民实行“门前三包”，实行垃圾分类，对最清洁的农户还会给予适量的物质奖励。

丰宏村曾走出了第五届全国人民代表大会代表和全国劳动模范龙清友（1925—2007），龙清友为丰宏村的经济社会发展作出了巨大的贡献。龙清友的父亲在他一岁半的时候就去世了，因此他从小就自立自强。长大以后，龙清友做过民兵，随后加入了中国共产党。在那个时代，丰宏村还是大山里的一个寨子，没有与外界通路，有的村民吃饱穿暖都成问题。龙清友下定决心要改变丰宏村的落后面貌。在他的带领下，丰宏村开始修建道路。为防止山体滑坡等自然灾害，村中还修建了一些石墙和石栏，有一些沿用至今。由于丰宏村常年有旱情，龙清友带领村民花了两年时间修建了一个水渠。在当时，纯靠人工修建水渠是一件非常耗时耗力的工作，但是龙清友并不放弃，而是每天很早就开始用喇叭喊大家起床，要翻过水田的各个坡，前往河里背沙回村。好在功夫不负有心人，在龙清友的带领下，丰宏村的道路渐渐完善，庄稼也越种越好。龙清友担任过吕洞山区的区委书记和保靖县的副县长。

二、文化遗产

（一）物质文化遗产

1. 传统民居

丰宏村的民居依托地形呈聚落组合形式分布在山腰上，形成了大集中、小分散的格局。村子由土家族和苗族两个民族合居，但从整体而言，土家族和苗族各自为寨，并不杂居。因此在传统民居方面，土家族和苗族民居各自集中，并不分散，村寨内部分别保存了各自的特色。在整体布局以及民居的内部结构上，两个民族有所不同。丰宏村的苗族村寨整体形态更加紧密，形态上更精练、简约。土家族民居的聚落形态则体现出更加阔绰自由的分布倾向，民居个体之间的距离较大，整体更显得宽阔。

丰宏村苗寨“一”字形民居（何静宜　摄）

丰宏村苗寨“7”字形民居
（保靖县住房和城乡建设局　供图）

丰宏村民居从建筑外观上来看，大致可以分为“一”字形、“7”字形、

丰宏村土家族吊脚楼(何静宜　摄)

“凹”字形。“一”字形房屋是最简单也最常见的房屋建造形式，房屋呈一字排开，内部分为一间堂屋、两个开间和两个暗间。房屋一般为两层，二楼一般不用来居住，不做悬空。堂屋是整个房间的中心，左右两个开间设有厨房，暗间一般都作为卧室或储藏用。“7”字形房屋在“一”字形房屋的拐角处增加一间厢房，厢房与堂屋互相垂直。多出来的厢房多用于堆放杂物或圈养牲畜，也有人家将其用作厨房。

从内部来看，苗族民居的左右两侧间通常不设隔断，火塘间与卧室在同一空间内，较为空旷；土家族民居空间功能划分清晰，火塘间和卧室一般会被隔板隔起来。据村里的木匠介绍，当地苗族与土家族的这种民居构造区分可能与民族传统有关。苗族居民喜爱歌唱和舞蹈，在重要节日会宰牛，而这些活动都需要更为空旷的建筑空间来展开。因此，虽然苗族民居从整体上看建筑形态更为紧密小巧，但对于建筑内部空间却不设过多的区隔。

经典的土家族吊脚楼是典型的“凹”字形外观结构。吊脚楼是湘西少数民族在复杂地形限制下建造出的轻巧灵活的房屋。在丰宏村，土家族吊脚楼数量更多，且一般而言，土家族吊脚楼更为复杂和华丽，在二层形成三面均为挑廊道的转角楼，多子女人家，女儿住转角楼，故又叫绣花楼。吊脚楼有着丰富的文化内涵，讲究依势而建、人与自然共处，除此之外，吊脚楼还有着十分突出的空间化观念。

在原材料方面，当地土家族、苗族民居中的堂屋和正房的木材必须精挑细选，多选择防潮功能好、硬度较高的松木、柏木作为底柱。在过去，建房所用的木材一般就地取材，上山砍伐。村民在上山砍伐时需要先祭拜山神、地神、树神等各类神仙以保证伐木时的安全。由于湘西雨季时间甚长，村民为防止木屋受潮，最为常见的方式是在木头上刷桐油。也有在外墙糊上牛粪来防潮的做法，常见于苗寨老宅。

村民在建造房屋时，从选址到建造都体现出当地特有的民俗和深厚的传统文化。在房屋建造前，房屋主人会请风水先生来查看风水。另外，建造房屋要注意三点：首先，房子正大门开启处要空旷，大门正中间位置要对准远处山脉的凹陷处，这意味着能聚集财富；其次，房屋周围要有干净的水源以保证基本的生活需要；最后，房屋的地基要光滑平整，院内道路必须用平整的石板铺成，这样既保证了美观也可以防止屋内潮湿。

2. 龙氏古墓

龙氏先人的古墓是丰宏村现存最早的古墓之一。墓碑由碑帽、碑柱、背面和底盘四部分组成。碑顶呈“山”字形，如同城门上的脊，中间刻有一尊大肚弥勒佛像，两边护着鳌尾，像牛角直插青天，稳稳地落在碑帽之上。碑帽四角使用我国建筑的飞檐翘角设计，有的石匠还会刻出瓦面形态，其第一层是瓦檐，气势非凡。石梁是碑柱的重要组成部分，上面刻有二龙抢宝、双凤朝阳的图案，雕刻精细，栩栩如生。两根石柱支撑着整个碑身，上面刻有一对动物头像，以此镇邪。石梁下刻有墓主人的生平事迹，石刻以及楹联均用楷体书写，内容为写给死者的挽歌和对后世美好生活的祝愿。

（二）非物质文化遗产

丰宏村历史悠久，人杰地灵，村内保留的许多民间习俗和民族工艺是宝贵的非物质文化遗产。丰宏村既有土家族村民又有苗族村民，他们的非物质文化遗产各具特色。

1. 传统歌舞

（1）土家族歌舞

土家族的音乐舞蹈带有浓烈的乡村色彩和生活气息。按照不同的标准有不同的分类，如宗教祭祀类的梯玛歌、告祖歌、摆手歌和习俗礼仪类的哭嫁歌。在丰宏村，最具代表性的土家族歌舞是梯玛歌与梯玛舞。

在丰宏村，仍然有土家族梯玛的存在。梯玛为土家语，“梯”是“敬”，即敬神；“玛”为人们，连起来为“敬神的人们”。在土司制时期，土家村寨的首领就是梯玛，俗称“土老司”。废除土司制度以后，梯玛只主持宗教仪式。梯玛在主持祭祀活动时，头戴凤冠，身穿八幅罗裙，吹起牛角，手持八宝铜铃，边舞边唱。歌唱内容多为赞颂祖先创业和迁徙，祷告天人安宁，祈求后人幸福。

梯玛歌是土家族传统音乐的组成部分，其歌词用土家语口传，世代相承，保持着古老原始的土家族风貌。其唱腔以牛角腔音调为主，音程并不复杂，但韵味十足。

排福是梯玛常用的一种特殊的占卜形式，用法器司刀作为卜具，梯玛将其呼呼地打落于盘中，通过观看司刀上的铜圈翻伏来为全家男女老少定吉凶。若发现家中某人当年运气不好，梯玛便在神面前吟唱，向神灵求助。占卜之时，梯玛边唱边舞，吟唱之曲即为《排福》，大意为祭拜神契，免除灾难。部分歌词如下：

> 今夜夜半子时堂里，排福掌挂苑里，钱财一会，资利一双。母子牵连，千人共盏，万人共杯，弟子化为铁扫帚、铜扫帚。一扫天影跟天行，二扫地影跟地形，三扫黄龙大扫，四扫金银万长青。手势不齐点点到，赶马不起阳违。左手带了十千兵，右手带了十万兵。鼎天缘，鼎地缘，邪神野鬼不敢缠，一手扫出山门之外。有眼不得相见，有耳不得相会。弟子功果圆满，各归原位。弟子莫误来人，打日年前。

梯玛舞则可分为坐舞和立舞两种。有摇铃喂马、逗马、上马、跨马、奔马、赛马、下马和“上天堂”“下地狱”“过天桥”“打秋千”等动作。梯玛舞舞姿丰富多变，有左右摇铃、八字步摇铃、踩八卦摇铃、跳莲花步摇铃、转圈摇铃、踩四方摇铃等，其舞蹈动作雄健有力，再加上梯玛身穿八幅罗裙，犹如孔雀开屏，十分优美，很受群众欢迎。①

（2）苗族歌舞

苗歌是丰宏村苗寨村民喜爱的一种传统演唱形式。苗族人会用自己独有的语言创作歌曲。苗歌集山歌、情歌、傩歌、故事歌、椎牛鼓舞歌、拦门歌、扛仙歌、跳香歌（辛女歌）八种于一体，歌词会根据现实场景现编成句，多为七言一句，两句组成一联，两联为一首，可根据需要增减句数。因其曲调朴实，旋律发展平稳，朗朗上口，故而广泛流传。村民之间通过演唱苗歌交流感情，抒发情绪，其中情歌占比较大。

当地苗歌的代表作《茸昂·约日子》描述的是苗族青年男女相识后情投意合，约日子再会的场景，曲调优美动听，歌词幽默风趣。其歌词为：

苗语	汉译
得为	姑娘
列昂蒙列高求昂，昂你弄巫尼昂图。	要船你要什么船？船在水上是木船。
列度蒙列高求度，召渡打巴所出嘎。	要云你要什么云？天上彩云飘成片。
久到昂能钩刚奴，久没召渡钩浓俩。	没有船来送给你，也无云头来下雨。
得策	小伙
茸昂茸度常克埋，茸度克埋阿强帕。	讨个日期会表姐，讨个话儿看表妹。
召渡用斗打巴筛，茸度钩埋苟机咱。	云朵飘在天空里，约个日子再相会。
得为	姑娘
奈牙周昂刚巴秋，将咛机尖嘎刚弄。	阿哥和妹约日子，你要牢记在心头。
乃虐周你呕各补，呆虐巴秋能机虫。	日子约在二十三，叫哥早些莫来迟。

近年来，丰宏村中会唱苗歌的村民人数正逐渐减少。笔者在采访中发现，只有年长一些的苗族人还会唱苗歌，年轻一辈虽然能听懂苗语，但听不懂苗歌，再年幼一些的孩童就只会客家话，连听懂苗语都成问题了。

① 参见保靖县民族事务局编《保靖县民族志》，民族出版社2015年版，第36页。

除苗歌外，苗族鼓舞和舞狮也是丰宏村苗寨独具特色的民间艺术形式。鼓舞形式独特、种类繁多，包含有花鼓舞、踩鼓舞、团圆鼓舞等。舞狮也是苗寨村民生活节庆活动中必不可少的表演内容，村民认为狮子是能带来好运的吉祥物，舞狮能为人们带来好运、平安和幸福。

丰宏村苗族鼓舞
（保靖县住房和城乡建设局　供图）

丰宏村苗族舞狮
（保靖县住房和城乡建设局　供图）

2. 祭祀文化

（1）土家族祭祀文化

梯玛法器　在丰宏村，梯玛会为村民算命、做法事。法事有许多种类，从生老病死到婚丧嫁娶，从祈求风调雨顺到粮食丰收，甚至祭祀先祖，全部囊括其中。近年来，梯玛所做法事在流程上已趋于简化。此外，过去的梯玛必须头戴凤冠，腰系十八劳结，而现在的梯玛在衣着上已无须过于讲究。梯玛有许多做法事的法器，如筶子、司刀、八宝铜铃等，以下分而述之。

八宝铜铃（何静宜　摄）

八宝铜铃是在一根50厘米的木棒两端分置八铃，并加各色布绺，看起来格外美观。八铃中只有七颗有子，象征着男人的身体部位，余下那颗无子的空铃，留给梯玛装财装喜。还有一种说法是现在的梯玛八宝铜铃只

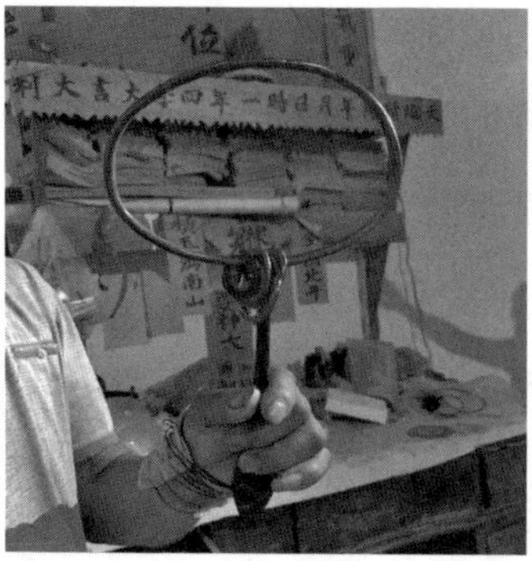

司刀（何静宜 摄）

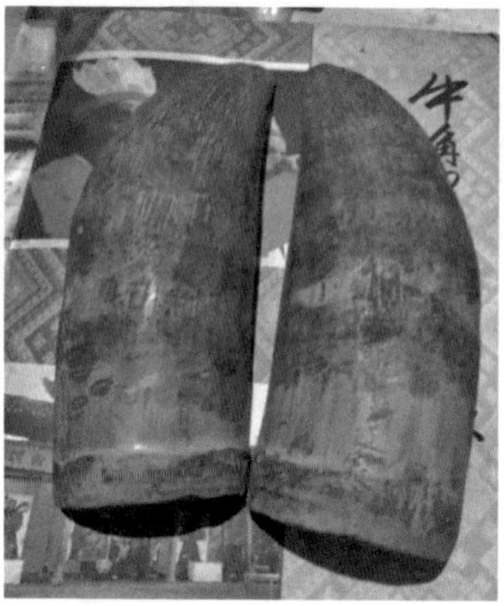

筶子（何静宜 摄）

有六颗铃铛，另外两颗一颗送给了苗老司，一颗送给了傩老司。

司刀是以后羿射日的故事来寓意太阳崇拜的，其主体是一个直径约40厘米的大铜圈，上面挂了十一个小圈。其把柄如剑，圈儿像一轮红日，挂在大圈上的十一个小圈象征着被射落的小太阳。梯玛持着司刀边摇边唱，像一位手持日月的使者，来此请神镇鬼。而那些小圆圈摩擦撞击的声音，为梯玛的演唱增加了几分神奇，特别是在综合堂“打码子”、看吉凶的时候，观众都会看得十分专注。

筶子是由两块形状稍圆，一端小尖的竹制品组成，其多为同一块竹蔸破开。如果两块同时伏地、尖头各朝东西，就像一幅“红进黑出”太极图的阴阳鱼；若是两块大头相接，又像是一弯新月，如果配上牛角，就像一轮圆圆的月亮。每当梯玛用它向神灵求情告苦时，筶子形成的图案便成了人们审视预测的文字。

喊魂 传说中，人有三魂七魄，如有意无意中失落或被妖魔鬼怪劫走，人就会精神不振、饮食无味，日渐有气无力。如果长期不能得治，势必发展为更大的疾病，甚至危及生命。为此，古代在湘西民间，凡遇患此症者，必由梯玛喊魂，直至病愈。①

（2）苗族祭祀文化

椎牛祭是丰宏村苗寨最隆重、最盛大的祭祖祀典。每年农历四月初八，

① 参见龙泽瑞、龙利农编《牛角里吹出的古歌——梯玛神歌》，中国文联出版社2003年版，第531页。

丰宏村苗寨会举办盛大的椎牛祭祖祀典,隆重祭祀蚩尤的英灵。相传,蚩尤是苗族的祖先。世代承袭下来的椎牛祭,也就成为苗族最古老的祭典。

另外,在丰宏村苗寨的古树之下,还有一个供村民祭拜的土地庙。土地庙面积不大,与大树紧紧相依。苗族村民会不定时地在这里供奉祭祀物品、摆放蜡烛以祈求土地神仙保佑家族平安、村寨风调雨顺。

3. 传统技艺

（1） 木雕工艺

在丰宏村,仍能找到传统的木雕工艺品,如旧时结婚所用婚床上雕刻的花艺,再比如一般村民房屋所用的窗户雕花。这些木雕工艺品样式美观,风格多样,又蕴含着各自的民族风格,简约大方中体现着古典美学,统一中蕴含着变化。

丰宏村床雕(何静宜　摄)

丰宏村窗格木雕(何静宜　摄)

当地木雕作品的雕刻图案有各类花草、动物和文字,还有古老泉形和井字格铜钱纹等。在图案的选取上,龙、凤凰、锦鸡和喜鹊最受人们喜爱,也体现出苗族文化和土家族文化所受到的汉文化影响。

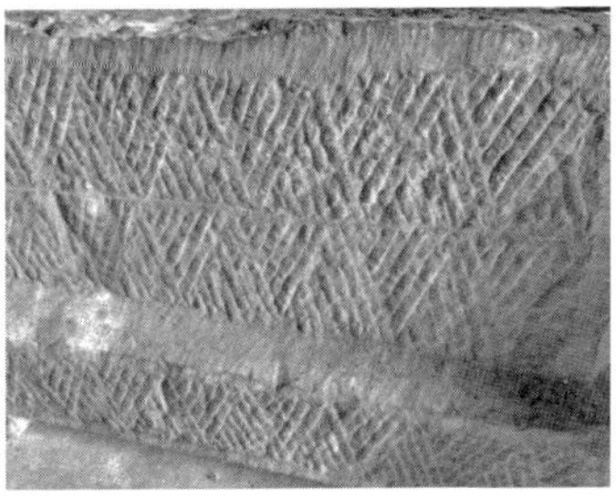

丰宏村屋基石雕（何静宜　摄）

（2） 石雕工艺

石雕有线条雕、立体塑造两种,多在岩

龙门、屋基、石碑、石墓、栏坊岩、牌坊、桥梁上雕刻。其所用图案有龙凤鸟鹿、花草树木、人物形象等。

4. 传统医药

丰宏村的梯玛同时也懂得传统的民族医药。据梯玛介绍，当地有几种常见药，如盐花胶、五花血藤、大血藤、骨碎补、三七、巴根、红牛膝、三百半、接骨木、伸筋草等。此外，当地梯玛还懂得一些穴位推拿的手法，如小儿得了后天惊风之症，梯玛用手推拿其穴位即可痊愈。如是受惊之症，梯玛抚摸推拿正确穴位即可解之。

5. 传统民俗

（1） 土家族婚俗

哭嫁是土家族人的传统婚姻习俗。听当地老人说，过去如果出现嫁而不哭的姑娘，将会被邻居看作没有教养而传为笑柄。陪十姊妹是土家族姑娘哭嫁的独特形式，这指的是新娘出嫁的头天晚上，家里人会邀请亲邻中的未婚姑娘九人，连同新娘共十人通宵歌唱，她们歌唱的内容也被称为“十姊妹歌”。在这晚，十姊妹围席而坐，首先由新娘哭“十摆”，新娘哭“一摆”，厨师就会在桌上摆一样菜，摆完后，其余九姊妹轮次哭，最后又由新娘哭“十收”，厨师再一样样地将酒菜收拾干净，陪十姊妹活动即告结束。哭嫁的歌词内容很多，“十摆”“十收”有哭祖宗之德、爹娘之恩、姐妹之谊、兄嫂之贤、故土之情等内容。歌词既有一代代流传下来的，也有姊妹们即兴创作的。音律多用七字八句的顺口溜，如：“爹娘恩德比天地，哺育教养心操碎，树欲静而风不息，恩德未报就别离。远望故里盼归期，归来又能住几时？门前小河长流水，女儿眼泪长长滴。”在新娘出嫁之前，短则半月，长则三月，哭唱的序幕就缓缓被拉开。刚开始的哭唱是断断续续进行的，可以自由地想哭就哭。有亲族近邻前来送礼看望，谁来就哭谁，以作道谢之礼节。喜期的前一晚到第二天上轿之时，哭嫁将达到高潮。在这段时间之内，哭唱必须按照传统礼仪进行，不能再自由地想哭就哭了。

（2）传统节日

龙氏年节 丰宏村土家族龙姓分为“大龙”和“小龙”，“小龙”的年节与汉族无异，“大龙”的年节则在每年的农历七月二十六日。传说这一天是龙氏祖先在丰宏定居的日子。由于水田一带的龙姓人都承认丰宏龙姓为其起源，因此在20世纪80年代以前，丰宏坡下如绿绿河、乌梢河等地的龙姓人还会在每年的七月二十五日就上坡来一起过年。

“六月六” “六月六”是当地苗族祭祀祖先的节日。传说苗族英雄天灵，经三年苦练，一箭可射到京城。功夫到家那天，为养精蓄锐，天灵早早就睡了。他睡前嘱咐母亲鸡叫头遍时叫醒他。谁知老母半夜后簸米，不经意拍响簸箕，“拍拍”之声引起鸡叫，天灵听见鸡叫后急忙爬上将军山（相传此山在贵州松桃、铜仁和湖南凤凰交界处的大兴尖坡），他两脚各踏一座山峰（至今该地有两座高度一致的平顶山），弯弓对准北斗星连射三箭，射中了皇帝的龙椅靠背。皇帝此时登殿正准备就座，但见龙椅上三根刚插入靠背箭矢尚微微弹动，吓出一身冷汗。皇帝查知刺客是天灵，天灵因此被害。据说被害这天是六月六日，于是，每逢此日，苗族后裔便云集将军山下，吹唢呐、唱苗歌、跳鼓舞，祭奠先烈，祈祷吉祥幸福，祈祷未来和希望。

（3）传统禁忌

丰宏村土家族禁忌大多与敬畏鬼神有关，其内容大体包括忌言忌行和忌事三种。

忌言主要是节日、喜庆、出门禁说不吉利的话。

忌行主要有以下内容。腊月二十九不准做针线活，不准洗衣，不准与人吵架。过年吃饭不准泡汤，否则来年大水会冲垮田坎。大年三十不准挑水，不准吃豆渣、吃菜豆腐，否则来年会遭水旱灾；这天也不准杀牲畜，说是“麻雀有个三十夜”；三十夜里还不准吃年粑粑，吃了会长疮。正月初一，不泼洗脸水，不扫地。走亲出门“七不出门、八不归家”。平时出门遇到死人抬丧就说“兆头不好”，不能出门。

日常忌事，如在礼俗方面，禁止孕妇家里随意动土、钉钉子、搬床铺，怕惊动胎儿以致流产；此外还不准客人同闺女开玩笑或坐在一条凳子上。七月蛇进屋不能打，只能赶走，因为当地人认为七月蛇是祖先的化身。在生活上，不准在灶锅里煮狗肉，当地人认为这样做是侮辱灶神。不准踩灶或坐在灶上以及将衣、裤、袜、草鞋等物放在灶上，不准对灶踩灶上的三脚架。不准把死鸟带回家，不准把锄头扛肩上或挑空水桶、空粪桶进屋。不准把簸箕倒伏在堂屋里，因为当地人认为这是埋人的迹象。不准在屋里吹口哨、打鸣呼及敲锣打鼓。除老人外，禁止把在外面死的人抬进屋，只能在屋外边停柩待葬。不准未婚青年男女吃猪蹄叉叉，说是吃了找对象容易“叉脱”，即方言中容易分离的意思。不准小孩吃鸡爪，当地人认为这样小孩会写不好字。农村草医忌吃狗肉和五爪兽肉，否则药就不灵，等等。①

以上禁忌，随着社会政治、经济、文化、科学的进步，有的已有逐渐淡化的趋势。

6. 家谱族谱

当地龙氏血脉代代相承，现今仍有族谱可见证其历史。根据龙姓族谱，其丰宏村所属支族原籍为江西吉安，其祖先约15世纪前后迁来保靖。迁入的原因是在江西的龙家寨遇到了人命官司，于是逃亡至长沙。在长沙因一系列机缘巧合做了师爷，不久又被长沙官差发现，遂被迫逃亡至湘西境内。其祖最初居住在大妥乡甘溪村的泽白，若干年后才迁来丰宏，居住在那寨的石岩板碓框处。丰宏村龙姓支族先人未立有谱，世系源流有据可考的仅能上溯至龙牙伍，再往上的源起祖公据传说还有龙热备、龙云、龙须、龙建生、龙干尺、龙乐花、龙跳跳等，但因年代久远，无据可考，已无法梳理了。约17世纪，龙牙武迁至测沙屋，生四男三女，即长子龙世贤（天喜）、次子龙世恩（摩来）、三子龙世忠、四子龙世清。龙世清无后，由前三人繁衍至今而成为一庞大家族，全族共五百余众（含已故的）。其中除少数又迁居至永顺列夕，古丈白溪关，涂乍尧洞、白岩，仙仁龙头上

① 保靖县民族事务局《保靖县民族志》，民族出版社2015年版，第140～141页。

等地外，绝大部分仍聚居在丰宏的测沙屋、屋其塔、那寨三个自然村寨，族内团结和睦，互帮互敬，已是本地的一脉望族。

三、自然资源

（一）自然景观

丰宏村位于水田河东部山脉北部尽头，山脉起源于水田河源头高山，由西南向东北延绵千里，像一条缓缓蠕动的巨龙一头扎进水田河与绿绿河交汇的深潭里吸水。这条灵动巨龙上有排吾当、马尾、孔坪、排家、排大方、白合、他者、丰宏等村寨。[①] 丰宏村就位于这条巨龙的头部，村落所在地有马鞍形轮廓的山地丘陵相互交错，山川秀丽，最高海拔780米。村落三面悬崖峭壁，峡谷沟壑环绕，山脚下有水田河、中心河、绿绿河环抱流淌。峭壁间有数条崎岖小道通向外界，每条小路都呈一夫当关、万夫莫开之势，地势极为险要。在公路修通以前，村内货物运输全靠肩挑背驮。村落区域内的山有黄连赤岩山、秀美岩山、老岩山和马岩山。

流经山谷的绿绿河（何静宜　摄）

① 参见保靖县政协文史学习委员会编《吕洞山苗族风情》，湖南人民出版社2015年版，第22页。

（二）动植物资源

在丰宏村有一棵百年古树。古树树干巨大，需要四个成年人才能抱住，强劲的根部体现出旺盛的生命力。树干旁还生长出一棵小树，小树与古树根部缠绕，一大一小融为一体，安静平和地生长着。据说这棵古树已有三百年的高龄。当地人说，只要这棵古树长青，就能够保佑村子风调雨顺，不受外来者入侵。

丰宏村古树（何静宜　摄）

四、村规民约

丰宏村环境卫生管理村规民约

为加强环境卫生管理，改善生产生活环境，提高人们生活质量，根据国家有关法律法规以及省、州、县环境卫生整治行动的有关规定，结合我村实际，经村支“两委”和村民代表大会讨论通过，特制定本村环境卫生管理村规民约。

一、村民必须自觉遵守有关法律法规，增强环境卫生意识，养成良好的卫生习惯。实行“门前三包”，房屋外可视范围内垃圾都要自觉处理。

二、村民生活垃圾必须实行分类处理。

三、村民必须搞好房前屋后的环境卫生，保持院内外整洁。做到垃圾不乱倒，粪土不乱堆，污水不乱排，柴草不乱放。同时，栽花植树种草，尽量绿化美化庭院。

四、村民不得在道路沿线、沟渠两旁、水塘四周等公共场所搭建违章建筑，堆放粪土，乱堆杂物，倾倒和堆放垃圾、柴草等杂物。

五、自觉使用高效、低毒、低残留农药和生物农药，严禁将使用后的农药瓶、农药包乱丢乱堆，防止面源污染。

六、村卫生清洁员要认真履行清洁管理责任，村民要积极配合清洁员的工作。

七、村委会定期（暂定每季度一次）组织环境卫生评比活动，对评为最清洁户的农户，授予“卫生家庭”荣誉称号并给予适量的物质奖励；对评为不清洁户的住户，发放整改通知后，责令整改。对拒不整改的住户，连续二次卫生检查评比不清洁的农户，全年累计三次以上不清洁的住户，在村公开栏公开曝光。

本村规民约自公布之日起执行。全体村民互相监督，严格执行，如有违反，情节较轻的，给予批评教育；屡教不改的，每次予以10元至100元罚款。

（本章由何静宜撰写）

第十五章　米溪村

米溪村位于保靖县东南部，该村是一个集奇山、异水、灵洞和仙谷于一地，汇古村、民俗、民居和野趣于一体的村落，人谓之“马嘶象嗷凌绝，泉流世外仙音。仙人洞里说仙人，瀑流三潭久，蛙鸣一谷深”。由于地处土家族苗族交界地区，民族交往频繁，本以土家族为主的米溪村逐渐成了多民族共同居住的传统村落。米溪村的传统民居仍以土家族建筑风格为主，而在其他传统文化领域，土家族与苗族风格交融，这成为米溪村的一大特色。2019年6月，米溪村被列入第五批中国传统村落名录。

一、村落概况

（一）地理生态环境

在武陵山脉伸向酉水的群山万壑中，有一条支流叫白溪河，白溪河上游是保靖段的长潭河、绿绿河。在缥缈的云雾下三河交汇，形成了叫“仙人崖”的幽深峡谷峭崖，仙人崖附近坐落着一处宛若桃花源般的自然村落——米溪村。

米溪村位于保靖县城东南部的阳朝乡境内，村落距县城26千米，东与古丈县古阳镇官坝村搭界，东南与保靖县葫芦镇排花、新民两村相连，西边与尧洞村接壤。

米溪境内风光旖旎，景色宜人，沟壑纵横，悬崖耸立。村落境内有一条小溪，名为“米溪沟”，由东向西穿村而过，被当地人称作“小九寨沟”。乡里乡亲要到米溪村去，常常就说去米溪沟，因此米溪沟也成了米溪村的代称。

米溪村属亚热带季风性湿润气候，四季分明，春秋较短，夏冬较长。气温的日较差和年较差相对较大，全年平均气温22℃左右，春季升温快，秋季降温也快，一般春温高于秋温。

（二）村落历史

关于米溪村村名的由来，有两种说法。据《湖南省保靖县地名录》所载，土家语“米溪”是杂草的意思，该村以前杂草很多，故名。另一种说法认为该村名取自于境内溪流米溪沟。

米溪村的由来还有一个神话故事。相传土家族有一位神勇的大力士叫墨连卡特，他是一位侠盗，会将盗来的米送给穷苦人民。在一次送米途中，墨连卡特途经米溪村，不慎将米袋掉落，米一粒一粒撒在了地面，因其形神似溪流，故该地被取名为米溪。

历史上的米溪村形成于明朝时期，最初是向姓的祖先来此定居并逐渐形成了村落。据村中老人介绍，米溪村的向姓祖先是明初由沅陵迁至古丈树耙窝，明中后期方迁至保靖县新民村，新民村向氏的其中一支分流来到米溪沟并长居于此。目前，米溪村仍有约80%的村民为向姓，他们多为土家族。

中华人民共和国成立前，保靖县曾设米溪乡，下辖宋家村、米溪村、仙人村三村。20世纪50年代后，此地为米溪合作社，后转为人民公社。80年代，此地设建制村，隶属原仙仁乡（现已并入阳朝乡管辖范围）。2005年，行政区划再次调整，朱家村与米溪村合并为现在的米溪村，为独立的建制村。

（三）村落人口

米溪村原本由6个自然寨组成，包括七户河、宋家寨、两叉河、马土溪、米溪大寨和上河。现分8个村民小组，共有208户，943人。向氏为米溪村占多数的姓氏，另外还有张、彭等其他姓氏。

米溪村原为土家族村落，由于距离葫芦、水田河的苗族聚居区较近，地处交界地区，村寨相互交通、民族相互交融，逐渐形成了土家族与苗族杂居的状况，也因此造就了其独特的民族、民俗文化。

据说，在湘西州，若有苗族土家族的青年男女情投意合，愿结连理，就会来到米溪村定居。米溪村村民们既会土家族的语言，也听得懂苗语；既过土家族的调年节、舍巴节、吃新节，也去苗族的赶年场、赶边边场；大多数老辈人既会唱土家族山歌，也会苗族的飞歌传情，在边边场谈情歌会。他们一方面赶阳朝的土家溪州场做物质交换，一方面去葫芦寨赶苗家盛大年场看热闹，或者参与赶秋、樱桃会。

（四）物产与特色产业

米溪村的森林面积有13330亩，经济林400余亩，林地面积6000余亩，退耕还林面积3142.5亩，其中耕地1230亩，可开发面积2000余亩。草场资源丰富，适宜种植养殖开发。

米溪村村民历来种植五谷杂粮以及蚕豆、板栗等，养殖鸡、鸭、牛等常见动物，自给自足。2012年以来，米溪村大力开发黄金茶产业，黄金茶种植面积达1000余亩，计划下一步沿保古连接线开发种植黄金茶2000亩，人均达2亩，实现人均增收4000元以上。同时，依托万亩竹林丰富的资源，开展竹产品精深加工，重点开发竹笋产业和竹制工艺品，实现人均增收2500元以上。

（五）经济社会发展状况

米溪村村落内部道路主要为青石板道路，道路顺应地形、高低起伏，建筑错落有致，两者结合后形成独具特色的道路空间。村寨与村寨之间、村寨对外的道路已经水泥硬化。

米溪村村间小道与民居（何静宜　摄）

目前，米溪村安全饮水工程已经完成。内排水沿街巷的走向，在石板路旁边或房屋墙角处设有排水沟，一般为露天排水沟，纵横交错，最后汇于水塘或农田。村民组内没有统一的污水处理设施，污水自排。村内现有部分明沟可以用来排放雨水，但不完善。

米溪村通信工程设施良好，村内设有通信基站，村寨内可使用无线电话，有线电视覆盖率较高。米溪村村内已实现电网改造，基本上家家户户已通电。村内用电工程现有一处变压器，目前能够满足大部分居民的用电需求，但仍需完善提升。在采暖设施方面，米溪村各户自行采暖，以火塘采暖为主。村内布置了垃圾集中收集点。

米溪村设有卫生室，有一名乡村医生。目前，米溪村村内已经没有小学，适龄学童会到阳朝乡或保靖县城上学。

二、文化遗产

（一）物质文化遗产

1. 传统建筑

（1）村落格局

从米溪村的祖先选择这里作为他们繁衍生息的场所的那一天起，米溪村村民世世代代都遵循着将村庄建设与周围环境融为一体的原则。因此，村落的整体格局包含着村民适应地理条件、适应生计需要、适应和谐环境的智慧。远远望去，在重重叠叠的山峦映衬下，小山村宁静而安详地坐落在山腰处，错落有致的古老建筑似乎向人们细诉着她的久远历史。

米溪村“前有绿水环绕，后有银岭崀起”，是山环水抱的村落聚集模式。村落内部是以村室为中心而形成的簇状平面布局，具体表现为：入口空间—巷道—公共开敞空间—巷道—公共开敞空间—巷道，是一种“起承转合”式的公共空间序列。

米溪村的传统民居以土家族民居居多，也有部分苗族民居。土家族民居和苗族民居混杂在一起，并不加以区分，土家族与苗族建筑的主要区别在于建筑内部是否设有隔板，一般土家族建筑正屋内设有隔板，而苗族建筑不设隔板。民居分布在米溪沟两岸，悬崖陡峭，形成了米溪村独特的地域风貌。由于以往交通不便，米溪村的传统民居很少受到现代建筑的影响，很好地保存了土家族和苗族传统民居的特色。

（2）传统民居

米溪村所建房屋建筑风格可总结为小青瓦，花格窗，司檐悬空，木栏扶手，走马转角，古香古色。当地建筑主要为穿斗式传统建筑，正屋以一层三开间木结构建筑为主，较富裕者也有一层五开间带阁楼穿斗的建筑。当地也存在少量二层建筑，高度控制得当。与其他传统村落类似，建筑屋顶一般使用黑色小陶瓦，屋顶有陶制脊刹。屋子立面使用木板制作，门窗等木质构件上的雕花使用湘西木雕技艺，制作精致。另外，当地建筑的柱础和地栿等石质构件也使用雕花工艺进行装饰。板壁用桐油反复涂抹，风吹日晒、乌黑发亮。一般民居都有小庭院，院前有篱笆，院后有竹林，以青石板铺路、刨木板装壁。建筑类型多为黑瓦房，分为五柱六挂、五柱七挂、五柱八挂等。

米溪村内建筑布局较为紧凑，呈现出不同的年代建筑特点与风貌，从整体情况而言，可以分为清代建筑、民国建筑、20世纪50—70年代建筑以及现代建筑。

米溪村清代建筑（何静宜　摄）

村内清代建筑留存不多，能够保存下来的多为当时的富户所有。大寨组留存的一栋清代建筑保留较为完好，其建筑两侧还保留有完整的百年石墙。石墙顶端砌成一阶一阶的檐，尾部有翘起的角，古朴唯美；中部凿出了小窗，为屋内带来光亮；石墙上点缀了一些野生绿植，与灰白古朴的石墙相映成趣。房屋主屋结构保存完好，除了玻璃窗为后人新添之外，

米溪村传统建筑雕花纹样（何静宜　摄）

其余均为清代保存至今的。大门和屋檐下的木雕简约大气，反映了主人家逍遥大方的洒脱个性。

民国时期建筑最有特色的是一些民居保存下来的窗户雕花。其花纹图案有文字、花草、飞禽等，寓意着吉祥如意，寄托着主人美好的生活愿望。其花样精美而复杂，足见当时木匠精湛的木雕工艺。

20世纪50—70年代的建筑外部风格变得较为简单。大门上的装饰从繁复的木雕变为镶嵌的反光玻璃，玻璃能够映照出米溪无限美好的风景，也不失为另一种美丽。

米溪村20世纪50—70年代的建筑门饰（何静宜　摄）

现代建筑仍然保留着米溪特有的传统建筑风格，但更加宽阔宜居。建筑内部装有各种现代电器。如当地的一幢六开间的土家族建筑，每两根大柱间为一开间，房前房后都有门可进出，开间之间互通。该建筑位于山腰，外有一小院，出屋即能看到米溪的美丽风光。

米溪村吊脚楼（何静宜 摄）

吊脚楼也是米溪村常见的一种民居建筑。吊脚楼一般依山而建，成群分布，错落有致，古朴自然。依山的吊脚楼，在平地上用木柱撑起分上下两层，节约土地，造价较低廉。上层通风、干燥、防潮，是居室，下层关牲口或堆放杂物。在房屋规模上，一般人家通常为一栋四排扇三间屋或六排扇五间屋，中等人家五柱二挂、五柱四挂，大户人家则七柱四挂、四合天井大院。四排扇三间屋结构者，中间为堂屋，左右两边称为饶间，作居住、做饭之用。饶间以中柱为界分为两半，前面作火炕，后面作卧室。吊脚楼上有绕楼的曲廊，曲廊还配有栏杆。

2. 古塔

在米溪村的山脚下，溪水边，村道旁，醒目地伫立着一座古塔。这座塔名叫六方古塔，关于它的来历，有两种传说。一说是在1860年，米溪村的乡举不满当时朝政，编谎言说“山中诸神不满，应筑塔镇之”，因此修建了这座塔，并附碑文揭露当时弊政。但该塔的碑石在20世纪六七十年代被毁，至今仅存塔身。另一个传说是当年的米溪村与新民村相对而立，在新民村的地界范围内有一大型天然石洞，洞内有两条暗河，一条暗河偏深，另一条

米溪村六方古塔（何静宜 摄）

暗河稍浅。浅暗河侧岸边干燥宜居，深暗河侧由于水流较为湍急，岸边潮湿不适合居住。而整个岩洞外观似一张张开的大嘴，暗河似嘴中之舌，恰巧岩洞的洞口正对米溪村。时逢天气干燥，米溪村多有失火事件发生，因而米溪村的先辈们认定此为不祥之兆，须以石塔镇之，以塔对口，撑起整个洞口，以免洞口之“嘴”落下，于是米溪村村民合力修建了这座石塔。说来也巧，自从建了石塔后米溪村就很少失火了。正因如此，村民们对石塔更为礼敬，在古塔底部有一个专门用来祭拜的洞口，现在仍有村民不时来这里祭拜。

3. 石拱桥

米溪沟上有一座石桥，名为“爱民桥”，已有百年历史。1904年，米溪村的一位乡贤向顺德见村民们涉水不便，便出资白银一百两、稻谷八十担修建了这座石桥。石拱桥为单拱，桥高9米、宽4米，整个桥身皆由山中青石修筑而成。爱民桥至今依旧横跨于米溪河之上，石桥被绿油油的植被覆盖，坚固无损，功用不减，方便着村民的生产生活。

4. 古井

米溪村有两口百年古井，是米溪先祖的生命之源。古井如今保存完好，周边的人家仍会到古井挑水喝。

米溪村古井（何静宜　摄）

5. 滴水床

极具民族特色的土家族家具滴水床，又称“牙床”，是土家族用的一种架子床，当地人谓滴水床。滴水床并不滴水，因其有着形如屋檐的床檐，而屋檐乃滴水之需也，因而得名。滴水床仿照土家族民居屋檐排水的层进结构，层层叠叠，一般三进，最多七进，整座床精雕细刻，主要内容为“八仙过海”“金瓜垂吊”“五谷丰登”“龙凤呈祥”“松鹤延年”等民间故事，由于做工精细，往往需几年工夫才能做成，故又名千工床。按当地习俗，床的尺码均不得用整数，必须加半寸，俗话说，“床不离半，屋不离八”，“半”由“伴”的谐音而来，“八”由“要得发，不离八”而来，一般木工都懂得这个规矩，要是不按这个规矩，东主忌讳不说，还得返工重做，此习俗如今仍在沿袭。

（二）非物质文化遗产

米溪村土家族和苗族世代交往交流交融，村民们既会土家族的打溜子、摆手舞，也会苗族的鼓舞、飞歌传情。因此，米溪村拥有集土家族文化和苗族文化于一体的丰富非物质文化遗产资源。

1. 传统音乐

（1）土家族传统音乐

打溜子 每当节日集会、房屋落成、婚嫁、祝寿、报喜等，米溪村就会响起欢快的打溜子。土家族打溜子是土家族人激情奔放、诙谐幽默、朴实淳厚性格的反映，它产生于土家族人的日常生活，也与土家族人的生活习俗息息相关，打溜子在米溪村沿袭成俗，世代相传。打溜子已形成固定的乐队组合形式，一般由小锣、钹、大锣组成，锣由铜制成，必要时增配一支唢呐，吹打结合，增添热烈气氛。按演奏人数，打溜子可分为“三人溜子”“四人溜子”“五人溜子”。“三人溜子”就是由三人演奏，分别打奏二钹、头钹、大锣，二钹主奏，头钹呼

米溪村村民打溜子表演
（保靖县住房和城乡建设局 供图）

应，大锣增色，滑稽诙谐、生动活泼。“四人溜子”是在“三人溜子”的基础上添加一面小锣（又称马锣），小锣只作节奏上的填空和音色上的对比。若把“四人溜子”按传统的四部和声的方式加以编配，小锣就相当于衬托声部，大锣相当于低音声部，头钹、二钹就是旋律声部了。“五人溜子”是在“四人溜子”的基础上增加一支唢呐，目的是增添乐曲气氛。因唢呐传入土家族地区的时间较迟，“五人溜子”在形成过程中比“三人溜子”和“四人溜子”要晚得多。

曲牌是溜子表现的主要内容，根据曲牌不同，小锣、钹、大锣又有不同的打法，在完成曲牌所表现的内容时，溜子手打出轻重缓急不同、抑扬顿挫兼备的韵律，几个声部有机配合，产生了丰富的和声效应。钹分为闷打、亮打、侧打、揉打、挤钹、盖边等打法，小锣分为单锣、花锣等打法，大锣分为逼锣、敞锣、闷锣等打法，充分显示出各自的技巧和特性。溜子曲牌多由引子、头子、溜子、尾子四部分构成，有若干乐章。引子一般有一两个乐句，比较简单。头子则千变万化，是曲牌的主题。溜子变化不多，由桥子和溜子串成，形式较为固定。尾子是乐曲的终止，在结束时，因曲牌的不同，尾子几乎都不一样。打溜子曲牌结构已形成固定程式，一般“三人溜子”由头子、桥子、溜子、尾子组成。“四人溜子”由引子、头子、溜子、头子、溜子、尾子组成。“五人溜子”曲牌结构没有固定程式，形式颇为多样。

人们在欣赏打溜子的同时，也会发现它的曲牌名非常有意思，大部分是带有浓厚民俗风味的吉祥名字，如《喜鹊闹梅》《庆请儿》《新门进》《龙抬头》等。打溜子的曲牌经过整理，现已确定有一百多个。一些艺人根据打溜子曲牌所描绘的内容的不同，把它们分成了绘声、绘形、绘意三大类。绘声主要是描绘山中飞禽走兽的声响；绘形主要是描绘飞禽走兽的神态、仪态；绘意主要是揭示、渲染特定主题的意境和情绪，给人以安适吉祥的美感。绘声类有《画眉扑笼》《马过溪桥》《阳雀情》《鸡婆唱蛋》等曲牌；绘形类有《八哥洗澡》《狗扯羊》《猛虎下山》《凤点头》等曲牌；绘意类有《安庆调》《鹊桥会》《八仙过海》《龙抬头》等曲牌。

米溪村的打溜子反映着土家族人浓浓的生活情趣，他们以这种独特艺术形式显示了土家族人乐观向上和热情奔放的精神。

飞山歌 在米溪村土家族传统音乐中,情歌对唱占有举足轻重的地位,飞山歌就是其一。飞山歌需即兴演唱,讲究"七韵四",每首歌四句,两句一押。其代表性曲谱节选如下:

六月太阳红似火

六月太阳红似火,路边凉水无瓢喝。
姣妹手捧清泉水,送到嘴边让哥喝。
六月天气红似火,姣妹割草在山坡。
哥摘桐叶编凉帽,送妹遮阴搭脑壳。

槐树底下一枝花

槐树底下一枝花,妹抱槐树羞答答。
哥哥爱你相貌好,花轿把你抬回家。
槐树底下一枝花,风吹雨打有叶遮。
花儿已经有了主,哥抬花轿去别家。①

(2)苗族传统音乐

在米溪村,苗歌是苗族人民表达思想感情的重要工具,经多年传承,形成了许多历史悠久的苗族诗歌。其中,情歌在苗族传统民歌中所占比重很大,男男女女在山中对歌传情,按感情发展顺序可分为相会歌、初恋歌、迷恋歌、立誓歌等。唱腔分为高腔和平腔,根据唱腔歌唱歌词。歌词有代代流传下来的,也有即兴创作的。如迷恋歌《沙儿良》②歌词如下:

---

① 节选自当地居民曲本《飞山歌》。
② 保靖县民族事务局:《保靖县民族志》,民族出版社2015年版,第219页。

苗语	汉译
能勾鄙会鄙考水，秀蒙情如九水八。	和你边走边可惜，求你情好莫分别。
能男秀拔你号几，九尼各求没号阿。	问郎爱姐在哪里，爱在心里取不得。
派记尼咱吉求锐，记派咱运各奴打。	风吹只见动草叶，只见叶翻不停歇。
麻蒙腊尼你告起，鲁几没到干蒙咱。	爱姐浓在心里头，怎能取送姐看得。

近年来，米溪村的苗族语言流失现象严重。现在，只有老一辈的苗族村民还能说苗语、唱苗歌，而年轻的苗族从小就说客家话，虽然听得懂苗语，但一部分已经不会使用，也不会唱苗歌了。

2. 传统舞蹈

（1）土家族摆手舞

摆手舞是米溪村当地的传统舞蹈之一。在过去，土家族作战前会跳摆手舞以助长士气。整个活动以祭典舞蹈、唱歌等为表演形式，以讲述人类起源、民族迁徙、英雄事迹为内容。祭礼仪式毕，由梯玛或掌坛师带领众人，进摆手堂或摆手坪跳摆手舞，唱摆手歌。摆手舞分单摆、双摆、大摆手、小摆手数种。跳摆手舞击大鼓、鸣大锣，气势恢宏壮阔，动人心魄。舞蹈时双手呈同边摆动，踢脚摆手，翩跹进退，成双成对，十分生动。摆手舞不仅是民间一种兼具娱乐和健身性质的体育活动，亦是舞台上独树一帜的艺术奇葩，当地人说："摆手堂前艳会多，携手联袂缓行歌。鼓锣声杂喃喃语，袅袅余音嗬吃嗬。"

（2）土家族毛古斯舞

米溪村主要于每年岁首在土家族摆手舞中穿插性表演毛古斯舞，也有在一定场合单独表演的。毛古斯舞以近似戏曲写意、虚拟、假定等技术手法，表演土家族祖先渔猎、农耕、生活等内容，既有舞蹈的雏形，又具有戏剧的表演性，两者杂糅交织，形成浑然一体的祭祀性舞蹈。

毛古斯舞是土家族最为原始的古典舞蹈，是土家族人纪念祖先开拓荒野、捕鱼狩猎等创世业绩的一种原始戏剧形式。虽然还不是成熟的戏剧形式，但已有模拟远古先民劳动和生活的故事情节，并通过舞蹈、道白来表达内容，因此被专家称为戏剧的“活化石”。

（3）苗族鼓舞

鼓舞是苗族人民反映其历史及其生活的喜、怒、哀、乐的一种艺术形式。苗族鼓舞已经融入米溪村村民的日常生活，苗族人仍会以表演鼓舞为乐，其中表演最多的是猴儿鼓舞。

猴儿鼓舞是苗族鼓舞中较为原始的一种舞蹈形式，是人扮作猴儿表演鼓舞，主要动作有戏鼓、听鼓、倒爬树、狮子滚球、双加官、抢鼓等，鼓点动作繁复而不乱，双拍打鼓，单拍表演。表演者表演时情绪连贯，双脚跳跃，双手伸缩不停，四肢活跃，急徐应节，忽快忽慢，若断若续，栩栩如生。猴儿鼓舞表演人数不拘，单人、双人、多人均可，但多为男子表演。

3. 传统戏曲

当地流行的大庸阳戏又称“阳戏”，其语言通俗，生活气息浓。表演重做工少武打，适宜演文戏、家庭戏、悲剧。唱腔由正调和小调两部分组成，共17个曲牌，正调唱腔用真假嗓结合演唱，尾腔翻高八度，又叫“窄音”，此为大庸阳戏之主要特点。溯源大庸阳戏的具体形成日期，典籍中已无从稽考。根据阳戏老艺人的回忆，大约200年前就已经有了成型的阳戏。

阳戏的得名，当地有两种说法，一是认为是种田人、种阳春人演的戏，艺人多为农村农民，并且长期在农村演出，所以称之为“阳戏”。另一种说法是因为傩戏与阳戏同班演出，傩戏是为娱乐鬼神而演，故称“阴戏”，阳戏虽然也有还傩愿的酬神演出，但在庭前扎台唱阳戏，主要是娱人，故称之为“阳戏”。

从民间歌舞发展成为戏曲剧种，阳戏经历了“二小”“三小”以及多行当戏等阶段。发展过程中，阳戏受到民间花灯、傩戏、辰河戏等艺术形式的影响。阳戏传统小戏中，有不少载歌载舞的剧目都具有民间花灯表演的特点，而《盘花》《捡菌子》《掐菜薹》等剧目，则直接来自花灯。

4. 传统技艺

（1）土家族织锦

土家族织锦俗称“打花”，主要有土花铺盖（土家语为“西兰卡普”）和花带两大品种。

米溪村西兰卡普
（保靖县住房和城乡建设局　供图）

西兰卡普在土家织锦中最具代表性和典型性，采用“通经断纬”的挖花技术，分为“数纱花”“对斜”平纹素色系列和“上下斜”斜纹彩色系列两大流派。“数纱花”“对斜”平纹素色织锦是在普通平纹布面上，以纬线挖花而成。原产地主要在永顺县的对山、和平及首车一带。“上下斜”斜纹彩色织锦是西兰卡普中的主导品种。它是在“对斜”平纹素色织锦上发展起来的，质地较厚，非常结实。它的图纹构成和色彩都更趋成熟，单个纹样复杂，且完整丰满。

在米溪村，土家族织锦的传承靠口传心授的“摹仿记忆”，主要以家族传承为主，有家庭内支线式传承，也有家族、亲戚之间相互学习的族内网状式传承。由于米溪村内土家族与苗族混居，因此米溪村土家族织锦的传承中融入了苗族特色。米溪村的土家族织锦包含了许多苗族特色的图案纹样，各民族传统技艺相互借鉴，传统文化相互融合，这也成了米溪村土家族织锦的一大特色。

（2）苗族竹编

米溪村传统竹编工艺有着悠久的历史，是米溪村民辛勤劳作的结晶。富有想象力与创造性的米溪村民，充分利用当地的竹资源制作竹工艺品，不仅实现了艺术与生活的有机结合，也从另一个侧面诠释着艺术源自生活。

米溪村编背笼的村民(何静宜　摄)

竹编工艺品分为细丝竹编工艺品和粗丝竹编工艺品,材料选材考究,竹材不仅要有弹性、坚韧,也需要具有较好的抗拉、抗压强度。竹编工艺品种类有晒簟、米筛、睡簟、簸箕、撮箕、箩筐、篷、饭篓、背篓等。背篓是其中较为常用的一种,按用途可分为柴草背篓、米背篓、洗衣背篓、背小孩背篓、玩具背篓等。其中背小孩背篓形如花瓶、精巧美观,经久耐用;玩具背篓,造型奇特,小巧可爱,深受孩童喜爱。

米溪村建筑中的竹编(何静宜　摄)

米溪村村民甚至将竹编工艺运用到了建筑中。在米溪的几处民居中,笔者发现建筑的屋檐和大门之间会用竹编来连接,与普通的木屋相比,更体现出一种古朴自然而别具风格的美。

5. 传统医药

米溪村有一位姓张的赤脚医生。张医生已年过古稀,在其二十岁时,因母亲生病,请来的医生所用的药方皆不见效,于是开始自学医术,竟治好了母亲的病。自此以后,张医生醉心医术,学有所成,望闻问切无所不能。米溪村和周围村寨的人若有难解的疑难杂症,都会来向他求医。

因米溪村地处土家族与苗族交界的地区,张医生自学之医术兼具两族医术之长。张医生认为,土家族和苗族的传统医药理念,是既放又治,慢中有快,因此人们痊愈之后一般不会复发,且用药同时、同步、同势,遵循春生夏长、秋收冬藏、人与自然同化的原则。

6. 传统习俗

（1）婚嫁习俗

过去，土家族男女青年通过生产劳动和对歌、吹木叶、跳摆手舞等活动相识相爱，征得土老司同意即可成亲。改土归流之后，遵行保靖县县令的规定，始有“父母之命，媒妁之言”以及托媒、合八字、订婚、认亲、哭嫁、迎接、拦门、封口、回门等礼俗。其中最有特色的便是哭嫁。

哭嫁，亦称“哭出嫁”“哭嫁囡”“哭轿”等，是土家族的传统婚嫁习俗，即新娘出嫁时进行的哭唱仪式活动。结婚前一个月或半个月女儿要哭嫁，全寨相好的姐妹都会来陪哭，哭嫁的内容有哭父母、哭哥嫂、哭姐妹、哭亲友、哭祖宗、哭开脸、哭穿衣、哭上轿等。哭嫁的部分歌词如下：

闺声哭：

娘听后园鸟雀惊，要听房中女儿声。
我娘当门苦葛藤，手攀苦葛诉苦情。
我娘苦情苦过了，女儿苦情才起根。
……
橘子开花叶子青，阳雀开声我开声。
新打铜盆才装水，新打剪刀两面青。
娘不开口我开口，娘不开声我开声。
当门一根木莲树，木莲树上挂卷经。
一本经书背完了，未见我娘来开声。
亏了我娘睡得稳，爹妈眼泪贵如金。

哭爹妈：

月亮弯弯照华堂，女儿开言叫爹娘。
父母养儿空指望，如似南柯梦一场。
一尺五寸把儿养，移干就湿苦非常。

劳心费力成虚恍，枉自爹娘苦一场。①

除此以外，在米溪村，婚嫁迎娶吉日的早晨，男方一行数十人会由押礼先生带领，浩浩荡荡地来到女方家门口。男方娶亲人到，女方则鸣炮吹奏以示欢迎，但免不了"拦门礼"——女方在接收男方送来的彩礼及新娘的衣物首饰后，女方支客司与男方押礼先生即要各展才艺，双方言语滔滔，尽显腹中文韬礼数。倘若男方礼数不周，或押礼先生论辩词穷，则会罚酒，但处罚时较真的少，往往是在欢声笑语中接受处罚，更增添了一些喜庆的成分。但即便如此，押礼先生也大意不得。因此，男方的押礼先生多由能言善辩、有威望的人担当。

在上轿之时，新娘穿大红露水衣、露水鞋，胸前配一铜镜，由送亲娘引出房门，哭别祖宗、父母后，拜过天地、祖先、再踩四方斗，把筷子前后各丢一把，然后由胞兄或胞弟用背亲布将新娘背上轿。新娘上轿前，用脚在轿轩上蹬三下，而后进轿关门。上轿后迎亲队伍点燃两个"喜把"（火把），鸣炮启程，这时女家一群妇女攀轿杆推拉三次，以示惜别。花轿出门时，娘家人用扫帚往屋内扫三下，象征不能把娘家财神带走。花轿要出门时女方抢走一个"喜把"，意即"衣禄"各留一半。送亲队伍一路上打着溜子，吹起唢呐，不停地鸣放"三眼铳"和鞭炮。②

（2）丧葬习俗

故俗，土家族老人去世，土老司参加丧事活动，先唱柳床词，述死者一生辛苦。逝者入棺前，土老司穿着死者生前的衣服，身背破背篓，装扮离别儿女的模样，死者的亲人痛哭不愿死者离去，土老司则挣脱夺门而走。

丧葬期间，孝家门上需要贴"当大事"三字，扎上丧门，给死者扎灵屋。超悼日期从逝者去世之日算起，在家停放三天、五天或七天，若八字相克也有在家停丧十天半月的。停丧时间长短根据死者家庭经济和逝者年龄

① 节选自当地居民曲本《哭嫁》。

② 保靖县民族事务局：《保靖县民族志》，民族出版社2015年版，第135页。

而定。家庭经济条件好,死者又是老人,一般停丧时间长一些;家庭经济条件不好,或死者是青年人,则停丧时间短一些。若非正常死亡的人,当地人叫“伥死”,不行超悼,朝死晚埋;若为老年,则另当别论。未成年的小孩死亡,当地人叫“化生子”,会用一木匣,葬于溪边,有的埋在十字路上。[①]在停丧期间,会有追法师的一种民俗,即在灵屋内,死者的一群亲友追着法师跑,当地人认为能抓住法师的人会有福运。

大葬的日期也需由土老司算出。抬丧人数有八人或十六人,用竹编连起人和棺材,抬柩出门。孝子抱灵牌走在送丧队伍前,一人在前丢纸钱,即“买路钱”,碰到艰险的道路,孝子需下跪接灵柩,与抬柩人一起同心协力为死者安息。

（3）传统节日

米溪村的村民每年会过三个年节。农历正月初一为“大年”,农历六月初一和农历十月初一为“小年”,也称为“六月年”和“十月年”。

三、自然资源

（一）自然景观

1. 仙山

传说米溪的山是仙山,人上山即为仙。米溪的山峰大多都界分两叠,人们说,米溪的山是险峻的,上半部山峰绝壁悬崖,怪石嶙峋,形成“云从半峰起,天向数峰开”的雄奇景象。米溪的山也是柔美的,下半部山峰绿树成荫,林木葳蕤,其间野花烂漫,异草遍布。米溪的山也是诡异的,奇峰兀立,状如婆婆背孙的仙婆山,招手呼唤追赶的仙公山,宛如仙人和坐骑的仙人山和仙马山,有传说中土家族英雄墨连卡特把老虎当猫玩的“英雄玩虎山”,还有酷似动物的神象山、蝙蝠山等,不可胜数。

---

① 保靖县民族事务局:《保靖县民族志》,民族出版社2015年版,第139页。

米溪村仙人山和仙马山（保靖县住房和城乡建设局　供图）

2. 山崖

米溪村周围的群山之中有许多巍巍壮观的山崖，被称作“仙人崖”。仙人崖的崖壁如竖、黑白相间，其上有许多自然形成的浮雕，浮雕仿佛仙人所绘的一幅幅巨大的壁画，每幅壁画都有着动听的名字，如“仙人传说”“村民盘歌”“土家摆手”“苗女打花”“情人相会”等。有诗赞曰：“一壁一幅景，幽谷藏太虚。谁知高深意，悠悠问白云。”

3. 溪水

米溪村的溪水为米溪沟，米溪沟下游汇入唐家河，唐家河下游即为白溪河。白溪河在阳朝乡域内流程10千米，其历年最大和最小水量、最高和最低水位相差悬殊，水位最高日期和流量最大日期大部分出现在每年的六月份至九月份，尤以六七月最多。

米溪沟的水清澈见底，水流沿着公路，顺着人家，潺潺湲湲，蜿蜒曲折地流着。米溪沟清凉舒爽，极富灵气，夏季光脚踩在水中，冰凉舒爽；阳光明媚的日子，溪水把鱼儿的影子折射在细砂的河床上，让人感到宁静、舒适。两岸夹山的素潭飞瀑，使这里充满诗情画意。溪水流进几丈深的静水潭，卵石的纹路映射着阳光，一颗颗显得五光十色。潭边几丈宽的青石板上，传说有仙人下棋博弈。走在米溪的水边，天上白云游走，地上溪水淌流，悠悠不知何年何人。

米溪沟瀑布（保靖县住房和城乡建设局　供图）

4. 洞穴

毛龙洞洞口
（保靖县住房和城乡建设局　供图）

米溪的群山之中有着神奇的洞穴。岩壁上、草丛里、溪水边、飞瀑中、栈道旁都有洞穴，其中一些还是穿洞。据说这些洞穴是古时候人们耕田、狩猎必经的道路。许多洞穴内有美丽的石笋、石钟乳，有的洞内深处满是蝙蝠，洞口却常有溪泉流出，流水淙淙，让人叹为观止。当然，崖洞中也可能有无际的黑暗和未知的危险，这种神秘感让村民心存虔诚，每到洞口便烧香礼拜。

一些洞穴还流传着美丽的传说和故事。据说在绝壁正中有一处神仙洞，至今无人敢于涉足其中。还有一个墨连洞，传说为巨灵神带领十二个弟子修炼的地方。墨连洞的深处总会透着天光，像点点星星在洞中闪烁。

在这许多洞穴中，毛龙洞与米溪村村民最为“亲近”。据说在抗战时期，由于世道混乱、土匪横行，为了躲避土匪，米溪村村民被迫集体搬入了毛龙洞。毛龙洞是一个天然溶洞，其内部绵延十几千米，可容纳数千人，且洞内有一条可饮用的暗河，为居民们提供了水源。毛龙洞守护了整个村庄，保护了米溪村村民，被视为米溪村的再生之地，因而村民对其尊崇无比。

5. 栈道

米溪群山的山峰上部绝壁峭崖，如刀削斧劈，下部坡度缓和，如绿树屏风，树木与岩壁自然交界处就形成栈道。传说这是土家族神话中墨连卡特进出的通道，当地人经常到上面采药、狩猎，称之为仙道。

栈道弯弯绕绕，使这山连着那山，串联起了山道。有时栈道经过穿洞，柳暗花明地继续向前延展；有时栈道顺着一线天，旋即峰回路转。栈道在绝壁上曲折地贯通着。若要通过这些栈道，最窄处得手足并用，俯下身子，着蛇形攀爬。走在峭壁的栈道上，身处险境，能听到半山下洞口溪声淙淙、鸟语呢喃，黄牛佩环，山羊咩咩；也能看到对面梯田层叠，依山傍沟，鸡鸣村舍，花开半山；有时谷底云雾蒙蒙，岚烟氤氲，仿佛走在云端，真可谓“峥嵘惊世出，洒脱半空飞。碧水流筝韵，青帘卷日晖。谷底生云海，岚浮意不归”。

（二）动植物资源

米溪村植被丰富，名贵树木也多。大寨组所在的山中有几棵百年古树，被称为“风水树”。风水树的树种包括古樟树和古楠树，其中还有双生古树。风水树直径都在1～2米之间，叶大荫浓，固沙护土，守护着村寨。山顶上的枞树、柏树，一岭连着一岭，其间又杂有山竹，夏季远看漫山绿

米溪村风水古树（何静宜　摄）

意，至于春秋两季，树底下藏满野趣，三月泡、崆峒泡伸手可摘，野樱桃也随处可见，秋季枞菌特别鲜美，俯拾皆是。春天山中还有遍地雨后春笋，野笋个头硕大无比，令人叹为观止。米溪村周围群山里有不少野猪、野山羊、野兔、野鸡等动物，曾经还有国家级保护动物长尾雉、金钱豹出没。

四、历史人物

村内清末曾出了向功民、向顺隆两位举人。为此，该村在东，西两头各设“双马鞍”，即七品以下官员进村均应下马走路入村。此二人曾经服务乡民，总理村中大小事务，相关事迹至今仍被称颂。

清末，秀才向顺德担任过葫芦乡乡长，其勤政爱民，捐资开设葫芦乡集市，很大程度上促进了周边各地土家族、苗族的交往，该事迹至今在当地仍被传为佳话。

五、村规民约

阳朝乡米溪村村规民约

为提高全村村民自我管理、自我教育、自我约束的能力，促进全村和谐共处，维护安定团结局面，加强乡村文明建设使美丽乡村建设取得实效。根据法律、法规和国家有关政策规定，制定本村规民约。

第一章　总则

第一条　为引导全体村民树立“爱国守法、明礼诚信、团结友爱、勤俭自强、敬业奉献”的基本道德观念,提高自我管理、自我教育、自我约束的自觉性和能力,努力把本村建设成“生产发展、生活宽裕、乡风文明、村容整洁、管理民主”的社会主义新农村,根据国家有关法律、法规和政策,制定本村规民约(以下简称“规约”)。

第二条　本规约具有村与村民、村民与村民之间的契约性质,对全体村民均有相同的约束力。全体村民都应当自觉遵守执行,任何人不得以在外经商、务工为由拒绝执行。居住本村的外来人员参照执行本规约。

第三条　村民委员会对违反本规约的行为人作出处理(除予以口头批评教育外)决定前,必须查明事实,收集证据,集体讨论。处理决定公平公正、合乎情理并以书面形式进行公示,处理决定和相关材料要全部存档。村委成员不得公报私仇,借此打击报复平时对自己有意见的村民。

第四条　本村的党员、干部和村民代表应当模范遵守和执行本规约。

第五条　全体村民特别是党员、干部、村民代表一旦发现有人违反本规约,要大胆制止。对单独难以处置的情形要及时报告村干部,以防事态扩大。村民委员会对大胆制止违反规约的行为者予以表扬并将其作为年度各类评先依据。

第二章　村民行为规范

第六条　努力学习党的路线、方针、政策,关心新农村建设事业。自觉接受国家法律、法规和社会主义核心价值观及公民基本道德的教育,积极参加文化知识和专业技能培训,争做遵规守法、诚实守信的合格公民和勤劳致富、科技致富的新型农民。

第七条　热爱家乡,热爱集体,积极支持和配合各级党委、政府涉及农业、农村、农民的工作,自觉执行村党支部村民委员会、村民会议和村民代表会议的有关决定、决议和规定。

第八条　自觉保护耕地，严禁荒废耕地。村内任何单位和个人使用土地都必须服从村的统一规划和调整，不得侵占、买卖或者以其他形式非法转让土地。未经批准，不得改变土地用途，不得擅自在自留地、承包地挖塘、挖砂、取土等。

第九条　村民建房应服从村庄建设规划，经村委会和有关部门批准，统一安排，不得擅自动工，不得违反规划或损害四邻利益。新房建好后，应拆除旧房的，必须及时拆除并退出旧的宅基地。

第十条　尊敬长辈，严禁虐待、打骂、遗弃等伤害老年人的行为。成年子女、继子女、养子女和其他赡养义务人及其配偶对基本丧失劳动力或无生活来源的父母、继父母、养父母和其他应赡养的老年人必须履行赡养义务。赡养支出不得低于本村村民的基本生活水平。

第十一条　爱护未成年人，重视未成年人的教育。父母、继父母、养父母等法定监护人对未成年子女、继子女、养子女必须履行抚养义务，并保证他们接受国家规定的义务教育。村组织鼓励家长培养子女上大学，对有子女上大学的家庭给予适当的物质奖励。

第十二条　不得违反法定程序越级上访和聚众集体上访。不得借口煽动群众到机关、学校、企事业单位、村民委员会办公地、他人住宅和公共场所起哄闹事、制造事端扰乱社会治安秩序。

第十三条　不参加邪教和非法宗教组织的活动。不利用迷信活动造谣惑众、骗财骗物。不得捏造虚假的事实欺骗群众，引发恐慌。不得诽谤他人、侮辱他人人格。

第十四条　不随意在公路、村道上晾晒农作物和其他物品。不私设障碍影响交通。不损毁、移动公共指示标志、有线电视广播线路等公共设施。不损毁村机耕路、排灌水渠、饮水设备、文化体育卫生设施和其他集体设施、集体财物。

第十五条　不盗伐国家、集体、他人的林木或损毁政府明令保护的珍稀树木。砍伐承包经营的山林，必须依法办理相关手续，严格按照审批的数量范围伐木,及时补种树苗。各家各户要积极植树造林,绿化环境。

第十六条　死禽、死畜要挖坑深埋,做无害化处理。若发现多数家禽家畜得病,要及时向村委会报告,以防发生大面积的疫情。

第十七条　生产生活和祭奠扫墓时,要严格控制火种火苗,严防火灾发生。田间、菜地、果园使用农药的,应当设立明显的告示。灭鼠灭蟑用药,要放在小孩不易发现的位置。果园、菜地不得乱拉电网,施工拉线接电应由电工师傅操作。

第十八条　邻里之间应当团结友善,以礼相待,碰到困难要互相帮助,不损害对方利益,不偷不损毁他人的财物。要管好自家家禽家畜,防止自家家禽家畜损毁他人的农作物和伤害他人。家庭成员之间、村民之间发生民事纠纷,应本着团结友爱的原则平等协商解决,协商不成的可申请村调委会调解,也可依法向人民法院起诉。

第十九条　严格执行殡葬法规,倡导生态殡葬,严禁乱葬乱埋。

第二十条　村民对村委会人员执行公务有意见的,应当通过正常途径向其上级领导反映,不得侮辱、诽谤、围攻和殴打执行公务的村委会人员。

第三章　同建同治部分

第二十一条　本村同建同治责任区域自小桥至上河安置点止。

第二十二条　村内主干道和河内露天垃圾由村保洁员负责清扫,标准以乡美丽办检查验收达标条件为基础,并同步执行考核。

第二十三条　各农户实行"门前三包",由村保洁员进行日常监管,严格执行卫生合格办证制度,考核由保洁员签字认可,村委会见保洁员签字后方办理卫生合格证。

第二十四条　日常生活生产垃圾以一捡、二烧、三埋的原则进行处理,各自然寨自选燃烧点一个,制订燃烧管理办法,各农户须严格遵守执行。

第二十五条　沿河、沿路两侧不准乱搭乱建,原有的残墙断壁、废弃建筑一律拆除并不得在原址上重建，确保村容村貌整洁。

第二十六条　严禁在沿河沿路两侧视线所及范围内砍柴烧炭；禁止在河内放养鸭子。

第二十七条　各农户个人、其他事业单位需在我村区域内设置户外广告的，须符合村集体建设规划，并经得村民委员会同意方可进行，不得非法设置。

第四章　家庭行为关系

第二十八条　尊老爱幼，保护老人、妇女、儿童在社会和家庭生活中的合法权益，禁止虐待、遗弃等危害行为。任何人不得剥夺已婚女子的合法继承权。丧偶子女有继承遗产和带户再婚的权利。

第二十九条　父母、继父母、养父母对未成年的子女、继子女和养子女必须依法履行抚养义务。成年子女、继子女、养子女及其配偶，对基本丧失劳动能力或无生活来源的父母、继父母、养父母必须依法履行赡养义务。

第三十条　村民发生赡养纠纷时，由村调解委员会进行调解，调解不成的，村民委员会支持被赡养人依法向人民法院提起诉讼。

第三十一条　不得非法搜身、侵入他人住宅和限制他人人身自由，不准诽谤他人和侮辱妇女，邻里之间发生纠纷不得采用威胁、要挟的办法，殴打他人造成伤害的，应提请司法机关依法处理。

第三十二条　倡导新风，勤俭廉洁过好传统节气和法定节日，不得铺张浪费。

第五章　附则

第三十三条　本规约由村民委员会负责解释。本规约与国家法律、法规、政策相抵触的，按照国家法律、法规、政策执行。

第三十四条　本规约自村民代表会议通过之日起施行，印发至本村各户，报乡政府备案。

第三十五条　村委会要及时与毗邻村村委会通报村规民约，要求毗邻村村委会及时告知本村村民要遵守毗邻村的村规民约。

第三十六条　村民发生跨界纠纷时，村委会要及时与毗邻村村委会取得联系，并进行联合协商调处。

第三十七条　本规约于2018年1月1日起公布，各位村民须认真熟悉本规约内容并遵守执行。

（本章由何静宜撰写）

后　记

为完成本书，中南民族大学师生先后两次对湖南省湘西土家族苗族自治州保靖县境内的15个传统村落进行了实地调研。2019年8月，中南民族大学法学院陈曦老师召集本院数位本科生和硕士研究生，组建调研团队，赴保靖县调研了10个传统村落。其中，张栀、龙梦婷调研普戎镇波溪村和亨章村，葛佳乐调研碗米坡镇首八峒村，康乔夫调研碗米坡镇白云山村，黄晓晶调研吕洞山镇吕洞村，尚海洲调研水田河镇金落河村，郑天保调研水田河镇丰宏村，向仲尧、黄晓晶调研吕洞山镇夯沙村，袁伟、赵昌盛调研迁陵镇阿扎河村和陇木峒村。各组同学撰写了调研报告初稿，并由陈曦老师审校。2019年8月，中南民族大学生命科学学院师生杨庆金、莫娇、白宇程、焦典、杨文财、彭召军、刘娇、张丹丹一行赴保靖县调研了巴科村、新民村、魏家寨、米溪村、木芽村5个传统村落，并撰写了调研报告初稿。在此，感谢以上师生的辛苦付出！

2020年7月，潘红祥教授带领十余名博士研究生和硕士研究生，分5组再次对保靖县境内15个传统村落进行了为期21天的深度田野调查并形成了调研报告，经数次打磨，终成此卷。

本卷作者分工如下：

第一章：吴楠、方勖平（中南民族大学法学院）

第二章：金星（中南民族大学法学院）

第三章：何静宜、金星（中南民族大学法学院）

第四章：方勖平（中南民族大学法学院）

第五章：孙其琛（中南民族大学法学院）

第六章：吴楠、方勖平（中南民族大学法学院）

第七章：金星（中南民族大学法学院）

第八章：李帅通（中南民族大学法学院）

第九章：曾礼（西南医科大学法学院），孙其琛（中南民族大学法学院）

第十章：吴楠、方勖平（中南民族大学法学院）

第十一章：李帅通、孙其琛（中南民族大学法学院）

第十二章：李帅通（中南民族大学法学院）

第十三章：曾礼（西南医科大学法学院），孙其琛（中南民族大学法学院）

第十四章：何静宜（中南民族大学法学院）

第十五章：何静宜（中南民族大学法学院）

本卷主编为中南民族大学法学院潘红祥教授，副主编为西南医科大学法学院曾礼博士。曾礼博士负责统稿，潘红祥教授对终稿进行了审读。在此，感谢以上老师和同学的共同努力和付出！

调研组在调研期间获得了湖北民族大学冉艳辉副教授，保靖县人民政府各部门、各乡镇人民政府、村委以及中南民族大学保靖县校友彭光海、彭运佩等同志的巨大支持和帮助，在此表示特别感谢！

既然选择了前方，就只管风雨兼程！各位同学和老师在调研期间克服了许多困难，同时也培养了友谊，增长了知识。知识与汗水并存，真理与谬误同在，恳请读者批评指正。